André Aciman

Damals in Alexandria

Zu diesem Buch

Eine lebenslustige jüdische Großfamilie aus allen Ecken der Welt. In Alexandria kommen sie zusammen, zanken, necken, befehden und versöhnen sich in einem halben Dutzend Sprachen. Sie sind Bankiers, Kaufleute, Faulenzer und Träumer, die hier ihr Paradies gefunden haben. Die beiden Großväter trauen einander nicht über den Weg, die Großmütter unterhalten eine damenhafte Freundschaft, während der schwindelnde Großonkel philosophische Fragen zu stellen pflegt.
Die Ankunft der aus Nazideutschland geflüchteten Tante lässt erste Wolken aufziehen, und bald lauscht alles auf das Vorrücken von Rommels Panzern. Doch die Lebensfreude lässt die Familie sich nicht nehmen. Sie lebt und liebt, bis sie vom Wind der politischen Ereignisse wieder zerstreut wird.

»Das Erstaunlichste an Acimans Buch ist, wie leicht und virtuos es atmosphärische Dichte und historische Reflexion, spannende Lesbarkeit und gedankliche Genauigkeit vereint. Die vielfach gebrochene Harmonie als Prinzip des Erzählens überzeugt über die ganze Länge des Buchs, das eine für immer verlorene Zeit ohne idealisierenden Kitsch literarisch neu zu entwerfen versteht.« *Neue Zürcher Zeitung*

Der Autor

André Aciman (*1951 in Alexandria) ist Autor und Literaturwissenschaftler. Seine Familie ging 1965 nach Italien, er selbst schließlich nach New York. Er studierte in Harvard, lehrte in Princeton und an der University of New York. Sein Roman *Call me by your Name* wurde verfilmt. Er lebt in New York.

Der Übersetzer

Matthias Fienbork, geboren 1947, hat Musik und Islamwissenschaft studiert. Er übersetzte u. a. Bücher von Eric Ambler, W. Somerset Maugham, Michael Frayn, Amos Elon, Barack Obama und Tony Judt. Er lebt in Berlin.

Mehr über den Autor und sein Werk auf *www.unionsverlag.com*

André Aciman

Damals in Alexandria

Erinnerung an
eine verschwundene Welt

Roman

Aus dem Englischen von
Matthias Fienbork

Unionsverlag

Die Originalausgabe erschien 1994 bei Farrar, Straus and Giroux, New York.
Die deutsche Erstausgabe erschien 1996 im Carl Hanser Verlag, München/Wien.

Im Internet
Aktuelle Informationen, Dokumente und Materialien
zu André Aciman und diesem Buch
www.unionsverlag.com

Unionsverlag Taschenbuch 878

Diese Ausgabe erscheint in Vereinbarung mit Farrar, Straus und Giroux.
Übernahme der Übersetzung mit freundlicher Genehmigung
des Carl Hanser Verlags, München.
Originaltitel: Out of Egypt

Neptunstrasse 20, CH-8032 Zürich
Telefon +41 44 283 20 00
mail@unionsverlag.ch

Reihengestaltung: Heinz Unternährer
Umschlagfoto: MARKA (Alamy Stock Photo)
Umschlaggestaltung: Peter Löffelholz
Satz: Greiner & Reichel, Köln
Druck und Bindung: CPI – Clausen & Bosse, Leck
www.unionsverlag.com/produktsicherheit
ISBN 978-3-293-20878-0
3. Auflage, Juli 2025

Der Unionsverlag wird vom Bundesamt für Kultur mit einem
Verlagsförderungs-Strukturbeitrag für die Jahre 2021–2025 unterstützt.

Auch als E-Book erhältlich

Inhalt

1
Soldat, Kaufmann, Schwindler, Spion 9

2
Rue Memphis 51

3
Der hundertste Geburtstag 107

4
Taffi al-nur! 171

5
Die Lotosesser 241

6
Der letzte Seder 329

Für Alexander, Michael und Philip,
Henri und Regine, Alain und Carole
und für Piera

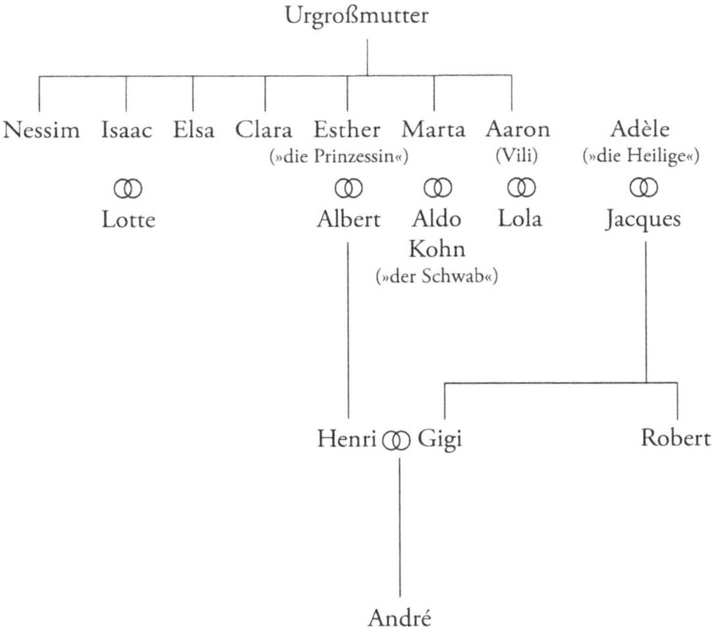
Urgroßmutter
Nessim
Isaac
Elsa
Clara
Esther
(»die Prinzessin«)
Marta
Aaron
(Vili)
Adèle
(»die Heilige«)
Lotte
Albert
Aldo
Kohn
(»der Schwab«)
Lola
Jacques
Henri
Gigi
Robert
André

I

Soldat, Kaufmann, Schwindler, Spion

Also, sind wir, oder sind wir nicht, siamo o non siamo?«, prahlte mein Großonkel Vili, als wir beide uns an jenem sommerlichen Spätnachmittag im Garten seines ausgedehnten Besitzes in Surrey schließlich hinsetzten.

»Sieh nur«, er zeigte auf die weite grüne Fläche. »Ist das nicht prachtvoll?«, fragte er, als hätte er persönlich den Nachmittagsspaziergang auf dem englischen Land erfunden. »Kurz vor Sonnenuntergang und wenige Minuten nach dem Tee erfasst es mich immer: ein Gefühl der Erfüllung, von Seligkeit fast. Weißt du, ich habe alles bekommen, was ich wollte. Nicht schlecht für einen Mann in den Neunzigern.« Ein arrogantes, selbstzufriedenes Strahlen lag auf seinem Gesicht.

Ich begann, von Alexandria zu sprechen, von vergangenen Zeiten und vergangenen Welten, vom Ende, als das Ende kam, von Monsieur Costa und Montefeltro und Aldo Kahn, von Lotte und Tante Flora und einem inzwischen so fernen Leben. Er fiel mir mit einer verächtlichen Handbewegung ins Wort, als wollte er einen üblen Geruch vertreiben. »Alles Unsinn. Ich lebe in der Gegenwart«, sagte er, beinahe verärgert über meine nostalgischen Erinnerungen. »Siamo o non siamo?«, fragte er, stand auf, um sich zu strecken, und zeigte mir dann die erste Eule des Abends.

Es war nie ganz klar, *was* man war oder nicht war, doch noch heute erinnert diese elliptische Redewendung alle Verwandten, selbst diejenigen, die kein Wort Italienisch mehr sprechen, an den großspurigen, tollkühnen, übertrieben selbstsicheren Soldaten, der im Ersten Weltkrieg aus einem italienischen Schützengraben gesprungen war und dann, versteckt hinter einem Baum, das Gewehr mit beiden Händen umklammernd, das ganze österreichisch-ungarische Reich umgemäht hätte, wären ihm die Patronen nicht ausgegangen. In dieser Redewendung drückte sich das aggressive Selbstbewusstsein eines Feldwebels aus, der Tag für Tag lauter Schwächlinge triezen muss. »Sind wir Manns genug oder nicht?«, schien er zu sagen. »Kommen wir voran oder nicht?«, »Taugen wir etwas oder nicht?« Es war seine Art, im Dunkeln zu pfeifen, Niederlagen mit einem Schulterzucken abzutun, sich wieder hochzurappeln und das Ganze als Sieg auszugeben. Und so mischte er sich in Schicksalsdinge ein, forderte stets mehr und gab alles als sein Verdienst aus, bis hin zum unvorhergesehenen Glanz seiner unseligsten Projekte. Überbeanspruchtes Glück verwechselte er mit Weitsicht, so wie er den gesunden Menschenverstand eines Gassenjungen fälschlicherweise für Mut hielt. Er besaß Mumm. Das wusste er, und damit brüstete er sich.

Unbeeindruckt von der schmachvollen Niederlage der Italiener in der Schlacht bei Caporetto im Jahre 1917, dachte Onkel Vili zeitlebens voller Stolz an seinen Dienst in der italienischen Armee, und auch damit brüstete er sich, in dem lebhaften florentinischen Tonfall, den er an den Schulen italienischer Jesuiten in Konstantinopel aufgeschnappt hatte. Wie die meisten jungen Juden, die gegen Ende des letzten Jahrhunderts in der Türkei geboren wurden, verachtete Vili alles, was mit osmanischer Kultur zu tun hatte; er dürstete nach dem Westen und wurde schließlich »Italiener«, wie es die meisten Juden in der Türkei machten: indem er behauptete, aus Livorno zu stammen, wo sich im sechzehnten Jahrhundert aus Spanien vertriebene Juden niedergelassen hatten. Passenderweise wurde in Livorno ein entfernter italienischer Verwandter ausgegraben, der den spanischen Namen Par-do-Roques trug – Vili war selbst ein halber Pardo-Roques –, woraufhin sämtliche noch existierenden »Vettern« in der Türkei sofort Italiener wurden. Natürlich waren sie allesamt glühende Nationalisten und Monarchisten.

Einen alexandrinischen Griechen, der erklärt hatte, die italienische Armee sei nie tapfer gewesen und alle italienischen Medaillen und Dekorationen änderten nichts daran, dass Vili noch immer ein türkischer Halunke sei, und ein jüdischer obendrein, forderte er sofort zum Duell. Onkel Vili war nicht deswegen entrüstet, weil jemand sein Jüdischsein angegriffen hatte – er selbst hätte das als Erster getan –, sondern weil er nicht gern daran erinnert werden wollte, auf welch obskuren Wegen viele Juden Italiener geworden waren. Die Waffen, die ihre Sekundanten ausgesucht hatten, waren so veraltet, dass keiner der beiden Duellanten damit umzugehen wusste. Niemand wurde verletzt, man entschuldigte sich, einer von ihnen kicherte sogar, und um den Geist der versöhnlichen Stimmung zu pflegen, schlug Vili vor, ein ruhiges Restaurant am Meer aufzusuchen, wo beide an diesem klaren alexandrinischen Junitag so herzhaft zu Mittag aßen wie seit Jahren nicht mehr. Als es Zeit wurde, die Rechnung zu begleichen, bestanden beide darauf zu zahlen, jeder beschwor seine Ehre und das Vergnügen, das ihm die Einladung bereitet hatte, und das Hin und Her wäre ewig so weitergegangen, hätte Onkel Vili nicht – wie ein Zauberer, der, wenn alles andere nicht wirkt, schließlich Magie einsetzen muss – seine elegante kleine Redewendung hervorgeholt, die in diesem Fall besagte: »Also, bin ich ein Ehrenmann oder nicht?« Der Grieche, als der noblere von beiden, gab nach.

Onkel Vili verstand es, den vagen, aber unverkennbaren Eindruck hervorzurufen, dass er aus gutem Hause kam, aus einer Familie, die so alt und vornehm war, dass man über derart unwichtigen Dingen wie Geburtsort, Nationalität oder Religion stand. Und mit dem Eindruck guter Herkunft verband sich zugleich der Eindruck von Reichtum – freilich immer mit der nebulösen Andeutung, dass dieser Reichtum dummerweise anderswo fest angelegt war, in Grund und Boden beispielsweise, ausländischem Boden, wovon niemand in der Familie besonders viel besaß, außer in Form von Blumentopferde. Doch das machte ihn kreditwürdig. Und darauf kam es für ihn an, denn er und die anderen männlichen Familienmitglieder verstanden es, mit nichts anderem Geld zu verdienen, zu borgen, zu verlieren und in Besitz einzuheiraten, als mit Kreditwürdigkeit.

Vornehmheit war für Vili so etwas wie eine zweite Natur, nicht weil er sie wirklich besaß oder gut imitierte oder sie mit der selbstverständlichen Lässigkeit verarmter Aristokraten an den Tag legte. Er war einfach überzeugt, dass er als jemand *Besseres* zur Welt gekommen war. Er hatte das imponierende Auftreten der Reichen, jenes distanzierte Lächeln, das in der Gesellschaft von Gleichen sofort herzlich wird. Er war aristokratisch in puncto Sparsamkeit, Politik und ausschweifendem Lebenswandel – schlechte Haltung störte ihn mehr als schlechter Geschmack, schlechter Geschmack mehr als Brutalität und schlechte Tischsitten mehr als schlechte Essgewohnheiten. Besonders verabscheute er die »Atavismen«, durch die Juden sich verrieten, zumal dann, wenn sie sich als Gojim gaben. Er verhöhnte alle angeheirateten Familienmitglieder und Bekannten, die typisch jüdisch aussahen, nicht, weil er selbst nicht auch so aussah oder weil er Juden hasste, sondern weil er wusste, wie sehr sie von anderen gehasst wurden. *Es liegt an Juden wie ihnen, dass Juden wie wir gehasst werden.* Als Vili einmal von einem frommen Juden, der auf seine jüdische Herkunft stolz war, zurechtgewiesen wurde, kullerte ihm seine Antwort von der Zunge wie ein Kirschkern, den er seit vierzig Jahren im Mund hin und her geschoben hatte: »Stolz worauf? Sind wir letzten Endes nicht allesamt Händler?«

Und auf den Handel verstand er sich am besten. Sogar den Faschismus verschacherte er, erst an die Briten in Ägypten und später, in italienischem Auftrag, in Europa. Er war dem Duce ebenso treu ergeben wie dem Papst. Seine alljährlichen Grußadressen an die Hitlerjugend fanden großen Beifall und führten notorisch zu Familienzwist. »Mischt euch nicht ein, ich weiß, was ich tue«, pflegte er zu sagen. Jahre später, als die Engländer drohten, alle erwachsenen Italiener in Alexandria zu internieren, stöberte Onkel Vili plötzlich in seinen Schränken und begann, alte Bescheinigungen vom Rabbinat in Konstantinopel zu verhökern, um seine Freunde vom britischen Konsulat darauf hinzuweisen, dass er als italienischer Jude kaum eine Gefahr für britische Interessen sein könne. Ob sie wollten, dass er für sie gegen die Italiener spioniere? Etwas Besseres hätten sich die Engländer nicht wünschen können.

Er zeigte so glänzende Leistungen, dass er nach dem Krieg mit einem Anwesen in Surrey belohnt wurde, wo er für den Rest seiner Tage unter dem angenommenen Namen Dr. H. M. Spingarn in hochherrschaftlicher Armut lebte. Herbert Michael Spingarn war ein Engländer, den Vili als Kind in Konstantinopel kennengelernt und der zwei lebenslange Leidenschaften in ihm geweckt hatte: das levantinische Bedürfnis, allem Britischen nachzueifern, und die osmanische Verachtung für alles Britische.

Onkel Vili, der seinen eindeutig jüdischen Namen gegen einen angelsächsischen eingetauscht hatte, konnte sein Erschrecken nicht ganz verbergen, als ich ihm erklärte, dass dieser Spingarn ebenfalls Jude gewesen sei. »Ja, ich erinnere mich an etwas in der Art«, sagte er unbestimmt. »Wir sind eben überall, nicht wahr? Kratz nur an der Oberfläche, und schon ist jeder ein Jude«, spottete der über achtzigjährige turkoitalienisch-anglophil-aristokratisiert-faschistische Jude, der seine Karriere in Wien und Berlin mit dem Vertrieb von türkischen Fezen begonnen hatte und es als alleiniger Auktionator von König Faruks Besitz beenden sollte. »Der ägyptische Sotheby, aber dennoch ein Händler«, fügte er hinzu und lehnte sich in seinem Sessel zurück, während wir eine Vogelschar beobachteten, die sich auf dem trüben, stehenden Wasser eines früher vermutlich wunderschönen Teichs niederließ. »Trotzdem, ein großartiges Volk, diese Juden«, sagte er in gebrochenem Englisch, und seinem herablassenden, so absichtlich banalen und bewusst albernen Tonfall war zu entnehmen, dass er in Bezug auf seine Religionsgenossen immer das Gegenteil von dem meinte, was er sagte. Die bewundernswerten, aber »niederträchtigen« Juden pflegte er erst zu loben, dann zu verunglimpfen, um schließlich wieder umzuschwenken. »Immerhin – Einstein, Schnabel, Freud, Disraeli«, erklärte er mit glänzenden Augen und kaum unterdrücktem Schmunzeln, »waren sie, oder waren sie nicht?«

Onkel Vili hatte Ägypten, wohin die Familie im Jahre 1905 von Konstantinopel aus gezogen war, als Kadett in spe verlassen, mit Feuer im Leib und Quecksilber in den Augen. Er hatte in Deutschland studiert, in der preußischen Armee gedient, nach dem Kriegseintritt der Italiener im Jahre 1915 die Seiten gewechselt und nach Caporetto den Rest des Krieges als Dolmetscher auf Zypern eine ruhige Kugel geschoben. Vier Jahre nach seiner Demobilisierung war er nach Ägypten zurückgekehrt, ein eleganter Dandy von Ende zwanzig, dessen unverschämt gutes Aussehen manche zweifelhaften Geschäfte und gnadenlosen Attacken im Kampf der Geschlechter verriet. Seine Schwestern hielten ihn für ausgesprochen maskulin, waren beeindruckt von seinen Eroberungen, vom verwegenen Sitz seines Filzhutes, dem ungeduldigen »Los, los!« in seiner Stimme und der gönnerhaften, forschen Art, wie er einem die Flasche Champagner wegnahm, die man gerade öffnen wollte, und »Lass mich mal« sagte – nie herrisch, aber doch klar genug andeutend, dass da noch mehr, sehr viel mehr war. Er hatte in allen möglichen Schlachten gekämpft, auf allen Seiten, mit allen Waffen. Er war ein ausgezeichneter Schütze, ein hervorragender Athlet, ein cleverer Geschäftsmann, ein unverbesserlicher Casanova – und, jawohl, ausgesprochen maskulin.

»Sind wir, oder sind wir nicht?«, pflegte er nach einer Eroberung zu prahlen oder nach einem unerwarteten Börsengewinn oder wenn er sich plötzlich von einer schweren Malariaattacke erholt hatte oder wenn er eine kluge Frau durchschaute oder einen Rüpel niederschlug oder wenn er der Welt einfach zeigen wollte, dass man ihn nicht so leicht hinters Licht führen konnte. Es bedeutete: Habe ich es ihnen gezeigt oder nicht? Er benutzte diesen Spruch nach dem Abschluss einer schwierigen Transaktion: Habe ich ihnen nicht gesagt, sie würden noch betteln, um meinen Preis zahlen zu dürfen? Oder wenn er einen Erpresser ins Gefängnis gebracht hatte: Habe ich ihn nicht davor gewarnt, mich für dumm zu verkaufen? Oder wenn seine geliebte Schwester, Tante Marta, hysterisch weinend zu ihm gelaufen kam, nachdem sie wieder einmal von einem Verlobten sitzen gelassen worden war, wobei sein Ausspruch in diesem Fall bedeutete: Jeder Mann, der dieser

Bezeichnung würdig ist, hätte das kommen sehen! Habe ich dich nicht gewarnt? Und dann, um sie daran zu erinnern, dass sie aus härterem Holz als Tränen geschnitzt war, zog er sie auf seinen Schoß und hielt ihre Hände, schaukelte sie sanft und versicherte ihr, dass sie schneller, als sie ahne, über ihren Schmerz hinwegkommen werde, denn so sei das nun mal bei Liebeskummer, und überhaupt, sei sie, oder sei sie nicht?

Später schenkte er ihr Rosen und besänftigte sie für ein paar Stunden, ein paar Tage vielleicht. Doch nicht immer ließ sie sich umstimmen, und manchmal hörte er sie, nachdem er sie gerade erst losgelassen hatte und in sein Arbeitszimmer gegangen war, am anderen Ende der Wohnung hysterisch schreien. »Aber wer wird mich heiraten, wer denn?«, fragte sie mit tränenerstickter Stimme ihre Schwestern und schnäuzte sich mit dem erstbesten Stück Stoff, das ihr unter die Finger kam, die Nase.

»Wer wird mich in meinem Alter denn noch heiraten, sagt mir, wer?«, rief sie und lief kreischend in sein Arbeitszimmer zurück.

»Es wird sich schon jemand finden, denk an meine Worte!«, sagte er.

»Niemals«, antwortete sie. »Verstehst du nicht, warum? Siehst du nicht, dass ich hässlich bin? Sogar ich weiß das.«

»Hässlich bist du nicht.«

»Sag die Wahrheit: hässlich!«

»Du bist vielleicht nicht die Schönste –«

»Niemand wird sich jemals auf der Straße nach mir umdrehen.«

»Du solltest an ein Zuhause denken, Marta, nicht an die Straße.«

»Du verstehst mich einfach nicht.« Sie hob jetzt die Stimme. »Du drehst mir bloß die Worte im Mund herum und stellst mich als dumm hin!«

»Hör zu, wenn ich unbedingt sagen soll, dass du hässlich bist, also gut, du bist hässlich.«

»Niemand versteht mich, niemand.«

Und dann zog sie wieder davon wie ein leidendes Gespenst, das bei den Lebenden Trost sucht, von ihnen aber nur weggescheucht wird.

Tante Martas *crises de mariage,* wie sie genannt wurden, konnten stundenlang dauern. Anschließend wurde sie von so heftigen Kopfschmerzen geplagt, dass sie am frühen Nachmittag schlafen ging und ihr Gesicht erst am nächsten Morgen zu zeigen wagte, und selbst dann hatte sich der Sturm nicht immer gelegt, denn kaum war sie aufgestanden, bat sie jeden, der ihr über den Weg lief, ihr in die Augen zu schauen. »Sie sind geschwollen«, sagte sie, »nicht wahr? Sieh nur, schau sie dir an«, rief sie und riss die Augen auf. »Nein, sie sind ganz normal«, erwiderte dann irgendjemand. »Du lügst. Ich spüre ja, wie geschwollen sie sind. Jetzt wissen alle, dass ich seinetwegen geweint habe. Sie werden es ihm erzählen, ich weiß es. Ich fühle mich so gedemütigt, so schrecklich gedemütigt.« Ihre Stimme zitterte, bis sie in Schluchzen ausbrach und die Tränen wieder flossen.

Für den Rest des Tages schauten abwechselnd ihre Mutter, die drei Schwestern, fünf Brüder und Schwägerinnen und Schwager bei ihr herein und brachten ihr, die mit einer selbst hergestellten Kompresse im Dunkeln lag, eine Schale mit Eisstückchen für die Augen. »Ich leide. Wenn ihr nur wüsstet, wie ich leide«, stöhnte sie mit genau den Worten, die ich sie mehr als fünfzig Jahre später in einem Pariser Krankenhaus flüstern hörte, wo sie an Krebs starb. Onkel Vili, der mit seinen anderen Geschwistern draußen im Wohnzimmer saß, konnte sich nicht länger beherrschen: »Jetzt reichts! Wir alle wissen, was Marta wirklich braucht.« »Sei nicht vulgär«, rief seine Schwester Clara kichernd, die an ihrer Staffelei stand und die soundsovielte Fassung von Tolstois grauenerregenden Zügen malte. »Na bitte«, gab Onkel Vili zurück. »Vielleicht gefällt dir die Wahrheit nicht, aber alle sind meiner Meinung«, erklärte er, zunehmend gereizt. »So alt ist sie schon, und das arme Mädchen weiß noch immer nicht, wo bei einem Mann vorne und hinten ist.« Sein älterer Bruder Isaac prustete los. »Könnt ihr sie euch wirklich mit jemandem vorstellen?« »Es reicht«, fuhr ihre Mutter dazwischen, eine Matriarchin, die auf die siebzig zuging. »Wir müssen einen guten jüdischen Ehemann für sie finden. Reich oder arm, ganz egal.« »Aber wer, wer, wer, sagt mir, wer?«, rief Tante Marta, die unterwegs zum Badezimmer die letzten Worte mitbekommen hatte. »Es ist aussichtslos. Aussichtslos. Warum musste ich nach Ägypten kommen, warum?«, sagte sie, an ihre ältere Schwester Esther gewandt. »Es ist heiß und schwül. Ständig schwitze ich, und die Männer sind so furchtbar.«

Onkel Vili erhob sich, legte die Hand um ihre Hüfte und sagte: »Beruhige dich, Marta, mach dir keine Sorgen. Wir werden jemanden für dich finden. Ich versprechs dir. Lass mich nur machen.«

»Aber das sagst du immer, und nie meinst du es ehrlich. Und außerdem, wen kennen wir hier denn?«

Das war Vilis sehnlichst erwartetes Stichwort. Und er zeigte sich der Lage gewachsen und reagierte mit der einstudierten Nonchalance eines Mannes, der genau die Worte sagt, die er immer schon sagen wollte. In diesem Fall bedeuteten sie: Kann denn irgendjemand wirklich bezweifeln, dass wir gute Beziehungen haben?

Das war eine versteckte Anspielung auf Onkel Isaac, der sich während seines Studiums an der Universität Turin mit einem Kommilitonen namens Fuad angefreundet hatte, dem späteren

König von Ägypten. Beide sprachen Türkisch, Italienisch, Deutsch, etwas Albanisch und hatten sich eine an Obszönitäten und Doppeldeutigkeiten reiche Pidginsprache ausgedacht, die sie Türkitalbanisch nannten und bis ins hohe Alter hinein sprachen. Und eben weil Onkel Isaac seine ganzen Hoffnungen in diese unvergängliche Freundschaft gesetzt hatte, überredete er schließlich seine Eltern und Geschwister in Konstantinopel, alles zu verkaufen und nach Alexandria zu ziehen.

Onkel Vili brüstete sich gern damit, dass der König seinem Bruder »gehörte« – und damit indirekt auch ihm. »Er hat den König in der Tasche«, sagte er und zeigte auf seine eigene Brusttasche, in der immer ein silbernes Zigarettenetui mit dem Siegel des König steckte. Am Ende war es der König, der Isaac mit demjenigen Mann bekannt machte, der im Leben seiner Schwester eine so bedeutende Rolle spielen sollte.

Tante Marta, zu jener Zeit knapp vierzig, wurde schließlich die Ehefrau dieses Mannes, eines reichen schwäbischen Juden, der in der Familie nur »der Schwab« hieß – sein richtiger Name war Aldo Kohn – und der nicht viel mehr tat, als tagsüber Golf und nachts Bridge zu spielen und dazwischen türkische Zigaretten zu rauchen, auf die in feinen Goldbuchstaben sein Name und das Familienwappen geprägt waren. Er war ein dicklicher Mann mit einer kleinen Glatze, und obwohl Marta ihn zehn Jahre zuvor schon einmal abgelehnt hatte, war er fest entschlossen, erneut um sie anzuhalten, und zwar ohne eine Mitgift zu fordern, was allen sehr zupasskam. Bei einem Familientreffen wurden die beiden eine Weile miteinander allein gelassen, und ehe Marta begriff, was der Schwab tat, gar Zeit hatte, sich umzudrehen und sich ihm zu entwinden, hatte er sie beim Handgelenk gepackt und ihr ein kostbares Armband umgelegt, auf das sein Juwelier *M'appari* eingraviert hatte, nach der berühmten Arie aus Flotows *Martha*. In ihrer großen Verwirrung merkte Tante Marta überhaupt nicht, dass sie in Tränen ausgebrochen war, was den armen Schwab derart rührte, dass auch er zu weinen begann und schluchzend »Sag nicht Nein, sag nicht Nein!« flehte. Die entsprechenden Arrangements wurden getroffen, und bald bemerkte jeder ein ungewöhnlich heiteres und ruhiges Leuchten auf Tante Martas rosigem Gesicht. »Bei dem Tempo wird sie ihn noch umbringen«, spotteten ihre Brüder.

Der Schwab war ein sehr eleganter, aber ruhiger Mann, der alte Sprachen studiert hatte und dessen schüchterne Art ihn zum Gespött des ganzen Hauses machte. Er schien verwöhnt und dumm, einfältig und wohl auch *andersherum* zu sein. Die Brüder behielten ihn im Auge. Doch der Schwab war kein Narr. Obwohl er noch nie in seinem Leben gearbeitet hatte, stellte sich bald heraus, dass er binnen zwei Jahren das Familienvermögen mit Zuckergeschäften verdreifacht hatte. Als Onkel Vili merkte, dass sein Schwager, dieser unfähige, wehleidige Klops, ein »Spieler« war, stellte er sofort eine Liste von risikolosen Unternehmen für ihn zusammen. Der Schwab, der seine finanziellen Kunststückchen mehr dem Glück als den eigenen Fähigkeiten zuschrieb, zögerte jedoch, in Wertpapiere zu investieren, weil er vom Markt nichts verstand. Das Einzige, wovon er etwas verstand, war Zucker, und vielleicht Pferde. »Verstehen?«, entgegnete Onkel Vili. »Warum solltest du den Markt verstehen? Das erledige ich für dich.« Denn schließlich waren sie jetzt miteinander verwandt oder nicht?

Wochenlang ertrug der Schwab die Aufforderungen seines Schwagers, bis er eines Tages explodierte. Und zwar stilvoll: Er griff zu Vilis kleiner Lieblingsformulierung, wirbelte sie eine Weile vor sich her wie einen Kreisel, um Vili zu demonstrieren, dass auch er, der Schwab, dem Rest der Welt als Aldo Kohn bekannt, genauer gesagt, als Kohn Pascha – sich nicht übers Ohr hauen ließ. Onkel Vili war völlig verdattert. Er war vom Misstrauen seines Schwagers nicht nur »schmerzlich berührt«, wie er sich ausdrückte, sondern fand es auch außerordentlich misslich, mit seiner eigenen Waffe geschlagen worden zu sein. Das war vulgär, unsportlich. Es war ein weiteres Beispiel für aschkenasische Falschheit. Onkel Vili sprach nur noch selten mit ihm.

Eine Ausnahme gab es im Jahre 1930, als sich zeigte, dass die Familie um die Goldenen Zwanziger betrogen worden war. In dieser Zeit machte Onkel Vili den Vorschlag, zu emigrieren. Amerika? Schon zu viele Juden. England? Zu steif. Australien? Zu unterentwickelt. Kanada? Zu kalt. Südafrika? Zu weit weg. Schließlich befand man, dass Japan ideale Aussichten bot für Männer, deren Glücksanspruch in ihrer erhabenen tausendjährigen Rolle als Hausierer und Meisterscharlatane gründete.

Die Japaner hatten drei Vorteile: Sie arbeiteten hart, sie waren lernbegierig und konkurrenzwillig, und wahrscheinlich hatten sie noch nie einen Juden gesehen. Die Brüder wählten eine Stadt, von der sie zwar noch nie gehört hatten, deren Name aber entfernt und beruhigend italienisch klang: Nagasaki. »Werdet ihr auch Kinderspielzeug und Spiegel verkaufen?«, fragte der Schwab. »Nein. Autos. Luxuslimousinen.« »Was für Autos?«, fragte er. »Isotta-Fraschini.« »Habt ihr Erfahrungen als Autoverkäufer?« Es machte ihm Spaß, die Brüder zu ärgern, wann immer er konnte. »Nein. Autos nicht. Aber alles andere. Bettvorleger. Wertpapiere. Antiquitäten. Gold. Ganz zu schweigen von Hoffnung für Investoren, Sand für die Araber. Ganz egal. Und außerdem, wo ist der Unterschied?«, rief Vili aufgebracht. »Teppiche, Autos, Gold, Silber, Schwestern, es ist alles das Gleiche. Ich kann alles verkaufen«, prahlte er.

Die Isotta-Fraschini-Affäre begann damit, dass die ganze Familie eiligst in den Vertrieb dieser Automobile für den Nahen Osten und Japan investierte. Ein Japanischlehrer wurde engagiert, und Montag- und Donnerstagnachmittag saßen die fünf Brüder – von Nessim, dem Ältesten, der über fünfzig und von dem Unternehmen nicht restlos überzeugt war, bis hin zu Vili, zwanzig Jahre jünger und dämonischer Verfechter des Plans – im Esszimmer und füllten die Schreibhefte mit den, wie es schien, liederlichsten Tintenklecksen. »Die armen Jungen«, flüsterte Tante Marta ihrer Schwester Esther zu, wenn sie in den dunklen, holzgetäfelten Raum spähte, wo während des Unterrichts Tee serviert wurde. »Nicht einmal Arabisch haben sie gelernt, und jetzt diese verflixten Klänge.« Jedermann war zutiefst entsetzt. »Roher Fisch und jeden Tag Reis! Tod durch Verstopfung, das werden sie davon haben. Was müssen wir denn noch alles ertragen?«, war Tante Claras einziger Kommentar. Sie werde keine Zeit mehr für die Malerei haben, wurde ihr bedeutet. Sie werde im Familienunternehmen mithelfen müssen. »Außerdem hast du immer nur Tolstoiporträts gemalt. Es wird Zeit, dass sich das ändert«, meinte Onkel Isaac.

Ihre Mutter machte sich ebenfalls Sorgen. »Wir bauen auf schlechtem Boden. So war es, und so wird es immer bleiben. Gott steh uns bei.«

Aus Bosheit hatte niemand den Schwab gefragt, ob er auch nur einen Pfennig in das Unternehmen stecken würde. Zur Strafe würde er mit ansehen müssen, wie der Clan ungeheuer reich würde, und schließlich ein für alle Mal erkennen, wer war und wer nicht war.

Zwei Jahre später wurde er jedoch von seiner Frau gebeten, etwas zu den unmittelbaren Firmenkosten beizusteuern. Der Schwab, der, außer beim Glücksspiel, nicht gern in riskante

Projekte investierte, erklärte sich bereit zu helfen, indem er eines dieser teuren Automobile zum Vorzugspreis erwarb. Bald stellte sich heraus, dass die neu gegründete Isotta-Fraschini-Asien-Afrika-Compagnie, abgesehen von den fünf Autos, die jeder der fünf Brüder bekommen hatte, nur zwei Wagen verkauft hatte. Drei Jahre später, nachdem die Firma bankrottgegangen war und die Vorführwagen wieder nach Italien zurücktransportiert worden waren, fuhren nur zwei Personen in Ägypten einen Isotta-Fraschini: der Schwab und König Fuad.

Das Isotta-Fraschini-Debakel warf die Familie um zehn Jahre zurück. Doch man wahrte den Schein. Weiterhin ging man sonntags im königlichen Park spazieren oder ließ sich in Limousinen zum exklusiven Sporting Klub chauffieren, auch wenn man völlig bankrott war. Zu eitel, um die Niederlage einzugestehen, und zu klug, um die Gläubiger anzulocken, wandte man sich nunmehr an vertrauenswürdige Freunde und Verwandte. Albert, der zweite Schwager, einst ein wohlhabender Zigarettenfabrikant, der seinen ganzen Besitz in der Türkei aufgegeben hatte und nach Ägypten gezogen war, wurde gebeten, etwas zu den Familienfinanzen beizutragen. Er tat das nur widerstrebend und nach furchtbaren Auseinandersetzungen mit Esther, seiner Frau, die, genau wie ihre Schwester Marta, nie daran zweifelte, dass Blutsbande stärker waren als eheliche Treueschwüre.

Albert hatte guten Grund, ihnen weder zu trauen noch zu helfen. Es waren die Zusicherungen des Clans gewesen, die ihn 1932 veranlasst hatten, seine Zigarettenfabrik in der Türkei zu verkaufen und mit seiner Familie nach Ägypten zu ziehen, wo er hoffte, in die Firma seiner Schwäger investieren und seinem achtzehnjährigen Sohn Henri die Schrecknisse des türkischen Kasernenlebens ersparen zu können. Sobald er in Alexandria eingetroffen war, erklärte ihm der Clan in aller Deutlichkeit, dass man ihn nicht an der Isotta-Fraschini-Sache beteiligen wolle. Geknickt und völlig ratlos, was er in Alexandria sonst tun könne, nahm der ehemalige Tabakfabrikant seine ganzen Ersparnisse, die er aus der Türkei geschmuggelt hatte, und kaufte an der zehn Kilometer langen Küstenstraße, die bei den Alexandrinern die Corniche heißt, einen kleinen Billardsalon mit Namen *La Petite Corniche.*

Er hat ihnen diese Gemeinheit nie verziehen. »Komm, wir werden dir helfen«, erinnerte er seine Frau, die wiederholten Appelle ihrer Brüder nachäffend. »Wir geben dir dies, wir geben dir das. Nichts! Meine Vorfahren waren so bedeutend, dass sie von Generationen von Sultanen ermordet wurden – und jetzt Billard!«, murmelte er, wenn er morgens draußen vor der Küchentür stand und auf die Käse- und Spinattaschen wartete, die seine Frau in aller Frühe backte. Sie verkauften sich gut und waren sehr begehrt bei den Billardspielern, die zu ihrem Glas Anis gern eine Kleinigkeit aßen.

Obschon Alberts finanzielle Lage sich drastisch verschlechtert hatte, wurde noch immer von ihm erwartet, dass er der Familie seiner Frau half. Und so pflegte Vilis Chauffeur, durchaus in der Annahme, dass er Geld eintrieb, das seinem Chef gehörte, vor der Petite Corniche anzuhalten, hineinzugehen, ein Bündel Geldscheine in Empfang zu nehmen und Albert daran zu »erinnern«, dass er in ein paar Wochen wieder aufkreuzen werde.

Nach ungefähr dem fünften Darlehen ging der ärmliche Besitzer des Billardsalons mit einem Queue nach draußen und zertrümmerte eine Autoscheibe, wobei er seinem Schwager, der lauernd auf dem Rücksitz saß, während sein Chauffeur Aufträge erledigte, mitteilte, da er so gute Beziehungen zum Königshaus habe, sollte er einmal Seine Majestät um eine »kleine Spende« anpumpen – Vilis Euphemismus für dringend benötigte Darlehen.

Esther erschrak, als sie von dem Krach zwischen ihrem Mann und ihrem Bruder erfuhr. »So etwas hat er noch nie getan«, erklärte sie Vili, »er ist gar nicht aggressiv.«

»Er ist ein Türke durch und durch.«

»Und was bist du, bitte, ein Italiener vielleicht?«

»Italiener oder nicht, ich schlage doch keine Autoscheiben ein!«

»Ich werde mit ihm reden«, sagte sie.

»Nein, ich möchte ihn nie mehr sehen. Er ist ein furchtbar undankbarer Mensch. Wenn er nicht dein Mann wäre, Esther, wenn er nicht dein Mann wäre ...«, hob Vili an.

»Wenn er nicht mein Mann wäre, hätte er dir nicht einen einzigen roten Heller geliehen. Und wenn du nicht mein Bruder wärst, säßen wir jetzt nicht in diesem Schlamassel.«

Vili hieß eigentlich Aaron. Als er 1922, vier Jahre nach Unterzeichnung des Waffenstillstands, nach Alexandria zurückkehrte, musste er versuchen, den Zeitverlust aufzuholen. Mithilfe seiner vier Brüder wurde er in einer Woche Reisexperte, dann Zuckerrohrprüfer. Innerhalb von drei Monaten lernte er, wie man jede nur denkbare Krankheit bekämpfte, von der die Baumwolle, Ägyptens Hauptexportprodukt, befallen werden konnte. Ein halbes Jahr später hatte er nicht nur sämtliche Winkel Ägyptens bereist, sondern auch jeden Magnaten aufgesucht, dessen Haus eine junge jüdische Ehefrau zu versprechen schien. Eine solche heiratete er knapp ein Jahr nach seiner Rückkehr aus Europa.

Nunmehr ein angesehener Bürger, wandte er sich wieder dem zu, wonach ihm vor allem der Sinn stand: verheirateten Frauen. Einige seiner Mätressen sollen, als er ihnen den Laufpass gab, so verzweifelt gewesen sein, dass sie bei seiner Frau klingelten und sie anflehten, sich für sie einzusetzen, was die arme Tante

Lola, deren Herz das größte Organ ihres Körpers war, bisweilen auch tat.

Sieben Jahre nach dem Krieg tauchte vor der Haustür eine Frau namens Lotte mit dem Foto eines Mannes auf, der ihr, wie sie erklärte, in Berlin die Ehe versprochen habe. Nachdem die Identität des Mannes schließlich zweifelsfrei geklärt war und die Frau ihr Taschentuch weggesteckt hatte, wurde sie gebeten, zum Mittagessen zu bleiben, zu dem sich die ganze Familie gegen ein Uhr einfinden würde. Vili kam ganz zuletzt, doch kaum hatte er die Diele betreten, erkannte sie bereits seine Schritte, stand auf, stellte ihr Sherryglas ab und eilte, laut »Willy! Willy!« rufend, aus dem Zimmer.

Niemand hatte auch nur die leiseste Ahnung, warum diese Verrückte ihrem Aaron diesen merkwürdigen Namen gab, doch während des Essens, nachdem sich alle wieder einigermaßen beruhigt hatten, erklärte sie, dass er 1914 in seiner neuen preußischen Uniform so sehr wie Kaiser Wilhelm ausgesehen habe, dass sie nicht anders gekonnt habe, als ihm den Spitznamen Willy zu geben. Seine Frau fand »Willy« so treffend, so kraftvoll und dabei so kurz, dass auch sie dazu überging, ihn »Vili« zu rufen, erst vorwurfsvoll, dann neckend und schließlich aus Gewohnheit, bis die ganze Familie, inklusive seiner Mutter, Vili zu ihm sagte, und irgendwann erhielt er schließlich seine griechisch-jüdisch-spanische Form: Vilico.

»Vilico, Verräter«, sagte seine Mutter später.

Er protestierte: »Damals war ich wirklich in sie verliebt. Und außerdem war das, lange bevor ich Lola kennenlernte.«

»Ich spreche nicht von Frauen. Du bist und bleibst ein Judas.«

Niemand brachte es übers Herz, die wiedererstandene Lotte nach Belgien zurückzuschicken. Also wurde sie Onkel Nessims Sekretärin, arbeitete zeitweilig als Modell in Tante Claras

Zeichenklasse, dann als Verkäuferin für Onkel Cosimo und wurde schließlich an Onkel Isaac abgegeben, der sie am Ende heiratete. Auf dem Gruppenbild, das 1926 bei ihrer Hochzeit in der geräumigen Wohnung der Matriarchin in Grand Sporting mit Blick über das sonnige Mittelmeer aufgenommen wurde, steht Tante Lotte neben Onkel Isaac auf der Veranda, die rechte Hand auf Onkel Vilis rechter Schulter. Sind wir, blinzelt Onkel Vili, oder sind wir nicht Männer, die teilen, Männer, die die höchsten Opfer verlangen, Männer, die von Frauen angebetet werden.

Auf dem Foto ist Isaac schon ein hagerer Fünfzigjähriger, der sich bemüht, eine kahle Stelle zu verstecken, und Nessim, damals kurz vor dem Ruhestand, sieht älter aus als seine Mutter, deren aufgesetzte Fröhlichkeit am Hochzeitstag ihres Sohnes ihre Sorgen nicht verbergen kann.

»Er ist ein Prinz und sie eine Bäuerin«, sagte sie. »Schaut nur, wie sie geht. In ihren Schritten klingt noch immer das Klappern der batavischen Holzschuhe.«

»Und auf seinem Kopf sieht man noch immer die Spuren eines unsichtbaren Käppchens. Sie sind also quitt. Lasst sie in Ruhe«, schimpfte ihre Tochter Esther. »Sein Leben lang hat er Geliebte gehabt und nie eine Ehefrau. Es wird langsam Zeit, dass er heiratet.«

»Ja, aber keine Christin.«

»Christlich, jüdisch, Belgien, Ägypten, das sind moderne Zeiten«, sagte Vili, »wir leben im zwanzigsten Jahrhundert.«

Doch seine Mutter war nicht überzeugt. Und auf dem Foto zeigt sie den misstrauischen Blick einer Hekuba, die Helena im Schoß der Familie willkommen heißt.

Im Hintergrund, verstohlen aus hohen Verandafenstern hervorspähend, sind die Gesichter dreier Ägypter zu erkennen. Zeinab, das Dienstmädchen, nicht älter als zwanzig, aber schon seit zehn Jahren in der Familie, lächelt schelmisch. Ahmed, der Koch, der aus Khartum kommt, versucht schamhaft, den Blick vom Fotografen zu wenden, indem er die rechte Hand vors Gesicht hält. Seine jüngere Schwester Latifa, mit ihren zehn Jahren noch ein richtiges Kind, starrt mit dunklen, spitzbübischen Augen in die Kamera.

Während sich die Familie von dem Isotta-Fraschini-Debakel erholte, verfolgte Onkel Vili schon eifrig eine ganz andere Karriere, die eines Faschisten. Er war ein so glühender Anhänger des Duce geworden, dass er verlangte, jeder in der Familie solle ein schwarzes Hemd tragen und, gemäß den faschistischen Gesundheitsidealen, täglich Sport treiben. Als aufmerksamer Beobachter des Wandels der italienischen Sprache, der von den Faschisten verfügt wurde, bemühte er sich, übernommene Anglizismen aus seiner Redeweise, seinem Geschmack und seiner Kleidung zu tilgen; als Italien den Äthiopien-Feldzug begann, forderte er die Familie auf, allen Goldschmuck dem italienischen Staat zu schenken und auf diese Weise Mussolinis imperialen Traum finanzieren zu helfen.

Die Ironie bei Onkel Vilis patriotischem Gehabe war, dass er, als er den Faschisten ewige Treue schwor, bereits britischer Geheimagent geworden war. Sein Engagement als Spion verhalf ihm zu der einzigen Karriere, für die er wirklich von Kindesbeinen an geeignet war. Es trug auch dazu bei, dass die anderen Familienangehörigen in Ägypten blieben, zumal sie jetzt in die Angelegenheiten nicht nur eines Reichs, sondern zweier Imperien verstrickt waren.

Vilis Eintritt in den Geheimdienst Seiner Majestät im Jahre 1936 fiel mit einem weiteren für die Familie glücklichen Umstand zusammen: der innigen Freundschaft zwischen seinem

Bruder Isaac und dem neuen König Faruk, dem Sohn Fuads. Es ist nicht klar, wie Isaac seine Ernennung zum Direktor im Finanzministerium erhielt, doch schon bald nach seiner Hochzeit saß er auf einmal in den Aufsichtsräten der wichtigsten ägyptischen Aktiengesellschaften. Durch »Fraternismus«, der Brüdern gibt, was Nepotismus Vettern und Enkeln gibt, erledigte sich das Übrige, sodass meine anderen Onkel – Nessim, Cosimo und Lorenzo – allesamt lukrative Stellen in mehreren ägyptischen Bankhäusern erhielten. Vilis Auktionsgeschäft gedieh, die mütterliche Wohnung mit dem atemberaubenden Meeresblick wurde, was dringend nötig war, renoviert, dem Schwaben und Marta wurde Arnaut geboren, und Vili versöhnte sich schließlich mit seinem Schwager Albert.

Onkel Vili versuchte zunächst, den Charakter seiner neuen Berufstätigkeit zu verheimlichen. Nur Tante Lola und Onkel Albert wussten Bescheid. Aber der Versuchung, derartige Geheimnisse weiterzuerzählen, konnte er einfach nicht widerstehen, zumal sie überall Neid und Bewunderung hervorriefen. Fast fühlte er sich wieder als Soldat. Er trug immer eine Pistole, und bevor er sich zu den anderen an den Mittagstisch setzte, lockerte er das Halfter. »Was ist er eigentlich«, fragte der Schwab, »ein Gangster?« »Psst«, machte Tante Marta, »das darf niemand wissen.« »Aber es ist so offensichtlich, dass er ein Lockvogel sein muss. Die Engländer können unmöglich so dumm sein.«

Nun werden Kriege nicht deswegen gewonnen, weil die eine Seite findiger, sondern weil die andere eine Spur unfähiger ist. Die Italiener ahnten nicht, dass Vili sich auf die Seite der Engländer geschlagen hatte, und ließen ihn weiterhin in Ägypten und anderswo für sich arbeiten. Er war sehr oft auf Reisen, entweder bei der italienischen Armee in Äthiopien oder in Italien oder als Mitglied diverser italienischer Delegationen in Deutschland.

Um sich für die Italiener noch unentbehrlicher zu machen, tat er sich als Experte für Transportfragen und Fachmann für Treibstoffversorgung von Wüstenkonvois hervor. Wie und wo er sich auch nur eine flüchtige Kenntnis dieser Materie verschaffte, ist rätselhaft, aber die Italiener brauchten jeden, den sie bekommen konnten. Sie nutzten Vilis florierendes Auktionshaus als Tarnung für seine häufigen Reisen zwischen Rom und Alexandria. Um nicht das Misstrauen der Engländer zu erregen, begann er auf Anraten der Italiener mit dem Import von Antiquitäten. Auf diese Weise konnte er in Italien mithilfe der Faschisten echte Raritäten zu einem Bruchteil ihres Wertes erwerben und sie an ägyptische Paschas für ein Vermögen weiterverkaufen.

Er wurde sehr reich. Im Laufe der Zeit wuchsen ihm nicht nur die vielen Privilegien eines englischen Gentleman-Spions zu, sein Doppelleben erlaubte es ihm auch, all die aufwendigen Rituale zu praktizieren – vom Frühstück bis zum Schlummertrunk –, um die er die Engländer insgeheim immer beneidet hatte. Zugleich wurde sein bedingungsloser italienischer Patriotismus befriedigt, wenn die faschistische Hymne erklang oder als die Italiener, nicht ohne deutsche Hilfe, schließlich einen Sieg über die Griechen errangen. »Wir haben Griechenland erobert«, rief er eines Tages, den Telefonhörer in der Hand, mit durchaus türkischer Schadenfreude, »endlich sind wir in Athen« – worauf alle Leute im Haus ganz außer sich vor Freude gerieten, was wiederum die ägyptischen Diener und Hausmädchen elektrisierte, die bei dem geringsten Anlass zum Feiern in trillerndes Geheul ausbrachen, bis irgendjemand mit einer sorgenvollen Bemerkung über das Schicksal der griechischen Juden die festliche Stimmung unweigerlich dämpfte.

Vilis Stimme hatte vor Erregung gezittert, genau wie an jenem Tag, als italienische Froschmänner sich in den Hafen von

Alexandria stahlen und erheblichen Schaden an zwei britischen Schlachtschiffen anrichteten. Vili hatte sich für die kühnen Taucher begeistert, war aber völlig deprimiert, als er daran erinnert wurde, dass er ihre Aktion verurteilen musste. »Die gute alte Zeit ist vorbei«, sagte er dann, und damit meinte er die Zeit, als man immer wusste, wer man war und auf wessen Seite man stand.

Dann geschah etwas. Nicht einmal er konnte es ganz verstehen. »Die Dinge stehen nicht zum Besten«, sagte Vili. Auf Nachfragen meinte er nur: »Die Dinge.« Enerviert von seinen Antworten, versuchte seine Schwester Esther, es auf die sanfte Art aus ihm herauszubekommen: »Heißt das, du willst es nicht sagen oder du weißt es nicht?« »Doch, ich weiß es.« »Dann sag es uns.« »Es hat mit Deutschland zu tun.« »Das ahnten wir schon. Was ist mit Deutschland?« »Sie schnüffeln zu sehr in Libyen herum. Es bedeutet einfach nichts Gutes.«

Ein paar Monate später traf aus Marseille meine Großtante Elsa mit ihrem deutschen Mann ein. »Sehr schlimm. Furchtbar«, sagte sie. Man hatte ihr kein Ausreisevisum geben wollen. Isaac, der schon einmal seine Beziehungen zu französischen Diplomaten eingesetzt hatte, um französischer Staatsbürger zu werden, hatte sich abermals einschalten müssen, um seiner Schwester eine ungehinderte Ausreise zu ermöglichen. Im Hinblick auf ihren komplizierten Status – Italienerin, in Frankreich lebend, mit einem deutschen Juden verheiratet – waren zusätzliche Maßnahmen erforderlich; Isaac verschaffte ihr und ihrem Mann Diplomatenpässe, die das Siegel des Königs von Ägypten trugen. Tante Elsa jammerte, sie habe ihr Geschäft mit religiösen Souvenirs in Lourdes verloren und zwei Jahre in großer Armut zubringen müssen. »Da habe ich gelernt, geizig zu sein«, erklärte sie, als ob ihre angeborene Knickerigkeit dadurch in einem sympathischeren Licht erschiene.

Kaum einen Monat später betrat Flora, die fünfundzwanzigjährige Halbschwester des Schwaben, den Salon des Hauses. Marta erkannte sofort die Schrift an der Wand. »Wenn alle aschkenasischen Juden aus Deutschland jetzt zu uns kommen, dann wird das für uns das Ende sein. In der Stadt wird es von Schneidern und Maklern wimmeln, und es wird mehr Zahnärzte geben, als wir brauchen können.«

»Wir konnten nichts verkaufen«, sagte Flora. »Sie haben uns alles genommen. Wir hatten nur das dabei, was wir tragen konnten.« Tante Flora war allein mit ihrer Mutter gekommen, Frau Kohn, einer kränkelnden älteren Frau mit weißer, rosa schimmernder Haut und klaren blauen Augen, die schlecht Französisch sprach und deren Gesichtsausdruck immer etwas Flehendes, Schreckhaftes hatte. »Sie haben sie vor zwei Monaten auf der Straße zusammengeschlagen«, erklärte ihre Tochter. »Dann wurde sie von einem Kaufmann beleidigt. Jetzt geht sie nicht mehr aus sich heraus.«

In jenem Frühsommer hielten sich mehrere Wochen lang Gerüchte in der Stadt von einem bevorstehenden, möglicherweise entscheidenden Schlag gegen das Afrikakorps. Rommels Truppen hatten eine Stellung nach der anderen erobert und waren entlang der libyschen Küste vorgestoßen. »Es wird eine furchtbare Schlacht geben. Dann werden die Deutschen einmarschieren.« Die Engländer, sagte Vili, seien völlig demoralisiert, zumal nach Tobruk. Überall herrsche Panik. Der kleine Küstenort Mersa Matruh unweit der libyschen Grenze sei in deutsche Hände gefallen. »Ihr Hass auf uns Juden ist noch größer als ihre Verachtung für die Araber«, sagte Tante Marta, als wäre das völlig unbegreiflich. Onkel Isaac, der viel über deutschen Antisemitismus gehört hatte, entwarf ein schreckliches Bild aus

Gerüchten und schlimmen Erinnerungen an das Armenier-Massaker von 1895, dessen Zeuge er gewesen war. »Erst stellen sie fest, wer Jude ist, dann kommen sie nachts mit Lastwagen und schaffen alle jüdischen Männer in abgelegene Fabriken, sodass Frauen und Kinder verhungern müssen.«

»Du machst den anderen nur Angst, also hör sofort damit auf«, sagte Esther, die, wie andere Angehörige ihrer Familie auch, in der Türkei mindestens zwei Massaker an Armeniern erlebt hatte.

»Ja, aber die Armenier haben viel zu lange für die Engländer spioniert«, wandte Vili ein, der in diesem Fall mit den Türken sympathisierte, obwohl er im Ersten Weltkrieg aufseiten der Engländer und Italiener gegen sie gekämpft hatte, während sein Schwager Albert, der mit den Türken gegen die Engländer gekämpft hatte, die Massaker als barbarisch verurteilte. »Die Türken mussten dem einfach ein Ende bereiten, und zwar auf die einzige Weise, die sie kannten: mit Blut und noch mehr Blut. Aber was haben die Juden den Deutschen getan?«, fragte Onkel Nessim. »So wie einige Juden sich aufführen«, rief Tante Clara dazwischen, »würde ich sie aus dieser Welt in die nächste befördern. Es liegt an Juden wie ihnen, dass Juden wie wir gehasst werden«, sagte sie und schielte dabei zu ihrem Bruder Vili, den sie gerade mit einem seiner Lieblingssprüche zitiert hatte. »Du glaubst also wirklich, dass sie uns fortschaffen werden«, warf Marta mit zittriger Stimme ein. »Bitte, fang jetzt nicht an zu heulen! Wir sind mitten im Krieg«, rief Esther ungehalten. »Genau deswegen weine ich ja, weil wir mitten im Krieg sind«, sagte Tante Marta, »verstehst du nicht?« »Nein, das verstehe ich nicht. Wenn sie uns abholen, dann holen sie uns ab, und das ist das Ende …«

Wochen vor der ersten Schlacht von El Alamein entsann sich meine Urgroßmutter wieder eines alten Hausmittels. Sie lud alle Familienangehörigen in ihre große Wohnung ein, solange es die Situation erfordere. Niemand lehnte ab, und alle kamen, zu zweit und zu viert, wie weiland Noahs Tiere, einige aus Kairo und Port Said, andere sogar aus Khartum, wo sie sicherer gewesen wären als in Alexandria. Auf dem Fußboden wurden Matratzen ausgelegt, der Esszimmertisch wurde ausgezogen, und zwei weitere Köche wurden eingestellt, von denen der eine Tauben und Hühner züchtete für den Fall, dass es zu einer Versorgungskrise kommen sollte. Im Schutze der Dunkelheit wurden ein Schaf und zwei Mutterschafe heimlich ins Haus gebracht und auf der Terrasse neben dem behelfsmäßigen Hühnerstall angebunden.

Vormittags gingen alle aus dem Haus, um sich ihren Geschäften zu widmen. Zum Mittagessen kehrte jeder zurück, und während der langen Sommernachmittage saßen die Männer um den Esstisch und sprachen über ihre schlimmsten Befürchtungen, während die Kinder schliefen und die Frauen in den anderen Zimmern nähten oder stopften. Benötigt wurde vor allem warme Kleidung; die Winter in Deutschland seien sehr streng, sagten sie. In einer Ecke neben der Wohnungstür standen, ordentlich aufgestapelt, mehrere kleine Koffer, von denen einige aus der Jugendzeit ihrer Besitzer stammten, die sie in der Türkei oder an ausländischen Schulen verbracht hatten. Inzwischen fleckig und ramponiert, mit vergilbten Aufklebern von europäischen Grandhotels versehen, warteten sie in der Diele stumm auf den Tag, da die Nazis in Alexandria einmarschieren und alle männlichen Juden über achtzehn abführen würden, wobei jeder nur einen kleinen Koffer mit dem Allernötigsten dabeihaben dürfte.

Nachmittags ging der eine oder andere wieder aus dem Haus, und die Frauen schauten vielleicht im Sporting Klub vorbei, doch zur Teezeit waren die meisten wieder daheim. Abends gab es gewöhnlich einen leichten Imbiss, bestehend aus Brot, Konfitüre, Obst, Käse, Schokolade und selbst gemachtem Joghurt – Ausdruck von Tante Elsas sparsamer Haushaltsführung, Onkel Vilis spartanischen Ernährungsregeln und der einfachen Herkunft meiner Urgroßmutter. Nach dem Essen wurde Kaffee serviert, und man versammelte sich im Wohnzimmer, um Radio zu hören, sei es BBC, sei es ein italienischer Sender – die Nachrichten waren immer verwirrend.

»Ich weiß nur, dass die Deutschen Suez brauchen. Deshalb müssen sie angreifen«, behauptete Vili.

»Ja, aber können wir sie aufhalten?«

»Nur kurzfristig. Langfristig, wer weiß? General Montgomery mag ein Genie sein, aber Rommel ist Rommel«, erklärte Onkel Vili.

»Was sollen wir nur tun?«, fragte Tante Marta, wie immer am Rand eines hysterischen Anfalls.

»Tun? Wir können nichts tun.«

»Was soll das heißen, wir können nichts tun? Wir könnten fliehen.«

»Und wohin?«, fragte Esther ärgerlich.

»Fliehen. Ich weiß nicht. Fliehen!«

»Aber wohin?« Ihre Schwester ließ nicht locker. »Nach Griechenland? Griechenland haben sie schon erobert. In die Türkei? Von dort kommen wir gerade. Nach Italien? Dort würden sie uns ins Gefängnis stecken. Nach Libyen? Dort sind die Deutschen schon. Begreifst du nicht, dass alles aus ist, sobald sie Suez erobern?«

»Was meinst du damit, alles aus? Du glaubst also, dass sie siegen?«

»Ach, ich weiß es nicht«, stöhnte Vili.

»Na los, sag schon. Sie werden siegen und uns dann alle abtransportieren.«

Vili antwortete nicht.

»Und wie wärs mit Madagaskar?«, meinte Tante Marta. »Madagaskar! Bitte, Marta, tu mir den Gefallen!«, warf Onkel Isaac ein.

»Oder Südafrika. Oder Indien. Was ist falsch daran, ihnen immer einen Schritt voraus zu sein. Vielleicht verlieren sie ja.«

Es entstand eine kleine Pause.

»Sie werden nicht verlieren«, sagte Tante Flora schließlich.

»Wo du ein so fixes Mundwerk hast, Flora, warum bist du nicht schon längst fort?«, fragte Marta, fast schäumend vor Verachtung. »Warum bist du noch hier?«

»Du vergisst, dass ich schon einmal geflohen bin.«

Tante Flora zog gedankenverloren an ihrer Zigarette, blies dann nach einer Weile mit träumerischer, wehmütiger Miene den Rauch aus und beugte sich von ihrer Sofaecke zum Teetisch, um ihre Zigarette auszudrücken. Alle hatten sich ihr zugewandt, fragten sich, warum sie ständig Schwarz trug, wo doch Grün am besten zu ihren Augen passte. »Ich weiß nicht«, sagte sie und starrte weiter auf ihre Finger, die noch immer die langsamen Bewegungen machten, obwohl die Zigarette längst ausgedrückt war. »Ich weiß es nicht«, sagte sie zögernd. »Ich kann nirgendwohin. Ich bin es müde, wegzulaufen, und vor allen Dingen, darüber nachzudenken, wohin ich laufen soll. Die Welt ist nicht groß genug. Und es ist auch zu spät dafür. Tut mir leid«, sagte sie, an ihren Bruder gewandt. »Ich will nirgends mehr hin. Ich will nicht einmal mehr verreisen.« Schweigen legte sich über das Zimmer. »Die Wahrheit ist, wenn ich überzeugt wäre, dass wir eine Chance hätten, würde ich mich in der Wüste verstecken. Aber ich glaube nicht daran.«

»So jung und schon so pessimistisch«, rief Vili daraufhin, mit dem gönnerhaften Schmunzeln eines Mannes, der alles über ängstliche Frauen weiß und auch, wie man sie beruhigt. »Es steht nicht geschrieben, dass die Deutschen siegen müssen, weißt du. Möglicherweise verlieren sie. Ihre Treibstoffvorräte sind knapp, und sie haben sich übernommen. Sollen sie Ägypten angreifen, sollen sie so tief nach Ägypten einfallen, wie sie wollen. Am Ende siegt immer der Sand, vergiss das nicht« – ein Plädoyer für die Strategie des Abwartens, mit der Hannibals Gegner, Quintus Fabius Maximus, als Cunctator in die Geschichte eingegangen ist.

»›Am Ende siegt immer der Sand.‹ Ich bitte dich, Vili«, spottete Tante Flora und trat auf den Balkon hinaus, wo sie sich eine neue Zigarette anzündete. »Was meint er bloß?«, sagte sie laut zu Esthers Sohn, der ebenfalls rauchend auf dem Balkon stand.

»Der Sand siegt immer«, wiederholte Vili nachdrücklich, als hätte man ihn schon beim ersten Mal verstehen müssen. »Ihre Invasionspläne mögen perfekt sein, aber wir sind besser bewaffnet, besser ausgerüstet, und wir haben mehr Soldaten. Ihr werdet sehen, welchen Schaden ein paar Monate Wüstensand unter Rommels Panzern anrichten können. Also, wir sollten die Hoffnung nicht aufgeben. Wir werden einen Weg finden. Wir sind mit schlimmeren Feinden fertiggeworden, wir werden auch diesen überstehen.«

»Schön formuliert«, erwiderte Esther, die trotz ihres grimmigen Realismus positiv dachte und einfach nicht glauben mochte, dass die Katastrophe unmittelbar bevorstand. »Ich wusste, *dir* würde am Ende etwas einfallen«, sagte sie und warf ihrem schweigsamen Mann jenen verächtlichen, skeptischen Blick zu, mit dem alle angeheirateten Ehegatten in dieser Familie bedacht wurden.

»Solange wir Mut haben und zusammenhalten und nicht in

Panik geraten und nicht leeren Gerüchten glauben, die zwischen dieser Näherin und jener Friseuse ausgetauscht werden, *Schwestern*«, rief Vili, »werden wir auch das überstehen.« Er trug diesen Appell in der einzigen ihm bekannten Ausdrucksweise vor: durch Anleihen bei Churchill und Mussolini.

»Mit anderen Worten, wir warten«, folgerte Marta.

»Wir warten.«

Und da lag es schon in der Luft, im Verborgenen wartend, wie ein Pianist, der sich vor einem lange erwarteten Konzert die Finger massiert, oder wie ein Schauspieler, der sich kurz räuspert, bevor er auf die Bühne tritt. Es ging einher mit dem zuversichtlichen Glanz in seinen Augen, dem gestreckten Rücken und dem vertrauten Beben in der Stimme, die jetzt ihre passende Tonlage erreichte: »Wir haben andere Dinge überstanden, wir werden auch dies überstehen. Schließlich sind wir fünftausend Jahre alte Juden – *sind wir, oder sind wir nicht?*«

Die Stimmung im Raum hob sich, und Vili, der durchaus etwas Demagogisches an sich hatte, bat Flora, ein Stück von Goldberg zu spielen oder auch von Brandenburg, er wisse nicht mehr, von wem.

»Du meinst Bach«, sagte Flora und ging zum Klavier.

»Bach, Offenbach, c'est tout la même chose, alles dasselbe. Todos lechli, alles Aschkenasim«, brummte er. Nur Esther hörte ihn. Sie drehte sich sofort um und versuchte, ihn mit strenger Miene zum Schweigen zu bringen. »Sie versteht es!« Doch Vili war ungerührt. »Es gibt nur eines, was sie versteht, und alle Männer hier im Raum wissen, was das ist.«

Die Halbschwester des Schwaben hörte diese Worte nicht. Sie nahm ihren Ring ab, legte ihn neben die Tasten und begann, etwas von Schubert zu spielen. Jeder war hocherfreut.

Sie spielte bis in die Nacht hinein, bis alle, einer nach dem anderen, ins Bett gegangen waren, jede Nacht spielte sie, leise, ohne von den Männern Notiz zu nehmen, die es müde wurden, auf sie zu warten, und über Esthers Sohn und seinen albernen wertherschen Weltschmerz spotteten. Und dann waren er und Flora eines Nachts allein im Salon, und sie hatte aufgehört zu spielen, und er versuchte, das herzlose Gerede von Liebe in Zeiten des Krieges wegzuküssen. In ihrem Zimmer, das eigentlich dem Dienstmädchen Latifa gehörte, nahm Flora ihre Ringe und Ohrringe wieder ab, stellte ihr Cognacglas auf das wacklige Nachttischchen und sagte: »Jetzt kannst du mich küssen.« Aber sie küsste ihn zuerst. »Es bedeutet nichts«, fügte sie hinzu, während sie zur Seite sah, die Petroleumlampe anzündete und den Docht so weit hinunterdrehte, dass er schwächer glühte als ihre Zigarette. »Solange wir uns klar darüber sind, dass es nichts bedeutet«, sagte sie, und sie schien es fast zu genießen, andere auf brutale Weise mit ihrer Verzweiflung anzustecken.

Dann kam die wunderbare Nachricht. Die Achte Armee der Briten hatte Rommels Vormarsch in El Alamein aufhalten können und im Herbst 1942 schließlich zum entscheidenden Schlag gegen das Afrikakorps ausgeholt. Zwölf Tage dauerte die Schlacht. Nachts stand die ganze Familie stundenlang auf dem Balkon, wie in Erwartung eines festlichen Feuerwerks, angestrengt in westlicher Richtung über die verdunkelte Stadt schauend, um etwas von der historischen Schlacht zu sehen, die ihrer aller Schicksal bestimmen würde. Man rauchte, man plauderte untereinander oder mit den Nachbarn, die ebenfalls dicht gedrängt auf ihren Balkonen standen, man winkte einander zu, Hoffnung und Resignation andeutend, während aus leeren Zimmern ein unaufhörliches Krächzen von Kurzwellensendern kam, die über die jüngsten Entwicklungen in Nordafrika berichteten.

Ein ferner Lichtschein lag daumenbreit über dem westlichen Horizont, schwankend im Dunkel, plötzlich aufstrahlend wie der Scheinwerfer eines Autos, das einem hinter einer Bergkuppe entgegenkommt, dann wieder verblassend, ein fahler Mond in dunstiger Nacht. Nur ein weit entferntes, dumpfes Dröhnen war zu hören, wie das Surren von Ventilatoren an einem ruhigen Sommerabend oder das Summen des großen Kühlschranks in der Speisekammer. Die Leute gingen schlafen, während in der Ferne der Schlachtenlärm rumorte.

»Siehst du? Deine Angst, dass sie dich abholen, alles umsonst. Hab ich es dir nicht gesagt?«, sagte Vili zu seiner Schwester Marta, als klar wurde, dass die Engländer einen entscheidenden Sieg errungen hatten.

Alle schickten sich an, Urgroßmutters Wohnung wieder zu verlassen. Doch die Vorbereitungen kamen nur langsam, unsicher, ja zögernd voran, nicht nur, weil sich alle an das Flüchtlingsleben gewöhnt hatten und auf das Gemeinschaftsgefühl nicht verzichten wollten, sondern auch deswegen, weil niemand mit der Erklärung, jede Gefahr sei nun gebannt, das Schicksal herausfordern wollte. »Wozu die Eile?«, sagte meine Urgroßmutter. »Es sind noch viele Tauben und Hühner übrig. Außerdem, bei den Deutschen weiß man nie. In ein paar Wochen können sie wieder zurück sein.« Doch das Packen ging weiter.

Zum Abschied beschloss meine Urgroßmutter, ihren Söhnen und Töchtern jeweils ein mit goldenen Lilien versehenes Kristallglas zu schenken, das in der türkischen Glasfabrik des Urgroßvaters hergestellt worden war.

»Es ist das letzte Mal, dass so viele Menschen in dieser Wohnung sind«, erklärte die alte Dame.

»Wie die Dinge augenblicklich stehen, wäre ich mir nicht so sicher«, sagte Esther.

Esther hatte recht. Noch dreimal suchte man Unterschlupf in der Wohnung der alten Matriarchin: 1956 während des Suezkriegs, dann ein Jahrzehnt später und vorher schon, im Jahre 1948, nachdem Vili von zionistischen Agenten aufgespürt und übel zusammengeschlagen worden war, weil er für die Engländer spioniert hatte. Sie drohten, mit den anderen männlichen Familienmitgliedern ähnlich zu verfahren. Zwei Monate später bekam Vili Wind, dass sie wieder hinter ihm her waren und ihn diesmal umbringen würden. Er verbarg sich im Haus seiner Mutter. Eines Tages nahm er sein Glückspendel und legte seine Zyankalikapsel, die er seit den Tagen von El Alamein besaß, auf den Tisch. Das Pendel sagte Nein.

Vili verschwand erst nach Italien, dann nach England, wo er einen anderen Namen annahm, zum Christentum übertrat und alle vorangegangenen Staatsangehörigkeiten aufgab. Schon vier Jahre später tauchte er wieder in Ägypten auf, zum spektakulärsten Geschäft in seiner Karriere als Spion, Soldat und Schwindler: zur Versteigerung des Eigentums des abgesetzten Königs.

»Das war das Ende vom Ende«, erklärte er viele Jahre später in seinem Garten in Surrey. »Das Ende eines Zeitalters, das Ende einer Welt. Danach brach alles auseinander.«

Inzwischen war er Mitte achtzig, er liebte Pferde, Süßigkeiten und schmutzige Witze, und mit der Faust seines steif gewordenen Unterarms illustrierte er die saftigen Geschichten, die er in der gewohnten Manier erzählte: mit obszönen Gesten und übertriebener Mimik. Mit seiner alten Tweedhose, den Clarks, dem Halstuch und der fleckigen Kaschmirweste verkörperte er genau die Rolle, die er zeit seines Lebens geprobt hatte: die des viktorianischen Gentlemans, dem es völlig gleichgültig ist, was

Rangniedere von ihm oder seinem Äußeren halten. Seine aristokratische Erscheinung wirkte besonders überzeugend, weil man bei seinem Anblick sofort Armut vermutete.

Er hatte mir seinen Obstgarten gezeigt, in dem nie etwas Vernünftiges wuchs, den großen Teich, der dringender Pflege bedurfte (»Wen interessiert das schon?«), den Stall mit mehr Pferden, als Platz vorhanden war, und dahinter den Wald, in den sich niemand hineinwagte – eine Art verwilderte Jane-Austen-Welt. »Ich weiß nicht«, sagte er, als ich ihn fragte, was hinter seinem Wald lag. »Ein Nachbar vermutlich. Aber diese englischen Lords, wer kennt sie schon?«

Das stimmte nicht. Er kannte sie sehr gut. In Wahrheit kannte er jeden. Auf dem Postamt, in der Bank, in einem der Pubs, wo er mich zu einem Bier einlud, kannte jeder Dr. Spingarn. »Well, hello« und »Cheerio« gingen ihm so leicht über die Lippen, als hätte er von Geburt an Englisch gesprochen. Er wusste alles über Fußball. Als eines Morgens, wir waren auf dem Weg in die Stadt, ein Mini-Morris neben uns hielt, begriff ich, wie tief er mit seiner neuen Heimat verwurzelt war. Es war Lady Soundso, die nach London unterwegs war und wissen wollte, ob er irgendetwas benötigte. »Kein Problem«, sagte sie, als er schließlich einwilligte, sich von ihr eine Kiste französischen Wein mitbringen zu lassen. »Sans façons«, fügte sie hinzu, erfreut darüber, mit ihrem Französisch angeben zu können, und versprach, dass Arthur, ihr Mann, den Wein noch am selben Abend höchstpersönlich vorbeibringen werde. »Entendu«, rief sie, während sie schon das Fenster hochkurbelte und dann auf der stillen Landstraße weiterfuhr in Richtung Autobahn.

»Sie ist trocken wie ein Dörrpflaume. Wie alle Engländerinnen.«

»Ich fand sie aber sehr nett«, sagte ich und erinnerte ihn daran, dass die Dame zuerst bei ihm zu Hause vorbeigeschaut hatte und dann, als sie hörte, dass er sich auf einem Spaziergang befinde, losgefahren war, um nach ihm zu suchen. »Sehr nett, sehr nett«, wiederholte er, »alle sind sehr nett hier. Du verstehst überhaupt nichts.«

In der Stadt winkte Vili dem Antiquitätenhändler zu und beschloss, ihm einen Besuch abzustatten.

»Guten Tag, Dr. Spingarn«, sagte der Händler.

»Gott zum Gruß«, erwiderte Vili und stellte mich vor. »Haben Sie mein türkisches Kaffeekännchen inzwischen gefunden?«

»Noch immer auf der Suche, noch immer auf der Suche«, trällerte der Händler, während er eine alte Uhr abstaubte.

»Neun Jahre sind es jetzt«, kicherte Vili. »Ich werde wohl tot sein, bevor Sie es gefunden haben.«

»Keine Sorge, Dr. Spingarn. Sie werden uns alle noch überleben.«

»Sie sind langsamer als Araber und doppelt so dumm. Wie haben sie es nur geschafft, ein Kolonialreich zu errichten?«, sagte er, sobald wir den Laden verlassen hatten.

Zu Hause wurden wir von seiner Frau, der Tochter, dem verheirateten Enkel nebst Urenkel erwartet. »Siehst du den Tisch dort?« Er strich über den mächtigen antiken Esstisch aus Eiche, auf dem das Essen stand. »Fünf Pfund habe ich dafür bezahlt. Und siehst du die Stühle? Es waren zwölf. Sieben Pfund alles zusammen, und auf dem Dachboden stehen noch einmal acht. Und diese riesige Uhr dort? Rate mal, wie viel.« »Ein Pfund«, schätzte ich. »Falsch! Ich habe überhaupt nichts dafür bezahlt. Ich habe sie zu den Stühlen dazubekommen.« Wiehernd vor Lachen schmierte er sich dick Butter auf eine Scheibe Brot.

»Du klingst wie ein typischer parvenu juif«, spottete seine Tochter.

»Was sind wir denn sonst, wenn nicht parvenus juifs?«

Nach dem Essen bestand er darauf, seinen Kaffee ganz allein mit mir zu trinken. »Lui et moi seuls«, erklärte er den anderen. »Komm«, sagte er und zeigte zur Küche, wo er sich anschickte, türkischen Kaffee zuzubereiten. »Siehst du, du brauchst nur ein kleines Kännchen wie dieses hier, am besten eines aus Kupfer, aber Aluminium tuts auch. Dieses hier habe ich mir in Manchester anfertigen lassen. Von einem Griechen. Aber glaubst du, unser Antiquitätenhändler ist clever genug, um von allein darauf zu kommen, dass er gar nichts anderes zu tun braucht? Niemals. Deswegen besuche ich ihn gelegentlich. Solange er dumm ist und ich so scharfsinnig bin, dass ich es merke, so lange ist alles in Ordnung mit mir. Verstehst du?«, zwinkerte er mir mit einem komplizenhaften Funkeln in den Augen zu. Ich nickte, obwohl ich die Pointe nicht verstanden hatte. Ich dachte mir, dass ich keinen einzigen Tag in der Welt seiner Jugend überstanden hätte. »De l'audace, toujours de l'audace«, sagte er. »Im Leben kommt es nämlich nicht nur darauf an, zu wissen, was man will. Das ist leicht. Man muss wissen, *wie* man es bekommt.« Auch diesmal war ich nicht sicher, ob ich ihn verstanden hatte, nickte aber wieder. »Doch ich hatte Glück. Ich hatte ein gutes Leben. Das Leben gibt uns allen bei unserer Geburt ein paar Trümpfe in die Hand, mehr nicht. Mit zwanzig hatte ich meine bereits verspielt. Das Leben hat sie mir mehrfach zurückgegeben. Nicht viele können das von sich behaupten.«

Als der Kaffee fertig war, nahm er zwei Tässchen, hielt die Kanne gefährlich in die Höhe und goss den Kaffee in hohem Bogen ein, wie es gute arabische Diener machten, damit der Kaffee beim Einschenken ein wenig abkühlen konnte. »Möge Gott seiner Seele gnädig sein, aber niemand machte besseren Kaffee als dein Großvater«, sagte er. »Eine Schlange mit gespaltener Zunge, und er wallte auf wie Milch, wenn er sich ärgerte, und machte einen dann fertig, aber trotzdem, er hat den besten Kaffee der Welt zubereitet. Komm!« Wir gingen einen anderen Flur entlang, dann deutete er auf die Wohnzimmertür. Der Raum war voller Antiquitäten und Orientteppiche. Eine fette Katze döste, die Beine unbeholfen ausgestreckt, auf dem glänzenden alten Parkett in der Sonne.

»Siehst du diese Smokingjacke?«, sagte er. »Fühl mal!« Ich beugte mich zu ihm und berührte den seidenen Kragenstoff. »Mindestens vierzig Jahre alt«, sagte er und schien sich köstlich zu amüsieren. »Rate mal, wem sie gehört?« »Deinem Vater«, sagte ich. »Sei nicht albern«, rief er, fast ärgerlich. »Mein Vater ist vor einer Ewigkeit gestorben.« »Einem deiner Brüder?« »Nein, nein, nein.« »Dann weiß ich es auch nicht.« »Ich gebe dir einen Tipp. Rate mal, wer den Stoff gemacht hat? Es ist der beste Stoff der Welt.« Ich brauchte eine Weile. »Mein Vater?«, fragte ich. »Richtig. Gewebt im Keller seiner Fabrik in Ibrahimieh während des Kriegs. Diese Jacke gehörte deinem Großvater Albert.«

»Hat er sie dir geschenkt?«

»Gewissermaßen, ja.«

»Aus welchem Anlass?«

»Nach seinem Tod. Esther hat sie mir geschenkt. Wo findet man heutzutage noch so schönen Stoff? Das gehört zu den wenigen Dingen, die ich schätze«, sagte er lachend. »Hier, fühl noch einmal!«, befahl er.

Ganz der meisterliche Verkäufer, dachte ich. »Ich wills dir erklären«, sagte er, sein Gesicht dem meinen unangenehm nahe. Er sah sich um, ob auch niemand zuhörte.

»Erinnerst du dich an Flora, la belle romaine, wie wir sie nannten?«

Flora habe mir alles über den Pianisten Schnabel beigebracht, antwortete ich.

»Stimmt. Während des Kriegs, in den Tagen von Alamein, wohnten wir alle bei deiner Urgroßmutter. Du kannst dir nicht vorstellen, wie eng es war. Also, eines Tages kommt diese dunkelhaarige, schöne, geradezu peinlich schöne Frau hereinspaziert. Sie spielt jeden Abend Klavier, raucht die ganze Zeit, hat etwas leicht Verbrauchtes, was sie aber umso attraktiver macht, und flirtet mit uns allen, obwohl man schwören würde, dass sie es nicht wusste. Kurzum, wir waren alle wahnsinnig verliebt in sie. Wahnsinnig.«

»Was hat das mit meinem Großvater zu tun?«

»Warte, ich bin noch nicht fertig.« Er klang fast gereizt. »Also, es herrschte eine solche Spannung – du musst dir vorstellen, es waren mindestens sieben erwachsene Männer im Haus, ganz zu schweigen von jüngeren Männern, die genauso gierig waren –, dass wir jeden Tag anfingen, uns zu streiten. Wegen allem und jedem. Dein Großvater und ich, wir haben uns täglich gestritten. Täglich. Dann haben wir uns wieder versöhnt und Tricktrack gespielt. Und uns anschließend wieder gestritten. Spielst du Tricktrack?«

»Nicht sehr gut.«

»Dachte ich mir. Wie auch immer, es ist ziemlich klar, dass Flora ein Auge auf mich geworfen hat. Ich mache ihr natürlich keine Avancen – ich muss mich anständig benehmen, im Haus meiner Mutter und so, und meine Frau schnüffelt herum, du verstehst. Ich muss sehr behutsam vorgehen. Schließlich sage ich zu deinem Großvater: ›Albert, diese Frau will mich. Was soll ich tun?‹ Er sagt: ›Willst du sie auch?‹ Und ich sage: ›Du etwa nicht?‹ Er antwortet nicht. Also sage ich zu ihm: ›Albert, du musst mir helfen.‹ Dein Großvater, dieser Schlawiner, lächelt und sagt nach einer Weile: ›Verstehe.‹ Alle anderen wussten Bescheid – Frau Kohn, deine Großmutter, Isaac. Alle. Nur ich nicht. Ich habe das erst fünfunddreißig Jahre später herausgefunden, als Flora uns hier besuchen kam und mich diese Smokingjacke tragen sah. Sie hat sie sofort erkannt.«

»Und?«

»Verstehst du denn nicht?«

Ich schüttelte den Kopf.

»Sie hat sie wahrscheinlich als Geschenk für ihn anfertigen lassen. Ich kam mir richtig blöd vor. Die einzige Frau, die ich je begehrt und mit der ich nicht geschlafen habe. Nach vierzig Jahren immer noch so eifersüchtig – was für eine Dummheit!« Wir schwiegen einen Moment. Ich war versucht, ihm zu erzählen, dass es nicht mein Großvater, sondern mein Vater gewesen war, der Flora in jenen Sommernächten des Jahres 1942 geliebt hatte, und dass die Jacke ihm und nicht seinem Vater gehört hatte. Mein Großvater hatte sie einfach von seinem Sohn »geerbt«, so wie er alles »erbte«, was mein Vater nicht mehr trug. Aber ich sagte nichts, denn ich wollte, dass mein Großvater einen Punkt gegen Vili errang. »Du hättest uns aber damals sehen sollen«, fuhr er fort. »Alle baten sie, Klavier zu spielen, jeder trank mehr Cognac als üblich und wartete darauf, dass die anderen müde wurden und schlafen gingen. Offen gesagt, so lange aufzubleiben, war nie meine Art.«

Ich sah, wie er seine Enthüllung genoss. Er nahm unsere leeren Kaffeetassen und sagte schließlich: »Komm!« Und bevor ich michs versah, hatte er mich in den Garten geführt, wo sein Enkel und seine Frau die Lokalzeitung lasen.

»Fertig mit eurem kleinen Plauderstündchen?«, fragte seine Frau.

»Ja«, sagte Vili.

Beim Essen gab es einen kleinen Zwischenfall. Durch das Esszimmerfenster sah man, dass ein paar Zigeuner über das

Grundstück streiften. Ohne zu zögern, ging Vili ins Wohnzimmer, holte sein Gewehr und feuerte zwei Schüsse in die Luft, was Hunde und Pferde aufschrecken ließ. »Bist du verrückt geworden«, rief seine Tochter, sprang auf und versuchte, ihm das Gewehr zu entreißen. »Sie könnten dich umbringen, wenn sie wollten.«

»Sollen sie's doch versuchen. Glaubst du, ich habe Angst vor ihnen? Ich würde jeden Einzelnen von ihnen davonjagen …« Und dann kam es, als Abschiedsgeschenk, als Erinnerung an meinen Besuch in England, als ein letztes Zugeständnis an den Besucher, der gekommen war, um die Worte von seinen Lippen zu hören: »Ich und Angst vor ihnen? Ich und Angst? Was glaubst du denn? Bin ich, oder bin ich nicht?«

In dieser Nacht kam er in mein Zimmer, um mir Lebewohl zu sagen. »Ich bestehe auf einem Adieu«, sagte er, »denn in meinem Alter weiß man ja nie.« Er musterte meine Sachen, warf einen Blick auf meine Bücher, griff sich eines, fragte mit gespielt spöttischer Miene: »Wird das heute noch immer gelesen?« »Mehr als je zuvor«, antwortete ich. »Noch ein Jude«, sagte er. »Nein, ein Halbjude«, sagte ich. »Nein. Wenn deine Mutter Jüdin ist, dann bist du nie Halbjude.«

Vielleicht ging es ihm darum, vielleicht war er deswegen heraufgekommen, jedenfalls fragte er mich nach seiner Mutter. Ich erzählte ihm, woran ich mich erinnerte. Nein, sie habe keine Schmerzen gehabt. Ja, sie sei bei klarem Verstand gewesen, bis ganz zuletzt. Ja, sie habe bis zuletzt gelacht und noch immer diese kurzen, lapidaren Sprüche gemacht, bei denen man sich wie ein getretener Wurm krümmte. Ja, sie wusste, dass sie sterben würde. Und so weiter, bis ich ihm erzählte, dass sie nicht gut sehen konnte, weil sie Katarakte hatte, und dass sich ein dünner, gelblicher Schleier über ihre Augen gelegt hatte. Ich hatte es beiläufig gesagt, nicht wissend, dass Katarakte eine besonders schwere Augenkrankheit waren.

»Sie konnte also nicht sehen«, sagte er. »Sie konnte nicht sehen«, wiederholte er, als wollte er aus den Worten und Silben eine geheime Bedeutung herauslesen, einen verborgenen Sinn hinter der Grausamkeit des Schicksals und der Verwundbarkeit des Alters. »Sie konnte also nicht sehen«, sagte er wie jemand, der von so starkem Schmerz ergriffen wird, dass er nichts tun kann, als die Worte zu wiederholen, bis ihm schließlich Tränen in die Augen steigen.

»Du wirst es nicht verstehen«, sagte er, »aber ich denke manchmal an sie. Alt, einsam, von allen verlassen, und, nun, da du es erwähnst, blind, praktisch ganz allein, stirbt sie in Ägypten. Und ich denke daran, wie ich ihr das Leben hätte erleichtern können, wenn ich mein Leben nicht damit vertrödelt hätte, all diese windigen Projekte auszuprobieren. Aber so ist das Leben halt. Jetzt, wo ich das Haus habe, habe ich keine Mutter mehr. Und doch sollte dieses Haus auch für sie sein. Manchmal denke ich an sie einfach als Mutter, so wie Kinder es tun, wenn sie etwas brauchen, was nur Mütter ihnen geben können. Du denkst wohl, weil ich alt genug bin, um selber Urgroßvater zu sein, kann ich unmöglich auf diese Weise an meine Mutter denken. Tja, ich denke noch immer so. Merkwürdig, nicht?« Er lächelte, legte das Buch wieder auf den Nachttisch und begann, vielleicht um mich zu überraschen, auf Französisch die langen, gewundenen Anfangssätze aufzusagen.

»Gute Nacht, Herr Doktor«, sagte er abrupt.

»Gute Nacht, Dr. Spingarn«, antwortete ich, entschlossen, nicht danach zu fragen, wieso er diese Passage von Proust kannte.

Eine halbe Stunde später wurde ich auf dem Weg zum Badezimmer von meinem Cousin und seiner Frau aufgehalten.

»Wenn du leise bist, wirst du es nicht bedauern.« Vili, sagten sie, höre allabendlich zwischen zehn und elf Uhr das französischsprachige Programm der »Stimme Israels«. Ich war überrascht. »Das tut er immer zuletzt. Dann macht er das Licht aus und legt sich schlafen.« »Und?«, fragte ich. »Du wirst schon sehen.« Eine Weile warteten wir draußen vor seiner Tür. »Es ist jeden Abend dasselbe«, flüsterten sie. Würden sie anklopfen und ihn bitten, eintreten zu dürfen, oder würden sie einfach hineinplatzen? »Du wirst schon sehen.« Schließlich hörten wir die israelische Nationalhymne und verschiedene Signale zum Sendeschluss. »Gleich ist es vorbei«, erklärte mein Cousin. Etwas knackste in dem Zimmer. Vili hatte das Radio ausgeschaltet. Dann hörten wir die quietschende Matratze, die unter seinem Gewicht nachgab, dann ein Rascheln der Bettdecke, und plötzlich ging der Lichtstreifen unter der Tür aus. Eine Sekunde lang war alles still. Und dann glaubte ich, es zu hören, ein leises, gedämpftes Summen, das wie Nebel durch das Schlüsselloch drang, unter der Türspalte hervor, durch die Türritzen, und die dunkle Stille, in der wir drei standen, wie Weihrauch und Vorahnung füllte; ein unheimliches Durcheinander von vertrauten Worten in einem Tonfall, den auch ich vor langer Zeit gelernt hatte, ein verstohlenes Flüstern, als schämte er sich.

»Er wird es leugnen, wenn du ihn danach fragst«, sagte mein Cousin.

2

Rue Memphis

Für die beiden Frauen, die eines Tages meine Großmütter werden sollten, war es wirklich eine sehr kleine, sehr merkwürdige Welt. Zum ersten Mal begegneten sie sich 1944 auf einem kleinen Marktplatz in Alexandria, wo sie eine Partie verdächtig alter Seebarben in Augenschein nahmen. Nach den ersten zaghaften, scheuen Äußerungen, aus stark geschminktem Mund hinter ehrbarem Hutschleier, schienen ihre Worte wie in strahlende Sonne getaucht, und plötzlich begannen die beiden Fremden, die sich schon über ein Jahrzehnt vom Sehen her kannten, es aber nie gewagt hatten, einander anzusprechen, fröhlich loszuschnattern wie alte Schulfreundinnen, deren Wege sich fünfzig Jahre zuvor getrennt hatten. In ihrem Schlepptau befand sich jeweils ein Boy, dem sie nicht vertrauten und mit dem sie auch nicht sprachen, dessen Aufgabe nur darin bestand, seiner weisen, alten »Mazmazelle« hinterherzulaufen – in Ägypten hießen alle Europäerinnen eines bestimmten Alters und gesellschaftlichen Standes Mademoiselle oder Signora – und zuzusehen, wie sie die gute Ware von der schlechten schied und in unverständlichstem Arabisch um den Preis feilschte, sich einzuschalten, falls es Probleme gab, und den Einkauf von Händler zu Händler zu tragen, bis er schließlich nach Hause geschickt wurde, um mit der Vorbereitung des Mittagessens zu beginnen. Mazmazelles machte es nichts aus, mit den bloßen Fingern rohe Leber anzufassen oder die Kiemen von Seebarben zu befühlen, um zu demonstrieren, dass die Fische an diesem Tag keineswegs fangfrisch waren; niemals aber nahmen sie etwas aus der Hand des grobschlächtigen Händlers entgegen. Das oblag dem Boy. Bis etwa ein Uhr konnten die Mazmazelles dann tun, wozu sie Lust hatten, denn um diese Zeit kamen ihre Ehemänner nach Hause, um zu essen und Mittagsschlaf zu halten.

»Also keine Seebarbe«, sagte die eine zur anderen. »Was für ein Jammer! Wenn ich bedenke, dass ich all die Jahre schlechten Fisch gekauft habe und es nicht einmal wusste«, sagte sie betrübt.

»Es sind die Kiemen, nicht die Augen. Die Kiemen müssen leuchtend rot sein. Wenn nicht – Hände weg!«

»Was für ein Jammer«, wiederholte die Schüchternere der beiden, als sie schon auf dem Heimweg waren. »All die Jahre sind wir Nachbarinnen gewesen und haben uns nicht einmal mit einem Pieps begrüßt.«

»Warum haben Sie mich denn nie angesprochen«, fragte die eine, die alles über Fisch wusste.

»Ich habe Sie für eine Französin gehalten«, erwiderte die Schüchternere, und das hieß: für eine Französin aus der Oberschicht.

»Französin? Wie sind Sie denn darauf gekommen? Je suis italienne, Madame«, fügte sie hinzu, als sei das etwas viel, viel Besseres.

»Genau wie ich!«

»Ach? Tatsächlich? Aber wir sind aus Livorno.«

»Wir auch! Welch ein wundersamer Zufall.« Wirklich eine kleine Welt, sagten sie auf Ladino (von dem jede behauptete, es sei Spanisch), einer Sprache, die, wie sich beim Fischhändler gezeigt hatte, alle beide sprachen. Während die eine zu erklären versuchte, warum die Seebarben an diesem Tag nicht frisch waren, stellte sich plötzlich heraus, dass sie von den sechs oder sieben Sprachen, die sie fließend beherrschten, die Bezeichnung für Seebarbe nur auf Ladino kannten.

Beim Abschied vereinbarten sie, sich am nächsten Vormittag zum Einkaufen zu treffen.

»Sie ist so vornehm«, erzählte die Schüchternere an diesem Tag ihrem Mann. »Von wegen vornehm«, spottete er, »ihr Mann ist Besitzer eines Billardsalons.« »Na und, ist dein Fahrradgeschäft etwa besser?«, entgegnete sie. »Hunderttausendmal besser.« Er war richtig erregt.

Ungeachtet der Einwände ihres Mannes, bezeichnete sie ihre Nachbarin weiterhin als *une vrai princesse,* die ihrerseits mit ihrem Mann mehr oder weniger die gleiche Unterhaltung geführt haben dürfte und fand, dass ihre Nachbarin zwar vielleicht nicht besonders aristokratisch, dafür aber doch *une sainte* war.

Die Heilige war ein sanftmütiges, melancholisches Wesen, das bisweilen Selbstgespräche führte und oft etwas verlor oder vergaß. Sie vergaß, wo oder vor wem sie etwas versteckt hatte. Sie verlegte Schlüssel und Handschuhe, vergaß Namen, Termine, Schulden und Meinungsverschiedenheiten. Oft verlor sie den Faden ihrer Geschichte, konnte sich an nichts mehr erinnern, suchte nach Ideen, reihte sinnlose Worte aneinander, in der Hoffnung, halbwegs überzeugend zu wirken, wenn sie nur schnell genug sprach, jedoch ohne dabei zu merken, dass sich ihre Fehler vor allem durch die rasche Abfolge irriger Behauptungen verrieten. Manchmal gestand sie, völlig orientierungslos, ihre Niederlage ein. »Es macht nichts, das kann jedem passieren«, sagte sie dann und versuchte, durch tiefes Luftholen die Angst zu unterdrücken, die in ihr aufstieg. »Es wird mir schon wieder einfallen«, versicherte sie dann, wohl wissend, dass in der italienisch-byzantinischen Welt, aus der sie kam, ein Niesen mitten im Satz als Beweis für die Wahrheit des Gesagten galt, Vergesslichkeit dagegen als ein Zeichen von Betrug. Diesen Verdacht versuchte sie dadurch zu entkräften, dass sie ihre plötzlichen Redepausen mit kurzen Schwüren ausfüllte, wie etwa »Bei den Augen meiner Tochter« oder »Beim Grab meiner Mutter«, da sie aber so oft schwor, begann sie selber, an ihren Geschichten zu zweifeln, und sie sagte sich, wie das bei älteren Menschen oft passiert, dass sie vielleicht eher übertrieb als vergaß.

Wenn ihr der Name eines Verwandten nicht einfiel, suchte sie ihn in einem verzweigten Namenslabyrinth und offenbarte auf diese Weise, welchen Platz der Betreffende in der Rangordnung ihres Herzens einnahm. Zuerst kam ihr Sohn Robert, dann seine drei Töchter, dann ich, dann ihre taube Tochter, ihre Brüder, die Nachbarn, ihr Mann.

Als ich ihr einmal erzählte, ich hätte Onkel Robert im Traum gesehen, weinte sie. »Und was hat er zu dir gesagt?«, fragte sie eifrig. Mehr als ein Jahr war vergangen, seit er, im Gefolge des Krieges von 1956, aus Ägypten ausgewiesen worden war, und inzwischen war ihr Leben völlig aus den Fugen geraten. »Er hat gesagt, seine Tochter wollte dir ein Geschenk bringen«, log ich, in der Annahme, mein Traum werde sie glücklich stimmen. Doch nach altem levantinischem Brauch bedeuten Träume immer das Gegenteil dessen, was sie sagen, und das hieß, dass ihr Sohn in Frankreich dringend Geld für seine Kinder benötigte.

Daraufhin begann sie, hektisch einzukaufen, die Sachen sorgfältig zu verpacken, geduldig auf dem Postamt anzustehen, um dann abends im Wohnzimmer zu sitzen und sich, mit jedem zufällig anwesenden Besuch, des Langen und des Breiten aufzuregen und so viel Galle zu produzieren, wie sie nur konnte, und auf die Bestätigung zu warten, dass die Sendung nicht in die Hände der Polizei gefallen oder von einem cleveren Postbeamten geplündert worden war. Ihre Pakete, eingewickelt in kobaltblaues Papier, fest verschnürt und versehen mit brüchigen, rötlichen Wachssiegeln, die so alt waren, dass sie ihren Mädchennamen trugen, waren das Produkt einer so naiven und so arglosen Seele, dass wohl ein Meisterspion, nicht aber ein Kind darauf hereingefallen wäre: ein Paar handgestrickte Kittel für ihre Enkelinnen, Medikamente, die in Frankreich nur schwer zu bekommen waren, ein sündhaftes Sortiment von Kandiszucker, eingewickelt in buntes Zellophanpapier, sowie eine gefaltete Hundertpfundnote, wie von aufmerksamer himmlischer Hand diskret in den Ärmel eines Kinderhemdchens genäht. Früher oder später würde ihr Mann es herausfinden und ihr eine Szene machen. Doch zuerst kämen ihre Enkel, erklärte sie der Prinzessin, die mehr denn je überzeugt war, dass sie es wirklich mit einer Heiligen zu tun hatte, obschon ihr – im Gegensatz zu jenen, die sie liebten – bereits auffiel, dass sie manchmal etwas merkwürdig im Kopf war. »Sie ist wie eine Taube«, fuhr die Prinzessin fort, »ohne den geringsten Arg.« »Und ohne den geringsten Verstand«, antwortete ihr Mann sogleich.

Einen Monat später kam die Nachricht, dass Süßigkeiten, Kleidung, Zeitschriften und die vom Schicksal eingewebte *petite surprise* wohlbehalten angekommen waren. »Ich wusste es, ich habe es immer gewusst«, rief sie ausgelassen. »Warum haben Sie sich dann so viel Sorgen gemacht?«, fragte die Prinzessin, die viele Abende darauf verwendet hatte, die schlimmsten Befürchtungen ihrer Nachbarin zu zerstreuen, und nun staunte, wie sie sich so rasch auflösen konnten. »Hätte ich mir keine Sorgen gemacht, wären die Sendungen nicht angekommen«, erwiderte sie, als wäre das die selbstverständlichste Sache der Welt. »Das verstehe ich nicht«, erwiderte die Prinzessin. »Wenn Sie das nicht verstehen, Madame Esther, dann verstehen Sie es eben nicht«, gab sie schnippisch zurück, und das sollte heißen, dass sie nicht über Rituale sprechen mochte, die derart kompliziert und heikel waren, dass der bloße Gedanke daran, gar das Darübersprechen mit Uneingeweihten, sie ihres Zaubers berauben könnte.

»Bitte, erklären Sie es«, sagte die Prinzessin und wartete darauf, welch verquere Logik in der Erklärung ihrer Nachbarin zutage treten würde. Doch wie alle Mystiker ließ sich auch die Heilige nicht in die Falle locken.

»Madame Esther, ich bin vielleicht nicht gebildet«, sagte sie, »aber ich bin sehr hellsichtig, très lucide. Ich rieche Dinge, lange bevor sie geschehen.« Wenn sie glaubte, jemand mache sich über sie lustig oder wolle sie hinters Licht führen, deutete sie mit warnend erhobenem Zeigefinger auf ihre Nase, als führten ihre Nasenlöcher zu einem altehrwürdigen sechsten Sinn. »Und sie hält sich für clever«, spottete der Mann der Prinzessin, manchmal sogar in Gegenwart der Heiligen. »Diese verrückte Ziege hat so viel Verstand wie eine Mohrrübe und läuft herum und behauptet, sie sei hell – ich bitte dich!« Unbeeindruckt von dem Gespött ringsum, hob sie inspiriert den Zeigefinger, wies ein paar Mal auf ihre Nase, lächelte ihr schüchternes, wissendes Lächeln und flüsterte mir zu: »Lass sie nur. Sie glauben, ich weiß es nicht, aber ich weiß es.« Traurig blickte sie sich um und seufzte.

»Was würde ich nicht dafür geben, wenn ich sehen könnte, wie ein junger Mann aus dir wird. Aber das ist der Otra Venida vorbehalten«, sagte sie oft lächelnd zu mir – und damit war gemeint: jenes andere, künftige Leben, jenes Reich neuer Chancen, wo alle Makel behoben und in Goldfiligran gefasst werden.

Das war mein Stichwort, denn sobald sie von La Otra Venida sprach, stürzte ich auf sie zu und drückte mich an sie, während sie mich scheinbar unwirsch abwehrte wie jemand, der in aller

Öffentlichkeit gekitzelt oder umarmt wird, so als wollte sie fragen, wie ich es wagen könne, sie zu küssen, nach allem, was ich ihr antat – nämlich dass ich sie überleben und sie eines Tages ohne mich sein würde. Doch sowie sie merkte, dass sich mein Griff nicht lockerte, gab sie nach, wehrte sich nicht mehr, sondern umarmte mich, sah mir ins Gesicht, als wollte sie sich vergewissern, ob ich so viel Liebe wirklich verdient hätte, um schließlich tief und wie berauscht Luft zu holen, sehnsüchtig und ahnungsvoll, als wollte sie mich ganz in sich aufnehmen. Ich musste dann nur noch etwas stärker drücken, und schon brach das Schluchzen aus ihr heraus, das sie bis dahin unterdrückt hatte.

»Du liebst mich, ich weiß, aber deine andere Großmutter musst du noch mehr lieben«, sagte sie.

»Krankhaft sephardisch«, meinte Tante Flora, die diese Szene beobachtet hatte und für diese emotionalen Windungen, die in der Levante als Liebe gelten, kein Verständnis aufbrachte. »Es gibt kaum etwas Aggressiveres«, sagte sie Jahre später zu mir, »als diese perverse, verdrehte Selbstlosigkeit, die einen erstickt wie ein riesiger Schuldenberg und einem letztlich immer das Gefühl gibt, dass man es nicht verdient hat, dass man undankbar und lieblos ist.«

»Warum darf er denn nicht sagen, dass er Sie mehr liebt, Madame Adèle?«, protestierte Tante Flora halb im Scherz an diesen heißen Sommernachmittagen, wenn die Fensterläden geschlossen waren, damit die Sonne nicht in das Zimmer der Heiligen fiel, und die beiden Frauen vierhändig Klavier spielten. Die Heilige hatte Tante Flora an einem der letzten Kriegstage auf Empfehlung der Prinzessin als Klavierlehrerin eingestellt. Inzwischen, zehn Jahre später, waren sie wie Mutter und Tochter.

»Glaubst du, ich will nicht, dass er mich mehr liebt?«, fragte die Heilige.

»Warum lassen Sie ihn dann nicht?«

Verdrossen antwortete meine Großmutter: »Wenn du das nicht verstehst, Flora, dann tut es mir wirklich leid.«

An diesen Sommernachmittagen wurde es so ruhig in der Wohnung der Heiligen und draußen auf der Rue Memphis und in ganz Ibrahimieh, dass auch ich, während Großvater Jacques in seinem Zimmer schlief, dösend auf dem Sofa lag und mich von dem Geplauder der beiden Frauen und ihren Klavierübungen in einen langen, erholsamen Schlaf wiegen ließ. Manchmal weckte mich das Klingeln langstieliger Löffel in hohen Limonadegläsern oder das unablässige Geflüster der beiden Frauen oder eine Fliege, die auf meinem Gesicht herumwanderte und genauso Bestandteil meines Traumes war wie die Musik von Liszt und das Gurren der Turteltauben, die draußen auf dem Fenstersims hockten, wo ihnen die Heilige tags zuvor ein paar Reiskörner hingestreut hatte.

»Zumindest wünsche ich mir, dass er sie genauso liebt«, erklärte meine Großmutter, als wollte sie in Liebesdingen unbedingt am Gleichheitsprinzip festhalten.

»Aber warum soll man zwei Menschen genauso lieben? Und außerdem, haben Wünsche je das Herz bewegt?«, fragte Flora und fügte hinzu, so wie viele Jahre später in Venedig, als wir eines Sommernachmittags am Campo Morosini spazieren gingen: »Man liebt kaum jemanden, schon gar nicht richtig.«

»Das verstehst du nicht, Flora«, sagte die Heilige. »Er soll sie so lieben, dass sie nicht eifersüchtig auf mich ist. Ich mache mir Sorgen. Was für eine Großmutter wird sie für ihn sein, wenn ich einmal nicht mehr da bin?« »Was meinen Sie damit: ›nicht mehr da bin‹?« »Nicht mehr da, weggegangen, Flora.« »Was sagen Sie da? Sie sind noch keine sechzig!« »Ich meine, fortgegangen nach Frankreich, Flora, nicht fort in *dem* Sinn. Fort nach England.

Nach Konstantinopel. Was weiß ich, wohin. Fort.« Sie schwieg einen Moment, ahnte wohl, dass auch die andere Bedeutung nicht so abwegig war. »Und außerdem, was glaubst du, wie viele mir noch bleiben?«, fragte sie – gemeint waren Jahre.

Aus Angst, sich den Unmut der Prinzessin zuzuziehen, beschloss die Heilige, ihr von meinen Besuchen nichts zu erzählen. Sooft sie die Prinzessin traf, erkundigte sie sich nach mir, um den Eindruck zu erwecken, als sähe sie mich nur selten – alles sehr byzantinisch, aber völlig sinnlos, denn die Prinzessin wäre nie auf den Gedanken gekommen, sie könnte nicht die Beliebtere von ihnen beiden sein.

Da die Prinzessin einen strengen Tagesablauf hatte, ließen sich meine Besuche mühelos vor ihr verbergen. Um zwei Uhr, nachdem sie zu Mittag gegessen und sich für den Sommernachmittag zurechtgemacht hatte, trat die Prinzessin aus dem Haus, zog die Tür hinter sich zu und schloss von außen die grünen Fensterläden, einen nach dem anderen. Dann ging sie zur Straßenbahnhaltestelle und nahm dort eine Droschke, oder sie fuhr zwei Stationen bis Sporting, wo ihre Mutter wohnte und sich die ganze Familie zum Kaffee traf, und fuhr anschließend zum Sporting Klub.

Das waren die schönsten Stunden ihres Lebens, auf die sie unter keinen Umständen verzichtete – nicht einmal dann, wenn es mit ihrer eigenen Gesundheit und derjenigen anderer Leute nicht so gut bestellt war. In dieser Zeit also, kurz nach Mittag, ging meine Mutter mit mir ihre Mutter besuchen.

Auf dem Balkon vor dem Esszimmer der Heiligen, im luftigen Schatten einer gestreiften Markise, saßen oft schon leise plaudernd eine Nachbarin, Freundinnen, Tante Flora oder andere Gäste. Kaum ein Lüftchen ging, die Sonne bewegte sich so langsam, dass es Stunden dauern konnte, bis die Gäste ihre Stühle nahmen und auf einen benachbarten Balkon umzogen, um dort ihre Unterhaltung fortzusetzen, immer voller Klatsch, Tränen, Gift und Selbstmitleid. Wenn eine der Frauen vor Rührung weinte, tat sie das still und leise, mit gesenktem Gesicht, und hielt sich ein zerknülltes Taschentuch vor den Mund, nicht weil sie sich vor den anderen schämte, sondern um Monsieur Jacques nicht zu wecken, dem es sehr unangenehm war, von Frauen aus dem Schlaf geholt zu werden, die er allesamt, ob sie geschluchzt hatten oder nicht, verächtlich als *sales comediennes* bezeichnete.

So zogen sich die Stunden hin, und es dauerte ewig, bis der sudanesische Boy ein Tablett mit Sorbets in allen Regenbogenfarben brachte, und wieder dauerte es ewig, bis er auf den Balkon kam, um die klebrigen Teller abzuräumen. Und noch immer waren es so viele Nachmittagsstunden bis zum Einbruch der Dämmerung, dass Ägypten, wie Tante Flora sagte, die längsten Stunden auf der Welt hatte.

»Wie die Zeit vergeht«, sagte meine Großmutter in einem ihrer sorgloseren Momente und dachte, dass sie so ihre Tage beenden wollte, mit ihren Freundinnen, ihrer Familie, ihrer Wohnung, ihrem Klavier, im friedlichen Licht der Mittagssonne sich die Zeit vertreibend. Das meinte sie, wenn sie von der Vorbereitung auf *une bonne vieillesse,* ein schönes Alter, sprach. Für sie bedeutete *une bonne vieillesse* nicht nur gesund und voller Tatkraft alt zu werden, ohne Krankheit und weltliche Sorgen, mit viel Zeit, um ihre *Dinge* in Ordnung zu bringen, und nie jemanden um etwas bitten zu müssen. Sie verstand darunter auch die Sorte Alter, in dem man von einer gütigen Hand geführt und, vorzugsweise im Schlaf, auf die andere Seite gebracht wird, sodass einem die Schmach und die Würdelosigkeit des Sterbens erspart bliebe.

»Da kommt sie«, meldete eine der vier, fünf Frauen auf dem Balkon schließlich, sobald die Prinzessin um die Ecke der Rue Memphis bog und ihrem Haus entgegenstrebte. »Schon sechs Uhr!«, sagte jemand, und instinktiv schickte mich die Heilige ins Zimmer. »Wie geht es Ihnen heute, Madame?«, rief sie laut vom Balkon herunter, bedacht darauf, als Erste zu grüßen – eine Gewohnheit, die bewirkte, dass die anderen unweigerlich das Gefühl hatten, säumig gewesen zu sein. In der Freude, die ihr Gesicht erfüllte, sobald sie einen auf der Straße sah, verbarg sich der milde, stumme Vorwurf, dass man entweder, wenn man sie so spät sah, nicht mit ihr reden wollte, oder aber, dass sie einen nur deswegen immer zuerst bemerkte, weil sie mehr an die anderen dachte als die an sie. Diesmal begrüßte sie die Prinzessin übertrieben eilfertig, eben weil ich bei ihr im Haus war und sie deswegen jeden Grund hatte, sie nicht zu grüßen. Sie war zu schnell aufgestanden, ihr nervöser Gesichtsausdruck strafte die lässige Haltung, mit der sie sich über das Geländer beugte, Lügen. »Ah, ich hatte Sie nicht gesehen, Madame Adèle«, sagte die Prinzessin und blieb genau unter dem Balkon stehen. Aus dem Wohnzimmer, durch den Spalt zwischen offener Glastür und Türrahmen, sah ich ihre wohlvertraute Handtasche und den gefalteten Fächer, beobachtete, wie sie ungelenk die Hand hob, um das Gesicht vor der Sonne zu schützen. »Was werden Sie später machen?«, fragte die Prinzessin. »Ich? Nichts. Ich wollte eigentlich etwas Stoff kaufen – meine Schneiderin kommt in ein paar Tagen –, aber bei dieser Hitze werde ich wohl kaum ausgehen.« »Wenn Sie wollen, kann ich Sie ja begleiten.« »Ich weiß nicht, ein andermal vielleicht.« Sie verabschiedeten sich.

»Andauernd streitet sie mit ihrem Mann«, flüsterte die Heilige einer ihrer Besucherinnen zu. »Sie sollten mal hören, was für schlimme Sachen sie sich nachts an den Kopf werfen.«

Dann besann sie sich und rief, noch immer wirr und durcheinander im Kopf, der Prinzessin »Attendez, warten Sie!« hinterher, als diese schon die Straße überquert hatte und im Begriff war, die schmiedeeiserne Gartentür zu öffnen. »Vielleicht werde ich doch Stoff einkaufen. Es gibt so viele Empfänge in diesem Herbst, und meine Kleider sind so alt, Madame Esther«, jammerte sie, zum soundsovielten Mal darauf anspielend, dass sie noch immer nicht zum hundertsten Geburtstag der Mutter der Prinzessin eingeladen worden war, der in diesem Herbst mit einem Ball gefeiert wurde.

»Soll ich hochkommen?«

»Nein, nein, ich bin gleich unten.« Dann sagte sie zu meiner Mutter: »Geh erst, wenn wir schon fort sind.«

Fünf Minuten später konnte man die beiden Mazmazelles zur Haltestelle Camp de Cesar entlanghumpeln sehen, die eine mit einem ungewöhnlich breitkrempigen Hut, die andere mit einem gefalteten Fächer in der einen Hand, in der anderen die Handtasche und einen weißen Handschuh, in der Sprache plaudernd, die sie zusammengeführt hatte und die – trotz ihrer häufigen Versicherungen sich selbst und aller Welt gegenüber, dass sie sonst nichts, aber auch gar nichts verbinde, und trotz ihrer Rivalität, ihrer Sticheleien, ihrer Ressentiments – immer wieder aufs Neue eine Freundschaft rettete, die bis ganz zuletzt sehr eng war.

Wer mit der Heiligen sprach, erlebte sie meistens jammernd, und sie verfügte über ein unerschöpfliches Repertoire: Sie klagte über ihre Gesundheit, über ihren Sohn, über die täglichen Beweise von Chaos und Anarchie in Ägypten, über die Bediensteten, die ihr noch den letzten Löffel Zucker stahlen, und über ihre Tochter, meine Mutter, deren Taubheit ihr die besten Jahre des Lebens geraubt hatte. Da sie immer zerstreut war und sich unklar ausdrückte, schweifte sie, einmal in Fahrt, von einem Schicksalsschlag zum anderen, spann unablässig ihr Garn und flocht dabei Nebenhandlungen ein, bei denen ihre eigenen Unpässlichkeiten, ihre Kümmernisse und Demütigungen die Rolle der Schurken übernahmen und sie selbst als unglückseliges Opfer auftrat, das sich nach besten Kräften gegen alle Widrigkeiten stemmte, eine mittelalterliche Märtyrerin, an einen Pfahl gebunden und umringt von herannahenden Drachen. All das führte dann unweigerlich zu den Gallensteinen, die sie nachts aus dem Bett trieben, und nie war da eine Menschenseele, bei der sie sich beklagen konnte, nur der Wind auf dem Balkon, wo sie die ganze Nacht saß, auf die leere Rue Memphis hinunterstarrte und dem Ticken der Standuhr im Korridor lauschte, zwischendurch den gedämpften Gongschlägen, die ihr verkündeten, was sie meist schon ahnte, dass es noch sehr früh war und es Stunden dauern würde, bis die Morgendämmerung herankroch und sie im Dienstbotenaufgang Mohammeds ruhige, willkommene Schritte hörte. Jetzt war nur Stille und endloses Gejaule, das in Wellen anschwoll und sich wieder legte, während Katzenaugen da und dort in der Dunkelheit funkelten, über die Rue Memphis hinweg herausfordernd und misstrauisch auf ihren Balkon zusteuerten, gefolgt von einer humpelnden *chienne,* vor der alle Angst hatten. »Meine Nächte«, sagte sie.

»Ich weiß«, sagte die Prinzessin, die sich bemühte, ihre Nachbarin an unerfreulichen Gedanken vorbeizulotsen, was nicht so schwierig war, denn während die Heilige von einer Sandbank zur anderen driftete, konnte man mit ein wenig Gegensteuern erreichen, dass sie in die entgegengesetzte Richtung segelte, heiteren, sonnenbeschienenen Inseln entgegen – als käme es ihr nicht so sehr darauf an, ihr Inventar an Leiden und Beschwerden aufzuführen, sondern vor allem auf das Recht, abzuschweifen, den roten Faden zu verlieren, zu sagen, was ihr gerade in den Sinn kam, und genau das wurde ihr von allen verwehrt, besonders von ihrem Mann.

Manchmal, wenn sie – Jahre vor der Begegnung auf dem Fischmarkt – mitten in der Nacht allein auf ihrem Balkon saß und sich ihren Gallenschmerzen hingab, sah die Heilige, dass im Haus gegenüber die Verandalichter angingen und die Prinzessin in einem langen Morgenrock heraustrat, mit einer großen Tasse in der einen Hand, einer Art flachen Wärmflasche in der anderen, dahinter mein Großvater, der mit zerzaustem Haar über die Veranda stolperte, bis er mit unsteter Hand das Geländer ergriff und sich in einen Lehnstuhl fallen ließ.

Meine künftigen Großeltern, Nachbarn in der Rue Memphis, überlegten bisweilen, welche geheimnisvollen Krankheiten die jeweils anderen wach hielten, denn beide Seiten wagten es nicht, einander anzusprechen, geschweige denn, sich tagsüber von Nachbar zu Nachbar nach dem Gesundheitszustand der anderen zu erkundigen.

»Es wäre so indiskret gewesen«, sagte die Heilige, als sie vom Mann der Prinzessin gefragt wurde, warum sie nachts nie herübergewunken habe.

»Ich bin eine vornehme Frau«, fügte sie wie zur Entschuldigung hinzu.

»Ich bin eine vornehme Frau«, wiederholte er spöttisch und schickte sofort ein paar Worte Ladino hinterher. »Setzen Sie sich, und rühren Sie sich nicht von der Stelle«, sagte er, selbst erfasst von der Vertrautheit, die sich zwischen den beiden Frauen entwickelt hatte. »Sie gehören zu den wenigen Menschen hier, die gut Ladino sprechen können. Die anderen sind Verwandte meiner Frau, und sie sind zu spießig, als dass sie *richtiges* Ladino sprechen würden. Glauben Sie, ich lasse Sie gehen, jetzt, wo ich jemanden gefunden habe, mit dem ich mich unterhalten kann?«

Wendungen wie »Setzen Sie sich, und rühren Sie sich nicht von der Stelle« bestimmten den Ton einer Freundschaft, die bis zu dem Tag dauerte, an dem mein Großvater starb – wobei er immer so tat, als wollte er sie schockieren, und sie, als toleriere sie jemanden, der ein viel zu großer Halunke war, als dass man ihn ernst nehmen konnte, während die Prinzessin, die am Benehmen ihres Mannes immer etwas auszusetzen fand, stets bemüht war, ihre Nachbarin vor dem bärbeißigen Humor ihres Mannes zu schützen. Die Zwanglosigkeit ihres Umgangs hatte nicht nur mit der Stadt und der Welt zu tun, aus der sie kamen, sondern ebenso sehr mit der Sprache, in der sie sprachen. Für die drei, die einander gefunden hatten, drückte Ladino ihre Sehnsucht nach Konstantinopel aus. Für sie war es die Sprache von gelockerten Krawatten, aufgeknöpften Hemden und abgetragenen Pantoffeln, eine Sprache, die so intim, so natürlich und so notwendig war wie der Geruch der eigenen Bettwäsche, der Kleiderschränke, der Küche. Zu ihr kehrten sie zurück, wenn sie Französisch gesprochen hatten, mit der dankbaren Erleichterung von Linkshändern, die, kaum allein gelassen, nicht mehr die rechte Hand benutzen müssen.

Sie alle hatten Französisch gelernt und sprachen es ausgezeichnet – so wie Lysias Griechisch sprach, das heißt: besser als die Athener –, und sie glitten durch den Konjunktiv Imperfekt mit der Selbstverständlichkeit und Mühelosigkeit derjenigen, die nie einen Grammatikfehler machen, weil es, trotz all ihrer Bemühungen, nie ihre Muttersprache sein wird. Aber Französisch war ein fremdes, steifes Idiom, und viele Jahre später erklärte mir die Prinzessin, dass sie nach mehr als zwei Stunden französischer Konversation an vermehrtem Speichelfluss gelitten habe.

»Spanisch dagegen réveille l'âme, es erhebt die Seele.« Und immer flocht sie ein Sprichwort ein, um das zu beweisen.

Die Heilige und die Prinzessin trafen sich mindestens zweimal am Tag, einmal vormittags, wenn sie zum Markt gingen, und einmal, nachdem die Prinzessin von ihren Schwestern zurückgekehrt war. Da ihr Mann selten nach sechs Uhr noch in seinem Billardsalon war, pflegten die drei regelmäßig im Garten der Prinzessin Tee zu trinken, unter einer alten Linde, deren Duft die spätnachmittägliche Luft erfüllte, bis es Zeit war, ins Haus zu gehen, wo dann noch einmal Tee serviert wurde.

Der Ehemann der Heiligen, Monsieur Jacques, ein aus Aleppo gebürtiger Jude, der kein Ladino sprach, guckte, wenn er von der Arbeit zurückkam, oft durch den schmiedeeisernen Gartenzaun. Manchmal öffnete er das Tor, ging an den Guavenbäumen vorbei, sah durch das Wohnzimmerfenster und klopfte ein wenig mürrisch an die Glastür. »Es ist Zeit, komm nach Hause!«, rief er seiner Frau zu, nachdem er mit dem Besitzer des Billardsalons ein paar belanglose Höflichkeiten ausgetauscht hatte. »Ausgerechnet jetzt, wo wir anfangen, uns zu amüsieren«, rief irgendjemand. »Spanisch, Spanisch«, murmelte der Aleppide beim Überqueren der Rue Memphis, »immer dein verdammtes Spanisch«, während seine Frau sich dafür entschuldigte, dass sie noch nicht zu Hause war, und einem Mann, dessen Muttersprache Arabisch war, zu erklären versuchte, warum sie länger als üblich geblieben war.

»Es ist doch erst Viertel vor sieben.«

»Das ist mir egal. Um acht will ich mein Essen haben.«

»Aber Mohammed ist doch gerade dabei, es zuzubereiten«, protestierte sie. »Was ist los mit dir?«

»Was los ist? Ich werde dir sagen, was los ist. Ich will meine Frau nicht im Haus eines anderen Mannes suchen müssen, wenn ich von der Arbeit heimkomme.« Immer mehr steigerte er sich in seine Erregung hinein, und je wütender er wurde, desto überzeugter war er, dass er recht hatte.

Monsieur Jacques war der Typ Ehemann, der eifersüchtig über seine eigene Autorität wachte und nicht so sehr eifersüchtig auf seine Frau war, so wie er seine Bequemlichkeit liebte und nicht diejenigen, die sie ihm ermöglichten. Er verachtete Ladino, weil diese Sprache ihn aus einer Welt ausschloss, die ihm mit all ihren Sitten und Klängen, ihren hinterhältigen Höflichkeiten und sippenstolzen Umgangsformen fremd war. Je mehr Vergnügen es seiner Frau bereitete, Ladino zu sprechen, desto mehr fühlte er sich davon abgestoßen, und desto mehr gefiel es ihr, ihn daran zu erinnern – so wie ihr Vater sie daran erinnert hatte, ihn daran zu erinnern –, dass Arabisch einmal Arabisch gewesen sein mochte, Spanisch dagegen immer Spanisch bleiben werde!

Für ihn war Ladino eine Art Gegacker, das Haus seiner Nachbarn bezeichnete er als Hühnerstall, als *poulailler,* sie selbst als »Hühnerstallbesitzer«, nicht ahnend, dass sie seine Unfähigkeit, sich in ihrer Welt zu bewegen, mit der würdevollen Arroganz osmanischer Herrscher betrachteten. Hinter dem Rücken des jeweils anderen fielen Schimpfwörter wie »syrischer Heuchler« und »dreckiger Türke«, und eines Sonntagnachmittags, als beide Männer aus ihrem jeweiligen Café heimkehrten, kam es zur unvermeidlichen Konfrontation, in deren Verlauf der *turc barbare* den *juif arabe* als »dreckigen, miesen Juden« bezeichnete. Der Fahrradladenbesitzer, ein sehr frommer Mensch, sagte verdutzt Danke, vielen Dank – so erteilte der Beleidigte dem Beleidiger eine Lektion in guten Manieren – und erklärte dem Billardsalonbesitzer, er sei in der Tat versucht gewesen, ihn ebenfalls zu beleidigen, habe es sich aber anders überlegt, denn die Frau des

Türken könne dies viel besser als sonst jemand auf der Welt – immerhin seien die Wutausbrüche der Prinzessin im ganzen Viertel deutlich zu hören.

Alle waren hinreichend verletzt und beschämt, einschließlich der Prinzessin, die sich in einen Streit verwickelt fand, den die beiden Männer unter sich hätten austragen sollen. Monsieur Jacques schwor, niemals das Haus der *barbares* zu betreten, Monsieur Albert dankte ihm dafür, dass er anderer Leute Häuser fernbleiben wolle, und beide beschlossen, nie mehr *bonjour* zu sagen, wenn sie einander auf der Rue Memphis begegnen sollten. Nur die Heilige war nicht betroffen, obwohl sie sehr viel aufgeregter war als die anderen drei und alles daransetzte, eine Versöhnung zwischen beiden Familien herbeizuführen. »Wenn Sie zornig sind, können Sie sagen, was immer Sie wollen, Monsieur Albert«, meinte sie ein paar Tage nach dem Zwischenfall, vorwurfsvoll, mit bebender Unterlippe, den Tränen nahe, »aber das – nie und nimmer!« Ihre schlichte, unschuldige Seele hatte in eine hässliche, ordinäre Welt geschaut, vor der ihre strenge Erziehung sie stets behütet hatte.

»Aber er hat es doch nicht so gemeint«, sagte die Prinzessin zu Monsieur Jacques, ebenfalls bemüht, den Schaden auszubügeln. »Glauben Sie, der Kessel denkt sich etwas dabei, wenn er andere Kessel als schwarz bezeichnet? Wie könnte er, wo er doch selbst ein Kessel ist?«

»*Wie?* Ganz einfach, Madame. Erstens indem er vergisst, dass er schwarz ist. Zweitens indem er vergisst, dass er überhaupt ein Kessel ist – worauf er eigentlich stolz sein sollte, wenn man bedenkt, dass solche Kessel nicht fünftausend Jahre alt werden würden, wenn es nicht einen Gott gäbe, der seine schützende Hand über sie hielte. Und noch etwas möchte ich Ihnen sagen, Madame Esther: Ein Kessel, der seinesgleichen verunglimpft, ist meines Hauses nicht würdig, und der Küche Gottes schon gar nicht!«

»Monsieur Jacques, immer langsam. Ich habe bloß von einem sechzigjährigen Mann gesprochen, der sehr krank ist und Gutes im Leben in so winzigen Dosen erfahren hat, dass man glauben könnte, Gott würde seine Güte aus einem Augentropfenspender verteilen. Er ist ein sehr unglücklicher und verbitterter Mann. Er ist ein alter Kessel, dessen Flöte kaum noch funktioniert.«

»Die Flöte ist durchaus intakt, danke vielmals«, sagte der untreue Türke, als die Heilige ihm von diesem Gespräch berichtete und sich, wie üblich, zu einem Kartenspiel mit ihm verleiten ließ. »Meine Frau sollte derlei Dinge zuallerletzt beurteilen, wo sie die unmusikalischste Frau auf der Welt ist.«

»Aber sie hört mich gern Klavier spielen«, erwiderte die Heilige.

»Ich habe nicht von Klaviermusik gesprochen.«

Die Heilige hielt inne.

»Aha, ich verstehe«, sagte sie.

»Nein, Sie verstehen nichts«, wollte er schon antworten, sagte dann aber: »Sie sehen durch alles hindurch, nicht wahr, bis in die verborgensten Winkel des Herzens. Und doch lassen Sie es andere nie merken. Mittlerweile haben Sie uns alle durchschaut, Sie mit Ihrem gefährlichen Gespür.« Worauf sie mit ihrem kleinen Lieblings-Spruch antwortete: »Ich bin vielleicht nicht gebildet, Monsieur Albert, aber ich bin hell, hell genug, um zu sehen, dass Sie sich gerade über mich lustig machen.« Sie legte einige Karten ab und präsentierte eine Gewinnkombination. »Gottlob gewinne ich beim Kartenspiel, sonst würden Sie mich ja für völlig unzurechnungsfähig halten.«

»Madame Adèle, wo waren Sie, als ich ein junger Mann war?«

»Monsieur Albert, reden Sie nicht so. Gott hat einem jeden von uns das Leben gegeben, das er verdient. Ihnen das Ihre, mir das meine.«

»Ihnen das Ihre, mir das meine«, wiederholte er, während er die Karten mischte. »Glauben Sie, wir könnten Ihn dazu überreden, dass Er mir ein Bett in Ihrer Kabine reserviert, wenn es Zeit ist, auf die lange Reise zu gehen?«

»Wenn es so weit ist, möchte ich zu meinen Eltern zurückkehren.«

»Nicht zu Monsieur Jacques?«

»Monsieur Jacques hat mir sein Leben geschenkt. Sein Nachleben kann er jemand anders schenken.«

Sie studierte ihr Blatt. »Wird Ihre Frau im Nachleben bei Ihnen sein?«, sagte sie mit bebenden Lippen, den Blick abgewandt.

»Eifersüchtig, wie sie ist ...«

»Wer, Ihre Frau? Wie wenig Sie doch die Frauen kennen, Monsieur Albert.«

»Und wie wenig Sie meine Frau kennen! Sie ist so boshaft, dass sie, falls sie vor mir stirbt, mich sofort holen lassen wird, damit ich ja nicht vergessen, dass ich mit ihr verheiratet war.«

Tatsächlich hatte die Eifersucht der Prinzessin nichts mit Liebe zu tun. Je mehr sie ihren Mann verabscheute und je mehr er vor ihr floh, desto größer wurde ihre Angst, ihn zu verlieren. Sie war ein Muster an besorgter Aufopferungsbereitschaft, weil sie ihn sich jeden Tag ein kleines bisschen toter wünschte – und genauso hasste er sie mit der ängstlichen Ergebenheit des schwachen, untreuen Ehemanns. Sie kümmerte sich noch um die kleinsten Dinge: seinen speziellen Kaffee am Morgen, seine Spinattaschen zu Mittag, die besonderen Consommés für seinen besonderen Reis, die Dörrobstsoße für seine mageren Fleischgerichte, um seine nur leicht gestärkten Hemden und die sauber gebügelten Taschentücher, die sie unablässig glatt strich, bis hin zu seinem Teller mit Käsehäppchen, Dips und Oliven, den sie fürsorglich garnierte, wenn es Zeit für seinen abendlichen Raki wurde – sie war die alleraufmerksamste Gattin, die ihm nichts missgönnte, ihn mit jeder Geste aber daran erinnerte, dass sie in sein Leben nur Dinge gebracht hatte, die er nie verlangt hatte. Ironischerweise brauchte er ihre Liebe (von der sie ein wenig besaß) sehr viel eher als sie die seine (die überhaupt nicht vorhanden war).

»Sie sollten nicht so über sie reden«, sagte die Heilige, immer bestrebt, andere Leute in Schutz zu nehmen, teils aus Freundlichkeit und weil sie nicht zu übler Nachrede ermuntern wollte, aber auch deswegen, weil ihre kleinen Rüffel die Leute offenbar immer dazu brachten, ihren Vorwürfen noch eins draufzusetzen.

»Sie ist die ideale Ehefrau für Sie: Köchin, Dienstmädchen, Krankenschwester, Näherin, Friseuse, ja sogar Mutter. Wie oft hat sie Sie vor dem sicheren Ruin bewahrt! Sie ist die klügste Frau in der Rue Memphis.«

»Ich weiß«, sagte er, mit traurigem Sarkasmus in den Augen. »Ich weiß. Gott hat ihr das größte Gehirn auf der Welt geschenkt. Aber sonst nichts. In ihrer Gesellschaft würde sich sogar ein Eisberg erkälten.«

In dem Moment kehrte die Prinzessin von ihrem täglichen Verwandtenbesuch zurück. »Wie könnt ihr beide in dieser Dunkelheit sitzen und Karten spielen?«

»Romantik«, erklärte ihr Mann, ohne aufzusehen.

»Habt ihr denn nicht die neueste Nachricht gehört?«

»Welche Nachricht?«

»Der Krieg ist aus.«

Zur Feier des Waffenstillstands beschloss die Prinzessin, die gerade mit Madame Dalmedigo hereingekommen war, einen *richtigen Tee* zu improvisieren, mit Baisers, Feigen- und Dattelkonfitüre, Petits Fours und selbst gebackenen Plätzchen, die sie in der Speisekammer in einem der vielen Schränke sicher verwahrte. Auch Arlette Joanides, die mit ihrer Tochter Micheline gerade an der Veranda vorüberging, wurde angehalten, über die Neuigkeit in Kenntnis gesetzt und zum Tee eingeladen. Eine halbe Stunde später waren dann auch Tante Flora, ihre Mutter, Marie Cantacouzenos und Fortunée Lombroso gekommen, noch später Maurice Franco und Liliane Arditi – sodass Monsieur Jacques, als er von der Arbeit kam, von seiner Tochter erfuhr, seine Frau sei noch immer bei den Nachbarn im Haus gegenüber. »Dann hol sie, und sag ihr ein für alle Mal, dass sie hierher gehört« – mit einer Handbewegung zeigte er auf das dunkle, leere Wohnzimmer – »und nicht dorthin«, jetzt wies er auf den Hühnerstall. Die beiden Familien sprachen zwar wieder miteinander, doch blieb eine gewisse Frostigkeit zwischen den Männern bestehen. Die achtzehnjährige Tochter, die gerade in einem Roman gelesen hatte, warf sich eine Strickjacke über die Schulter, lief hinunter und klingelte kurz darauf bei den Nachbarn an der Tür. »Mein Vater lässt meiner Mutter bestellen, dass sie jetzt nach Hause kommen soll.«

»Komm rein, sei kein Dummerchen. Wo sind wir denn, im Mittelalter?«, rief die Prinzessin, der die Sprechweise des tauben Mädchens inzwischen vertraut war. »Wir trinken gerade Tee und spielen Karten, komm rein!«

Das junge Mädchen trat ein, blieb aber neben der Tür stehen.

»Dein Vater will, dass ich nach Hause komme, nicht wahr?«, fragte die Heilige, sobald sie ihre Tochter erblickte, die schüchtern draußen vor dem Wohnzimmer stehen blieb.

Das Mädchen nickte. Geistesabwesend ließ es sich von der Prinzessin eine Tasse samt Untertasse in die Hand drücken.

»Ein Tyrann ist er, ein richtiger Tyrann«, sagte der Mann der Prinzessin.

»Ihr Männer seid alle Tyrannen«, meinte Arlette Joanides.

»Und was sind Frauen dann?«, fragte er, an Monsieur Franco gewandt.

»Wer Männer wie euch heiratet, muss wirklich dumm sein«, sagte eine der Frauen.

»Jeder, der heiratet, ist dumm«, sagte der Mann der Prinzessin. »Aber wer verheiratet bleibt, nachdem er seinen Irrtum erkannt hat, ist sträflich dumm.«

»Lass diese blöden Sprüche, spiel!«, rief die Prinzessin ihrem Mann zu.

»Stimmt es etwa nicht, was ich gesagt habe?«, fragte er das junge Mädchen, das mittlerweile neben ihrer Mutter saß.

Sie gab keine Antwort.

»Typisch Frau. Nicht antworten, wenn es ihr nicht in den Kram passt.«

»Dieses ganze Geplänkel von wegen Frauen«, sagte eine Besucherin. »Aber wenn ihr uns braucht, weil wir einen Ärmel säumen sollen, damit ihr euren billigen Servierfräuleins imponieren könnt, dann kommt ihr zu uns gekrochen. Ehe!«

»Ehe, ganz recht!«, fiel der Mann der Prinzessin ein. »Selbst ein Lebenslänglich wird umgewandelt. Aber Ehe, da muss man erst sterben, bevor man dieses Joch abschütteln kann.«

»Hört mit diesem Unsinn auf, und spielt eure Karten aus«, sagte die Prinzessin.

In diesem Moment klingelte es an der Tür.

»Könnte jemand die Tür öffnen?«, rief die Prinzessin. Die Heilige bedeutete ihrer Tochter mit einem Blick, aufzumachen.

Das Mädchen tat wie verlangt und sah einen Mann vor der Tür stehen, der sie anstarrte.

»Ja?«, fragte sie.

Er lächelte kurz. Dann fragte er, ob Madame Soundso anwesend sei.

Er verstand nicht, was sie sagte, aber sie forderte ihn mit einer Handbewegung auf, draußen zu warten. Und ehe er wusste, wie ihm geschah, warf sie ihm die Tür vor der Nase zu und lief hinein, um der Prinzessin zu berichten, dass ein Mann jemanden sprechen wolle.

»Ein Mann?«, fragte sie.

Schließlich stand die Prinzessin auf, öffnete die Tür und brach in schallendes Lachen aus. »Das ist ja mein Sohn«, rief sie. »Ihre Tochter wollte ihn nicht hereinlassen«, sagte sie, zur Heiligen gewandt. Alle lachten.

Das Mädchen errötete heftig.

»Entschuldigung«, sagte sie.

»Ist schon gut, Liebes, er hat dir nur einen Streich gespielt«, sagte die Heilige zu ihrer Tochter.

Die Prinzessin entschuldigte sich erneut für das Verhalten ihres Sohnes, während das Mädchen, wohl um seinen Fauxpas wettzumachen, sich schweigend erbot, ihm den Mantel abzunehmen. Dann wurde ihr klar, dass sie nicht wusste, wo sie ihn aufhängen sollte, und mit einem schüchternen, stummen Lächeln gab sie ihn zurück. Er machte es nicht so wie ihr Vater, der sein Jackett zusammen mit dem Mantel auszog und beides auf einen Bügel hängte. Der junge Mann behielt seine Jacke an, sah innerhalb von fünf Minuten zweimal auf die Uhr, steckte sie wieder in die Westentasche und sah sehr zufrieden aus.

»Wer gewinnt?«, fragte er.

»Ich natürlich«, antwortete Madame Lombroso.

Er nahm die Tasse, die ihm der Diener brachte, und wandte sich der Zeitung zu, die über der Sofalehne lag.

»Hast du's gehört?«, fragte seine Mutter.

»Ja. Das bedeutet, dass die britische Armee nicht mehr bei uns einkaufen wird. Nicht gerade die allerbeste Nachricht.«

»Immer an das Negative denken«, sagte Arlette Joanides.

»Das ist ein Zeichen von Klugheit«, verteidigte ihn die Heilige.

Das Mädchen saß still neben der Heiligen und sah ihr beim Spielen über die Schulter. Hin und wieder erinnerte es sie daran, dass der Vater nach ihr geschickt hatte. »Ich weiß, ich weiß«, antwortete die Mutter dann, als wollte sie einen unangenehmen Gedanken abwehren.

»Siehst du, was passiert, wenn man heiratet?«, sagte der Mann der Prinzessin, den Blick auf sein Blatt gerichtet. »Nicht einmal Karten kann man spielen.« Und dann der nachträgliche Einfall: »Oder vielleicht kann man nur noch Karten spielen.«

»Hör auf mit dem Unsinn und spiel!«, raunzte seine Frau ihn an.

»Nein, nein, lass ihn so verbittert sein, wie er will, es ändert nichts daran, dass er verliert«, spottete Tante Flora.

»Gegen dich zu verlieren, ist doch nicht schlimm«, entgegnete er, ohne aufzusehen. »Aber gegen sie zu verlieren«, er deutete auf die Heilige, »wäre eine Katastrophe.«

»Weil er mich für dumm hält«, sagte die Heilige. »Soll er denken, was er will. Ich bin vielleicht nicht gebildet, aber ich bin sehr hell, und ich werde ihm zeigen, wer heute Abend dumm ist.«

»Bei dem Glück, das Sie heute Abend haben, ist es keine besondere Leistung, als Genie dazustehen«, meinte er.

»Glück und noch ein paar andere Dinge.« Die Heilige deutete auf ihre Nase.

»Ach ja, die Nase. Damen und Herren, die Nase!«

»Soll er schwadronieren, soviel er will – aber höre ich auf ihn? Nein.«

»Ich an deiner Stelle würde meiner Mutter zu Hilfe kommen«, sagte die Prinzessin zur Tochter der Heiligen.

Das Mädchen hob ein wenig unsicher das Gesicht, lächelte höflich und schüttelte den Kopf, als wollte es sagen, es gehöre sich nicht, sich zu derlei Dingen zu äußern.

»Solche Zurückhaltung«, meinte der Sohn, nachdem alle Gäste an diesem Abend gegangen waren. »Nie ein falsches Wort, immer freundlich und so sanft. Wo haben sie sie all die Jahre über nur versteckt?«

»Kennst du syrische Juden nicht?«, fragte sein Vater, der seiner Frau gerade half, die Spielkarten einzusammeln. »Die größten Heimlichtuer, durch die Bank, sie auch, damit du's weißt!«

»Eine unschätzbare Frohnatur, dieses Mädchen«, fügte die Prinzessin hinzu. »Und außerdem reich. Ihr Vater handelt mit Fahrrädern.«

»Sie ist fantastisch«, sagte ihr Sohn.

»Fantastisch oder nicht, es war trotzdem nicht nett von dir, ihr an der Tür diesen üblen Streich zu spielen. Du hättest dich entschuldigen sollen.«

»Aber ich habe mich doch entschuldigt. Ich habe ihr also einen Streich gespielt ...«

»Typisch, dass du es nicht bemerkt hast«, sagte sie.

»Was nicht bemerkt?«, fragte er.

»Dass sie taub ist.«

»Aber ich habe doch mit ihr gesprochen ...«

»Trotzdem. Die laute Stimme, die man gegenüber hört, das ist sie.«

Der Sohn sah völlig verwirrt drein. Seine Mutter beobachtete ihn, und da sie seine Gedanken lesen konnte, fügte sie rasch hinzu: »Halt dich raus. Sie ist ein anständiges Mädchen.«

Wenig später klingelte es an der Tür. Es war der Freund, den ihr Sohn seit mehr als einer Stunde erwartete.

»Im französischen Konsulat wird heute Abend ein Fest gegeben. Ich bin eingeladen.«

»Aber ich nicht.«

»Schon gut. Ich lade dich hiermit ein. Beeil dich. Alle feiern.«

»Wird es nicht rammelvoll sein?«

»Natürlich wird es rammelvoll sein. Jetzt komm endlich!«

Als mein Vater in jener Nacht nach Hause kam, schrieb er in sein Tagebuch, dass er *sie* nun *endlich* kennengelernt habe. Er zeichnete sie nicht als die Frau seiner Träume oder als die Schönste, beschrieb auch nicht ihr Aussehen. Abergläubisch, wie er war, erwähnte er nicht einmal ihren Namen. Sie war einfach *sie*, so klar und deutlich, dass es für den Mann, der nur »Ich möchte an sie denken« geschrieben hatte, viel zu kompliziert gewesen wäre, sie auf Papier festzuhalten oder die verborgenen Seiten ihres Charakters zu ergründen. Er schrieb nicht, was er bei ihrer ersten Begegnung empfunden hatte oder was ihm durch den Kopf ging, wenn er an sie dachte. Er beschrieb nur ihren grauen Rock und die rostbraune Strickweste und die Art und Weise, wie sie die Beine übereinandergeschlagen hielt, als sie hinter ihrer Mutter gesessen hatte, die Knie an die Kante des Spieltischs gepresst, die Augen unverwandt auf das Blatt der Mutter geheftet. Einmal, als sie ihn dabei überraschte, wie er sie ansah, hatte sie gelächelt, ein freundliches, sanftes Lächeln, melancholisch und wie um Verzeihung bittend.

Abends dann, auf der überfüllten Terrasse des französischen Konsulats, tippte sie ihm auf die Schulter. Die Menschenmenge reichte bis in den Garten und auf die Straße, wo sich die jungen Franzosen, Griechen, Juden und Italiener aus Alexandria in einem Wirrwarr von abgestellten Fahrrädern und hupenden Autos drängten und sangen. Jeder war gekommen, um zu feiern. Beim italienischen und beim britischen Konsulat ging es offenbar ähnlich zu.

Er drehte sich um. »Du tanzt nicht?«, fragte sie, doch er verstand kein Wort.

»Ist es nicht zu voll?«, erwiderte er, in der Annahme, sie habe ihn um einen Tanz gebeten. Ob taube Menschen tanzten?, überlegte er und stellte sich dabei einen grotesken Walzer vor, der wie ein Tango getanzt wurde.

»Was für ein wunderschöner Abend«, sagte sie. Sie trug ein ärmelloses weißes Baumwollkleid, eine dünne Halskette und weiße Schuhe, und ihre gesunde, sonnengebräunte Haut schimmerte im Abendlicht. Durch den Hauch Make-up und die zurückgekämmten nassen Haare wirkte sie älter und lebhafter als die schüchterne Nachbarstochter, die während ihres nachmittäglichen Besuchs unentwegt mit Jungmädchenaugen auf ihren Plisseerock und die Karten ihrer Mutter gestarrt hatte. In der Art, wie sie sich bewegte und mit beiden Händen das Champagnerglas hielt, die Ellbogen fast auf die Hüfte gestützt, lag sogar ein Anflug von scheuer Eleganz.

Dass sie keine Strümpfe trug und keine Handtasche dabeihatte und sich die weißen Umrisse einer Männerarmbanduhr an ihrem gebräunten Handgelenk abzeichneten, ließ auf hastiges Ankleiden oder eine gewisse Unbekümmertheit schließen, als hätte sie den ganzen Tag am Strand gelegen, wäre nur wenige Minuten vor Beginn des Festes aufgebrochen und hätte die erstbesten Sachen angezogen, ohne sich Haare und Füße abzutrocknen. Zwischen den Zehen war vermutlich noch immer

Sand. Während er die gedämpften Abendlichter beobachtete, die auf ihrem weiß schimmernden Gabardinekleid spielten, dachte er, dass irgendwo, auf der Holzbank in irgendeiner Kabine, rasch ausgezogen und zusammengeknüllt, ein nasser Badeanzug lag.

»Bist du allein gekommen?«, fragte er und achtete darauf, ihr das Gesicht zuzuwenden.

»Nein, mit Freunden.« Vielleicht wollte sie tanzen.

»Kenne ich sie?«, fragte er.

»Nein, aber ich werde dich vorstellen«, sagte sie, ohne zu bedenken, dass er vielleicht kein Interesse hatte. Sie nahm seine Hand und schob sich durch das dichte Menschengewühl, bis sie das andere Ende der Terrasse erreichten, wo sie von einer Gruppe junger Männer erwartet wurde. Einer von ihnen, der sich an die Balustrade lehnte, hatte eine rostbraune Strickweste dabei, ganz wie die, die sie im Haus seiner Eltern getragen hatte. Hatte er sie für sie mitgebracht, oder hatte sie sie sich ausgeliehen und ihm jetzt zurückgegeben? Sie machte sie miteinander bekannt, erzählte, wie sie den Nachbarssohn draußen vor seiner eigenen Wohnung hatte warten lassen. Alle lachten – diesmal nicht über ihren Irrtum, sondern darüber, dass sie ihm die Tür vor der Nase zugeschlagen hatte.

»Sie hat schon viel Schlimmeres gemacht«, sagte einer von ihnen.

»Gehen wir!«, rief ein anderer. »Im britischen Konsulat warten sie schon auf uns.«

»Kommst du mit?«, fragte sie.

Er zögerte.

»Vielleicht macht es dir Spaß.« Sie lächelte wieder.

»Ach, ich weiß nicht.«

»Dann ein andermal.«

Sie wandte sich dem jungen Mann zu, der die Weste hielt, und bat mit einer Handbewegung um die Autoschlüssel.

»Nein, ich fahre«, sagte er.

»Mein Auto, ich fahre«, sagte sie bestimmt.

Mein Vater folgte ihnen ganz automatisch bis zum Ende des Gartens. Sie öffnete die Fahrertür ihres Wagens, stieg ein, lehnte sich weit zurück, um die anderen Türen aufzumachen, kurbelte dann, einen Fuß noch immer draußen auf dem Asphalt, mit ruckhaften, entschlossenen Bewegungen das Fenster herunter und hantierte mit den Schlüsseln. »Grüß deine Mutter von mir«, sagte sie, schloss die Tür und ließ den Motor an.

Ohne sich von der Stelle zu rühren, beobachtete er, wie der Wagen lautlos davonfuhr, langsam durch die Menge glitt, vorbei an den geparkten Autos und den hohen Palmen, die die Auffahrt säumten, immer weiter bergab, bis er noch vor dem Tor in eine rasante Kurve ging, vorbei am Häuschen des Parkwächters, und plötzlich in Richtung Corniche aus dem Konsulatsgelände herausschoss.

Er stand genau dort, wo sie das Auto geparkt hatte, doch war von ihr nicht mehr übrig als die Erinnerung an den weißen Satinschuh, der, während sie die anderen Türen öffnete, leicht angewinkelt den Boden berührte, dann aber, während sie im Dunkeln den Zündschlüssel suchte, wieder aufrecht auf dem Asphalt ruhte. Vielleicht hatte sie, bevor sie die Tür zuwarf, sogar daran gedacht, ihren Schuh dazulassen.

Und vielleicht war es tatsächlich so. Denn als er später in der Nacht plötzlich feststellte, dass er sich nicht mehr an sie erinnern konnte beziehungsweise dass ihm die Erinnerung an ihr Aussehen allmählich entschwand, da dachte er an diesen Schuh und arbeitete sich, wie ein Anthropologe, der nur aus Knochenfragmenten einen kompletten Körper rekonstruiert, weiter voran – vom Schuh um den Fuß herum, die Beine hinauf, über das Knie zu ihrem leuchtend weißen Kleid, bis er ihre Lippen erreichte, und dann, einen flüchtigen Moment lang, zauberte er ein Lächeln auf ein Gesicht, das er seit Jahren auf der anderen Straßenseite zwar gesehen, aber kein einziges Mal wahrgenommen hatte.

Wenige Tage später, an einem frühen Sonntagmorgen, sah er sie draußen am Garten entlanggehen.

»Wohin gehst du?«, rief er.

»Zum Strand«, antwortete sie und zeigte nach Norden. »Kommst du mit?«

»Vielleicht. Wer geht mit dir?«

»Niemand.«

»Warte, ich hol meine Badehose.«

Sie waren so früh dort, dass sie schwimmen, im Sand liegen, miteinander plaudern und rechtzeitig vor den Kirchgängern aufbrechen konnten, die nach der Messe eintreffen würden. Auf dem Rückweg lud er sie in einer kleinen Konditorei zu Kuchen und Limonade ein. Sie aß dann noch ein Eis. Beim nächsten Mal, sagte sie, würde sie bezahlen. Amüsiert wiederholte er: »Beim nächsten Mal.« Bald erreichten sie die Rue Memphis und hielten vor ihrer Haustür. Er wartete, bis sie in dem dunklen, sonnenlosen Eingang verschwunden war, blieb noch eine Weile stehen, ging dann über die Straße, betrat die Wohnung seiner Eltern und stellte überrascht fest, dass er noch rechtzeitig zum Frühstück kam.

Gegen halb drei, als die Nachmittagssonne auf die Veranda zu brennen begann und er noch überlegte, ob er ein wenig schlafen oder sich mit einem Stuhl unter die Bäume setzen und bis zum Einbruch der Dunkelheit einen russischen Roman lesen sollte, kam seine Mutter herausgeeilt, um ihm einigermaßen verwirrt und überrascht mitzuteilen, dass Madame Adèle ihn am Telefon zu sprechen wünsche.

Was sie wohl von ihm wollte? Und warum am Telefon? Da fiel es ihm ein. Würde sie tatsächlich so geschmacklos sein und ihn auffordern, gefälligst nie mehr mit ihrer Tochter an den Strand zu gehen? Würde sie diesen entsetzlichen Ausdruck »meine Tochter kompromittieren« verwenden? Schon begann er, jenen schicksalhaften Moment zu bereuen, als er sie vorübergehen sah, in der Hand das große blau-grüne Strandtuch, in das sie ihren Badeanzug ordentlich eingewickelt hatte. Warum mussten sich Mütter in die Angelegenheiten ihrer Töchter einmischen, und was mochten die beiden Mütter einander gesagt haben, bevor er ans Telefon gerufen wurde?

Seine Kehle war wie zugeschnürt.

»Hallo«, sagte er. Auf seiner Brust lag ein kaltes, bleiernes Gewicht.

»Hallo, ist dort Monsieur Henri?«, sagte die Stimme am anderen Ende der Leitung.

»Jawohl.«

»Monsieur Henri, hier spricht Madame Adèle, die Mutter von Gigi.«

Also doch, es stimmte. Kann mich ruhig setzen, dachte er, denn er wusste, der Tag war ruiniert. Die Frau würde zweifellos zu einer jener Predigten ansetzen, wie sie in englischen Filmen so treffend parodiert wurden. Wer weiß, in welcher rückständigen, prüden, mittelalterlichen Zelle diese Leute noch immer lebten. Ihr Vater, so ging das Gerücht, betete jeden Morgen und hatte sogar seinen Sohn enterbt, weil er eine junge Katholikin geheiratet hatte. Die Heilige räusperte sich ein bisschen geziert.

»Ich rufe wegen meiner Tochter an. Sie hat mich gebeten, Sie zu fragen, ob Sie heute Nachmittag mit ihr ins Kino gehen wollen.«

»Heute Nachmittag?« Seine Stimme zitterte.

»Ja, heute Nachmittag. Es ist ein bisschen kurzfristig, aber so ist sie nun einmal.«

»Heute Nachmittag«, überlegte er.

»Ja, heute Nachmittag.«

»Und wann heute Nachmittag?«

»Ich werde sie fragen.«

Für einen Moment war Stille.

»Genau gesagt, um drei Uhr.« Er hörte Mutter und Tochter miteinander flüstern.

»Was hat sie gesagt?«, fragte er.

»Sie sagt, sie würde es durchaus verstehen, wenn Sie nicht können.« Wieder trat Stille ein.

»Sagen Sie ihr, ich bin in fünf Minuten fertig. Wie lange wird sie brauchen?«

»Oh, sie ist schon fertig.« Wieder flüsterten Mutter und Tochter miteinander.

»Sie sagt, vielleicht würden Sie gern *Gaslight* sehen. Ich persönlich finde, es ist ein grotesker Film, aber wer fragt schon eine alte Frau wie mich«, kicherte sie.

»Hat sie ihn nicht schon gesehen?«

»Nein.«

Der Film wurde in einem kleinen Kino unweit der Rue Memphis gespielt. Vor der Kasse wartete sie schon auf ihn, in der einen Hand die beiden Eintrittskarten, in der anderen ihre Brille. »Ich trage sie nur zum Lesen«, erklärte sie, »ich muss ja die Untertitel lesen.«

Später, auf dem Nachhauseweg, sah sie zu ihrem Wohnzimmerfenster hoch. Es war dunkel. »Meine Mutter ist bestimmt bei deiner Mutter.«

Er öffnete das Tor, und sie gingen durch den Garten, in dem er allein gesessen hätte, bis zum Einbruch der Dunkelheit Tolstoi lesend, hoffend, wie an jedem Sonntagabend, seinem Vater aus dem Weg zu gehen, der ihn immer drängte, seine Bücher wegzulegen und auszugehen und zur Abwechslung einmal »zu leben«. »All die Bücher, Klamotten, Pfeifen, aber sonntags nie mal eine Frau«, pflegte der alte Herr zu spotten. Hätte er ihn heute Abend mit dem Mädchen gesehen, wäre er zweifellos auf die Veranda getreten und hätte geflüstert: »Aha, jetzt wird also mit den Nachbarn geflirtet.«

Das Mädchen sagte, dass sie gern wieder ausgehen würde. Auf seine Frage, weiche Filme sie noch nicht gesehen habe, lachte sie fast: Sie kannte sie alle.

»Das Mädchen ist schön, aber vergiss nicht, sie ist, was sie ist«, sagte sein Vater drei Monate später, als sie eines Abends auf der Corniche spazieren gingen.

»Ich weiß. Na und?«

»Wenn das deine Antwort ist, werden wir über diese Geschichte nie vernünftig reden können. Verstehst du, mit ihrer Behinderung muss nicht nur sie leben, du musst es auch. Wenn du heiraten willst, dann ist da immer noch Berthe Nahas. Sie ist schön, sie himmelt dich an, sie hat Geld, und ihr Vater kann dir einen sehr, sehr guten Start ermöglichen.« Er zählte Fräulein Nahas' Vorzüge an den Fingern auf. »Die Liebe, die kommt entweder von allein, oder sie entwickelt sich später, oder sie kommt überhaupt nicht, in dem Fall wird sie mit den Kindern zu tun haben, und du wirst anderweitig beschäftigt sein. Außerdem gibt es noch Micheline Joanides, die Tochter von Arlette. Du hast gesehen, wie ihre Mutter das Gesicht verzogen hat, als sie dich mit Gigi sprechen sah. Oder auch Arpinée Khatchadourian. Christin zwar, aber zumindest kann sie hören.«

»Nicht Arpinée«, sagte der Sohn.

»Du hast recht. Mit ihren schlaffen, blutunterlaufenen Augen, wie zwei Stücke Rote Bete in weißer Kartoffelsuppe – du hast ganz recht. Außen hässlich, innen hässlich.«

»Wer hat gesagt, dass ich überhaupt heiraten will?«

»Bei dem Mädchen der Heiligen kommt nur Heirat infrage«, sagte der Vater.

»Ich habe sie mit anderen gesehen, weißt du.«

»Sie lassen sie frei herumlaufen, aber jeder weiß Bescheid. Diese Leute sind knickerige, bigotte arabische Vorstadtjuden, die den Sportwagen-und-Cocktailbar-Lebensstil von Europäern imitieren. Aber sie sind Araber durch und durch. Er wird in trostlosem Elend dahinvegetieren bis zum Hochzeitstag seiner Tochter. Dann wird er strahlen wie ein Paar Lackschuhe.«

»Ich weiß, was ich tue.«

»Und angenommen«, sagte der Vater, während beide den Wellen zusahen, die an den Strand von Ibrahimieh klatschten, »angenommen, du möchtest ihr im Dunkeln etwas sagen, und zwar nicht ›Gib mir das Glas Wasser‹, sondern etwas anderes.«

»Sie liest meine Gedanken besser als irgendjemand sonst. Ich kann sie nicht einmal anlügen.«

»Eine gute Eigenschaft bei einer Geliebten oder bei einer Mutter. Aber bei einer Ehefrau?«

Der Sohn antwortete nicht. Ihm fielen die harten Worte seiner Mutter ein. »Sie ist ein Juwel von einem Mädchen, aber ich will keine Krüppel.«

Der Vater klappte sein altmodisches silbernes Zigarettenetui auf, holte ein kleines Papiermesser aus der Tasche und zerteilte eine Zigarette. »Damit ich weniger rauche«, erklärte er. Er wollte die andere Hälfte schon in das Etui zurückstecken, besann sich aber und bot sie seinem Sohn an. »Und daher«, sagte er, machte gedankenverloren den ersten Zug und ließ den unvollendeten Satz in der Luft schweben wie den Rauch seiner Zigarette.

»Weiß Flora von der Fahrradprinzessin?«, fragte er.

»Ja.«

»Und, was sagt sie?«

»Was soll sie sagen?«

Flora hatte fast nichts gesagt, als er ihr eines Abends in der Straßenbahn auf dem Heimweg von der Musikakademie davon erzählte. »Ich hätte es wissen sollen«, hatte sie gesagt. »Wie töricht von mir, dass ich es nicht gesehen habe.« Und mit jenem resignierten Lächeln, mit dem sie Freude im Leben anderer Menschen begrüßte, obwohl sie selbst so wenig davon hatte, beglückwünschte sie ihn zu seiner Entscheidung, brach dann aber zusammen, als ersticke sie an ihren eigenen Worten: »Sag mir nur eines. Ich habe mehr Musik in eurem Haus gespielt als anderswo, und ich weiß, wie viel es dir bedeutet hat – zumindest hast du das behauptet. Und doch gibst du dich mit einer Frau ab, die nicht weiß, was Musik ist, sie nicht einmal hören kann.« Sie hielt einen Moment inne. »Ich hatte mir geschworen, nicht mit dir darüber zu sprechen.« Er wollte schon anfangen, etwas zu seiner Verteidigung vorzubringen, als sie ihn fragte: »Aber warum gerade sie?«

Er empfand eine geradezu unwiderstehliche Versuchung, mit etwas Brutalem oder Frivolem herauszuplatzen. Dann erkannte er, dass es die Frage war, die seine Brutalität ausgelöst hatte, nicht die Frau, die gefragt hatte. »Ich weiß es nicht. Ich glaube, dass ich sie noch gar nicht richtig kenne. Aber sie kennt mich besser als ich mich selbst.«

Er versuchte zu erklären, was er gemeint hatte, und verwendete dabei das Wort »Heirat« statt des näher liegenden Wortes »Liebe«.

»Dann ist es noch schlimmer, als ich dachte«, sagte Flora. Sie lächelte, bebte jedoch zugleich vor unterdrückter Wut. »Ich wusste ja, ich hätte dich nie fragen sollen. Ich habe schon mehr gehört und gesagt, als gut ist. Ich hoffe, du verzeihst mir.«

Kurz vor der nächsten Station steckte sie das Buch, in dem sie nicht gelesen hatte, wieder ein und stand auf. Er schaute überrascht: Es war nicht ihre Haltestelle.

»Ich steige schon hier aus, wenn du nichts dagegen hast«, sagte sie. »Den Rest gehe ich zu Fuß. Ich brauche ein bisschen frische Luft.« Sie drängte sich durch den überfüllten Gang, stieg die Stufen hinunter und stand niedergeschlagen auf dem Bahnsteig, suchte in ihrer alten Geldbörse nach einem Streichholz, aufmerksam beobachtet von einem Mann, der eine Galabiya trug und sie zweifellos um eine Zigarette anbetteln würde. Plötzlicher Kummer erfasste ihn, und er fühlte mit ihr, sah, wie sie ihn mit hilfloser Resignation in den Augen anschaute. Die Rache kommt immer zu spät, dachte er, und erst, wenn Zeit, Gleichgültigkeit oder Verzeihung die Wunden geheilt haben.

»Sie war also wütend«, sagte sein Vater. »Sie wird dir nie verzeihen.«

»Als ich sie wollte, war sie unsicher; jetzt, wo ich vergeben bin, will sie mich.«

»Du wirst Frauen nie verstehen!«

»Ich verstehe genug.«

»Nichts verstehst du. Du verstehst nicht einmal Männer, und dich selbst am allerwenigsten.«

Er schnipste seine Zigarette ins Meer und sagte schließlich, ihm sei kalt. Er wollte nach Hause. Eine arabische Zeitung, vom

Wind herangeweht, hatte sich zwischen seinen Füßen verfangen. Mühsam befreite sich der alte Mann von ihr. »Diese dreckige Stadt und die dreckigen Leute, die in ihr leben«, sagte er und sah zu, wie die Zigarette seines Sohnes gleich einer winzigen Leuchtkugel durch die Luft flog und im Wasser verschwand. »Von diebischen Arabern bis hin zu jüdischen Geizhälsen, aber es musste die Tochter eines Fahrradhändlers sein.« Dann kicherte er vor sich hin: »Jedenfalls, wenn es um Heirat geht, kommt es immer zum Schlimmsten.«

Einige Tage später und nach mehreren Familienkrächen, auch auf der anderen Seite der Rue Memphis, verspürte die Heilige große Schmerzen in der Seite. Dr. Moreno kam, um sie zu untersuchen, und ließ sie ins Krankenhaus bringen, wo man sie vor die Alternative stellte, sich sofort die ganze Gallenblase oder nur ein paar Steine entfernen zu lassen. Nach typisch levantinischer Art überließ sie die Entscheidung ihrem Mann. Er war dafür, alles herauszuholen. »Ich will zu meinen Eltern zurück, mehr will ich nicht, Monsieur Albert.«

»Ich möchte weggehen, weit weg sein von allem und jedem«, sagte sie ein paar Tage später, als die Nachbarn, einer nach dem anderen, in ihr Krankenzimmer strömten, um dort zu erfahren, dass sie vielleicht doch nicht operiert würde. »Seht ihr, nicht einmal Operieren hilft«, rief sie. »Ach, lasst mich ein Leben beenden, das auf dem falschen Fuß angefangen hat.«

»Jedes Leben fängt auf dem falschen Fuß an ...«, mahnte Albert.

»Hört mit dem Unsinn auf, ihr beiden«, sagte die Prinzessin. »Das Wichtigste ist jetzt Ruhe.«

»Ja. Ruhen, Madame, lange Zeit ruhen, glauben Sie mir«, antwortete die Heilige.

Tags darauf, als der Mann der Prinzessin sie am frühen Nachmittag ganz allein besuchen kam, lag sie friedlich in ihrem Zimmer, geschützt vor der gleißenden Sonne durch einen dicken Vorhang, den jemand vorgezogen hatte, während sie schlief.

Er schaute zur Tür herein und flüsterte: »Störe ich, Madame Adèle?«

»Wer? Sie? Durchaus nicht, mon cher. Kommen Sie rein, und setzen Sie sich.«

Er setzte sich neben ihr Bett, und dann sahen sie sich eine Weile schweigend an, während sich resignierter Kummer in ihren Mienen malte.

»Tja dann«, seufzte sie und faltete die Hände.

»Tja dann.«

»Ich warte«, seufzte sie.

»Sie warten. Hat man gesagt, wie lang …?«, fragte er.

»Sie sagen nichts, aber es sieht nicht sehr gut aus, ganz und gar nicht.«

»Das wars dann also.«

»Vermutlich. Das wars dann. Offen gestanden, Monsieur Albert, mir ist heute nicht nach Sterben zumute.«

»Courage, ma chère, courage!«

»Aber, Monsieur Albert«, explodierte sie, »ich hoffe, Sie fühlen sich nicht verpflichtet, mir immer zuzustimmen, bloß weil ich es bin.«

»Nein, nein, glauben Sie mir, die Lage ist wirklich sehr ernst. Sie sehen in der Tat nicht sehr wohl aus. Sogar Esther hat das gestern gesagt.«

»Sie finden das also auch? Aber Monsieur Albert«, protestierte sie nach einer weiteren Pause. »Ich bin noch nicht bereit zu sterben.«

»Wer ist das schon, ma chère amie, wer ist das schon?« Sie schwiegen eine Weile.

»Monsieur Albert, ich will nicht sterben.«

»Hören Sie auf, herumzujammern! Sie brauchen keine Angst zu haben. Sie werden sterben, ohne es überhaupt zu merken.«

»Ach, Monsieur Albert, hören Sie auf, mir den Tod schmackhaft zu machen. Ich habe gesagt, ich will nicht sterben.«

»Gut, dann sterben Sie eben nicht!«

»Sie verstehen nicht. Ich möchte sterben, aber noch nicht jetzt.«

»Nach der Hochzeit, meinen Sie?«

Sofort trat Schweigen ein.

»Wie gut Sie mich kennen, Monsieur Albert.«

»Nur zu gut. Ich sage Ihnen, Sie hätten mit mir leben sollen, statt sich durchs Leben zu schlagen wie ein alter Krebs in einem Aquarium.«

Die Heilige kicherte über den Vergleich.

»Gallenblase, von wegen«, brummte ihr Mann, als er sie ein paar Tage später nach Feierabend besuchte und sah, dass sich das Krankenzimmer in einen regelrechten Salon verwandelt hatte. »Die Schmerzen, das Gestöhne, die schlaflosen Nächte, der Arzt, der Krankenwagen, das Hospital, und was kommt am Ende dabei heraus? Sie kichert. Quelle comédienne! Nun ja, meine arme Mutter, möge sie in Frieden ruhen, sie litt wirklich an Gallensteinen. Sie starb daran, die arme Seele. Und ohne auch nur einen einzigen Muckser von sich gegeben zu haben. Damals hatte man noch keine Schmerzmittel wie heute – damals ballte man die Faust, biss die Zähne zusammen und litt schweigend, damit die Kinder nicht aufwachten.«

»Hauptsache, sie bekommt etwas Anständiges zu essen«, sagte die Prinzessin.

»Aber ich habe meinen ganzen Appetit verloren. Ich esse so wenig.«

»Und warum nimmst du dann ständig zu?«, fuhr ihr Mann dazwischen.

»Die Nerven, darum. Zwei Minuten bist du jetzt in diesem Zimmer, und schon fangen die Schmerzen wieder an.«

Noch häufig lag sie dann in diesem Krankenhaus, jedes Mal voller Angst, sie werde die Operation nicht überstehen, bevor sie zehn Jahre später, 1958, aus Ägypten fortging. Und als ihr schließlich in einem Noteingriff die Gallensteine entfernt wurden, war es ein ägyptischer Arzt am jüdischen Krankenhaus, der sie operierte. Zum Glück kam es nicht zu einer Bauchfellentzündung. Ihr alter jüdischer Arzt, in dessen Hände sie ihr ganzes Leben gelegt hatte, war verhaftet worden, durfte nicht mehr praktizieren und sollte, wie gemunkelt wurde, als israelischer Spion angeklagt werden.

Sie war inzwischen über sechzig und litt bereits an Gedächtnisschwund. Mehrere Kissen stützten ihren Kopf, und ich erinnere mich, dass sie einen schäbigen Flanellmorgenmantel trug, eine Perlenhalskette und ihr Aluminiumarmband, das angeblich ihren Rheumatismus linderte. Die schütteren Haare bedeckten ihren Kopf wie eine verrutschte Perücke. Wenn sie mich ansah, lächelte sie angestrengt. »Das ist das Ende, Madame Esther«, sagte sie zur Prinzessin, die eines Frühlingsmorgens zusammen mit mir zu Besuch kam.

»Ach was. Noch eine Woche, und Sie sitzen mit Ihrer Tochter auf dem Balkon und genießen die Sonne, wie Sie es immer getan haben und weiterhin tun werden, wenn ich und meine Geschwister schon längst abgetreten sind.« »Nein, Madame, Sie sind aus Stahl«, sagte die Heilige. Sie entsann sich, wie der Mann der Prinzessin einmal darüber geklagt hatte, das Skelett seiner Frau bestehe aus Stahlgliedern, die nachts bei jeder ihrer Bewegungen im Bett laut klapperten. »Und außerdem, wir gehen alle, wenn Er es will, nicht früher, nicht später.« Die Heilige bediente sich gern dieser gequälten, frommen Ausdrucksweise, wenn sie andere Menschen zurechtweisen wollte.

Wir standen auf, um zu gehen, als mir die Heilige eine dünne, rosige Hand sanft auf die Schulter legte und ein paar Worte auf Ladino murmelte. Ich schlang die Arme um sie, woraufhin sie einen Arm nahm, ihn liebevoll biss und küsste.

»Bekomme ich keine Umarmung?«, rief die Prinzessin dazwischen und fuhr mir durchs Haar. Bevor sie ihre Forderung ganz ausgesprochen hatte, warf ich beide Arme um sie und drückte sie kräftig, denn ich wollte der Heiligen nicht nur beweisen, dass ich endlich ihrem Wunsch entsprach und die Prinzessin mehr liebte als sie, sondern sie auch zu der Annahme verleiten, dass ich damit schon während ihrer Krankheit begonnen hatte. Ich wartete darauf, dass die Prinzessin ihren Widerstand aufgeben und sich meiner Umarmung überlassen würde, wie die Heilige es so oft getan hatte. Ich wollte ihre Litanei von Koseworten hören, die Sprache ihrer Sorgen, ihrer Liebe, ihrer Leidenschaft – und je mehr sie sich wehrte, desto stärker wurde mein Griff. Aber sie kannte dieses Spiel nicht, und am Ende gab sie nicht viel mehr von sich als einen schüchternen kurzen Laut, halb Kichern, halb Quieksen.

»Schaut nur, so viel Liebe«, rief die Heilige freudestrahlend.

»Es ist nicht gut, so sehr zu lieben«, sagte die Prinzessin, während sie mir mit den Fingern durchs Haar strich.

»Ich versuche ihm das auch beizubringen, aber er hört ja nicht.«

Wie die Prinzessin prophezeit hatte, saß die Heilige zwei

Wochen später wieder auf ihrem Balkon mit ihren üblichen Besuchern und genoss die nachmittägliche Sonne und die herrlichen Sommerabende. Sie schwor, dass sie sich viel jünger fühle, nun, da ihr ägyptischer Arzt ein Wunder vollbracht hatte. »Eine Generation früher wäre er nicht viel mehr gewesen als der Boy, der uns auf dem Balkon den Tee serviert«, sagte sie. »Jetzt hat er mir das Leben wiedergeschenkt. Er spricht tadellos Französisch. Und Sie hätten sein Büro sehen sollen – luxuriös. Nicht übel für einen Araber, der noch nicht einmal dreißig ist. Wenn er das neue Ägypten hier repräsentiert, dann muss ich sagen: chapeau!«

»Warten Sie nur, bis alle an der Macht sind. Dann werden Sie sehen, wie das neue Ägypten Sie behandeln wird, Madame Adèle«, meinte eine griechische Nachbarin.

»Das ist mir egal. Der da ist ein wahrer Gentleman. Ich verdanke ihm mein Leben. Wahrscheinlich überrascht es Sie, aber seit meiner Operation bin ich ziemlich philosophisch geworden. Ich danke Gott für alles, was er mir geschenkt hat; was ich nicht habe, das vermisse ich nicht, und was ich nicht bekommen kann, das brauche ich nicht. Wir sind nicht reich, aber wir leben sorgenfrei. Ägypten habe ich nie geliebt, aber das Leben hier hat es gut mit uns gemeint; und fast alle Menschen, die ich liebe, besuchen mich mindestens einmal am Tag. Ich bin überglücklich, dass ich nicht gestorben bin.«

»Sie hätte genau in dem Moment sterben sollen«, sagte Tante Flora zwanzig Jahre später. Sie bestand darauf, den Kaffee zu bezahlen, den wir in der Nähe des Ponte dell'Accademia getrunken hatten. »Sie starb so elend und in so miserablen Verhältnissen, dass man schwören möchte, es gibt keinen Gott im Himmel.«

Sie nahm das Wechselgeld, ließ dem Kellner aber kein Trinkgeld. »Weil sie unverschämte fannulloni sind«, sagte sie. Und dann, als wollte sie sich für das Restaurant entschuldigen: »Ich weiß, das Essen hier ist nicht besonders gut, aber es ist auch nicht schlecht, und ich sitze gern an diesem Tisch im Schatten und horche auf das Wellengeräusch und hänge meinen Gedanken nach.« Sie legte den Zahnstocher weg, mit dem sie herumgespielt hatte. »Vielleicht habe ich deswegen beschlossen, in Venedig zu leben – wohin man sich auch wendet, immer ist man in der Nähe des Wassers, und immer riecht man das Meer, auch wenn es stinkt; hier wache ich nämlich manchmal auf und denke, jemand hat die Uhr zurückgestellt, und ich bin wieder auf der Corniche.«

Die venezianischen Sommer seien lang, sagte sie, und nichts sei schöner, als an manchen Tagen mit dem Vaporetto rings um die Stadt zu fahren oder gleich hinaus zum Lido und den Vormittag allein am Strand zu verbringen. Sie liebe das Meer. Ich auch, sagte ich und erinnerte sie daran, dass sie es gewesen war, die mir Schwimmen beigebracht hatte.

Ich sah sie an. Mit siebenundsechzig hatte sie noch dieselben klaren, grünen Augen, an die ich mich von früher erinnerte, und dieselben schmalen, spitz zulaufenden nikotingefärbten Finger, die über die Tasten flogen, wenn sie die Anfangstakte der Hammerklaviersonate spielte. Zehn Jahre hatte ich Flora nicht mehr gesehen, und davor waren es fünf Jahre gewesen. Wir sprachen wieder über die Rue Memphis.

»Sie hat gar nicht so schlecht Klavier gespielt. Ihr Problem war die Disziplin. Und ihr Gedächtnis. Vor allem das Gedächtnis. Ich dagegen bin sehr diszipliniert, und was mein Gedächtnis angeht – ich habe nichts vergessen. Ich kann mich noch an die Namen sämtlicher Straßenbahnstationen von Ramleh bis Victoria erinnern.«

Ich nahm eine Papierserviette, faltete sie auseinander, reichte ihr meinen Füllfederhalter und ließ sie die Namen aufschreiben … Da sie offenbar glaubte, ich würde die Namen der Linie Ramleh-Bacos ebenfalls haben wollen, schrieb sie diese gleich dazu.

»Wohlgemerkt, die alten Namen, nicht diese neumodischen patriotischen Namen, die sich das neue Regime ausgedacht hat: Straße der Unabhängigkeit, Platz der Befreiung, Soundso des Sieges.«

Der Kellner, der uns finstere Blicke zugeworfen hatte, wandte das Gesicht ab und plauderte angeregt mit einem Kollegen über die künstliche Hecke hinweg, die zwischen unserem Restaurant und dem nächsten stand. Als er ein Touristenpärchen zögernd einen prüfenden Blick auf unsere leere Terrasse werfen sah, ging er hin, um sie zu begrüßen, redete auf sie ein, bevor sie den Rückzug antreten konnten, und forderte sie auf, ihm zu folgen.

Tante Flora beobachtete, wie er die schüchternen Touristen zum schlechtesten Tisch auf der Terrasse führte. »Manchmal hasse ich Italien«, sagte sie. »Aber dann gibt es Tage, da möchte ich nirgendwo sonst leben.«

Wir gingen über die Brücke in Richtung Campo Morosini. Bis auf einzelne Gruppen junger Touristen, die der Nachmittagshitze trotzten, wirkte Venedig an jenem Sonntag wie ausgestorben. Der stille Platz mit seinen weißen Marmor- und Travertinplatten bot kaum Schutz vor der brütenden Sonne. Zwei Lokale linker Hand waren um diese Tageszeit völlig leer, draußen auf dem Straßenpflaster standen Tische mit je drei Strohstühlen, ordentlich gestapelt, neben zusammengeklappten Cinzanoschirmen. Die Geschäfte am Platz waren geschlossen.

Sie lud mich zu einem Eis ein.

»Musst du Mitbringsel oder irgendwas einkaufen?«

Ich schüttelte den Kopf.

»Wenn deine Mutter zu Besuch bei mir ist, kauft sie die ganze Zeit Geschenke für alle möglichen Leute ein. Ich hatte angenommen, du auch. Und Bücher?«

»Nein. Ich wollte dich besuchen.«

»Du wolltest mich besuchen«, wiederholte sie, sichtlich erfreut darüber, dass jemand auf so einen Gedanken kommen konnte.

Wir gingen durch die engen, leeren Gassen in der Gegend der Zattere, vorbei an der Calle del Traghetto, deren stuckgeschmückte kleine Häuser die verborgene Sonne in ockerfarbenes Licht tauchte. Noch immer war das leise Klappern von Geschirr zu hören, das nach einem späten sonntäglichen Mittagessen abgewaschen wurde. Ein paar Ecken weiter standen wir vor Tante Floras Haus. Ihre Wohnung lag im Souterrain und war, wie die meisten venezianischen Wohnungen, sehr klein; das Schlafzimmer mit seiner niedrigen Decke und dem kleinen Fenster erinnerte an eine karge Mönchszelle. Auf dem Nachttisch stand ein alter Kassettenrekorder, umgeben von einem Haufen verschiedener Kassetten: Callas, di Stefano, Wanda Landowska, Paul Anka. Es sah aus wie im Zimmer einer Studentin. Auf der Frisierkommode entdeckte ich ein Foto, das nur von mir sein konnte, obwohl ich es noch nie gesehen hatte. Staunend dachte ich, dass ein Teil von mir bis nach Venedig gereist war und zwanzig Jahre im Schlafzimmer eines anderen Menschen gestanden hatte, ehe ich es schließlich entdeckte.

In dem einzigen anderen Zimmer ihrer Wohnung standen zwei alte Flügel, Seite an Seite, sodass kaum noch Platz war. Ich musste mich an dem ersten vorbeidrücken, um zum zweiten zu kommen. Dieses Zimmer wirkte noch muffiger, weil die Wände mit uralten Korkplatten beklebt waren. Ich hatte keine Ahnung, wie man es schaffte, das Fenster zu öffnen.

»Ich lasse es das ganze Jahr über geschlossen. Hier im Zimmer stinkt es nach Zigaretten. Aber genau so habe ich Klavierspielen gelernt. Keiner meiner Schüler hat sich je beklagt. Und wenn …«

Sie zeigte mir die Küche, wo sie kochte, aß, Briefe schrieb, las, fernsah, Arbeiten korrigierte.

Sie begann, den Tisch abzuräumen.

»Kann ich helfen?«, fragte ich.

»Sicher, sag mir einfach, wo du all diese Papiere hintun würdest.« Sie lud mir einen Packen Broschüren, Reklamezettel, Noten, Partituren, Zeitungen und unbeantwortete Post auf den Arm. Ich schaute mich um und kapitulierte.

»Auf den ersten Flügel.« Ich sah ihr an, wie zufrieden sie war.

»Ich werde inzwischen Wasser für die Gnocchi aufsetzen. Selbst gemachte. Es ist auch noch überbackenes Gemüse da. Wenn ich etwas wirklich gut kann«, sagte sie und kniete nieder, um den Gasherd mit einem Streichholz anzuzünden, »dann sind es Gnocchi.« Sie musste ein zweites Streichholz nehmen.

»Vielleicht interessiert es dich ja«, sagte sie, noch immer darauf konzentriert, den Herd anzuzünden. »Es war deine Großmutter, die mir Kochen beigebracht hat. Ich habe ihr Klavierstunden gegeben, sie hat mir gezeigt, wie man kocht. ›Eines Tages wirst du einem Mann ein richtiges Essen kochen müssen, und Klavierspielen ist ja ganz schön, aber Männer brauchen un bon biftek, vous comprenez ce que je veux dire, Flora?‹ Also brachte sie mir sephardische Gerichte bei, die heutzutage nicht einmal Sephardim mehr zubereiten können. Fisch, Artischocken, Lamm, Reis, Auberginen, Lauch. Und Seebarbe natürlich.«

Wir mussten kichern.

»Du lachst, aber deine Großmutter war nicht dumm. Sie wusste genau, wie man Menschen manipuliert. Und am geschicktesten hat sie ausgerechnet die Person manipuliert, die ihr, wie alle Leute meinten, haushoch überlegen war. Ließ sie in dem Glauben, sie wisse nicht, worauf man beim Einkauf von Seebarben achten muss, dabei hatte es bei ihr, ihrer Mutter und ihrer Urgroßmutter seit ewigen Zeiten Seebarbe gegeben. Tat so, als hielte sie sie für eine Französin, denn sie wusste, dass ihr das ungeheuer schmeicheln würde, dabei waren sie in Konstantinopel in demselben Viertel aufgewachsen. Ließ sie in dem Glauben, sie selbst wäre ganz unscheinbar und wirr im Kopf und könnte ihr nicht das Wasser reichen, und dabei wusste sie sehr wohl, was sie tat.

Wenn ich daran denke, dass ich mit meiner Mutter genau an dem Abend da war, als sie sich kennenlernten. Dass ich genau an dem Tag, an dem sie beschlossen zu heiraten, auf ein Zeichen von ihm wartete. Dass ich, die es als Erste hätte hören müssen, als Letzte davon erfuhr.

Hier«, lächelte sie, »ich habe auch etwas zubereitet, das du, wenn ich mich recht erinnere, damals gern gegessen hast. Ich hoffe, du hast dich nicht geändert.«

Sie entschuldigte sich für die rostfreien Stahlmesser mit roten und grünen Plastikgriffen, die nicht zu dem seidenbestickten Tischtuch passten, das auf dem alten Küchentisch lag. In den dreißig Jahren seit ihrer Abreise aus Ägypten hatte sie in ihrer Zerstreutheit ihr ganzes Tafelsilber, Stück für Stück, in den Müll geworfen. »Das symbolische Ende von Aldos Reichtum«, sagte sie, eine Anspielung auf das, was der Schwab ihr vererbt hatte. »Nur diese fünf silbernen Teelöffel sind noch übrig« – und zwar nur deswegen, weil sie nie Teelöffel verwendete, sonst lägen sie inzwischen ebenfalls auf dem Grund des Canal Grande. »Fünf silberne Teelöffel«, wiederholte sie, als drückte sich in diesem kurzen Satz die Summe ihres Lebens aus.

»Dein Vater hat es mir monatelang verheimlicht«, sagte sie, womit sie wieder auf meine Eltern zu sprechen kam. »Du kannst dir gar nicht vorstellen, wie fassungslos ich war. Ich habe es mir nie anmerken lassen – ich habe mich sogar mit deiner Mutter angefreundet –, aber ich habe jahrelang gebraucht, um darüber hinwegzukommen. Noch heute habe ich an manchen Tagen das Gefühl, dass ich es nicht verwunden habe. Und manchmal denke ich, dass es bei ihm wohl nicht anders war. Weißt du, wir waren ein merkwürdiges Paar – unsere Türen standen immer offen, aber wir ließen einander nicht herein. Wir passten zueinander, vorausgesetzt, es gab andere, zu denen wir zurückkehren konnten. Im Grunde sind wir einander ausgewichen, wir konnten nicht einmal allein in einem Zimmer sein, ohne uns unwohl und nervös zu fühlen.

Noch heute lebe ich so. Ich gehe schräg über die Straße, in Konzertsälen sitze ich immer ganz außen, ich bin Bürgerin zweier Staaten, lebe aber weder in dem einen noch in dem anderen, und ich sehe anderen Menschen nie in die Augen«, sagte sie, und als ich merkte, dass sie sich sogar in diesem Moment dazu zwang, wandte auch ich den Blick ab. »Ich bin zu niemandem ehrlich, wenngleich ich noch nie gelogen habe. Ich habe sehr viel weniger gegeben als genommen, obwohl ich am Ende immer mit leeren Händen dastehe. Vermutlich weiß ich nicht einmal, wer ich bin, ich kenne mich so, wie man einen Nachbarn kennt: von Weitem. Wenn ich hier bin, sehne ich mich danach, dort zu sein, als ich dort war, habe ich mich danach gesehnt, hier zu sein«, sagte sie, womit ihre Jahre in Alexandria gemeint waren.

»›Weißt du, Flora‹, pflegte die Heilige zu sagen, ›du denkst zu viel, und du stellst zu viele Fragen. Im Leben muss man sich Scheuklappen aufsetzen, nach vorne schauen und vor allem lernen zu vergessen. Débarasser. Man kann nicht leben und sein eigener Pfandleiher sein.‹

Wie du siehst, habe ich nur gelernt, mein Silber loszuwerden. Das ist alles. Der Rest ist genau katalogisiert und ordentlich weggepackt in dem Buch, das ich hier mit mir trage«, sagte sie und zeigte auf ihre Stirn. »Ich vergesse nichts – weder, wie das Leben einmal war, noch, wie ich es mir gewünscht hätte. Ich bin wie eine alte Witwe, die sich stundenlang mit Gegenständen beschäftigt, von denen sie ahnt, dass sie nicht mehr wichtig sind, die sie aber weiter aufbewahrt, weil es länger dauern würde, sie zu ersetzen oder wegzuwerfen, als sie sauber zu halten.« Sie schwieg einen Augenblick. »Vielleicht erinnere ich mich an mehr, weil ich weit weniger gelebt und geliebt habe, als man nach meinem Alter vermuten würde.«

Sie stand auf, nahm etwas, das verborgen auf dem Kühlschrank gelegen hatte, und präsentierte ihre Überraschung, ein großes türkisches Dessert aus dicker Ziegenmilch, das »Brot des Palastes« hieß.

»Das Traurige, wenn ich es recht bedenke, ist doch, dass die Heilige so gut vergessen konnte. Sie vergaß so viel, dass sie am Ende nicht mehr wusste, wer sie war. Als 1958 der Besitz ihres Mannes verstaatlicht wurde und die beiden emigrieren mussten, bot sie bei ihrer Ankunft in Frankreich den allererbärmlichsten Anblick. Da stand sie nun auf dem Flughafen Orly, die grande bourgeoise von der Rue Memphis mit ihren Enkeln, ihren Klavieren, ihren Teegesellschaften, erschrocken und verwirrt wie eine Fünfjährige.

Robert, der sie abholte, hat mir Jahre später erzählt, wie verloren sie wirkte, während sie ihn in der Menge suchte, sogar dann noch, als er auf sie zugetreten war und gesagt hatte: ›Mutter, da bin ich!‹ Er wollte sie umarmen, doch sie stieß ihn von sich und rief in ihrem gepflegten Schulfranzösisch: ›Mais je ne vous connais pas, Monsieur.‹ ›Aber ich bins doch, Bertico‹, sagte er.«

Als sie ihren Sohn schließlich erkannte, fuhr Flora fort, berührte sie nur sein Gesicht und sagte, er sehe alt aus. Dann entschuldigte sie sich mit dem Hinweis, dass sie keine Brille trage, sie habe sie zu Hause vergessen. Er solle sich aber keine Gedanken machen – sie würde den Boy schicken. Erst in dem Moment erkannte Robert, wie schlimm es um sie stand. Er kannte sie noch als Frau mit kräftigen Armen, die links und rechts ein Enkelkind auf der Hüfte tragen und dabei herumlaufen konnte. Jetzt stand eine ungepflegte, niedergeschlagene alte Frau vor ihm, die nicht einen einzigen zusammenhängenden Satz herausbrachte. Der Flug war katastrophal gewesen, seine Mutter hatte die ganze Zeit geweint.

Nach der Ankunft im Pariser Bus-Terminal, wo sie auf das Gepäck warteten, passierte etwas völlig Unerwartetes: Meine Großmutter riss aus, lief weg. Als Robert mit einem Gepäckträger und den Koffern eintraf, fand er seinen Vater völlig aufgelöst vor. »Was ist los?«, fragte er. »Deine Mutter ist verschwunden.«

Sofort wurde die Polizei verständigt, doch es dauerte Tage, bis man sie schließlich fand – ganz am anderen Ende von Paris, hinter der Porte de Clignancourt, ohne Brille, ohne Gebiss, ohne Unterwäsche. Wie sie dorthin gekommen oder was in diesen sieben Tagen und Nächten mit ihr passiert war, werden wir nie wissen. Im Krankenhaus weigerte sie sich, Französisch zu sprechen, und wenn sie nicht gerade weinte, murmelte sie auf Ladino, dass sie als Hund in die Rue Memphis zurückgekehrt sei, aber es sei niemand zu Hause gewesen.

»Sie soll nie geklagt haben«, erklärte Flora. »Sie erklärte immer, es gehe ihr gut, die Nonnen und Schwestern seien freundlich zu ihr. Aber sie aß nichts. Es gab furchtbare Kämpfe deswegen. Nachts heulte sie im Schlaf, ein langes, klagendes, herzzerreißendes Heulen, von dem Robert sagt, er werde es nie vergessen.

Sie rief nach ihrer Mutter und nach ihrem Sohn. Dann wachte sie auf, erinnerte sich an etwas, murmelte ein paar zusammenhanglose Wörter und nickte wieder ein.«

Es wurde still in der Küche. Ich schaute aus dem Fenster und sah, dass es draußen Nacht geworden war.

»Das wusste ich nicht«, sagte ich.

»Niemand wusste es. Robert hat mir erst Jahre später davon erzählt.« Nach einer Weile fragte sie: »Und jetzt einen Kaffee?«

»Ja«, sagte ich. Dann fragte ich, um das bedrückende Schweigen zu brechen, das sich über die Küche gelegt hatte, wann mein Vaporetto abfahre.

Sie sagte, ich hätte reichlich Zeit. Außerdem komme es darauf an, wo ich einsteigen wolle.

»Gut, können wir jetzt den Schubert hören?«, fragte ich, wie ein kleiner Junge, der seine versprochene Belohnung nicht vergessen hat.

»Du willst also wirklich Schubert hören?«, fragte sie, auf den Brief anspielend, in dem ich – wie um Verzeihung dafür bittend, dass ich sie jahrelang nicht besucht hatte – geschrieben hatte, ich könne mich noch gut an die warmen Sommernachmittage in der Rue Memphis erinnern, an denen sie Schubert gespielt hatte. Sie hatte geantwortet, meine Großmutter sei keine große Schubert-Freundin gewesen. »Aber wenn du dich an Schubert erinnerst, habe ich ja vielleicht auch noch später Schubert gespielt.« Ich schrieb zurück, es sei die B-Dur-Sonate gewesen. »Wenn du unbedingt meinst«, schrieb sie. »Vielleicht habe ich allein geübt, und du hast mich dabei gehört.«

Vermutlich glaubte sie noch immer, dass ich es erfunden hatte. Ich war mir selbst nicht mehr ganz sicher.

»Jedenfalls wirst du den Schubert so hören, wie ich ihn gespielt habe, als die Deutschen vor Alexandria standen und alle im

Haus glaubten, das Ende der Welt sei gekommen. Jeden Abend habe ich das Stück gespielt. Zuerst störte es sie, da sie nichts von Musik verstanden. Doch mit der Zeit fanden sie Gefallen daran – und an mir –, denn Schubert stand wie der letzte Leuchtturm im Unwetter, ruhig und ernst, wie ein Echo aus einer alten Welt, der wir uns zugehörig fühlten, weil wir nirgendwo sonst zu Hause waren. Zeitweilig schien es, als stünde nur ein Notenblatt zwischen uns und Rommel, sonst nichts. Zehn Jahre später nahmen sie uns dieses Notenblatt weg. Schließlich nahmen sie uns auch alles andere weg. Und wir ließen es geschehen, wie Juden diese Dinge immer mit sich geschehen lassen, denn im Grunde unseres Herzens wissen wir, dass wir alles, was wir besitzen, mindestens zweimal in unserem Leben verlieren.

Ich habe an diesen Abenden Schubert gespielt, weil ich wusste, dass der Krieg, so schlimm er auch war, für mich nur ein Vorwand war, um mich vor der Erkenntnis zu drücken, dass ich mein Leben verpfuscht hatte.

Ich werde ihn jetzt so spielen, wie Schnabel ihn gespielt hat, denn so haben mich dein Großvater und dann dein Vater spielen hören, und so würde mein Sohn, wenn ich einen Sohn hätte, mich heute Abend spielen hören. Setz dich.«

In der Nacht nahm ich nicht bei den Zattere den Vaporetto, sondern ging durch Dorsoduro zur Accademia. Als ich die spärlich beleuchtete schwimmende Anlegestelle erreichte, erklärte mir eine Bettlerin, der einzige Mensch weit und breit, dass der Vaporetto in Richtung Lido gerade abgefahren sei. »Bisognerà aspettare, Sie müssen warten«, sagte sie.

Da mir gut vierzig Minuten blieben, beschloss ich, über die Holzbrücke zum Campo Morosini zu gehen. Auch die Brücke war leer, und der Campo San Vidal, der zur Kirche Santo

Stefano führt, lag einsam und dunkel da. Ich sah eine Ratte auf einer wasserüberspülten Steinstufe am Kanal entlanghuschen, das graue Fell klatschnass, flink und zielstrebig eilte sie durch das seichte Wasser und verschwand schließlich, mit der Nase voran, in einer Mauerritze.

»Sie hat ihren Schubert also auch für dich gespielt«, würden sie sagen, die Männer, spöttisch, obwohl sich alle freuen würden. Und für einen Moment dachte ich an die überfüllte Wohnung in Grand Sporting, als die Deutschen vor Alexandria standen und alle meine Onkel und Tanten sich dort zusammendrängten, Schutz und Geborgenheit suchend, und allabendlich nach den BBC-Nachrichten Floras Schubert lauschten. »Bleib noch«, hatte sie zu meinem Vater gesagt, »ich möchte dir etwas sagen.«

Ich schaute hinüber zur Anlegestelle und sah die alte Bettlerin davonschlurfen.

Wieder dachte ich an Tante Flora, wie sie vor Jahren nach Venedig gekommen war und warum sie hier ganz allein wohnte, wie sie ihr Leben *weggeworfen* hatte, weil sie es nie gelernt hatte, sich aufzurappeln, nicht nach dem, was in Deutschland, in Ägypten passiert war. Und ich dachte an ihre Kriegsjahre in Alexandria, als sie abends mit meinem Vater Straßenbahn fuhr, in der Stadt kleine Konzerte gab und die beiden nachts auf der Corniche nach Hause gingen, auf das dunkle Meer hinausblickten und sich fragten, warum ihnen, obwohl der Tod so nahe war, das Sprechen so schwerfiel. Und ich überlegte, was sie heute Abend wohl zueinander sagen würden, wenn sie, nach so vielen Jahren, Arm in Arm diese dunklen und geheimnisvollen venezianischen Gassen entlanggehen würden, wenn sie ihm nachts ihr Lieblingscafé zeigen würde, ihren Lieblingseisladen, ihre Lieblingsstelle in Dorsoduro, wo man über den sternenbeschienenen Kanal sah und die Nähe zu anderen am Wasser gelegenen Städten spürte, schweigend, so wie sie immer miteinander geschwiegen hatten, sich durch Zeitraster arbeitend wie eingefangene Schatten auf der Seufzerbrücke. Warum hatte sie mir an diesem Abend ihre Seele offenbart?

Vor mir in der dunklen Nacht schimmerten die graublauen Steinfliesen des Campo Morosini. Schirokkowetter, erinnerte ich mich. Von Weitem erkannte ich die spärliche Beleuchtung einer Trattoria, die gerade schloss. Ein Kellner mit geöffnetem Kragen und gelockerter Krawatte kurbelte mit einer langen Stange eine gestreifte Markise hoch, ein Zweiter stapelte Stühle aufeinander und trug sie hinein. In den zwei Straßencafés weiter hinten, an denen wir nachmittags vorbeigekommen waren, drängten sich jetzt die Touristen. Hochgewachsene senegalesische Händler, die große Sporttaschen trugen, zogen Spielzeugvögel auf und ließen sie vor den Augen der Touristen über den Platz fliegen.

Ich verließ den Campo und kehrte zur Anlegestelle zurück; zum ersten Mal an diesem Tag registrierte ich das dumpfe Geräusch von Wasser, das gegen Stein klatscht. Wenig später kam ein fast leerer Vaporetto. Ich ging nach hinten durch und setzte mich auf die halbrunde Bank im Heck. Dann wirbelte die Schraube das Wasser auf, und ein Angestellter löste das Tau. Sobald wir losgefahren waren, legte ich beide Beine auf die Bank, wie wir das als Schüler auf dem offenen Oberdeck der Straßenbahn in Alexandria gemacht hatten, und schaute in den tiefen Nachthimmel und auf den grünsilbrig schimmernden Streifen, den wir auf dem Canal Grande hinter uns herzogen. Weit draußen in der Lagune reckten einzelne hin- und herschaukelnde Lichtbojen die Köpfe aus dem Wasser. Hinter mir lag die mondlose Stadt. Ich erkannte die undeutliche Silhouette der Punta della Dogana und dahinter den Turm von San Marco, der dunkel im nächtlichen Dunst aufragte. Aufgestört vom Suchscheinwerfer unseres Vaporetto, fuhren prächtige venezianische Paläste, einer nach dem anderen, aus dem Schlaf, erhoben sich aus der Nacht wie Schatten in Dantes Hölle, die unbedingt mit den Lebenden sprechen wollten, zeigten für kurze Momente ihre leuchtenden Bögen und Arabesken und schimmernden, wie aus Brokat gewirkten Fenster, um dann, sobald unser Schiff vorbeigefahren war, in das Dunkel einzutauchen und wieder in eulenhafter Erstarrung dazustehen. In der Ferne ahnte man die Mauern des alten Arsenals, und wir glitten immer tiefer in die Nacht hinein wie ein Spionageschiff, das den Motor abgestellt oder die Riemen eingezogen hat.

Dann ging der Vaporetto in eine weite Kurve und fuhr, jetzt sehr viel schneller werdend, in Richtung Lido auf die Lagune hinaus, der Motor tuckerte laut, ein kühler Wind wehte uns ins Gesicht und linderte das drückende Schirokkowetter. Ich lehnte mich an und beugte den Kopf zurück. Wir haben also Venedig gesehen, hörte ich in Gedanken meinen Großvater spotten, als ich mich umdrehte und beobachtete, wie die Stadt in zeitloser Nacht versank, ich dachte an Flora und all die Städte und all die Strände und all die Sommer, die auch ich in meinem Leben kennengelernt hatte, und an all jene, die sich schon lange vor mir über den Sommer gefreut hatten, und an diejenigen, die ich geliebt hatte, die mir dann aber nichts mehr bedeuteten und die zu betrauern ich vergessen hatte, und nun wünschte ich, sie wären bei mir, in einem Haus, einer Straße, einer Stadt, einer Welt.

Morgen würde ich als Erstes an den Strand gehen.

3
Der hundertste Geburtstag

Mit einem Wortwechsel fing es an, jemand rief etwas, ein anderer rief eine Erwiderung, dann war es für einen Moment still, als herrsche wieder Frieden. Und dann ging es los.

Jahrelang hatte mein Vater diesen Schrei gehört, der wie eine uralte, geheimnisvolle Klage über den Tag hereinbrach und, aus kräftigen Lungen kommend, in der Rue Memphis aufstieg und sich über den täglichen Lärm von Ibrahimieh erhob.

Später sollte er herausfinden, dass dies das Geheul der Gehörlosen ist, wenn sie Schmerzen haben, wenn sie streiten, wenn sie schreien, wenn ihnen die Worte fehlen und nichts anderes aus ihnen herauskommt als dieses ausgespuckte Kreischen, das ihn eher an die quietschenden Bremsen von Omnibussen an einem ruhigen Sonntag erinnerte als an die Stimme der Frau, die er geheiratet hatte.

Bei den Leuten auf der Straße hieß sie Al-Tarsha, die Taube, und die Araber auf dem Markt benannten alles und jeden in ihrem Haushalt im Verhältnis zur Tarsha: der Vater der Tauben, das Haus der Tauben, ihr Dienstmädchen, ihr Fahrrad, ihr Auto, ihr Mann. Das Motorrad, mit dem sie Anfang der Vierzigerjahre ein Wettrennen auf der Corniche gewonnen hatte und das dann an einen Nachbarn verkauft wurde, hieß auch später noch

Tarshas Mutusikl. Sobald ich alt genug war, um in Ibrahimieh allein herumzustreifen, stellte ich fest, dass ich als der Sohn der Tarsha bekannt war. Mein arabischer Friseur in Ibrahimieh – einst Gehilfe bei Aleco, heute der Besitzer des Geschäfts – erkundigte sich stets nach meiner Mutter, nie nach meinem Vater. Die Straßenhändler, die Kaufleute und die Männer in den Kaffeehäusern legten bei meinem Anblick verstohlen den Zeigefinger ans Ohr. Sie sprachen über meine Mutter. Genauso gut hätten sie sich an die Stirn tippen können, denn viele verwechselten taub mit geistig verwirrt. Fast jeden von ihnen hatte sie schon angebrüllt, und jeder kannte ihre cholerische Art.

Die einen bemitleideten sie und verziehen ihr mit der trägen Freundlichkeit der Levantiner. Die anderen spotteten über ihre unschöne, kratzende Stimme, fuchtelten mit den Händen und schnitten Grimassen dazu, sodass sie aussahen wie Wasserspeier oder Dorfdeppen. Eines Tages überraschte meine Mutter einen jungen Ägypter in einem Gemüseladen dabei, wie er sie nachmachte. Sie verstand zwar nicht, was er sagte, sah aber das spöttische Lächeln auf den Gesichtern der Umstehenden und ihre übertriebenen Mundbewegungen. Es war der unverschämte Blick, mit dem er sie angrinste, während er zu seinen Freunden hinüberschielte, der sie geärgert haben musste. Sie befahl mir, neben der Kasse stehen zu bleiben und mich nicht von der Stelle zu rühren, und schlug dem jungen Mann, der keine Zeit hatte, zu reagieren, zweimal mit aller Kraft ins Gesicht, packte ihn, bevor er sich erholen konnte, am Kopf, stieß ihn zu Boden und prügelte dann auf ihn ein, zuerst mit der Faust, dann mit allem, was ihr gerade in die Hände kam.

Als sie schließlich weggezogen wurde, war das Hemd des jungen Mannes zerrissen, aus seinem Mund lief Blut, und er weinte wie ein Kind.

»Komm, wir gehen nach Hause«, sagte sie, wandte sich um, nahm mich am Arm und marschierte mit mir aus dem Laden.

Die Prinzessin, die von dem Zwischenfall gehört hatte, beschwerte sich bei meinem Vater, dass seine Frau sich nicht besser aufführe als die Araber, unter denen sie aufgewachsen sei. »Wie soll dein Sohn jemals richtiges Benehmen lernen, wenn er den ganzen Tag nichts anderes hört als ihr Gejammere und ihr ständiges Gekeife mit Arabern?« Nun, da ein paar Tropfen vergossen waren, brach es wie ein Sturzbach aus ihr heraus:

»In knapp zwei Monaten feiern wir den hundertsten Geburtstag meiner Mutter, und ich möchte, dass er sich dort anständig benimmt. Ich will Madame Lord oder Victoria Coutzeris nicht den Sohn einer jüdischen Tarscha vorstellen, kapiert?«

Das bezog sich auf einen anderen Zwischenfall, der wenige Tage zuvor passiert war. Meine Mutter hatte mit einem Metzger um den Preis gefeilscht, bis es schließlich zum Streit zwischen den beiden kam. Das war nicht das erste Mal, und in der Metzgerei und in den Nachbargeschäften ließen die Leute alles stehen und liegen und kamen herbeigelaufen, um zu sehen, wie die taube Frau den Preis herunterhandelte, bis sie ihre Vorstellung durchgesetzt hatte, es sich dann noch einmal überlegte und einen noch niedrigeren Preis verlangte. Der Metzger schrie Zeter und Mordio, brüllte, sie solle sich nie mehr bei ihm blicken lassen, ging aber erneut mit dem Preis herunter, hackte, Obszönitäten vor sich hin murmelnd, mit dem Zorn von zehn Achilles auf sein bestes Fleisch ein, schleuderte ein Steak nach dem anderen auf die Waagschale, wickelte schließlich alles in graues Packpapier, woraufhin meine Mutter ihn aufforderte, er möge das Papier nicht mit seinen blutigen Händen beschmutzen, da ihr Sohn, der lammfromm neben ihr stand, es gern zum Zeichnen verwende. Der Metzger, der sich schon auf ihren Abgang freute, legte noch einen Extrabogen dazu, und ich stahl mich neben meiner Mutter hinaus und befürchtete das Schlimmste, sobald wir den anderen den Rücken zugekehrt hätten.

An jenem Tag beim Abendessen musste ich immer wieder an den Schrei des Metzgers denken, der gedroht hatte, er werde die verfluchte Jüdin auf der Stelle umbringen, an das wütende, wirre Kreischen meiner Mutter, die herausfordernd anbot – falls er Manns genug sei –, ihm das Fleischerbeil zu reichen. Und dann, kurz darauf, das Lachen der Leute, man versöhnte sich, man entschuldigte sich, sie legte das Beil nieder, das sie in theatralischer Selbstverteidigung ergriffen hatte, er deutete auf seine Ohren, was heißen sollte, er sei nur deswegen nicht zum Mörder geworden, weil Gott sie schon mit einem Gebrechen bestraft habe, schließlich sei sie ja eine gute, arme Frau, eine Miskina. Und dieser selbe Mann brach Jahre später in Schluchzen aus, umarmte sie, ungeachtet seiner blutverschmierten Schürze, und wog sie in seinen Armen, als sie ihm berichtete, dass wir Ägypten verlassen würden.

Doch die Erinnerung an ihren Schrei ließ mir in dieser Nacht keine Ruhe. Es war ein hässlicher, rauer, wahnwitziger Schrei, und sosehr ich mich auch bemühte, kein anderer Gedanke, kein anderes Geräusch, das ich mir in meiner Fantasie vorstellte, konnte den entsetzlichen Klang in meinen Ohren vertreiben.

Wie ich die anderen Jungen um ihre Mütter beneidete, ihre liebenswürdigen, hörenden Mütter, die ans Telefon gingen, die einem die Tür aufmachten und immer etwas Nettes sagten, darüber, wie man angezogen war, über das Wetter oder über einen Film, den alle gesehen hatten. Mütter, die mit den Lehrern sprachen, ohne einen Dolmetscher zu benötigen. Mütter, die Klavier spielten, einem die Hand gaben und zuhörten, wenn man etwas sagen wollte, und mit fein ziselierten Sätzen antworteten.

Mütter, die nie mit den Dienstboten schimpften, sondern sie stattdessen entließen, Mütter, die einen mit sanften Worten tadelten, präzise und scharf, nicht gellend wie eine Geisteskranke, Mütter, bei denen man sich entschuldigen musste, Mütter, die »Ich liebe dich« wie ein Kompliment sagten und nicht als Forderung, Mütter, die man nicht verstecken, sondern vorzeigen wollte.

Die Stimme meiner Mutter, lauter und höher als die der meisten, trug weit – wenn sie mir morgens vom Fenster einen Abschiedsgruß hinterherrief, während ich in den Schulbus stieg, dabei in die andere Richtung starrte und so tat, als hätte ich sie nicht gehört, oder wenn ich vom Strand zurückkam und sie mich schon von Weitem erkannte, sich über die Veranda beugte, meinen Spitznamen brüllte, sodass die Jungen, mit denen ich mich gerade angefreundet hatte, irritiert guckten, weil sie nicht wussten, dass es meine Mutter war und dass sie gerade meinen Spitznamen gehört hatten, denn an ihre Sprechweise musste man sich erst gewöhnen. Ich sah hinauf, schmunzelte über irgendeine Bemerkung, die gefallen sein mochte oder auch nicht, verwendete dieses Schmunzeln als Gruß an eine weiter entfernte Person, die genau wusste, warum mein Lächeln so vage war, die mir schon verziehen hatte und an den Sommernachmittagen, wenn wir im Esszimmer saßen und Obst aßen, weil es für anderes viel zu heiß war, Liebesworte von sich gab, die niemand verstand, denn es waren nicht einmal Worte, nur Geräusche, die weit in ihre Kindheit zurückreichten, in eine Zeit, als sie noch nicht einmal sprechen konnte, Wortfetzen, die sie manchmal, wenn wir gemeinsam im Meer badeten, heraussschrie, die Stimme vom Klang der Wellen gedämpft, nicht mehr so grob, freundlich wie die einer Möwe.

Da ich nicht wusste, wie ich ihre Stimme erklären sollte, wenn ich ihr meine Freunde vorstellte, erschien es mir sinnvoller, meine Mutter überhaupt nicht zu begrüßen. Während der Kinopausen versuchte ich, einen Abstand zwischen ihr und mir herzustellen oder ihr meine Hand zu entziehen oder plötzlich nicht mehr mit ihr zu sprechen, wenn ich ein bekanntes Gesicht aus der Schule sah – was fast immer passierte, da freitags ganz Alexandria ins Kino ging. Weil ich nicht den Mut hatte, sie als meine Tante auszugeben, konnte ich, wenn ich einen Mitschüler auf uns zukommen sah, nur erstarren, eine vage und abwesende Miene aufsetzen und so tun, als hätte ich ihn nicht gesehen.

Sobald die Vorstellung zu Ende war, wollte ich immer aus dem Kino laufen, weit weg von der überfüllten Eingangshalle, in der die Leute herumstanden und sich überlegten, wo sie anschließend noch hingehen sollten. Meine Eltern aber, statt sich zu beeilen, trödelten in der Nähe ihrer Plätze herum, sprachen über den Film oder verlangten von mir, den Pullover jetzt anzuziehen, nicht später, oder sie suchten unter den Sitzen nach irgendetwas, was meine Mutter angeblich verloren hatte, sie warteten, bis sich die Seitengänge leerten, bevor sie den Saal verließen, und ich durfte mich nicht von der Stelle rühren, obwohl ich mir nichts sehnlicher wünschte, als zu verschwinden.

Dann fing das Zittern an.

»Sieh ihn dir an, er zittert am ganzen Leib«, sagte sie zu meinem Vater, während sie mir half, den Pullover überzustreifen. Ich spürte, wie mein Kinn bebte und die Ellbogen steif wurden. »Es muss mit der Schule zu tun haben. Er hat wieder jemanden aus der Schule gesehen.« Immer las meine Mutter meine Gedanken, meine Ängste.

Mein Vater schaute ernst zu, suchte die Menge nach dem

Gesicht ab, dem ich aus dem Weg gehen wollte. »So kannst du doch nicht weitermachen. Die Leute beißen nicht, weißt du.«

»Ich weiß«, murmelte ich.

»Was ist es dann?«

Ich wusste es nicht. Das Schlimmste aber war, wenn er in diesem Tonfall mit mir sprach, solange Schulkameraden in Hörweite waren.

»Er schämt sich für mich«, sagte meine Mutter und knöpfte sich die Strickjacke zu. »Ich weiß es einfach.«

»Unsinn, niemand schämt sich für dich«, erwiderte mein Vater mit einem gereizten, unwirschen Gesichtsausdruck. So suchte er jedes Mal, ihrem Zorn die Spitze zu nehmen: indem er Überdruss und Ärger vortäuschte.

»Was weißt du schon. Du schämst dich auch für mich.«

»Sprich nicht so laut, bitte!«

»›Sprich nicht so laut‹ – was willst du? Soll ich auch noch stumm sein?«

»Komm«, sagte sie und ergriff meine Hand. »Zumindest kann er noch nicht lügen, was mehr ist, als ich von dir behaupten kann«, sagte sie und warf ihm einen wissenden Blick zu. Daraufhin stürmte sie durch den Saal, erreichte, mit sich selbst redend, lange vor meinem Vater den Ausgang und bahnte sich einen Weg durch die gaffende Menge, die draußen auf den Beginn der Sechs-Uhr-Vorstellung wartete.

Jeder sagte, ich sei ihre Ohren. Da sie nicht telefonieren konnte, musste ich die Anrufe für sie übernehmen. Um dieser Aufgabe zu entgehen, log ich manchmal und erklärte, dass der betreffende Anschluss besetzt sei. Um sie zu ärgern, behauptete ich, jemand habe an unserer Haustür geklingelt, obwohl mir klar war, dass sie wusste, dass ich log.

Meine Gedanken waren ihre Gedanken, so wie ihre Gedanken meine Gedanken waren. Wenn ich nachts aus Angst vor der Dunkelheit ihre Hand berührte und sie aufweckte, wusste sie längst, was ich sagte, noch ehe sie im Dunkeln die Bewegung meiner Lippen erkannt hatte. Und aus der Art und Weise, wie sie über den Witz eines Besuchers lachte, schloss ich, dass sie die Pointe überhaupt nicht verstanden hatte und nur höflichkeitshalber lachte, obgleich alle Anwesenden geschworen hätten, sie habe ihn in allen Details verstanden. Wenn abends manchmal das Licht ausging, war sie es, die zum Sicherungskasten lief, und nicht Abdou, unser Koch. Und wenn ich hörte, wie sie an den Leitungen herumbastelte, irgendetwas herauszog und wieder hineinsteckte, die Fragen, die ich gar nicht gestellt hatte, mit der Aufforderung beantwortete, ich möge mich nicht von der Stelle rühren, damit wir nicht zusammenstießen, wenn sie von der Leiter steige, hatte ich, voller Hoffnung, dieses Dunkel möge ewig dauern und wie eine lange schlaflose Nacht sein, immer nur den einen Gedanken, dass meine Mutter und die anderen mich angelogen hatten, dass sie überhaupt nicht so taub war, wie sie tat.

Erst dann ging mir die Wahrheit auf: dass sie immer taub sein würde, nie Musik, nie Lachen, nie meine Stimme hören würde. Erst dann wurde mir klar, was es hieß, allein zu sein auf der Welt, und ich lief los, um sie in diesem großen Haus zu finden, das nachts so ruhig, so leer und so völlig dunkel war, weil in unserem Viertel die Nächte immer so düster und trübsinnig waren, zumal mein Vater abends erst spät heimkam. Überall im Haus machten wir das Licht an, nicht um imaginäre Einbrecher abzuschrecken, sondern um in der Fensterscheibe unsere Gesichter zu sehen.

Aus dieser Dunkelheit drang jeden Abend das gespenstische Gebrüll des Joghurtverkäufers, der ein langes, heulendes

»Yaaaoouuuurt … Yaaaooouuurt« ausstieß, bis er das Ende des Häuserblocks erreichte und zu der kleinen Kaserne hinaufging, wo manchmal Übungsschüsse aus Flugabwehrkanonen abgegeben wurden. Wie dankbar war ich dann, nachts in der Küche die Stimme meiner Mutter zu hören, wenn sie Abdou anschrie, der nach Hause gehen wollte, aber noch eine Stunde bleiben musste, weil er vergessen hatte, den Herd sauber zu machen.

Da der hundertste Geburtstag meiner Urgroßmutter näher rückte, befand die Prinzessin schließlich, dass ich viel zu viel Zeit bei meiner tauben Mutter und den arabischen Angestellten daheim verbrachte. Smouha, das Viertel, in dem wir wohnten, lag zwar nur fünfzehn Straßenbahnminuten von Ibrahimieh entfernt, doch für meine Großmutter war es noch immer das Sumpfland, das es früher einmal gewesen war, und die neuen Wohnhäuser und die ruhigen Plantagen, die einen süßen Duft verströmten, waren für ihren Geschmack etwas zu *nouveau,* keine gute Adresse.

Eines Morgens teilte sie meiner Mutter mit, dass sie mich unter ihre Fittiche zu nehmen wünsche, denn ich sei, beeinflusst durch die Behinderung meiner Mutter, allzu oft bei der falschen Aussprache von Wörtern ertappt worden. Als sie sah, dass meine Mutter diesen Vorwurf fast demütig hinnahm, schob sie gleich die Bitte nach, sie solle auch ihren schwerhörigen Freundinnen nahelegen, ihre Besuche ein wenig einzuschränken, insbesondere Aziza, einer armen, jungen Frau, die bei uns als Hausmädchen, Küchenhilfe, Reinemachfrau und Näherin arbeitete und sich aus Sicht meiner Großmutter doppelt schuldig gemacht hatte, weil sie taub und dazu noch eine »ignorante Araberin« war.

Sie schlug vor, ich solle sie jeden zweiten Vormittag besuchen und dann mit ihr bei meiner Urgroßmutter Mittag essen. Meine Mutter war wie vom Donner gerührt und sagte nichts, aber ich sah, wie ihre Pupillen zuckten, was ein Zeichen von Ungeduld und unterdrücktem Zorn war. »Und was soll ich tun, während er bei dir ist, mit meinen tauben Freundinnen Strümpfe stopfen?«

»Keineswegs. Du hast mich völlig falsch verstanden, Gigi«, lenkte die Prinzessin sofort ein, mit jenem gespielt erstaunten, unschuldigen Blick, bei dem man sich beschämt fühlen sollte, weil man ihr fälschlicherweise unlautere Motive unterstellt hatte. »Ich möchte bloß, dass der Junge meine Seite der Familie kennt und höfliche Konversation hört. Er muss lernen, wie man korrekt spricht.«

»Zu diesem Zweck bringe ich ihn doch schon jeden Tag zu meinen Eltern«, protestierte meine Mutter.

»Sehr schön, Gigi, aber das ist doch nicht ganz das Gleiche«, sagte die Prinzessin mit erhobenem Zeigefinger.

Wegen des vermeintlichen Standesunterschieds zwischen den beiden Familien – von der syrischen Frage ganz abgesehen – hatte sie die Eltern meiner Mutter nicht zum bevorstehenden Fest eingeladen. »Ich möchte, dass aus ihm etwas Besseres wird«, sagte sie, »wie meine Brüder, die, wie du weißt, très comme il faut sind.«

Ohne darüber nachzudenken, hatte meine Mutter schon kapituliert.

Als mein Vater spätabends nach Hause kam, zeigte er sich sehr ungehalten, dass Aziza noch da war.

»Ich möchte nicht, dass sie die ganze Zeit hier ist. Genügt es nicht, dass die meisten deiner tauben Freundinnen jeden Tag hier sind. Müssen wir auch noch taube Dienerinnen haben?«

Meine Mutter brauchte nur eine Sekunde, um zu wissen, worauf er hinauswollte.

»Soll das heißen, dass er jeden zweiten Tag bei deiner Mutter sein soll?«, sagte sie und zeigte auf mich.

»Warum nicht?«, erwiderte er und ging, nun, da sie ihn durchschaut hatte, zur Offensive über. »Er soll nicht in dem Glauben aufwachsen, dass er entweder taub oder ein Araber ist.«

Schweigend nahm meine Mutter das hin.

»Die arme Aziza ist länger als sonst geblieben, um deine Hemden fertig zu bügeln.« Sie riss eine Schranktür auf und zeigte auf zwei Stapel säuberlich zusammengelegter Hemden.

»Was interessieren mich meine Hemden!«, rief er.

Er nahm eines der Hemden, als suche er eine Knitterfalte, fand keine, hielt sich das Hemd dicht vor die Nase und fand schließlich, wonach er gesucht hatte.

»Ich will mich ganz klar ausdrücken: Ich möchte Aziza nie mehr sehen«, sagte mein Vater erregt. »Ich möchte ihr Krötengequake nicht länger im Haus hören, ich will nicht, dass sie ihre Nase in meine Sachen steckt, und vor allem will ich nicht mehr ihren Gestank im Haus haben, wenn sie mit dem Putzen fertig ist. Hier«, sagte er und hielt meiner Mutter das Hemd unter die Nase, um ihr den Geruch zu demonstrieren.

»Es ist heute Morgen gewaschen worden«, sagte sie.

»Riech noch einmal! Es stinkt nach Hilba. Hilba! Hilba!«, rief er, nahm jedes Hemd, schnüffelte daran und warf es auf den Boden. »Schmeiß sie raus!«

In einer Hinsicht hatte mein Vater recht: Aziza umgab immer der starke Geruch von Hilba, jener kastanienbraunen Substanz, die von den Ägyptern als gesund angesehen und in rauen Mengen getrunken wurde, von der man rote Handflächen bekam und einen Körpergeruch absonderte, den Europäer unangenehm und abstoßend fanden. Mein Vater sagte »une odeur d'arabe« dazu, arabischer Gestank, und er hasste es, ihn in seinen Hemden, seiner Bettwäsche, seinem Essen zu finden.

Dieser Geruch war so unverkennbar und so überwältigend, dass man europäisierte Ägypter, die ein starkes Rasierwasser benutzten, sofort von solchen Ägyptern unterscheiden konnte, die zwar europäische Gepflogenheiten übernommen hatten, deren Gedanken, Wohnungen und Essgewohnheiten aber noch immer in der Welt der Hilba verwurzelt waren. Selbst wenn ein Ägypter die alten Traditionen abgelegt und die westliche Lebensart restlos angenommen hatte und geworden war, was meine Großeltern als »evolué« bezeichneten, jeden Tag einen Anzug trug, Tischmanieren besaß, Mazmazelles die Hand küsste, sich mit Wein und Käse auskannte und die erforderliche Anzahl von Lafontaine-Fabeln auswendig wusste – wenn seine Kleidung auch nur den leisesten Hauch jenes verräterischen Geruchs verströmte, begann man, an seiner erklärten prowestlichen Einstellung zu zweifeln und zu vermuten, dass nicht alle in seiner Familie, er selbst eingeschlossen, sich über die dunkle, finstere Kehrseite arabischer Hygiene erhoben hatten.

Für die eingefleischte Aversion gegenüber Hilba hatte mein Vater aber noch einen zweiten Grund. Er verabscheute, genau wie seine Mutter, alle Arten erkennbarer ethnischer Gerüche, denn er fand, dass eine Familie umso europäisierter war, je geruchloser Wohnung, Kleidung und Küche waren.

Beide wären nie auf den Gedanken gekommen, dass jede Wohnung einen speziellen ethnischen Geruch hat und dass jeder geborene Alexandriner einen sephardischen Haushalt mühelos an seinem Geruch von Parmesan, Artischocken und Borekas erkannt hätte, so wie sie selbst eine armenische Küche an ihrem unvermeidlichen Geruch von geräucherter Wurst erkannten, ein griechisches Wohnzimmer am Geruch von Myrre und Italiener am Geruch von Zwiebeln und Kamille. Einfache Italiener rochen nach gebratenen Paprikaschoten, Griechen nach Knoblauch und Brillantine, und wenn sie schwitzten, rochen ihre Unterarme nach Joghurt.

»Es riecht, als hätte hier eine arabische Karawane kampiert«, sagte die Prinzessin, als sie uns einmal besuchte. »Ich kann sie riechen, ich weiß, sie war hier.« Mein Vater hatte Aziza zwar Hausverbot erteilt, aber durchgesetzt wurde es nie.

»Sperr sie zumindest in die Küche, wenn ich hier bin«, sagte meine Großmutter. »Und wo wir gerade dabei sind, auch diese Om Ramadan will ich nicht sehen – oder willst du, dass ich sie zum Geburtstag einlade?« Die letzte Bemerkung war besonders herzlos, da Om Ramadan, unsere Wäscherin, seit vierzig Jahren in der Familie des Vaters meiner Mutter arbeitete.

Om Ramadan war eine hochgewachsene, magere Frau, die etwa zweimal die Woche kam und den ganzen Vormittag im Badezimmer verbrachte. In einem großen Metallbottich voll lauwarmem, schmutzigem Wasser wusch sie unsere Sachen, knetete sie, walkte sie und wrang sie aus, bis sie das letzte bisschen Farbe aus ihnen herausgequetscht hatte – eine Arbeit, die so kraftvolle Bewegungen erforderte, dass sich daher, wie bei berühmten Dirigenten, ihre Langlebigkeit erklärte. Sie war hässlich und alt, wahrscheinlich jenseits der siebzig. Dank Henna oder Wasserstoffsuperoxid war ihr Haar nicht weiß, sondern blond, mit einem Anflug von Hellbraun. Ihre Haut war sehr weiß, vor allem an Armen und Händen, die, wie manche Leute glaubten, wegen des starken Bleichmittels, das sie beim Waschen verwendete, ihre Pigmentierung eingebüßt hatten.

Om Ramadan hatte nur noch ein Auge. Sie versteckte das blinde Auge nicht, und zum Spaß pflegte sie mit den Fingern die Augenlider auseinanderzuziehen und mir die leere Höhle zu zeigen.

»Eines Tages wird auch dieses Auge krank werden, und dann müssen sie es entfernen«, sagte sie, als spräche sie von einem winzigen Muttermal am Fuß. »Aber ich werde hier weiter Wäsche waschen.« Und wie zum Beweis ihrer Entschlossenheit legte sie den Kopf zurück, rollte das gesunde Auge nach oben, sodass nur das Weiße zu sehen war, und starrte mit gequälter Miene vage in meine Richtung, während sie mit mechanischen Handbewegungen meine Hemden wrang und »Almosen für die Blinden, Almosen für die Blinden« intonierte.

Om Ramadan arbeitete nach der einfachsten und ältesten Methode. Breitbeinig, beide Füße flach auf dem Boden – manchmal trug sie fünf Zentimeter hohe Holzpantinen –, hockte sie vor dem großen Wasserbottich, sodass ihre knochigen Knie unter der Galabiya aufragten und fast ihr Kinn berührten. Sie saß da, rauchte Kette und trank heißen, schwarzen Tee aus einem hohen Glas, das neben ihr stand und von Abdou regelmäßig aufgefüllt wurde, während sie ihm, ohne aufzusehen, für seine Freundlichkeit dankte und er ihr für die ihre.

Am späten Vormittag begann Om Ramadan zu singen, und obwohl sich jeder von uns über ihre monoton klagende Brummstimme lustig machte, war draußen vor den Fenstern, von den Nachbarwohnungen her doch zu hören, dass ein anderes Dienstmädchen, eine andere Wäscherin und dann noch jemand in das Lied einfiel, während sie alle mit ihrer Wäsche hantierten, eine jede in ihrer sonnigen Ecke, in der friedlichen Atmosphäre großer levantinischer Badezimmer. Ohne sich von der Stelle zu rühren, ohne die anderen zu sehen, hatten sie die Namen der anderen erfahren, riefen sie einander zu und tauschten ganze Lebensgeschichten aus wie Schiffe, die sich im Nebel Signale zuschicken.

Nach getaner Arbeit saß Om Ramadan in der Küche und rauchte mit Abdou eine Zigarette. Dann, nachdem sie sich mit noch mehr Tee abgefüllt hatte, ging sie wieder ins Badezimmer, lud sich einen großen Weidenkorb mit nassen Sachen auf den Kopf und stieg mit langsamen, vorsichtigen Schritten die Dienstbotentreppe hinauf, zur fünf Stockwerke höheren Dachterrasse, blieb eine Etage über uns stehen, um zu verschnaufen und sich von einem Diener des Nachbarhaushalts ein Glas Wasser geben zu lassen. Dann setzte sie ihren Aufstieg fort, ich neben ihr, und je höher wir kamen, desto heller wurde das Treppenhaus, immer mehr Licht fiel auf die Wände des sechsten, siebten und schließlich des achten Stockwerks, wo man wie benommen hinaustrat in die plötzliche Hitze und das gleißende Sonnenlicht.

Kein Laut auf der Terrasse, nur das entfernte Rauschen des Verkehrs unten auf der Straße. Alles, was ich berührte, war brennend heiß; ich ging auf der leeren Terrasse herum, ließ den Blick über die Dächer der anderen Häuser von Smouha schweifen, und da sah ich es, intensiv wie immer, dieses Blau, das den endlosen Horizont säumte, still, heiter und immer wieder lockend: das Meer.

Ein Feld von Wäscheleinen erwartete uns. Die abgenutzten grauen Schnüre hingen durch, und überall saßen unbenutzte Wäscheklammern auf den Leinen wie kleine Spatzen auf Stromleitungen.

Nun begann die ruhigste und besinnlichste Arbeit der Welt. Om Ramadan steckte sich ein paar Klammern zwischen die Lippen, nahm ein Laken, schüttelte es aus, hängte es auf die Leine, hängte das nächste daneben, dann ein drittes auf die parallel verlaufende Leine, sodass mehrere Reihen verhängter, duftender Tuchkorridore entstanden, in denen man laufen und sich verirren konnte wie in den Korridoren des Paradieses, über einem der Himmel, darunter Stille, der Duft sauberer Laken, die in der Sonne trockneten und zum Teil noch immer auf den grauen Zementboden tropften, der nach Sommer und Salzwasser roch.

Ein paar Stunden später stiegen Om Ramadan und Aziza hoch, brachten die trockene Wäsche nach unten und begannen, alles zusammenzulegen, was nicht gebügelt wurde. Meist sammelte sich auf irgendeinem Bett ein großer Haufen frischer Wäsche an, und an diesen heißen Nachmittagen warf ich mich in den duftenden, sonnenwarmen Stapel und döste vor mich hin, während die beiden Frauen große weiße und hellblaue Laken zusammenlegten und eine jede an ihrem Ende mit aller Kraft zog – die beiden konnten sich nicht ausstehen –, immer wieder zusammenlegte und glatt zog, bis das letzte Laken, auf dem ich lag, an der Reihe war und sie mich aufwecken mussten.

»Om Ramadan macht mich ganz verrückt«, sagte die Prinzessin. »Jedes Mal, wenn ich hierherkomme, habe ich das Gefühl, ich bin in einem Tollhaus. Ständig laufen hier irgendwelche missgestalteten Personen herum. Das ist kein Bestiarium, sondern die Wohnung meines Sohns.«

Außer Om Ramadan befand sich in unserem Tollhaus noch Hisham, der Sofragi – der Kellner –, der ironischerweise nur einen Arm hatte und eine große Platte für acht Personen nicht halten konnte, ohne zwischendurch eine Ruhepause einzulegen. Dann war da noch unser Koch Abdou, ein Alkoholiker, und sein erheblich älterer Cousin, der ebenfalls Abdou hieß, ein Albino, der fließend Türkisch sprach und im Haushalt mithalf, aber ein von Geschwüren furchtbar entstelltes Bein hatte. Meine Großmutter vermutete Lepra. Ferner Margherita, die zurückgebliebene Tochter unseres italienischen Nachbarn, die zum Bügeln kam. Und schließlich Fatma, die Botengänge erledigte und eines Tages, als sie den beiden Abdous half, einen Teppich über das Balkongeländer zu hängen und auszuklopfen, das Gleichgewicht verlor und auf die Straße fiel, weshalb sie fortan den Dienstbotenaufgang hinauf- und hinunterhumpelte, bis sie schließlich, ohne einen Mann gefunden zu haben, wieder nach Oberägypten zurückkehrte.

Am allermeisten ärgerte sich meine Großmutter jedoch über Aziza – Aziza, dieses Faktotum mit dem bösen Blick, die blöd grinsend in ihrer Ecke unseres Wohnzimmers saß und einem etwas anhexte, wenn man am wenigsten damit rechnete. Aziza, diese heimtückische Person, die für uns Pullover strickte, Socken stopfte, die mit Spritzen, Schröpfgläsern und Klistieren umzugehen wusste und einmal im Monat bei den Frauen Halawa praktizierte. »Ein barbarisches Ritual!«, sagte die Prinzessin voller Abscheu zu diesem Verfahren, bei dem Zuckerwasser so lange gekocht wurde, bis eine dicke, karamellisierte Paste entstand, die dann zum Zweck der Haarentfernung auf den Körper aufgetragen wurde. Aziza, die allgemein als Halawa-Expertin galt, knetete die Paste und spuckte mehrmals hinein, bis die gewünschte Konsistenz erreicht war. Die Frauen hielten Aziza die Beine hin, sie beugte sich darüber und strich die Paste darauf. Mit kurzen, kräftigen Bewegungen – die ein Geräusch erzeugten, als würde eine Seite aus einem Notizbuch gerissen – zog sie die Paste wie ein großes Pflaster ab, und zum Vorschein kam eine glatte, gerötete Hautpartie. Dann wurde die Paste abermals geknetet und an der nächsten Stelle aufgetragen.

Es schien kaum etwas Schmerzhafteres zu geben als Halawa,

besonders auf den Unterarmen. Einmal beobachtete ich, wie meine Mutter sich vor Schmerzen in die Knöchel biss, sodass der Bluterguss noch Tage später zu sehen war. Als die Prinzessin schließlich überredet wurde, es einmal auszuprobieren, brüllte sie vor Qual. Aziza lachte: »Es ist nichts!« »Barbarin!«, rief die Prinzessin.

Aziza gehörte ursprünglich zu einem Kreis von Freundinnen, die meine Mutter auf Madame Tsotsous Internat für gehörlose Mädchen kennengelernt hatte. Infolge von Madame Tsotsous wachsamem Egalitarismus durfte kein Unterschied zwischen Reich und Arm, Griechen und Arabern gemacht werden, und da die Mädchen kein Taschengeld bekamen, gab es auch keine Privilegien, bis auf ein Glas Marmelade ab und zu, dessen Inhalt im Speisesaal gleichmäßig verteilt wurde. Die Schule war recht erfolgreich, und Töchter aus wohlhabendem Hause kamen aus dem ganzen Mittelmeerraum mit keinem anderen Ziel als dem, so zu sprechen und sich so zu verhalten wie Hörende – vorzugsweise auf Französisch –, um sich von dieser furchtbaren *corvée*, der Last des Schweigens, zu befreien.

Madame Tsotsou, eine unbeirrbare Idealistin, die selbst aus der Mittelschicht kam, maß ihren Erfolg daran, ob sich die Absolventinnen ihres Instituts lieber mit Hörenden als mit Gehörlosen anfreundeten, sich weniger behindert fühlten, als sie es tatsächlich waren, und ob sie instinktiv jene mieden, die nur mit den Händen und nicht mit dem Mund sprechen konnten. Ihre größten Erfolgsgeschichten handelten von Mädchen, die einen Hörenden geheiratet hatten; es war die Romanze von der Magd, die den Grundbesitzersohn heiratet. Von den sieben verheirateten Mädchen aus der Klasse meiner Mutter führte aber nur eine einzige eine glückliche Ehe, und sie war die Einzige, die Madame Tsotsou enttäuschte, denn sie hatte einen gehörlosen Burschen geheiratet.

Mehrmals in der Woche erschienen vier, fünf dieser jungen Frauen zum Tee – sehr zum Unmut meiner Großmutter, die die Welt, in der ich aufwuchs, mehr denn je missbilligte. Sie pflegte dann nervös dazusitzen und sich zu beschweren, dass sie ihre Besuche bei uns mit den Opfern von Unterernährung, Amputation und Meningitis teilen müsse, von denen keine einzige die zwei Groschen wert sei, die sie dem Droschkenkutscher bezahle, damit er sie nach dem Besuch bei ihren Schwestern zum Haus ihres Sohnes bringe. Selbst ihre Gespräche, wenn sie sie überhaupt verstand, fand sie unerträglich, da sie sich meist auf Witze, Klatsch und Kochrezepte beschränkten. Manchmal brüllten sie sich an, um im nächsten Moment wieder Frieden zu schließen und ihr Gegacker mit noch größerem Eifer fortzusetzen, woraus meine Großmutter schloss, dass von allen Menschen, die sie kannte, niemand so viel Zeit mit Sprechen zubrachte wie die Taubstummen.

Zu den Freundinnen meiner Mutter gehörte auch eine junge Frau namens Sophie, Tochter einer griechischen Patrizierfamilie, die in Smyrna alles verloren hatte und jetzt nichts mehr besaß außer der Vornehmheit ihrer obligatorischen Nachmittagstees, bei denen man mit einem Löffel höllisch süße griechische Marmeladen kosten durfte. Sophie und meine Mutter erinnerten sich oft an ihre furchtbare Internatszeit, wie Madame Tsotsou sie im Dunkeln einsperrte, wenn sie vergessen hatten, einen Wasserhahn zuzudrehen – was Tauben oft passiert, da sie das fließende Wasser nicht hören. »Aber seht nur, was für Frauen ich aus diesen beiden spindeldürren Mädels gemacht habe, die weder lesen noch schreiben, geschweige denn sprechen konnten, als sie zu mir kamen«, sagte Madame Tsotsou.

Sophie heiratete einen griechischen Automechaniker namens Costa, einen stark behaarten, übertrieben von sich eingenommenen Seemannstyp mit fettigem Haar und schmutzigen Fingernägeln, der sonntags im ärmellosen Unterhemd auf seinem Motorrad durch Alexandria donnerte, Goldkettchen am Handgelenk und das Nymphchen Sophie auf dem Rücksitz. Er hatte die lärmende Aufdringlichkeit alexandrinischer Griechen und war in allen möglichen Branchen zugange – ein sale débrouillard, ein schmieriger Pfiffikus, der sich selbst augenzwinkernd als »Impresario« bezeichnete, das heißt, er handelte mit Hehlergut, Schwarzmarktwaren und gefälschten Artikeln.

Der einzige Mensch, der ihn sympathisch fand, war ausgerechnet die Prinzessin.

»Er ist ein wahrer Rohling, aber er hat ein Herz aus Gold«, sagte meine Großmutter. Costa besuchte sie oft, ohne dass meine Mutter davon erfuhr, brachte ihr Geschenke, von Kaviar und Champagner bis hin zu Parfüm und Gänseleberpastete – Diebesgut aus Beirut. Dafür verlangte er nicht mehr als das geneigte Ohr einer alten Frau, die, sagte er, wie eine Mutter zu ihm war und ihn viel besser verstand als seine Sophie, der während der Paarungszeit, wie er es nannte, nichts Besseres einfalle, als die Pickel auf seiner Stirn auszudrücken. »Kann ein Mann so leben, Madame? Sagen Sie es mir!«, fragte er, und seine Stimme bebte dabei vor Empörung.

»Was kann man da machen? Es sind bemitleidenswerte Frauen.«

»Aber ich kann nicht mehr.« Er regte sich immer weiter auf, schluckte einen Moment und brach dann in Schluchzen aus.

»Aber, aber, nicht so zornig, Costa«, sagte meine Großmutter, die, um ihn nicht in Verlegenheit zu bringen, so tat, als hätte sie seine Tränen als Ausdruck von Zorn verstanden.

»Zornig? Das sind keine Tränen des Zorns. Es sind Tränen der Scham, Tränen der Dummheit, meiner eigenen, ihrer und all der anderen Leute, die gesehen haben, was mit uns passiert ist, und nichts gesagt haben.« »Geduld, Costa, Geduld«, riet meine Großmutter. »Und wozu?«, rief er, diesmal wirklich wütend. »Ich bin Costa, und Costa ist ein Mann, und Costa braucht Leidenschaft, Feuer, Pfeffer, Madame, nicht dieses …«, er deutete auf einen Pickel auf der Stirn. »Ich spreche ungern in Gegenwart von Kindern«, fuhr er mit einem Blick in meine Richtung fort, »aber sie hat die Leidenschaft eines Bandwurms – und Costa, Madame, braucht eine Tigerin.«

Meine Großmutter hatte Costa eines Abends kennengelernt, als er kam, um seine Frau abzuholen. Da sie die beiden Einzigen unter den Anwesenden waren, die hören konnten, fingen sie an, sich ein wenig zu unterhalten, und bald stellten sie fest, dass sie beide in Konstantinopel geboren waren. Der Mann zeigte die ganze Hochachtung, die ein Seemann einer Prinzessin aus Konstantinopel entgegenzubringen hat, und sie fand in dem redseligen Palikar, dem Krieger, eine sanfte Seele, die sich nach Freundlichkeit sehnte.

Als meine Großmutter hörte, dass er ein Motorrad besaß und jeden Morgen in Ibrahimieh Besorgungen machte, stutzte sie, sagte »Ach, Kyrio Costa« und bat ihn, jeden zweiten Morgen den Jungen zu ihr nach Haus zu bringen. Der Mann willigte sofort ein.

»Ach, Kyrio Costa, Gott wird Ihre Seele segnen.«

Er errötete.

»Nicht doch, Madame«, sagte er ernst. »Costa hat in seinem Leben viele schlimme Dinge getan, und für einige, Madame, kennen Sie nicht einmal die Bezeichnung. Costa wird bezahlen.«

Und so kam Monsieur Costa jeden zweiten Morgen mit dem lautesten Motorrad der Welt vorgefahren. Er pfiff auf beiden Fingern, ich kletterte auf den Rücksitz, hielt mich an ihm fest, und dann ging es los. Wir donnerten durch Sidi-Gaber, vorbei an Cleopatra und Grand Sporting, jagten der Straßenbahn hinterher, überholten sie, ließen sie hinter uns, erreichten schließlich Petit Sporting und näherten uns, etwas langsamer werdend, Ibrahimieh – das alles innerhalb weniger Minuten, und noch immer fuhr Costa dermaßen scharfe Links- und Rechtskurven – »Halt dich fest, Pedimou!«, knurrte er dabei –, dass sein Stiefel über den Asphalt scharrte und er sich jedes Mal mit einem »Was für Reflexe, Costa, was für Reflexe!« gratulierte. In hohem Tempo ging es dann hinaus nach Camp de César, fast bis nach Chatby und wieder zurück in Richtung Ibrahimieh – »zum Spaßvergnügen« in gemächlichem Tempo, dem Pendant zu einem gemessenen Trab, fuhr er die Rue Memphis entlang und hielt schließlich vor dem Haus meiner Großmutter, die mich mit einem frisch geschälten Stück Obst erwartete, das ich verzehrte, sobald ich vom Motorrad heruntergesprungen war.

Eine Stunde nach meiner Ankunft pflegte Großmutter jedes Mal zu bemerken, dass ich schon viel besser aussähe. »Schau, wie er lacht«, sagte sie zu ihrem Mann, mit dem wir im Garten um einen Tisch saßen, »stimmt es nicht, dass er nur lacht, wenn er bei mir ist?«

»Komm, wir gehen im Garten spazieren«, sagte mein Großvater, der jede Gelegenheit nutzte, sich von seiner Frau abzusetzen. Im Garten zwitscherten die Vögel, und es roch intensiv nach Rosmarin und lieblichem, üppigem Rhododendron. Sobald wir uns den Blicken meiner Großmutter entzogen hatten, griff er in seine Tasche und holte ein Geschenk hervor: einen Schlüsselring oder einen Füllfederhalter oder ein Papiermesser – unser

Geheimnis, sagte er, denn sie missbilligte seine Geschenke, fand sie gefährlich oder unpassend. »Bald werde ich dir beibringen müssen, wie man Billard spielt«, sagte er eines Tages und holte dabei drei glatte Elfenbeinkugeln aus der Tasche seines gestreiften Morgenmantels. Dann pflückten wir, unter Zuhilfenahme seines Spazierstocks und eines Billardqueues, Guaven von einem der Obstbäume.

Gegen halb elf fuhren Großmutter und ich in einer Droschke nach Stanley hinaus, wo ihre Geschwister und ihre Mutter eine Strandkabine hatten. Ich saß neben ihr und erkannte den starken, angenehmen Duft von Madame Anèles Mandelcremes, Teerosensalben und Gurkenlotionen – alle drei untrennbar verbunden mit der Erinnerung an diese sonnigen Vormittage. Manchmal nahmen wir in Ibrahimieh die Straßenbahn, fuhren bis Rouchdy und stiegen erst dort in die Droschke. Während sich der Wagen auf einer stillen, baumgesäumten Straße bergauf quälte und ewig lange brauchte, um die Anhöhe zu erreichen, erzählte meine Großmutter von dem grauenhaften Armeniermassaker, von den drei Janitscharen, die dem armenischen Priester erst die Hand abschlugen, dann auch noch den Kopf absäbelten und den Kopf eines Kaufmanns dazu, der herbeigeeilt war, um dem alten Mann zu helfen – bis uns plötzlich, ganz unerwartet, immer lauter werdender Lärm vom Strand entgegenscholl und wir wussten, dass wir den Gipfel des Hügels erreicht hatten, und dort, türkis und aquamarinfarben schimmernd, erstreckte sich das Meer von Glymenopoulos bis zum mächtigen Fort Kait Bey.

»Ah, das Wasser ist wunderbar heute«, rief sie und tätschelte vor Aufregung meinen Oberschenkel, denn solange man das Meer nicht unmittelbar vor sich sah, wusste man nie, ob raue oder ruhige See war.

Die Kabinen am Strand von Stanley waren über drei stufenförmig angelegte Stege gebaut; jede Kabine hatte ihren eigenen Vorbau, der eher einer Opernloge ähnelte als einem Umkleideraum, von den Nachbarkabinen durch Leinwandbahnen abgetrennt und von oben durch eine lange, flatternde weiße Zeltbahn abgedeckt, die am Geländer des gemeinsamen Holzstegs befestigt war, sodass an belebten, sonnigen Tagen alle drei Ebenen praktisch uneinsehbar waren, strahlend weiß im Sonnenlicht, knatternd und flatternd wie die Segel einer Galeere.

Am Strand konnten sich meine Großtanten einbilden, dass sie noch immer im Alexandria der Jahrhundertwende lebten, weit weg von Smouha, von der Welt nörgelnder Dienstmädchen und verkrüppelter Diener. Die Frauen trugen keine Badeanzüge, sondern weiße oder beigefarbene kurzärmelige Kleider aus Leinen oder Baumwollvoile mit reichlich Spitze sowie breitkrempige, dekorative Hüte, die sie mit den Händen festhielten, wenn ein Wind blies. Die vier Schwestern, ihre Mutter, die Freundinnen sowie Madame Victoria Coutzeris, die eine Villa direkt oberhalb der Bucht besaß, deren Kabine aber unmittelbar am Strand lag, saßen in bunt gestreiften Klappstühlen am Strand, die geschwollenen Füße in enge Schuhe gezwängt, und erklärten fortwährend, wie wichtig es sei, die Sonne zu vermeiden, und jede seufzte zufrieden, wenn der Wind den großen, gestreiften Sonnenschirm bewegte. Jeden Morgen stellte der Strandwärter den Schirm an ihrem Lieblingsplatz auf, in einiger Entfernung vom Wasser. Manche Strandwärter verstanden sich besonders gut auf das Festbinden von Zeltplanen, und sie genossen jene Anerkennung, wie ihn ein Landadliger einem ansonsten unscheinbaren Torwächter entgegenbringt, der zufällig ein besonderes Talent für das Einfangen von Nagetieren hat. Andere waren jedoch weniger geschickt, und sie wurden davongescheucht, sobald sie ihre Hilfe anboten.

Ich durfte nie etwas trinken oder essen, vor allem nicht Coca-Cola oder die Haselnusskekse, die von schmuddeligen Strandverkäufern feilgeboten wurden. Meine Großmutter behauptete immer, dass am Strand nichts geeigneter sei als Obst, viel Obst, weshalb sie immer eine Thermoskanne mit Fruchtsaft mitnahm. Zu meiner großen Freude stellte ich jedoch fest, dass man Eiscreme bekommen konnte, indem man einfach auf den nächsthöheren Steg verschwand, wo Tante Flora ihre Kabine hatte. Ich traf sie dort meistens lesend in einem Liegestuhl an, bat sie um ein Eis und kehrte dann zufrieden zu meiner Großmutter zurück, die mich zornig erwartete, wie Gott, nachdem Adam von der verbotenen Frucht gegessen hatte.

Einmal saß neben Tante Flora eine andere Frau, die ich nicht gleich erkannte, obwohl sie mich aufmerksam ansah. Vor lauter freudiger Überraschung vergaß ich sofort, was an diesem Tag alles zwischen uns gestanden hatte: Monsieur Costa, mein Großvater, das Armeniermassaker, die Billardkugeln, ja sogar Großmutters tätschelnde Hand auf meinem Oberschenkel beim Anblick des Strandes – alles verblasste, als ich die Stimme dieser Frau hörte. Minuten später erinnerte sie mich daran, dass meine Sachen noch unten in der Kabine meiner Urgroßmutter lägen und wir Bescheid sagen müssten, dass ich mit ihr nach Hause fahren würde.

Meine Mutter wartete, bis ich das Eis aufgegessen hatte, nahm mich dann bei der Hand, ging hinunter, um ihre Verwandten zu begrüßen, und erklärte mit einer Stimme, die keine Widerrede duldete, dass sie mich nach Hause bringen werde.

»Aber ich hatte eigentlich vor, mit ihm zu Albert in den Billardsalon zu fahren. Wir schauen dort immer vorbei, nicht wahr?«, wandte sich die Prinzessin Hilfe suchend an mich.

Ich nickte.

»Nein, er kommt mit mir«, sagte meine Mutter.

Ich dankte meinem Glück, dass sie mir eine weitere Konfrontation erspart hatte. Zwischen mir und meiner Großmutter herrschte jedoch ein unerträgliches Schweigen, während sie mich abtrocknete und mir frische Sachen anzog. Ich wünschte, es wäre mir nicht anzusehen gewesen, dass ich von ihr wegwollte, denn die alte Dame schien den Tränen nahe, und als sie sich hinunterbeugte, um meine Sandalen zuzumachen, was ihr sicher schwerfiel, da wusste ich, dass ich – hätte es eine zweite Chance für mich gegeben – lieber auf das Mangoeis verzichtet hätte und meiner Mutter nicht in die Arme gelaufen wäre. Ich küsste sie auf die Wange und sagte etwas, was ich nur selten zu ihr sagte – dass ich sie lieb hatte. Aber ich sagte es auf Arabisch.

Auf dem Nachhauseweg hielt meine Mutter auf der Corniche eine Droschke an, und Flora und ich stiegen ein. »Halt, wartet«, rief sie und fragte den Kutscher mit Gesten und den paar Brocken Arabisch, die sie sprach, wie viel es bis zur Rue Memphis kosten würde. »Zu viel, der Mann ist ein Dieb, kommt herunter«, befahl sie, woraufhin Flora und ich aufstanden, um auszusteigen. Der Mann lenkte ein, das Feilschen ging weiter, und bald hob sie die Stimme. Dann begann sie zu schreien, und wir wussten, dass sie ihn damit unterkriegen würde. Die Leute schauten zu uns herüber. Und während sie gestikulierend den Preis nannte, von dem sie nicht abrücken würde, erkannte ich plötzlich, dass sie nicht deswegen so gellend schrie, weil der Kutscher zu starrsinnig war – jeder wusste, er würde am Ende einlenken –, oder gar, weil da unterdrückter Zorn auf meine Großmutter herausbrach, die ihre Mutterrolle so raffiniert untergraben hatte. Sie brüllte, weil ihr bereits klar war, dass meine Großmutter später meinem Vater ein paar empörte Andeutungen ins Ohr flüstern und es auf diese Weise schaffen würde, sie als gehässiges Biest hinzustellen, als rachsüchtig gegenüber einer wohlmeinenden alten Frau, deren einziger Wunsch es war, in den paar Jahren, die ihr noch vergönnt waren, den Sohn einer maßlos misstrauischen, undankbaren arabischen Jüdin zu erziehen. Meine Mutter würde solche Behauptungen niemals entkräften können – denn dazu müsste sie unter dem verbalen Stacheldraht ihrer Schwiegermutter hindurchkriechen. Und das hatte Madame Tsotsous ehemalige Schülerin nicht gelernt. Mit feinem Gespür konnte sie Arglist riechen, aber den Fallstricken der Sophisterei vermochte sie nicht aus dem Weg zu gehen. Bei Streit zog sie den Kürzeren, weil sie zwar schreien, aber nicht argumentieren konnte, weil sie im Reich der Sprache immer eine Außenseiterin bleiben würde. Ihr blieb die Frustration, die ein Unschuldiger empfindet, wenn er einem fähigen Ankläger gegenübersteht.

Um seine Mutter zu besänftigen, brachte mich mein Vater tags darauf persönlich zu seinen Eltern. Und um meine Mutter zufrieden zu stimmen, regte er an, dass wir vielleicht nicht an den Strand gehen müssten. Stattdessen schlug er vor, sein Vater, er und ich könnten doch bei einer Geschäftsauflösung Schuhe kaufen. Wir fuhren an diesem klaren Sommertag die Corniche entlang, stellten das Auto in der Nähe des Hotels Cecil ab und gingen in Richtung Boulevard Saad Zaghloul. Wir blieben stehen, um den Blick zu genießen und um zu hören, wie das Meer gegen die riesigen hässlichen Felsblöcke klatschte, die aus dem Wasser ragten. Und so standen wir drei an der Brüstung, schauten schweigend auf die Bucht hinaus, über die Mole hinweg bis zum Fort Kait Bey, zu den Ruinen des alten Leuchtturms, wo das Meer immer rau und dunkel war.

»Weißt du was«, sagte mein Großvater zu meinem Vater, »ich glaube, ich brauche keine neuen Schuhe.«

Mein Vater erwiderte zunächst nichts.

»Aber du weißt doch, wie schwierig es heutzutage ist, gute englische Schuhe zu finden. Willst du den Rest deines Lebens in ausgelatschten Slippern herumlaufen?«

Beide sahen auf das morgendlich schimmernde Meer hinaus.

»Ich weiß nicht.« Und als hätte er nicht seinem Sohn zugehört, sondern seinen eigenen Gedanken nachgehangen, fügte er hinzu: »Dieser ganze Himmel und das viele Wasser – was fängt man mit so viel Blau an, wenn man es einmal gesehen hat?«

Dann besann er sich und fragte: »Hast du nicht schon genug Schuhe?«

»Doch, aber wenn sie abgetragen sind, glaubst du, ich trage dann billige ägyptische Schuhe?«

Wir gingen weiter auf der Corniche, in Richtung Boulevard.

»Geh schneller«, sagte mein Vater zu seinem Vater.

»Aber ich gehe schon schnell.«

»Nein, du schlurfst. Du musst kraftvoll, energisch gehen. So!« Und plötzlich fing mein Vater an, sehr viel schneller zu gehen als wir. Als er sah, dass er uns weit voraus war, kam er im selben Tempo wieder zurück.

»Siehst du, es tut gut«, fuhr mein Vater fort und sagte etwas über Monsieur Politi, seinen Gymnastiklehrer, der jeden Morgen um sechs erschien.

»So?« Sein Vater machte ihn nach.

»Ungefähr. Du musst auch die Arme bewegen und tief einatmen.«

»So?«

»Ja.«

»Und das soll bewirken, dass ich länger lebe? Länger als deine Mutter? Vielen Dank für die Demonstration, aber ich gehe so, wie ich immer gegangen bin.«

Mein Vater überlegte es sich mit den Schuhen anders. »Vielleicht brauchen wir ja doch keine Konfektionsware«, sagte er, was heißen sollte, dass er reich genug war, um sich maßgefertigte Schuhe leisten zu können. Er schlug vor, stattdessen in einem Restaurant am Meer Kaffee zu trinken. »Ich habe ein ausgezeichnetes Jahr gehabt. Die Geschäfte gehen wirklich sehr gut. Ich werde sogar anbauen, um noch mehr Waren lagern zu können. Eine Tasse Kaffee in La Côte kann ich mir also leisten.«

»Ich verstehe es nicht«, sagte mein Großvater, als spräche er zu sich selbst. »Einmal ist er der verarmte Sohn eines Billardsalonbesitzers, und am nächsten Tag wirft er das Geld raus für die besten Autos, die besten Anzüge, das Beste dies, das Beste das. So kann es nicht weitergehen. Dir geht es nur deswegen gut, weil die anderen großen Textilfabrikanten ihre Betriebe verkauft haben und alle nach England zurückgegangen sind. Das verspricht nichts Gutes. Du solltest mehr sparen.«

»Du und Gigi, ihr denkt immer nur an das eine: sparen, sparen und noch mal sparen.«

Unterdessen hatten wir La Côte erreicht, mein Vater öffnete die schwere Glastür und ließ uns beiden den Vortritt. Das Café war gut besucht, aber sehr still.

Der Kellner, der meinen Vater sofort erkannte, wusste, dass er gern einen Tisch am Fenster hatte.

»Du solltest dein Geld nicht so leichtfertig ausgeben. Ich bin nicht der Erste, der das sagt.« Mein Großvater sah zum Fenster hinaus. »Die ganze Stadt weiß es. Es gibt sogar Gerüchte über andere Dinge, wenn du verstehst, worauf ich hinauswill.«

»Worauf du hinauswillst, ist sonnenklar.«

Mein Vater nahm eine Zigarette, hielt sie zwischen den Fingern, als überlegte er, ob er nicht gerade eine geraucht hatte, starrte sie eine Weile an und schien es sich dann anders zu überlegen. »Du warst auch nicht viel besser.«

»Es ist leicht, mir Vorwürfe zu machen. Aber ich war mit einer Hexe verheiratet.«

Ein Kellner mit Turban und in traditionellem ägyptischem Gewand servierte den beiden Männern Kaffee, während ein anderer, ein Grieche, mir eine große Eiscreme mit Soda brachte.

Der alte Mann seufzte. Er sah zum Nachbartisch, wo zwei Frauen saßen und Tee tranken.

»Glaub nicht, ich wüsste nichts von diesen Dingen. Wir sind doch alle so, wir Männer, und ich weiß es von mir seit dem Tag, an dem ich ein Mann wurde, vor mehr als einem halben Jahrhundert.«

»Aber …«, wollte der Sohn protestieren.

»Versprich mir nur eines«, fuhr mein Großvater fort.

»Solange ich lebe, sei gut zu ihr, und keine anderen Frauen mehr.«

Der Sohn schwor es.

»Und wenn du tot bist?«, fragte er, um die Stimmung etwas zu lockern.

»Wenn ich tot bin, dann bin ich tot, und was du tust, ist ganz allein deine Sache.«

Der Kellner brachte zwei große Gläser Wasser und eine kleine Scheibe Lokum.

»Du solltest wirklich nichts Süßes essen«, sagte mein Vater. »Mein Arzt …«

»*Mein Arzt, mein Sportlehrer, mein Schritttempo, mein Atem* – bitte!«, unterbrach ihn sein Vater. »Kaffee, Zigaretten und Süßigkeiten. Ich bin noch keine siebzig, aber dies sind die wenigen Freuden, die mir geblieben sind.« Er nippte an seinem Kaffee, Tässchen und Untertasse mit einer Hand haltend. »Da!«, rief er. Er hatte mir schon etwas von dem Lokum abgegeben und schnitt jetzt noch ein zweites Stück für mich ab.

Mein Vater, der uns gegenübersaß, hatte seine Tasse abgesetzt und starrte uns schweigend an, als wollte er den Bann nicht brechen.

Mein Großvater schnitt abermals ein Stück Lokum ab und sah zu, wie ich es mir in den Mund steckte. Er schien dem Blick seines Sohnes bewusst auszuweichen.

»Was guckst du so?«, fragte er schließlich.

»Ich sehe dich an.«

»Er sieht mich an«, sagte der Ältere versonnen, als hätte es etwas furchtbar Rührendes, wenn ein Sohn seinen Vater anschaut – und plötzlich erkannte ich, dass dem tatsächlich so war.

Kurz darauf erblickte ich im Eingang von La Côte meine Mutter, Tante Flora und meine beiden Großmütter.

»Was für eine Überraschung – und Flora auch!«, rief mein Vater, als die Frauen zu unserem Tisch geführt wurden.

»Dr. Katz sagt, sie ist kerngesund«, berichtete die Prinzessin, die die drei Frauen vormittags an der Straßenbahnstation getroffen und spontan beschlossen hatte, mit ihnen zu fahren. »Die Gallensteine sind nicht mehr schlimm, sie hat die Leber eines Ochsen ...«

Mein Großvater murmelte seinem Sohn etwas zu.

Eine Brise wehte uns entgegen, als wir noch einmal Kaffee bestellten.

»Ein Tag, wie geschaffen für den Strand«, sagte Flora mit der fröhlichen, unbeschwerten Art, die ihre Stimme jedes Mal annahm, wenn sie von der See sprach. »Wieso ist der Junge heute nicht am Strand?«

»Es wird Zeit, dass er mit erwachsenen Männern zusammen

ist«, erklärte mein Großvater und bot ihr aus seinem Zigarettenetui eine Zigarette an.

Flora, die meinen Großvater eine Weile nicht gesehen hatte, fragte ihn, wie es ihm ging.

»Ich werde alt«, sagte er. »Ich bin viel zu Hause. Ich langweile mich, wenn ich zu Hause bin, ich langweile mich, wenn ich ausgehe. Voilà. Und ich schlafe viel«, fügte er hinzu, als hätte er ein wichtiges Detail vergessen. »Wenn es Zeit ist, mich dort oben vorzustellen, werde ich vor Petrus hintreten und sagen: ›Entschuldigen Sie, Heiliger Vater, aber ich habe in den letzten Wochen so viel geschlafen, dass ich einfach nicht mehr schlafen kann. Vielleicht könnte ich in ein paar Wochen wieder vorbeischauen.‹«

Flora lachte herzlich und wiederholte mehrmals Großvaters letzte Worte. Sie blieben ihr unvergesslich.

»Ach, Flora, ich bin so glücklich, dich zu sehen.«

»Und ich freue mich, Sie zu sehen, denn offen gestanden, ich musste unbedingt eine von Ihren Zigaretten rauchen.«

»Ach, Flora, wenn nur alle Frauen so wären wie du … wenn du wüsstest!«

»Was ist denn heute los mit ihm?«, fragte Flora meinen Vater.

»Ich weiß nicht«, antwortete mein Vater. »Er ist schon den ganzen Vormittag so.«

»Dein Vater ist ein wunderbarer Mann«, sagte sie, »aber manchmal ist er mindestens so malheureux wie ein Erdbebenopfer.«

Bald fanden alle, dass es Zeit zum Mittagessen sei. Meine Mutter und Flora wollten bei der Heiligen essen. Mein Vater lud meinen Großvater zum Lunch ein. Die Prinzessin traute sich nicht, etwas zu sagen, und sah mich nur an.

»Kannst du ihn nicht heute zum Mittagessen in die Rue Thèbes mitnehmen?«, fragte meine Mutter die Prinzessin und erklärte, sie habe am Nachmittag keine Zeit. Erstens erwarte sie die Schneiderin, die für ihr Ballkleid Maß nehmen wolle. Und außerdem werde Aziza Halawa praktizieren.

»Bleib bei ihr«, flüsterte meine Mutter mir zu und deutete auf die Prinzessin.

Meine Großmutter strahlte plötzlich wie ein sonniger Junitag.

Mein Vater wusste es, sobald er in derselben Nacht den Hörer abgenommen hatte und das nervöse Zittern in der Stimme der Heiligen hörte. Sie bemühte sich, die Nachricht beiläufig und mit einem Anflug von Würde und Tapferkeit zu überbringen. Seine Mutter, sagte sie, sitze weinend vor ihr und trinke einen Fortifiant – ihr Euphemismus für Schnaps. Um meinen Vater zu trösten – aber auch, um auf das bevorstehende Fest anzuspielen, zu dem sie noch immer nicht eingeladen worden war, erinnerte sie ihn daran, dass es nicht jedem vergönnt sei, hundert Jahre alt zu werden.

Mein Vater weckte mich sofort, nicht wie es sonst seine Art war, am Bettrand sitzend und meinen Namen flüsternd, sondern indem er mich leicht an der Schulter berührte. Eine kalte, beinahe mechanische Dringlichkeit schien seine Bewegungen zu diktieren, als hätte er das alles seit Jahren geübt. Er wusch mir das Gesicht, tupfte es rasch trocken, und zum ersten Mal wurde ich nicht von meiner Mutter, sondern von ihm angezogen. Er sprach kein Wort. Als wir aus dem Haus traten und zur Garage gingen, war niemand auf der Straße. Nur Hunde. Einer kam näher. Mein Vater warf mit einem Stein nach ihm, sodass er sich sofort trollte. Im Eingang des gegenüberliegenden Hauses hatte jemand das Licht angelassen. Es war noch immer Nacht.

Wir fuhren schweigend los.

»Du hättest den Jungen nicht mitbringen sollen«, sagte meine Großmutter und steckte ihr zerknülltes Taschentuch in die Manschette ihres linken Blusenärmels.

»Ich möchte, dass mein Vater ihn sieht und dass er meinen Vater sieht.«

Mutter und Sohn flüsterten miteinander.

Es war nach seiner Rückkehr vom Billardsalon passiert.

»Wer weiß«, sagte sie und biss in ihren Diamantring, um nicht wieder in Schluchzen auszubrechen. »Ich sage ›Billardsalon‹, um nicht einen anderen Ausdruck zu verwenden. Weiß ich, wo er sich spätabends noch herumtreibt? Er hat mir nie etwas gesagt, ich habe nie gefragt.« Sie schwieg einen Moment. »Er will sich nicht bewegen. Will nicht einmal seine Sachen ausziehen.« Als sie mich schließlich zu ihm ins Zimmer brachten, lag er auf seinem Bett, noch immer mit Krawatte, Jackett und Hose bekleidet. Nur die Schuhe hatte man ihm ausgezogen. Die Socken, die zu groß für seine Füße waren, hingen über seine Zehen.

Sowie er die Tür aufgehen hörte, glaubte er, es sei seine Frau: »Bleib draußen!«

»Ich bins«, flüsterte mein Vater.

Sofort schmolz die Stimme des alten Herrn.

Sie unterhielten sich auf Ladino. Dann wandte er sich an mich. »Tu vois ça?«, sagte er – gemeint war: »Ist das nicht unglaublich? Siehst du, was mit mir passiert?« Die Heilige kam herein und führte mich hinaus.

Einige Wochen darauf lieferte mich Monsieur Costa wie üblich bei meiner Großmutter ab. Sie schloss hinter ihm das Tor, und gemeinsam beobachteten wir, wie er auf seinem Motorrad in

Richtung Camp de Cesar davondonnerte. Dann blickte sie zum Himmel und sagte mit gewohntem Überschwang: »Sieh nur, dieses Blau! Wir werden einen wunderschönen Tag am Strand haben.«

Als ich das Haus betrat, spürte ich einen ungewohnt kühlen Luftzug im Korridor. Die Stimmen griechischer Kaufleute und arabischer Straßenhändler auf der Rue Esnah drangen durch die Küchenfenster ins Haus, und das gleißende Sonnenlicht fiel auf die Kacheln. Selbst der muffige Geruch in der Nähe der Speisekammer schien sich verflüchtigt zu haben, und Basilikumduft aus dem Garten erfüllte das Haus. Irgendetwas war anders. »Ich werde das hier anziehen«, sagte meine Großmutter und zeigte auf ein hellblaues Leinenkleid, dessen Knopfleiste bis zu den Knöcheln ging. Nichts hatte sie so sehr erfreut wie meine am Strand vor allen Anwesenden geäußerte Bitte, kein Schwarz zu tragen.

Als ich mich anschickte, die Tür von Großvaters Zimmer zu öffnen, flüsterte Großmutter, ich solle ihn nicht stören, er schlafe. »Wir sollten etwas Obst für den Strand pflücken«, sagte sie. Aber ich hatte hinter der geschlossenen Tür das leise Krächzen von Großvaters Radio gehört und beschloss einzutreten, denn ich wusste, er schlief nicht, sondern saß an seinem kleinen Tisch und hörte Nachrichten. Vielleicht hatte er mich ja ins Haus kommen hören und war selbst schon dabei, die Tür zu öffnen, um mich zu begrüßen. Ich drückte die Klinke hinunter und spürte gleichzeitig, wie er von innen zog.

Ich sagte Guten Morgen zu ihm, und schon der Klang seines Namens, den ich laut in seinem Zimmer aussprach, sagte mir, dass er da war. Das Zimmer war ungewöhnlich hell, die Fenster standen weit offen, gaben den Blick auf eine Straße frei, die ich noch nie zuvor gesehen, ja, deren Existenz ich noch nicht einmal vermutet hatte. Aus einem der Geschäfte kam der laute Klang eines Radios, das ich irrtümlich für das seine gehalten hatte. Ein Windstoß hatte die Tür aufgerissen, sobald ich die Klinke berührt hatte.

Der runde Tisch mit dem Radio stand an der Wand. Der Aschenbecher war zum ersten Mal blitzsauber, die Matratze auf seinem Bett war zurückgeklappt und sah aus wie ein Mann, der eine Streckübung macht. Über dem Ganzen lag eine nachlässig hingeworfene Decke, kein Laken, nur die ausgeblichenen, verschlissenen Streifen der alten Matratze. Auf dem Regal neben dem Bett lag, säuberlich gestapelt, ein Haufen Anzüge, während im Kleiderschrank nur die Bügel an der metallenen Stange klapperten.

Unter der Kommode sah ich etliche Schuhe ohne Schuhspanner, verstaut wie abgelegte, leblose Sachen. Er hatte immer gesagt, dass sie älter seien als ich.

Zuerst hatte es geheißen, er schlafe. Dann hieß es, er ruhe. Dann, er sei fort. Aus »Lass ihn in Ruhe« wurde »Lass seine Sachen in Ruhe«. Sein Stöckchen, seine Tabaksdose, sein Kartenspiel, sein Gebiss, das in einer Lösung schwamm, sein Papiermesser, all seine verstreut herumliegenden Sachen, an deren Unordnung nicht einmal die Zeit etwas änderte. Dann verschwanden seine Sachen allmählich. Ich bemerkte, dass Abdou seine Schuhe trug. Desgleichen Mohammed, Abdous Neffe. Da Schnürsenkel bei ihnen verpönt waren, zogen sie sie heraus, sodass der Rist auseinanderklaffte und die Zunge frech herausragte.

Ich erkannte die eine oder andere Krawatte an meinem Vater wieder. Dann hörte er auf, sie zu tragen. Er sagte, sie hätten ihm gehört, lange bevor er sie seinem Vater vererbt habe, was so üblich war bei den Sachen, die er nicht mehr trug. Die

Krawatten, sagte er, erinnerten ihn an früher, als er jeden Tag spätabends nach Hause kam und das ständige Flehen seines Vaters mit anhören musste, er möge etwas aus seinem Leben machen, nicht immer nur Bücher lesen und von einem verhärmten Fräulein träumen, dessen Liebe ein Feld voll Nesseln sei. In jeder Krawatte steckten bewegende Erinnerungen an ferne Gesichter oder unausgesprochene Hoffnungen, die den immensen Preis gelohnt hatten. »Du vergeudest dein Geld, dein Leben, deine Zeit«, pflegte sein Vater auszurufen, »und ein Wochenlohn für eine Krawatte ist kriminell.« Dann räumte er ein, dass es eine schöne Krawatte sei. »Aber wann willst du sie tragen?« Als der Sohn erklärte, das wisse er nicht, erwiderte der Vater, dass er es in seinem Alter auch nicht gewusst habe.

Als wir Jahre später seine Gartenmöbel in unser Sommerhaus nach Mandara schafften, zog auch etwas von diesen heißen, friedlichen Sommervormittagen bei uns ein. Die Gartenmöbel waren zum größten Teil neu gestrichen, aber was blieb, war nicht seine Präsenz, nicht einmal die Erinnerung an ihn, sondern dieses undeutliche Wohlbehagen, das ich empfunden hatte, wenn ich ihn in seinem sonnigen Garten suchte, in der Hoffnung, sein Rohrstöckchen zu hören oder sein Billardqueue, sodass wir vielleicht Guaven pflücken konnten.

Noch jahrelang ging mir, sooft ich an seinem Garten in der Rue Memphis vorbeikam oder vom Balkon der Heiligen aus hinübersah, der Gedanke durch den Sinn: Was, wenn er jetzt dort wäre?

Eines Abends, kurz vor unserer Abreise aus Ägypten, als ich mit Freunden in Ibrahimieh unterwegs war, um eine Frau namens La Leila aufzusuchen, stand ich plötzlich vor dem Haus Rue Memphis 48. Mich beschäftigten in diesem Moment ganz andere Dinge, und ich hatte auch zu viel Wein getrunken, aber wie von selbst drängte sich mir der Gedanke auf, wie gern ich von dem Mann, der ich an diesem Abend werden sollte, fünf Minuten geborgt hätte, um an der Tür zu klingeln und ein letztes Mal nachzusehen.

Da die Prinzessin meine ständigen Fragen nach dem Großvater nicht mehr ertrug, bat sie Monsieur Costa, mich umgehend zu ihrer Mutter nach Sporting zu bringen, wohin sie aus der Einsamkeit ihres Hauses in der Rue Memphis gezogen war. Als der Grieche eines Morgens unter unserem Fenster stand, kleidete meine Mutter, die inzwischen akzeptiert hatte, dass ich jeden Tag ein paar Stunden bei der Prinzessin verbrachte, mich an, brachte mich hinunter und setzte mich auf das Motorrad.

Das war Monsieur Costas erster Besuch bei meiner Urgroßmutter in der Rue Thèbes. Ich beobachtete, wie er sein Motorrad ordentlich abstellte und das Gebäude merklich zögernd und unsicher betrat. »Bist du sicher, dass es hier ist?«, fragte er mich, obwohl er wusste, dass es die richtige Adresse war.

»Ich bringe das Kind«, sagte er zu dem griechischen Dienstmädchen, das uns öffnete, und die Kürze seines Satzes sollte seine Beklommenheit verbergen.

»Und wer sind Sie?«, fragte das Mädchen auf Französisch.

»C'est moi que je suis le Monsieur Costa, der Monsieur Costa, der bin ich« – seine Art, vornehmes Französisch zu sprechen.

Meine Großmutter, die gerade am Eingang vorbeikam, rief seinen Namen, als sie ihn sah, und küsste ihn wie einen Sohn, der von einer langen Reise zurückkehrt. »Sie wissen gar nicht, wie ich mich freue, Sie zu sehen«, sagte sie auf Griechisch. »Setzen Sie sich, ich bin sicher, mein Bruder möchte mit Ihnen sprechen. Ich muss los. Wie Sie sehen, geht hier im Haus alles drunter und drüber.«

Es schien, als sei ein Wirbelsturm über die ganze Wohnung hinweggefegt. Die Möbel standen kreuz und quer in den Zimmern herum, desgleichen die Sofas in der Diele und im großen Wohnzimmer, und die Teppiche lagen aufgerollt, einer auf dem anderen, an der Wand. Meine Tanten machten die Wohnung sauber, und die Dienstmädchen wachsten und scheuerten das Parkett mit einem derart scharfen Mittel, dass man fast keine Luft mehr bekam. Alle schrien durcheinander. Am Nachmittag sollte mit den Vorbereitungen zum Geburtstagsmahl begonnen werden, die nach den Plänen von Tante Elsa viele, viele Tage dauern würden. Tante Marta schaute zum Wohnzimmer herein, brüllte, war einem Weinkrampf nahe; die Schneiderin hatte die falschen Knöpfe an das Kleid ihrer Mutter genäht.

Ich hatte mich in eine Ecke zu setzen und mich nicht vom Fleck zu rühren. Angestrengt versuchte ich, einen Blick auf den Strand von Sporting zu werfen.

»Gehen wir«, sagte Onkel Vili nach einem kurzen Gespräch mit Monsieur Costa.

Ich stand auf und gab ihm die Hand.

»Kein Händchenhalten. Wir sind erwachsene Männer«, sagte er mit gewohnt scharfer Stimme. »Wo ist deine Badehose?«, fragte er streng.

Ich zuckte mit den Schultern. Ich wusste es nicht. Ich hatte noch nie eine Badehose getragen. Am Strand lief ich in der kurzen Hose herum, die ich gerade anhatte, und wenn es Zeit war, ins Wasser zu gehen, zog meine Großmutter sie mir aus.

»Sag bloß, er läuft nackt wie ein Araber am Strand herum!«

»So machen sie es in seiner Familie. Glaubst du, ich habe Lust, ihnen beizubringen, wie sie leben sollen?«

»Araber! Es muss etwas geschehen.«

Tante Elsa, die das Gespräch mitbekommen hatte, trat zu

mir, holte ein Zentimetermaß aus ihrer Tasche, nahm meine Maße, ging in ihr Zimmer, setzte sich an ihre Nähmaschine und kam fünf Minuten später mit einem altmodischen Exemplar von Badehose wieder heraus. Sie hatte sie sogar mit bunten Troddeln versehen. »Ich habe immer schon gesagt, dass mir diese Nacktbaderei nicht gefällt. Hier, ich schenk sie dir«, sagte sie selbstzufrieden. Es war bekannt, dass Elsas Geschenke schon ein Vorleben in ihrem Besitz geführt hatten. In diesem Fall stammte der Stoff von einem alten Bettüberwurf, den wegzuwerfen sie nicht übers Herz brachte.

»Brauchst sie nicht anzuprobieren«, fügte sie hinzu. »Wenn sie zu groß ist, nimmst du diese Sicherheitsnadel.«

»Komm schon, giovinezza«, sagte Vili mit der Munterkeit und Entschlossenheit von Vitamintablettenschluckern.

Sobald wir den Strand erreicht hatten, zog sich Onkel Vili in Windeseile um und erklärte, wir sollten zuerst Gymnastikübungen machen. Er begann mit Grätschen. Meine Großmutter sah mit stummer Bewunderung zu. Ich hatte beobachtet, wie mein Vater jeden Morgen mit Monsieur Politi Turnübungen machte, selbst aber nie daran teilgenommen. Onkel Vili meinte, mein Körper sei schlaff. Ich hielte die Schultern nicht gerade, hätte insgesamt eine falsche, schiefe, unschöne Haltung. Männer zögen nicht die Schultern ein und streckten nicht den Bauch raus. »Bauch rein, Brust raus, schau!«, rief er und machte es mir vor. »Kein Sinn für Sport oder Hygiene.«

»Hör auf, Vili, er kriegt noch einen Komplex«, sagte meine Großmutter, die anfing, sich Sorgen zu machen.

»Was für Komplexe? Wenn man eine schlechte Haltung hat, wie kann man da schwimmen? Wie kann man schwimmen, wenn man eine schlechte Haltung hat?«

Er schlug vor, nach unseren Aufwärmübungen einen Wettlauf

am Strand zu machen. Wir sprinteten los. Ich fiel hin und schlug mir an einer Muschelkante das Knie auf.

»Ist nicht schlimm«, rief er, nachdem er die Wunde untersucht hatte. Ein Engländer, der zufällig in der Nähe saß, erklärte sich bereit, eine Flasche Alkohol aus seiner Kabine zu holen. Kaum hatten wir sein Angebot abgelehnt, trat plötzlich ein Ausdruck des Entsetzens auf sein Gesicht, denn er sah, wie Onkel Vili zwei Finger mit Spucke befeuchtete und den Speichel großzügig über die Wunde verteilte. »Wozu Alkohol! Alle Tiere lecken ihre Wunden, und es gibt mehr Tiere als Menschen«, erklärte Onkel Vili dem schockierten Engländer.

Es war ein schrecklicher Vormittag, voller Geschrei und Gebrüll. Nach dem Mittagessen brach ich zusammen und erklärte meinem Vater schluchzend am Telefon, dass ich meine Onkel und Tanten nie wiedersehen wollte. Mein Vater entsann sich nur allzu gut Vilis bissiger Tiraden, besonders vor seiner Hochzeit, als die Taubheit meiner Mutter häufig Thema von Kabbeleien am Esstisch gewesen war, bei denen sich Vili als Wortführer hervorgetan hatte. »Bestell Vili, er kann mich …«, sagte er.

Als Vili mich anschließend fragte, ob die kleine Heulsuse dem Papi alles erzählt habe, sagte ich, er sei *un grand idiot.* Seine Mutter, Tante Elsa und meine Großmutter hörten es. »Der Sohn einer Tarsha, was habt ihr erwartet«, sagte Onkel Vili.

»Die arme Esther.«

Jeder war gereizt. Vili drohte, mich zu schlagen. Meine Großmutter flehte ihn an, ruhig zu bleiben. Er lenkte ihr zuliebe ein.

Um weitere Konflikte an jenem Tag zu vermeiden, beschloss meine Großmutter, mich nach Ibrahimieh mitzunehmen, wo sie noch ein paar Dinge – ihre Stickereien, Cremes, Gewürze – einpacken und ein bisschen nach dem Garten sehen wollte, den sie ungern im Stich ließ.

Das Haus Rue Memphis 48 war dunkel, die Fensterläden waren verschlossen, und das meiste Mobiliar war mit Tüchern zugedeckt. Von Stühlen und Sesseln schauten nur die Füße heraus. Sämtliche Birnen waren herausgedreht, und die Orientteppiche waren verschwunden. Ich weiß noch, dass er meiner Mutter einmal sagte: »Pass auf, als Erstes verschwinden die Teppiche.« Meine Mutter erzählte später, sie habe beim Geburtstagsfest zwei der Teppiche aus dem Salon auf dem Fußboden liegen sehen. »Ich wusste es«, erwiderte ihr Vater, der nicht eingeladen worden war. »Sie sind wie Piranhas. Kaum ist jemand gestorben, reißen sie alles, was ihm gehört, heraus, bringen es zur Zigeunerkönigin und teilen es dort unter sich auf wie Ali Babas Räuber.«

Bevor wir wieder losfuhren, musste meine Großmutter zur Toilette. »Komm mit«, sagte sie, da sie mich nicht unbeaufsichtigt lassen wollte. »Mach die Tür zu, dreh dich einfach um und guck in die andere Richtung.« Ich hörte ihre Kleider rascheln. Ich wandte folgsam den Blick ab, schloss aber nicht die Augen, und plötzlich, nur wenige Zentimeter vor meiner Nase, neben der Seifenschale, neben der Glaskonsole und dem kleinen Tiegel voll Quittenkernpaste, mit der sie sich morgens das Haar einrieb, sah ich Großvaters gestreiften Morgenmantel an der Tür hängen. Er roch so stark nach ihm, dass ich den alten Mann berühren zu können meinte. Er war also doch da, dachte ich und drehte mich um.

Diesen Anblick werde ich nie vergessen: meine siebzigjährige Großmutter in Hockstellung auf der Toilettenschüssel. Statt auf der Brille zu sitzen, hatte sie den Sitz hochgeklappt, hockte barfüßig auf dem Rand und hielt sich mühsam im Gleichgewicht. Ich muss ziemlich entgeistert geguckt haben, denn sie redete mir sofort beruhigend zu.

»Ich kann es nur auf die türkische Art. Da es in diesem Haus kein türkisches Klo gibt, muss ich es so machen!« Später sagte sie, es sei außerdem die hygienischste Methode.

Während der Rückfahrt in die Rue Thèbes beschwor sie mich, niemandem etwas zu erzählen. »Es bleibt unser kleines Geheimnis.«

Ehe der Tag zu Ende ging, gab es kaum jemanden von der mütterlichen Seite der Familie, der nicht mindestens einmal auf Kosten meiner Großmutter gelacht hatte.

»Ich sollte nicht mal mehr das Wort an dich richten, aber ich tus trotzdem«, sagte sie, als wir am nächsten Morgen zum Strand gingen. »Stell dich nicht dumm – du weißt ganz genau, was ich meine.«

Ich habe nie herausgefunden, wer mich verraten hat. Aber wahrscheinlich hatte die Heilige der Versuchung nicht widerstehen können, als sie hörte, dass dieselbe Prinzessin, die sie noch immer nicht zum Geburtstagsfest eingeladen hatte, sich wie eine Wäscherin hinhockte, wenn sie ein menschliches Bedürfnis verspürte.

Bis zum großen Geburtstagsball waren es nur noch wenige Tage, doch nichts deutete darauf hin, dass die Heilige oder ihr Mann oder irgendjemand sonst aus der Familie, mit Ausnahme meiner Mutter, eingeladen worden war. Als die Heilige hörte, dass drei Tage lang gefeiert werde, hoffte sie insgeheim – denn sie mochte die Abfuhr noch immer nicht akzeptieren –, die Familie der Prinzessin werde es sich anders überlegen und sie noch in letzter Minute einladen, wenn schon nicht zum ersten Abend, an dem die wohlhabendsten Vertreter der alexandrinischen Gesellschaft sich einfinden würden, dann zum zweiten oder vielleicht dritten Tag, wenn die Bekannten, Klubfreunde und zweitrangigen

Geschäftspartner von den Resten würden probieren dürfen. Wenn der koptische Apotheker und seine syrisch-libanesische Frau und andere *evolués* zum dritten Tag eingeladen waren und der griechische Buchhalter ihres Mannes und auch die verarmten Schwestern Silvera kamen, dann würde natürlich auch sie eine Einladung bekommen müssen.

Doch sie wurde nie eingeladen. »Wegen Jacques«, sagte die Prinzessin viele Jahre später, als ich sie nach dem Grund fragte. In ihrer Antwort klang kein Bedauern an, aber vermutlich wurmte es sie, dass ihr Enkel nicht von allein darauf gekommen war. Mit Ausnahme des Rabbiners von Kairo, eines ägyptischen Juden, waren arabische Juden nicht einmal potenziell als Gäste in Betracht gezogen worden.

Die Heilige und ihr Mann hörten von den Festvorbereitungen nur indirekt über meine Mutter, die jeden Tag kurz bei ihnen vorbeischaute.

»Eine gottlose, lasterhafte Bagage«, sagte mein Großvater am Vorabend des Geburtstags, als die Spannung zwischen Rue Memphis und Rue Thèbes ihren Höhepunkt erreichte. »Der arme Kerl hat nicht einmal Zeit, sich im Grab umzudrehen, und schon feiern sie die Langlebigkeit seiner Schwiegermutter. Allerdings war er auch nicht viel besser. Er war so überzeugt davon, er werde seine Frau überdauern, dass er mich einmal fragte: ›Monsieur Jacques, was meinen Sie, werde ich so lange leben, dass ich vergessen könnte, jemals mit ihr verheiratet gewesen zu sein?‹«

»Und was hast du geantwortet?«, fragte seine Frau.

»Ich habe gesagt, *so* lange hat noch niemand gelebt.«

»Wie auch immer, er hasste ihre Familie so sehr, dass er sich wahrscheinlich geweigert hätte, zu erscheinen«, fügte Monsieur Jacques hinzu.

»Er wäre gar nicht erst eingeladen worden«, sagte die Heilige.

»Und deshalb sollte unsere Tochter die Einladung nicht annehmen. Es geht ums Prinzip.«

»Du willst, dass ich nicht gehe, weil sie dich nicht eingeladen haben«, entgegnete seine Tochter.

»Selbst wenn ich eingeladen wäre, würde ich sagen: ›Madame Esther, ich bin gerührt über die Einladung, aber dem Andenken Ihres Mannes zu Ehren kann ich nicht annehmen. Ein andermal vielleicht. Diesmal – nein.‹ So würde ich sie zurechtweisen.«

»Und wenn sie dich nicht einlädt?«

»Wenn sie mich nicht einlädt, werde ich trotzdem einen Weg finden, wie ich mich dafür bedanken kann, dass sie schon im Voraus wusste, dass ich ihre Einladung ausschlagen würde.«

»Wenn sie mich einladen, gehe ich also allein«, sagte die Heilige.

An Urgroßmutters hundertstem Geburtstag gedachten Onkel Vili und Onkel Isaac beim Mittagessen meines Großvaters, des Mannes, der sie zeitlebens verlacht hatte. Sein Platz wäre leer geblieben, sagte einer von ihnen, hätte ihn sein Enkel nicht eingenommen. In Anbetracht der zahlreichen Gäste hatte man mehrere Tische in das Zimmer meiner Urgroßmutter gestellt, ein riesiges, sonnendurchflutetes Eckzimmer mit zwei Balkonen. Während einer ihrer Söhne seine Rede hielt, griff meine Urgroßmutter, die den Platz in der Mitte der Tafel einnahm, zu der kleinen Karaffe mit Olivenöl vor ihr und träufelte ein paar Tropfen auf ihren leeren Teller. Sie streute etwas Salz auf das Öl, brach ein Stück Brot ab, tunkte es in das Öl, spießte das Brotstück, das sie in der einen Hand hielt, auf die Gabel in der anderen Hand und steckte es sich in den Mund.

»Tut mir leid – ich habe Hunger«, sagte die alte Frau, als sie den vorwurfsvollen Blick bemerkte, den eine ihrer siebzigjährigen Töchter ihr zuwarf.

Nachdem die Ansprachen gehalten waren, brachte jemand einen Toast zum Gedenken an meinen Großvater aus. Alle sagten: »Amen.« Meine Großmutter, die neben mir saß, wandte sich an ihre Nachbarin, Madame Victoria, und sagte: »Ich habe ihm immer gesagt, ›dein Kopf steckt in den Wolken‹, woraufhin er sagte: ›Und deine Füße, Esther, stecken unter der Erde.‹ Na, wer ist jetzt unter der Erde?« Madame Victoria bemerkte mit einem philosophischen Lächeln: »Mein Mann hat immer gesagt, ich sehe so alt aus, dass ich seine Mutter sein könnte. Und trotzdem habe ich ihn begraben, ein zweites Mal geheiratet und einen zweiten Ehemann überlebt.« Das Lächeln verschwand von den Lippen meiner Großmutter, als sie wieder das ölig glänzende Kinn ihrer Mutter sah. »Elsa, wisch ihr das Kinn ab, bevor das Öl auf ihr Kleid tropft«, sagte sie.

Meine Urgroßmutter trug ein schwarzes Spitzenkleid an diesem Tag. Neben ihr saß ihr älterer Bruder, der eigens zum hundertsten Geburtstag seiner jüngeren Schwester aus der Türkei angereist war. Ich entsinne mich, dass ich seine große Müllerpranke schüttelte und auf diesen unförmigen, unbeweglichen Fleischberg starrte, dann aber hörte, wie der Mann mit samtweicher Stimme »Bonjour, jeune homme« sagte. Für die Fotos, die an diesem Tag aufgenommen wurden, posierte meine Urgroßmutter im Stehen, sehr aufrecht und sehr wach, die dünnen dunklen Lippen zu einem gepressten Lächeln verzogen, einen distanzierten, listigen, düsteren Ausdruck in den Augen. In der Hand hielt sie Großvaters Spazierstock.

Man bat sie, für die rund dreißig Familienangehörigen, die sich an diesem Tag zum Mittagessen versammelt hatten, eine kleine Ansprache zu halten. Da sie weder Französisch noch

Italienisch gut genug konnte, als dass sie nicht mindestens zehn Fehler pro Minute gemacht hätte, sprach sie ein paar Worte auf Ladino und schloss mit dem fröhlichen, aber recht platten »salud y berakhá«, Gesundheit und Segen. Auf Drängen ihrer Söhne erklärte sie sich schließlich zu einigen Worten Französisch bereit, die sie stockend und mit starkem Akzent sprach; sie sagte, sie habe exakt fünfzig Jahre in Ägypten gelebt, die eine Hälfte ihres Lebens also in Ägypten verbracht, die andere nicht in Ägypten, und den Teil, den sie nicht in Ägypten verbracht habe, habe sie im Ausland zugebracht – und doch, erklärte sie stolz, habe sie in all den Jahren nicht mehr als fünfzig Worte Arabisch gelernt. »Jedes Jahr eins«, sagte kichernd ihr Sohn Nessim. In ihrem miserablen Arabisch, erzählte sie, habe sie eines Tages einen arabischen Diener gebeten, ihr beim Beziehen eines Bettes zu helfen. Der Mann sei daraufhin erblasst und habe sie nervös gebeten, es sich noch einmal zu überlegen. Sie habe nicht gewusst, was er damit meinte, und ihn abermals aufgefordert, ihr beim Beziehen des Bettes zu helfen – bis ein griechisches Hausmädchen ihr erklärt habe, dass das, was sie den Diener auf Arabisch gebeten hatte, »Komm mit mir ins Bett!« hieß. Die Ironie, die keinem der Anwesenden entging, bestand nicht darin, dass der steinalten Dame ein so peinlicher Fehler unterlaufen war, sondern dass der Diener, wenn sie darauf bestanden hätte, ihrem Wunsch hätte nachkommen müssen. Alle brachen in schallendes Gelächter aus.

Am späten Nachmittag trafen die ersten Gäste ein. Als ich aus meinem Schlaf erwachte, war überall im Haus Lärm. Am Abend drängten sich die Leute auf den Fluren, in der Diele und in den beiden Wohnzimmern. Viele der Männer trugen Ordensspangen, Abzeichen und Rosetten an der Brust, manche hatten große Orden an gestreiften Bändern um den Hals, und alle sahen aus wie pensionierte Offiziere eines Regiments, die sich am Jahrestag einer bedeutenden Schlacht treffen. Jemand brachte mich in die Küche, wo mir Latifa, das Dienstmädchen, etwas zu essen gab. Die fünf Musiker hatten gerade ihre Mahlzeit beendet, klopften die Krümel von ihren dunklen Anzügen, wischten sich mit einem Taschentuch über den Mund und steckten das Tuch wieder in die Tasche. Bis zu ihrem Auftritt würde es noch eine Weile dauern.

Meine Mutter kam ebenfalls in die Küche, um nach mir zu sehen. Sie trug ein tiefschwarzes Kleid, das im Schein des Küchenlichts funkelte und dunkelgrün schimmerte, als sie den Kühlschrank öffnete und mit der einen Hand die Zigarette von den Lebensmitteln fernhielt, mit der anderen im hinteren Teil des Kühlschranks herumstöberte. Da sie ihre Verwandtschaft inzwischen kannte, wusste sie, dass man, falls es irgendwelche Delikatessen gab, sie in jedem Fall vor den anderen verstecken würde.

Nachdem sie fündig geworden war, ließ sie mich zuerst davon probieren und ging dann mit dem Versprechen, bald wiederzukommen, aus der Küche. »Wenn er mehr will, gib ihm mehr«, sagte sie. Sie ahnte bereits, dass das Mädchen das Glas wieder verstecken würde, sobald meine Mutter gegangen war.

Nach dem Essen kam meine Großmutter, nahm mich bei der Hand und ging mit mir durch das Haus, um mich Freunden der Familie vorzustellen, zumeist sehr alten und stattlichen Leuten, die alle das gleiche langsame, verstaubte, melodische und wohlartikulierte Französisch sprachen. Überrascht sah ich Hisham, unseren Butler, inmitten des Gedränges stehen, angetan mit einem Fez und der traditionellen Kellnertracht, auf die er so stolz war. Mit einem Arm hielt er eine riesengroße, blumengeschmückte Silberplatte. Er zwinkerte mir zu, als er mich sah, und ich rief »Ya Hisham!«, wurde aber von meiner Großmutter sofort zum Schweigen gebracht, denn ich winkte nicht nur einem Diener freundlich zu, sondern muss auch zu ihrem Entsetzen wie ein Araber geklungen haben. Sie brachte mich in ein Nebenzimmer und stellte mich der Frau eines englischen Lords vor, die von allen mit Madame Lord angeredet wurde und mit zusammengebissenen Zähnen und hoher Stimme sprach. Ich sagte ihr, ebenfalls mit zusammengebissenen Zähnen, höflich Guten Tag. Das versetzte meine Großmutter derart in Rage, dass sie meinen Arm schüttelte und rief, sie werde nie und nimmer tolerieren, was ich soeben getan hätte. Madame Lord, die nicht verstand, warum ich ausgeschimpft wurde, fragte, ob ich ihr einen Kuss geben wolle. Ich wandte mein Gesicht in die andere Richtung und beobachtete einen Monokel tragenden Mann, der sich aus einer Schale Erdnüsse bediente. »Will er mir keinen Kuss geben?«, fragte Madame Lord und verzog den Mund zu einer koketten Schnute. »Ach, nur einen Kuss«, bat sie, beugte sich zu mir herunter und deutete genau auf die Stelle, wo ich sie hinküssen sollte. »Ein Mann darf nie Nein sagen«, sagte sie und schien sehr zufrieden mit ihrer täppischen Imitation einer koketten französischen Puffmutter.

Plötzlich gingen die Lichter aus. Jeder rief erstaunt »Aah«, und für einen kurzen Moment hörte man nur ein erwartungsvolles Geraune. Dann ertönte ein Gong. Der alte Onkel Nessim stand mit einer dünnen, brennenden Wachskerze in der Hand auf einem Stuhl wie eine amüsierte Vogelscheuche auf einer mondbeschienenen Wiese und verkündete, dass in der ganzen Wohnung einhundert Kerzen angezündet werden sollten und jeder eingeladen sei, sich am Anzünden zu beteiligen. »Das ist ja absolut göttlich«, flötete Madame Lord, die an einem Kuss von mir nicht mehr interessiert war. Jeder reihte sich in die Schlange ein, um vom Dienstpersonal eine Kerze zum

Anzünden ausgehändigt zu bekommen. Allmählich wurde es in der Ecke, in der wir standen, heller und heller. »Komm«, sagte meine Großmutter, »wir sind die Ersten, die diese hier anzünden.« Und ohne Hisham zu danken, der die Kerzen verteilte, griff sie sich eine von seinem Tablett. »Wie schön«, sagte jemand, der aus dem Fenster sah. »Einfach fabelhaft«, sagte ein anderer. »Ich habe vier angezündet, und ich werde noch eine und noch eine anzünden – ach, wie lustig, wie lustig«, piepste Madame Lord, die, auf der Suche nach nicht angezündeten Kerzen, die sie mit ihrem Zauberstab berühren konnte, wie eine gute Fee durch die Diele schwebte und ihren älteren, beleibten Mann zu überreden suchte, sie zu begleiten. Sie war vor lauter Aufregung ganz atemlos. »Hier«, sagte meine Großmutter und gab mir die Anzündekerze in die Hand, während meine Mutter sich von hinten über mich beugte und mich küsste. »Zünde diese beiden an. Die da und die da.« Sie zeigte auf zwei Leuchter.

»Drei«, hörte ich einen der Brüder Ayoub sagen. »Jeder von uns hat eine angezündet. Wir sind sehr glücklich.«

»Es ist uns eine Ehre, Messieurs«, sagte meine Großmutter.

»Nein, für *uns* ist es eine Ehre«, sagten sie.

Meine Großmutter wandte sich wieder mir zu und deutete auf eine noch nicht brennende Kerze. »Die da ist für Großvater, er wird sich freuen, dass du dich heute Abend an ihn erinnerst.« Sie hob mich hoch, und meine Eltern führten mir die Hand. »Und diese da zündest du für –«

»Für sie werde ich sie anzünden« – ich deutete auf meine Urgroßmutter, und jeder war hocherfreut, »für wenn sie stirbt.«

Es entstand eisiges Schweigen. »Kinder sind eben Kinder!«, rief Onkel Vili, der alle möglichen Wogen zu glätten verstand.

»Der Junge ist nicht brutal. Er kann bloß nicht den Mund halten«, entschuldigte sich meine Großmutter bei den

Umstehenden, die mir beim Anzünden der zweiten Kerze zuschauen wollten.

»Ein Diplomat wird er nie«, zischte Onkel Isaac.

Ein Fotograf, der im Zimmer herumwirbelte, bat meine Großmutter, meine Hand zu halten. Sie tat wie geheißen und legte die andere Hand auf den Kaminsims mit der versonnenen Lässigkeit, mit der sie sonst großbürgerlichen Wohlstand zur Schau trug.

»Als Diplomaten sehe ich ihn auch nicht«, sagte meine Großmutter, nachdem sie dem Fotografen gedankt hatte. »Es gibt bestimmte Leute auf der Welt, die viel reden und keine Geheimnisse für sich behalten können.« Sie sah mich vorwurfsvoll an.

Mein Vater nahm mir die Anzündekerze aus der Hand und gab sie meiner Mutter. Ich beobachtete, wie er ihr half, eine unangezündete Kerze zu erreichen. »Die ist für deinen Vater«, sagte sie. Er küsste sie auf die Wange. Sie lächelte und schmiegte ihre Hand in die seine.

Inzwischen waren alle Räume hell erleuchtet vom Kerzenschein, und als die Diener die Fenster und Balkontüren öffneten, um frische Luft hereinzulassen, ging ein milder Herbstwind durch das Haus, sodass die Lichter leise flackerten, und jedermann bewunderte den Effekt von Licht und Kristall.

»Vergessen werden wir das nie«, sagte Mr Khatchadourian.

»Ich danke Ihnen, ich danke Ihnen«, sagte Tante Elsa, die sich sofort umdrehte und sich bei Madame Victoria über das eigentümliche Französisch der Armenier beklagte.

»Selbst wenn in Europa wir sind, jedes Jahr am selben Tag daran wir denken werden. Das verspreche ich.«

»Können sie nicht ein einziges Mal korrekt sprechen?«, flüsterte sie ihrer Schwester zu. »Nach Kairo wir fuhren, aus dem Theater wir kommen, nach Amerika wir gehen.«

Im Nebenzimmer war ein Knall zu hören. »Evviva lo sciampagna«, rief ein Italiener. Onkel Nessim verkündete, dass er, als Ältester der Geschwister, die erste Flasche geöffnet habe. Er entschuldigte sich für den Lärm, wischte sich mit einer Serviette die Hand ab und reichte die Flasche an einen Kellner weiter.

»Den werde ich für immer aufbewahren«, sagte er zu seiner Mutter und starrte dabei auf den Korken, als wollte er die kostbare Inschrift darauf entziffern. »Gewöhnlich sagen wir: Mögest du hundert Jahre leben, aber ich weiß jetzt gar nicht, was ich sagen soll.«

»Ganz ruhig, Nessico«, sagte sie und berührte seinen Arm. »Du hast schon genug getan.«

»Aber es wird der letzte sein«, protestierte er.

»Ja, der letzte.«

»Wenn wir doch noch einmal von vorn anfangen könnten.«

»Evviva la Signora«, rief der Italiener, der den rührseligen Dialog mit angehört hatte. Plötzlich hob er an, mit Stentorstimme *Viva il vino spumeggiante* zu singen, machte dabei eine Handbewegung in Richtung Kapelle und forderte die Umstehenden auf, mitzusingen, und bald hatten alle, selbst diejenigen, die die Arie aus der *Cavalleria Rusticana* nur vage kannten, in das Lied eingestimmt. »Das ist doch *Ugolino da Montefeltro*«, sagte meine Großmutter und warf ihm von Weitem eine Kusshand zu. »Er ist vor Kurzem aus Frankreich zurückgekehrt«, erklärte sie den Gästen in ihrer Nähe, »gerade aus Frankreich zurückgekehrt.«

Niemand hatte Monsieur Costa kommen hören. Aber plötzlich sah ich ihn mitten in der Diele, er stand da und blickte drein wie ein verblüffter Eremit, der in eine heidnische Orgie geraten ist, und sah sich nach einem bekannten Gesicht um. Er trug seine übliche Fliegerjacke, den Hemdkragen weit offen, das ölige

Haar war zurückgekämmt, der gestutzte schwarze Schnurrbart berührte fast die Oberlippe.

»Bitte entschuldigen Sie die Störung«, sagte er, als er meine Großmutter erblickte, »aber ich muss unverzüglich Seine Exzellenz, Ihren Bruder, sprechen.«

Onkel Vili kam, »oh, oh, oh« vor sich hin murmelnd, rasch herbeigelaufen, denn er wusste, dass ein solcher Besuch nur Ärger verhieß. »Kommen Sie in die Küche – nein, hier herein«, sagte er zu Monsieur Costa und deutete auf die Rumpelkammer daneben, die dem Dienstmädchen Latifa gelegentlich als Quartier diente. »Du verschwindest«, sagte Vili und zeigte auf mich. »Ich möchte aber dabei sein«, sagte ich hartnäckig und den Tränen nahe. Ich versprach, kein Wort weiterzusagen. »Komm rein, aber keinen Ton, sonst bring ich dich um.«

»Sie haben meinen Bruder geschnappt«, sagte Monsieur Costa in einem Atemzug.

»Das war ein Risiko. Jeder hat das gewusst«, antwortete Vili.

»Ja. Sie haben natürlich das Geld, aber sie wissen auch die Nummern der Schweizer Bankkonten. Und sie haben eine Liste mit Namen.«

»Soll das heißen, der Trottel hat eine Namensliste dabeigehabt?«

»Offenbar.«

»Dann ist alles aus.«

Monsieur Costa sagte nichts, verschränkte nur die Arme und blickte hilflos und konsterniert drein, als wollte er durch vorauseilende Zerknirschung einen Rüffel vermeiden.

»Ich befinde mich in einer ebenso unangenehmen Lage wie Sie, Exzellenz«, sagte er schließlich. »Es gibt ein Schiff, das heute Nacht ablegt. Ein griechischer Frachter, ich kann eine Passage garantieren. Ich werde ebenfalls an Bord sein. Und jetzt, wenn

Sie erlauben, Exzellenz, ich muss noch ein paar andere Leute warnen.« Monsieur Costa verschwand durch den Dienstboteneingang und wurde nie mehr gesehen. Selbst seine Frau hat nie wieder von ihm gehört.

»Hol Nessim und Isaac – und guck um Himmels willen nicht so ängstlich.«

Das war mein erster Geheimauftrag, und ich wartete auf den geeigneten Moment, um meinen Onkeln zu bestellen, dass sie dringend zur *chambre des karakibs* – das arabische Wort bedeutete Gerümpel – kommen sollten. Ich eskortierte beide dorthin, musste selbst aber draußen warten.

Ich lauschte an der Tür, hörte aber nicht mehr als entsetzte Ausrufe. Die Tür ging auf, und ich wurde gebeten, meine Großmutter zu holen. Sie muss wohl gespürt haben, dass etwas nicht in Ordnung war, und Monsieur Costas Gesichtsausdruck verriet ihr, dass es mit der Polizei zu tun hatte. Onkel Isaac riet Vili davon ab, das Schiff zu nehmen. Man könne Costa nicht mehr trauen. Er werde stattdessen ein Auto organisieren, das ihn noch in dieser Nacht direkt nach Kairo zum Flughafen bringen werde, wo er am frühen Morgen eine Maschine nach Rom besteigen könne, ohne dass allzu viele Fragen gestellt würden.

Onkel Vili war von alldem nicht im Geringsten überrascht. Schon vor Jahren hatte er sich darangemacht, sein Vermögen in Ägypten aufzulösen, und heimlich Geld in die Schweiz geschafft, obwohl die Ausfuhr von Devisen verboten war. Auf dieses Delikt stand Gefängnis mit anschließender Ausweisung. Was ihm in Ägypten offiziell noch gehörte, wurde zum Schein behalten und konnte leicht geopfert werden. Vili war es sogar gelungen, seine Kleider und seine Antiquitäten nach Europa zu transportieren. Das Einzige, was er an Wertvollem zurückließ, war eine verwahrloste Villa mit Krimskrams, Teppichen und einer

Treccani-Enzyklopädie, die der Duce höchstpersönlich signiert und ihm geschenkt hatte. Viele Jahre später fiel dieses begehrte Werk in meine Hände, doch bei unserer Abreise aus Ägypten verkaufte ich es für weniger als einen Dollar an einen Trödler.

Bald trat meine Großmutter aus der Rumpelkammer, stopfte sich ihr Taschentuch in den linken Ärmel und zog sofort die Tür hinter sich zu.

»Was ist los?«, fragte mein Vater.

»Wir haben beschlossen, dass jetzt Walzer getanzt wird«, antwortete sie.

In diesem Moment spielte die fünfköpfige Kapelle ein paar Takte, woraufhin alle die Mitte des Zimmers räumten, um zuzusehen, wie Vili, der jüngste Sohn, mit seiner Mutter zur Feier ihres hundertsten Geburtstags einen Walzer von Verdi tanzte. Sie drehten ein paar Runden, hielten inne, tanzten unter dem Applaus der Leute und im Schein von hundert Kerzen weiter, bis Vili seine Mutter zu ihrem Platz zurückbrachte, wo meine Mutter schon wartete, um der alten Dame beim Hinsetzen behilflich zu sein. Und schon streckte Vili, kaum hatte er seine Mutter losgelassen, wortlos die Hand nach meiner Mutter aus, legte den Arm um sie, beschleunigte plötzlich das Tempo und wirbelte in schwindelerregenden Drehungen über das Parkett, der einstige Infanterist der Schlachten von Val Maggio und Sant'Osvaldo und die Tochter des Fahrradhändlers aus Ibrahimieh, und er zeigte der Welt, dass ein sechzigjähriger Lebemann noch immer das Herz einer dreißigjährigen Schönheit entflammen konnte.

Als der Walzer zu Ende war, klatschten alle. Vili brachte meine Mutter zu meinem Vater zurück und sagte: »Ich muss mich bei deiner Frau vielmals entschuldigen. Ich hätte sie selber heiraten sollen.« Er nahm die Hand meiner Mutter, führte sie an seine Lippen und flüsterte: »Ich werde dich viele, viele Jahre nicht mehr sehen. Adieu!« Meine Mutter errötete, lächelte, da sie seine Worte nicht verstanden hatte, und sagte: »Danke.«

Vili eilte in die Küche. Dort wartete schon der Chauffeur seines Bruders mit dessen Regenmantel und Anzug sowie einem verbeulten Koffer aus der Rumpelkammer, in den seine Schwestern alte Kleider gestopft hatten, damit er am Flughafen nicht auffiel. Die Dienstbotentür ging auf, und vom Treppenabsatz wehte unverkennbar der Geruch von Zibala, von Müll, in die Küche.

Um unter den Gästen, die keine Ahnung hatten, was sich am anderen Ende der Wohnung abspielte, keinen Argwohn aufkommen zu lassen, begaben sich Vilis Schwestern der Reihe nach in die Küche, um dort Abschied von ihrem Lieblingsbruder zu nehmen. Jede schluchzte, wusch sich dann das Gesicht, setzte ein Lächeln auf und kehrte wieder zu den Gästen zurück, während eine andere ihren Platz einnahm, ihren jüngsten Bruder ermahnte, so wie sie es wahrscheinlich vor den Weltkriegen getan hatten, anständig und brav zu bleiben und auf sich aufzupassen. Meine Großmutter, fast fünfzehn Jahre älter als er, verabschiedete sich als Letzte. »Fang jetzt nicht an«, sagte sie, »sonst fange ich auch noch an.« »Nein, nein«, versprach er. Sie umarmten sich und küssten sich, und dann bat Vili: »Esther, segne mich.« Nun konnte sie die Tränen nicht mehr zurückhalten, weinend legte sie ihm eine zitternde Hand auf den Kopf, stieß schluchzend die hebräischen Worte hervor und sagte schließlich: »Amen.«

»Komm, es ist genug«, sagte sie und streichelte das Revers seines Jacketts. »Versprich mir, dass du schreibst. Verschwinde nicht einfach.« Er nickte bloß, da er kein Wort herausbrachte.

Der Chauffeur nahm den Koffer und stieg die Wendeltreppe hinunter. Vili folgte ihm, aber nicht einmal zwei Stufen später sank er am Treppengeländer zusammen. Meine Großmutter rief: »Santa Madonna.« Im nächsten Moment brach Vili, auf einer verdreckten Eisenstufe sitzend, in lautes Schluchzen aus.

»Ich werde Mutter nie mehr wiedersehen«, weinte er, schwankend wie ein Betrunkener, das Gesicht in beide Hände stützend. »Wie kann ich gehen, ohne ihr Lebewohl zu sagen, wie kann ich ihr das antun, wie?« Ich sah, dass seine Lippe blutete. »Blut!«, schrie ich. »Es ist nichts«, sagte er, wischte das Blut mit der Hand weg und fing wieder zu weinen an. Der Chauffeur hatte den Koffer ein Stockwerk weiter unten abgestellt und war wieder heraufgekommen, um ihm zu helfen. »Lassen Sie mich, einen Moment noch.« Meine Großmutter bat mich, ein Glas Whiskey zu holen. »Frag Elsa, sie wird schon wissen.« Stattdessen wandte ich mich an Hisham, der mir sofort ein Glas einschenkte. Mit dem großen Glas lief ich den Korridor zurück. Niemand stellte mir irgendwelche Fragen. In der Speisekammer blieb ich stehen. Ich war ganz allein. Ich versteckte mich hinter einem Pfeiler, spuckte in das Glas und rührte mit einem Finger um.

»Was für ein Hundeleben«, sagte Vili, nachdem er das Glas geleert hatte. »All diese Jahre, und jetzt das. Adiós«, sagte er.

Seine ältere Schwester und ich winkten ihm hinterher, während sein grauer Hut und seine Hand sich auf der spärlich beleuchteten Wendeltreppe immer weiter entfernten und schließlich verschwanden.

»Und jetzt dürfen wir niemandem davon erzählen«, schärfte mir meine Großmutter ein.

Wir schlossen die Küchentür hinter uns, gingen durch die Speisekammer, schlossen auch dort die Tür und waren plötzlich wieder unter den Gästen. »Wo seid ihr gewesen?«, wollte mein Vater wissen. »Frag nicht!«, besagte die Handbewegung meiner Großmutter. Als sie sein betroffenes Gesicht sah, sagte sie: »Vili ist gegangen.« »Schon so früh?«, fragte er. »Für immer. *Verstanden?*«

Der einzige Mensch, der auch zwei Tage später nicht wusste, was sich zugetragen hatte, war meine Urgroßmutter. Man hatte sie belogen, um ihr den Geburtstag nicht zu verderben.

»Er ist in Kairo«, wurde ihr schließlich erklärt. »Der König wollte ihn sprechen.« Niemand hatte der alten Dame je erzählt, dass der König ein paar Jahre zuvor abgesetzt worden war.

Trotzdem ahnte sie, dass etwas nicht in Ordnung war.

»Er ist doch nicht etwa tot?«

»Tot? Wer, Vili? Er ist so unverwüstlich wie Bismarck. Nicht wie der andere.«

Der »andere« – das war mein Großvater.

»Nein, der andere *wollte* sterben«, fügte Dr. Alcabès hinzu, unser Verwandter und Familienhomöopath. »Ich habe ihm gesagt, dass wir ihn retten könnten«, sagte er, als wir am dritten und letzten Tag der Geburtstagsfeierlichkeiten beim Mittagessen saßen. »Aber als er hörte, wie die Therapie aussehen würde, winkte er ab. ›Deckt mich zu, damit ich sterben kann‹, zitierte er ein türkisches Sprichwort. Da habe ich zu ihm gesagt: ›Albert, das kann nur eines bedeuten.‹ Wisst ihr, was er geantwortet hat? ›Nun, es ist jedenfalls besser, als wenn ihr mich aufschneidet und mir meine liebsten Organe herauskratzt, sodass ich ausgehöhlt wie eine Paprikaschote herumlaufe. Danke vielmals.‹«

»Er war ein armer Teufel«, sagte mein Großvater zu meiner Mutter, als wir einige Wochen später an Yom Kippur auf einem schmalen Weg an den Gräbern vorbeigingen. Wir hatten gerade Blumen am Grab seiner Mutter niedergelegt und gingen jetzt zum Grab meines Großvaters. Die Heilige war nicht mitgekommen, vielleicht befürchtete sie, der Prinzessin zu begegnen, auf die sie noch immer ziemlich wütend war.

Da ich den Weg zum Grab meines Großvaters von früheren Friedhofsbesuchen mit meinem Vater kannte, lief ich voraus, an den niedrigen Steinen vorbei. Als wir ankamen, wartete schon mein Vater am Grab seines Vaters auf uns.

Er war ganz allein. Auch die Prinzessin war nicht gekommen.

»Der arme Kerl«, sagte mein Großvater nach einem Moment des Nachdenkens. »Wir haben uns nie verstanden, obwohl ich weiß Gott nie etwas gegen ihn hatte. Aber …«, sagte er und meinte damit: Das war nun alles nicht mehr wichtig.

»Kann ich ein paar Worte sprechen?«, fragte er seinen Schwiegersohn, bestrebt, in religiösen Dingen keinesfalls übereifrig zu wirken.

»Ja«, antwortete mein Vater mit nachsichtig ironischer Miene, die zu sagen schien: Wenn es unbedingt sein muss.

Mein Großvater sprach leise, langsam, beinahe demütig, schüchtern, ja Verständnis heischend, wie man es bei einem Gläubigen nicht erwartet hätte. Er erinnerte mich an meine Mutter, die trotz ihres Zorns, ihres Ingrimms, ihrer Art, loszupoltern, wenn sie die Geduld verlor, immer demütig, unsicher und freundlich blieb.

Als er geendet hatte, warf er seiner Tochter einen Blick zu, woraufhin sie sofort ein paar hebräische Worte sprach und schließlich »Amen« sagte.

»Voilà, Monsieur Albert«, sagte mein Großvater, den Grabstein betrachtend. Dann legte dieser Mann, der mit seinem Schwiegersohn nie recht warmgeworden war, meinem Vater in einer Geste verhinderter Sympathie schüchtern die Hand auf die Schulter, ließ sie aber, aus Angst, ihm zu nahe zu treten, nicht allzu lange dort liegen.

»Ich fühle mit dir«, sagte er. »Niemand von uns wird noch lange in Ägypten bleiben, und offen gesagt, es tut mir weh, wenn ich daran denke, dass wir unsere Lieben zurücklassen müssen, ich meine Mutter, du deinen Vater.

Sie wären glücklicher gewesen, wenn sie dort liegen könnten, wo sie geboren sind, bei ihren Lieben. Dein Vater hat mich einmal gefragt: ›Warum bin ich eigentlich nach Ägypten gekommen, wenn alle bald weggehen, mich ganz allein zurücklassen und ich daumendrehend im Grab liegen werde, der letzte Jude in dieser ausgedörrten, sonnenverbrannten Erde, auf der lauter ungewaschene Füße herumtrampeln?‹ Er hasste Ägypten, und er liegt in Ägypten begraben. ›Was kann es Schlimmeres geben, als auf einem Friedhof mitten unter Fremden begraben zu liegen, Monsieur Jacques?‹, pflegte er zu fragen. Und ich sage dir noch etwas. Schlimmer als der Tod ist der Gedanke, dass niemand dein Grab besuchen kommt, dass niemand die Buchstaben deines Namens sauber halten wird. Sie erinnern sich ein paar Monate, ein paar Jahre lang, an Jahrestagen, und dann, eine Generation später, haben sie dich vergessen. Genauso gut könntest du sofort zu Staub werden, denn du bist praktisch ungeboren – du bist *nie* geboren worden –, selbst wenn du hundert Jahre alt wurdest.«

Mein Vater schwieg, obgleich ihm die Anspielung auf die Feier zum hundertsten Geburtstag nicht entgangen war.

Wir vier machten uns wieder auf den Rückweg, entboten anderen jüdischen Familien, die gekommen waren, um für ihre Toten zu beten, unseren Gruß. Mein Großvater wollte noch in die Synagoge und fragte, ob wir mitkämen.

»Heute nicht«, sagte mein Vater.

»Ich komme mit«, sagte meine Mutter.

Das freute ihren Vater, der sonst ganz allein hätte gehen müssen.

Es war ein typisch alexandrinischer Herbstvormittag. Man hätte sogar noch baden können. Mein Vater schlug vor, ein wenig in der Stadt spazieren zu gehen. Es war noch zu früh, um irgendwo eine Tasse Kaffee zu trinken.

Und dann schien er plötzlich einen Einfall zu haben. »Komm«, sagte er. Wir gingen etwas schneller den Boulevard entlang, bogen um ein paar Ecken und blieben schließlich vor einem Antiquitätengeschäft in der Rue Cherif stehen. Mein Vater spähte hinein, zögerte, öffnete dann die große Glastür. Unter dem Geklingel von Glöckchen betraten wir den Laden, der mit Gegenständen gefüllt war, die mich an die Wohnung meiner Urgroßmutter erinnerten. Zwei Verkäuferinnen legten Münzen auf Samtkissen in das Schaufenster.

»Kann ich Ihnen helfen?«, fragte die eine.

Mein Vater zögerte, sagte dann: »Tja, wahrscheinlich nicht.«

Die Frau, die nicht älter als dreißig sein mochte, sah ihn erstaunt an. Mein Vater war nervös.

»Offen gestanden«, sagte er und sah zum Schaufenster hinaus, »bin ich gekommen, weil Sie meinen Vater kannten, und ich weiß, dass er Ihnen von meinem Sohn erzählt hat, also dachte ich mir, Sie würden ihn vielleicht sehen wollen.«

»Ich soll Ihren Vater gekannt haben? Ich glaube nicht«, sagte sie und zog ein wenig arrogant die Augenbrauen hoch. Und dann, bevor ich verstanden hatte, was eigentlich passiert war, sah ich, wie sie rot wurde und ihre Augen feucht zu schimmern begannen.

»Natürlich«, sagte sie und legte das schwarze Samtkissen, das sie die ganze Zeit gehalten hatte, seit wir den Laden betreten hatten, zur Seite. »Natürlich«, sagte sie wieder und sank in einen antiken Stuhl, die Hände flach auf den Schenkeln. »Das also ist der Kleine. Lass dich anschauen«, sagte sie und kniete sich neben mir hin. »Er sieht genauso aus wie er.« Und an meinen Vater gewandt: »Wie schön, Sie kennenzulernen«, sagte sie. »Sie wissen gar nicht, wie sehr ich mich über diesen Besuch freue.«

»Ich hatte es mir fast gedacht. Er hat oft erzählt, dass Sie seinen Enkel gern einmal sehen würden, heute Morgen, als wir gerade nichts vorhatten, habe ich mir daher gesagt, warum nicht. Also, das ist er.«

»Was für ein Zufall. Erst gestern habe ich von Ihrem Vater gesprochen«, sagte sie, noch immer verwundert, und berührte mit einem Finger meine Hand. »Warten Sie, ich muss meinem Bruder Bescheid sagen. Diego!«, rief sie. »Komm doch mal und sieh, wer da ist.«

Ein Mann, etwas jünger als sie, tauchte aus einem Hinterzimmer auf.

»Ja?«, fragte er.

»Sieh genau hin, bevor du einfach Ja sagst«, bat ihn seine Schwester.

Der Mann heftete den Blick auf uns.

»Tut mir leid, aber ich verstehe nicht.«

»Er ist der Enkel.«

»Welcher Enkel?«, rief er ein wenig ungeduldig.

»Du hast ihm die Elfenbeinbälle geschickt und erkennst ihn nicht!«

»Du meine Güte!«, rief er und hielt sich dann die Hand vor den Mund. »Er hat öfters von dem Jungen gesprochen, aber wer hätte gedacht …«

Er fragte mich, ob ich Billard spielte. Ich schüttelte den Kopf. Er fragte, ob ich die Bälle noch hätte, die er meinem Großvater für mich mitgegeben habe. Ja, sie seien in meinem Zimmer, sagte ich. Welche Farbe sie hätten? Ich sagte es ihm.

»Was für ein Mann, Ihr Vater. Sie wissen es bestimmt.« Nach einem Moment nachdenklichen Schweigens fügte er hinzu: »Nein, Sie können es vermutlich nicht wissen. Niemand weiß es, wenn es sich um den eigenen Vater handelt.« Dann fragte er, wie von einer plötzlichen Eingebung getrieben: »Dürfen wir ihm etwas schenken?«

Mein Vater, der noch immer nicht glauben konnte, dass es Menschen gab, die seinen Vater verehrten, ohne mit ihm verwandt zu sein, wurde immer unruhiger und nervöser, als verdächtigte er Bruder und Schwester irgendeiner bösen Absicht, oder als seien sie von seinem Vater so mühelos dazu verleitet worden, ihn so sehr zu mögen, dass sie nur dumm sein konnten.

»Lieber nicht«, sagte er.

»Ach, eine Kleinigkeit tut niemandem weh.«

»Bitte nicht.«

»Aber Monsieur«, sagte Diego, »Ich mache dieses Geschenk nicht nur Ihrem Sohn, sondern auch Ihrem Vater. Bitte erlauben Sie es mir.«

Aus einer alten braunen Kommode mit Griffen in Form eines Löwenkopfs holte er ein kleines Schmuckkästchen, in dem eine goldene, mit einem runden Türkis besetzte Krawattennadel lag.

»Sie ist für dich«, sagte die Schwester.

Sie reichte mir das kleine Kästchen.

»Darf ich ihm ein Kuss geben?«

»Selbstverständlich«, sagte mein Vater.

»Er war ein ganz besonderer Freund, wissen Sie.«

Mein Vater antwortete nicht. Er begann, sich für eine alte Uhr zu interessieren, doch die junge Dame wies ihn darauf hin, dass er sich nicht verpflichtet fühlen müsse, etwas zu kaufen, bloß weil wir ein Geschenk erhalten hätten.

»Wenn Sie aber das nächste Mal hier in der Gegend sind und gerade nichts zu tun haben, dann bringen Sie bitte den Jungen mit.«

Bruder und Schwester begleiteten uns zur Tür, und wir verabschiedeten uns. Auf dem Weg zum Kaffeehaus an der Corniche hielt ich das Schächtelchen fest in der Hand, und ich nahm nicht einmal beim Überqueren der Straße die Hand meines Vaters, weil ich befürchtete, er könne mich auffordern, es ihm zu geben. Und genau das tat er auch.

»Hier, ich werde es in meiner Tasche für dich aufbewahren«, sagte er und nahm mir das Kästchen sanft aus der Hand. »Vielleicht ist es besser, niemandem davon zu erzählen.«

Dann sah er mit betont gleichgültiger Miene in den wolkenlosen Himmel und sagte nach kurzem Nachdenken, den Blick nach vorn gerichtet: »Hoffentlich geben sie uns denselben Tisch.«

4
Taffi al-nur!

Meiner Mutter fiel sofort die merkwürdige Atmosphäre auf, als wir an jenem Abend aus dem Wollgeschäft traten. Eine ungewöhnliche Dunkelheit umgab den zentralen Busbahnhof; die Menschen liefen nervös durch die Straßen, drängten sich auf den Gehsteigen, warteten auf Busse, die noch voller ankamen als sonst, ganz schief unter der Last von Menschen, die an den Türen hingen oder sich an anderen Fahrgästen festhielten. Plötzlich gingen bei Hannaux, dem größten Kaufhaus von Alexandria, alle Lichter aus, kurz darauf auch in dem Anbau rechts daneben. Die Leute stutzten, als jemand rief, sogar bei Hannaux hätte man das Licht ausgemacht. Dann verlöschten die Lichter von St. Katherine's.

Jetzt war es überall dunkel. Wir orientierten uns an dem unregelmäßigen, von Zeit zu Zeit aufblitzenden Licht der Autoscheinwerfer. Andere Leute machten es offenbar genauso. Plötzlich kamen uns Männer in Galabiyas entgegen, sie skandierten Parolen und rannten uns fast um.

Meine Mutter nahm mich an der Hand und begann, immer schneller in Richtung Rue Cherif zu gehen, bis wir in einer Seitenstraße einen Gemüseladen sahen. Der griechische Besitzer stand mit einer langen Eisenstange vor der Tür, als wollte er sich mit seiner improvisierten Waffe vor Plünderern wehren. Durch die offene Tür sah ich, dass der Laden voller Kunden war, die, genau wie wir, dort Zuflucht suchten.

Der Grieche ließ den Rollladen bis auf Kniehöhe hinunter. Dann kroch er in gebückter Haltung wieder in den Laden zurück, lehnte die lange Stange an den Türrahmen, zupfte die Schürze zurecht, strich die Falten glatt, rieb sich die Hände, als ob das Ganze nur ein Unwetter sei, das man am besten mit guter Laune überstand, und wandte sich dem nächsten Kunden zu.

Der Kaufmann hatte nicht vor, an diesem Herbsttag schon früh zu schließen. Normalerweise strömten die Leute nach Feierabend auf die Straße, drängten sich im Lichtschein, der aus den Kaffeehäusern und Geschäften nach draußen fiel, besonders jetzt, da die Tage kürzer wurden und die Läden noch lange nach Einbruch der Dunkelheit geöffnet waren. Durch die Schaufenster konnte man Frauen beim Anprobieren von Handschuhen zusehen und Verkäuferinnen dabei beobachten, wie sie Pullover in allen Regenbogenfarben immer wieder zusammenlegten und aufeinanderstapelten. Ich spürte, wie der Kragen meines Pullovers an meinem Kinn rieb, es lag etwas Warmes, Angenehmes und Weiches in diesem sanften herbstlichen Geruch von neuer Wolle, der lange Abende in Tearooms, Feiertagsbesorgungen und Weihnachtsgeschenke verhieß. Ich rieb mein Kinn wieder an der Wolle, dachte dabei an Kuchen und heiße Schokolade bei Délices, Alexandrias größter Konditorei, wo wir an diesem Abend Tante Flora und später auch meinen Vater treffen würden, an unserem gewohnten Tisch mit Blick über den alten Hafen, im gedämpften Schein orangefarbener Lampen beieinandersitzend, während Kellner mit riesigen Tabletts die Bestellungen auftragen würden.

An diesem Tag waren wir losgegangen, meine erste Winteruniform zu kaufen. Nachmittags hatte mich meine Mutter von der Schule abgeholt. In der Rue des Pharaons wartete sie in einem Taxi, und als sie mich sah, ließ sie den Fahrer ein paar Mal hupen, um mich auf sich aufmerksam zu machen. Während die anderen auf den Schulbus warteten, stieg ich zu ihr in den Wagen. Meine Mutter ließ mich auf dem Klappsitz vor ihr sitzen, und sobald der Fahrer die Tür zugemacht hatte, küsste sie mich von hinten.

In weniger als einer Stunde war die Uniform bestellt. Die meisten Schüler kauften ihre Uniform beim Schulschneider. Mutter wollte mir eine vom Schneider ihrer Mutter anfertigen lassen. Die Prinzessin schlug einen Kompromiss vor. Bei Hannaux gab es offenbar Schuluniformen, die nicht so elegant wie maßgeschneiderte waren, aber auch nicht so schlecht saßen wie die Dinger der anderen. Auch ein Wintermantel musste gekauft werden. Ich wollte einen Mantel, wie ihn alle anderen in der Klasse hatten, einen Trenchcoat aus grob gewebtem Stoff mit einem Gürtel, dessen große Lederschnalle zwei Dornen für die doppelte Lochreihe hatte. Meine Mutter sah sich einige Mäntel an und erklärte, dass unser Schneider bessere Wintermäntel machte. Wir seien schließlich keine armen Leute, sagte sie.

Kurz nach Sonnenuntergang hatten wir dann ein armenisches Geschäft betreten, um Wolle für Pullover zu kaufen, die Aziza in den nächsten Wochen für uns stricken würde. Ich sollte mir eine Farbe aussuchen. Ich zögerte eine Weile, entschied mich dann für Lachsrot. Meine Mutter erklärte, die Farbe stehe mir nicht. Marineblau sei besser. Doch der Ladenbesitzer beglückwünschte mich zu meiner Wahl. »Ganz der Vater«, sagte er zu meiner Mutter. »Mein Mann trägt nie Lachsrot«, protestierte sie. »Das mag sein, Madame, aber es ist seine Fabrik, in der die Wolle gefärbt wurde, und schauen Sie mal«, sagte er, während er noch eine andere Spule aus einer der unteren Kisten holte, »nur Ihr Gatte bekommt solche Farben in die Wolle, niemand sonst«, als ob mein Vater ein Michelangelo wäre, der die herrlichsten Farbtöne in ein gewöhnliches ägyptisches Wollgewebe hineinzuzaubern vermochte. Erfreut über das Lob, erklärte meine Mutter, dass ich auch einen lachsroten Pullover haben dürfe. Weitere Komplimente wurden ausgetauscht. Dann sagten wir Auf Wiedersehen, verließen den Laden und waren kaum ein paar Schritte in Richtung Place Mohammed Ali gegangen, als auf einmal die Lichter verloschen.

Zehn Minuten später drängten wir uns in dem überfüllten Laden des griechischen Lebensmittelhändlers. Irgendwann musste er das Licht in seinem Geschäft ausmachen; ein Ägypter kam die Straße entlanggelaufen, schlug auf den Rollladen und brüllte: »Taffi al-nur! – Licht aus! –, Taffi al-nur!« Das war ein Befehl. »Ich will keinen Ärger«, wandte sich der Grieche Verständnis heischend an seine Kunden.

In der Dunkelheit hielt ich die Hand meiner Mutter. Sie ahnte nichts von dem Geheul, das von El-Attarin her, einem der ärmeren Viertel, durch den abendlichen Lärm gedrungen war und als lautes Plärren über der Stadt dröhnte. Jemand sagte, es sei eine Alarmsirene.

»Aber was soll das alles«, beschwerte sich eine Frauenstimme auf Italienisch, »in der Dunkelheit kann man ja überhaupt nichts sehen.«

»Einen Moment«, sagte der Kaufmann. Wir hörten das Rattern des Rollladens und das Geräusch, mit dem er schließlich auf die Erde stieß. Sekunden später machte jemand im hinteren Teil des Ladens eine trübe Lampe an.

»E bravo«, rief ein Kunde. Alles fing an zu klatschen, und der Geschäftsbetrieb ging weiter.

»Bald ist es vorbei, dann können wir nach Hause«, sagte jemand.

»Und außerdem, wie lange wird es bei *denen* schon dauern«, spottete jemand anders auf Französisch über die ägyptischen Streitkräfte.

»Einen Tag, höchstens zwei«, rief eine andere Stimme.

»Wenn überhaupt«, sagte eine vierte Stimme. »Die Engländer werden diesen Saustall für uns aufräumen und den Ägyptern die verdiente Tracht Prügel verpassen, auf die sie es ja geradezu abgesehen haben, seit sie den Suezkanal verstaatlicht haben. Und in ein paar Wochen wird alles wieder so sein wie früher.«

»Inschallah«, sagte ein Europäer, »so Gott will.«

Wir drängten uns zur Kasse durch, wo meine Mutter fragte, ob sie das Telefon benutzen dürfe. Der Kassierer sagte, dass schon andere vor ihr warteten. »Dann warten wir auch«, sagte sie und fragte den Mann vor uns per Zeichensprache, ob er sie möglicherweise vorlassen könne, er sehe ja, dass sie ein Kind und viele Pakete dabeihabe. Der Mann zuckte mit den Schultern und sagte, alle hätten es eilig, nicht nur sie. »Trottel«, murmelte meine Mutter.

Schließlich kam der »Trottel« an die Reihe. Er wählte, lauschte angestrengt und blickte außerordentlich besorgt drein. Plötzlich wirkte seine Miene erleichtert, und er lächelte nervös. »Hallo, Mammmaaaa?«, rief er mitten im überfüllten Laden.

Offensichtlich konnte seine Mutter nicht gut hören, denn er musste schreien. Unter heftigem Nicken beschwor er sie, das Haus nicht zu verlassen. »Du gehst in den Keller. Sonst nirgendwohin. Hast du verstanden?« Ich konnte sie durch das Telefon jammern hören. »Verstanden?«, wiederholte er lauter. Sie hörte nicht auf zu lamentieren. »Hast du mich verstanden? Ja oder nein?«, brüllte er. In dem Moment musste ihr eingefallen sein,

Ja zu sagen, denn er stieß ein gereiztes »Endlich« hervor und beendete das Gespräch mit einem geflüsterten »Ich auch«.

Er zahlte an der Kasse, und dann waren wir dran. Meine Mutter hielt, wie es ihre Gewohnheit war, bevor sie wählte, den Hörer einen Moment in der Hand. Sobald sie die Nummer gewählt hatte, reichte sie mir den Hörer. Es sei besetzt, sagte ich. »Ehrenwort?«, fragte sie drohend. »Ehrenwort.« Sie probierte eine andere Nummer. Diesmal klingelte das Freizeichen. Wen sie anrief, wusste ich immer erst, wenn am anderen Ende der Hörer abgenommen wurde. Doch diesmal nahm niemand ab. »Dann ist also niemand im Büro«, sagte sie. Sie versuchte es mit einer dritten Nummer. »Wo seid ihr nur?«, rief die Prinzessin. »Wir suchen euch überall. Wir haben sogar schon bei Hannaux angerufen.«

»Wir sind in einem Lebensmittelladen«, sagte ich.

»In einem Lebensmittelladen! Was tut ihr zu einer solchen Zeit in einem Lebensmittelladen?«, rief sie.

»Warum wir in einem Gemüseladen sind?«, fragte ich meine Mutter.

»Wegen des Blenkau. Sag ihr, es ist wegen des Blenkau«, erklärte meine Mutter.

»Sie sagt, es ist wegen des Blenkau.«

»Wegen was?«

»Wegen des Blenkau«, erklärte ich.

»Was in Gottes Namen ist ein Blenkau?«

»Was ist ein Blenkau?«, fragte ich meine Mutter.

»Das ist, wenn die Lichter ausgemacht werden und man mitten in einem Krieg ist.«

»Blackout«, sagte meine Großmutter ärgerlich. »Wird sie nie lernen, richtig zu sprechen, bevor der Junge am Ende wie ein Taubstummer spricht?«, sagte sie zu sich selbst. Dann fragte sie, wann wir nach Hause kämen.

»Es gibt keine Taxis«, antwortete meine Mutter.
»Und wie heißt der Lebensmittelladen?«
»Miltiades«, sagte meine Mutter.
»Aber das ist ja am anderen Ende der Stadt! Warum musste sie ausgerechnet zu Miltiades gehen? Ich komme.«
»Sie kommt«, sagte ich.
»Das wird sie nicht! Sag ihr, sie soll nicht kommen. Sag ihr, wir fahren zu ihr hinaus.«
Meine Großmutter wollte schon eine Debatte anfangen, als in der Stadt Entwarnung gegeben wurde. Großmutter am anderen Ende der Leitung hatte das Signal ebenfalls gehört. »Kommt sofort her«, befahl sie. Der Grieche und seine Frau schalteten das Licht wieder an, und im nächsten Moment ging der Rollladen wieder hoch. Die Verdunkelungsrituale aus der Zeit des Zweiten Weltkriegs waren den Leuten noch gut in Erinnerung. »Sie können jetzt gehen, meine Damen und Herren – mit freundlichen Empfehlungen von Militiades«, sagte er, neben der Tür stehend und seinen Kunden einen guten Abend wünschend, wie ein Portier in Erwartung eines Trinkgelds. Mir gefiel diese warme, kämpferische und kameradschaftliche Atmosphäre im Innern des Ladens, und ich war fast ein bisschen traurig, schon so bald gehen zu müssen, denn ich fühlte mich irgendwie sicher unter so vielen Leuten, die nach Tabak, Parfüm und feuchten Wollmänteln rochen.
Meine Mutter erkannte, dass noch immer keine Möglichkeit für uns bestand, nach Hause zu kommen. Als wir die Rue Cherif erreichten, waren die Geschäfte schon geschlossen, und die Straßen leerten sich schnell. Es gab keine Taxis, und die Pferdedroschken, die normalerweise vor Hannaux warteten, waren verschwunden.
Uns blieb nichts anderes übrig, als zu Fuß zur Straßenbahn-

haltestelle Ramleh zu gehen. Dort, so hofften wir, könnten wir eine Bahn nach Grand Sporting nehmen, wo meine Großmutter wohnte. Doch bis Ramleh war es weit. »Kannst du laufen?«, fragte meine Mutter. »Wir müssen nämlich zur Haltestelle, und zwar rasch.« Sie gab mir zwei der kleineren Päckchen, nahm mich bei der Hand und ging voran. Sie haderte mit sich, weil sie bei Militiades Tee und eingelegte Schalotten gekauft hatte.

Die Stadt war sehr dunkel. Wir bogen in die Rue Toussoum ein, drückten uns, um nicht überfahren zu werden, dicht an der Banque Ottomane entlang. Mutter vergewisserte sich, ob wir, ohne es in der Dunkelheit zu merken, schon an der Rue Phalaki vorbeigekommen waren. Aber nein, die Rue Phalaki lag noch vor uns. Während wir den dunklen, schmalen Gehsteig in Richtung Boulevard entlanggingen, zerriss erneut das schneidende Geheul einer Sirene die Luft. Die Leute hinter uns stoben auseinander, und die paar Lichter in den umliegenden Häusern gingen sofort aus. Männer stießen angsterfüllte Schreie aus, riefen Allah an. Auch wir liefen nun schneller in Richtung Boulevard. Als wir schließlich die Kreuzung erreichten, sahen wir eine riesige Menschenmenge, die sich um die Straßenbahnhaltestelle drängte. »Das ist schlimmer, als ich gedacht hatte«, sagte Mutter und blieb stehen, um zu verschnaufen. Der Luftschutzkeller würde inzwischen rammelvoll sein.

Den abendlichen Boulevard Saad Zaghloul mit seinen geschlossenen Geschäften hatte ich schon früher gesehen, doch das hier war etwas anderes. Nirgends brannte mehr ein Licht. Leute in Galabiyas liefen aufgeregt herum, eilten zur Haltestelle. Eine Frau rief mit gellender Stimme den Namen eines Jungen. Zwischen den dunklen Silhouetten der Gebäude, die den Boulevard säumten, blinkten von Weitem silbrig schimmernde Streifen im Sternenlicht – der alte Hafen.

Keine zwei Meter vor dem Délices stießen wir auf Kyrio Yanni, den Chefkonditor, der uns sofort erkannte und uns in die schützende Backstube des Délices schleuste. Als wir in der Küche standen, warnte Kyrio Yanni meine Mutter davor, nach Smouha zurückzufahren. »Die Geschütze von Smouha lenken bestimmt feindliches Feuer auf sich.« Mutter sagte ihm, dass wir an diesem Abend nicht nach Smouha fahren wollten.

Unterdessen brachte uns einer der ägyptischen Angestellten, der vor einem großen Ofen eine Zigarette geraucht hatte, zwei frisch gebackene Blätterteigpasteten, die wir auf der Stelle aßen.

»Noch zwei!«, rief Kyrio Yanni. »Noch zwei!« Und ehe meine Mutter ablehnen konnte, hatte er zwei der cremigsten Napoleonschnitten gebracht, die ich je gesehen hatte. Er ging in ein Nebenzimmer, raschelte mit Papier und tauchte dann mit einem kleinen Päckchen wieder auf. »Für die Familie«, sagte er. »Und jetzt müssen wir gehen. Kommen Sie.«

Kyrio Yanni, der nicht auf das Entwarnungssignal warten wollte, warf sich einen Wintermantel über den weißen Kittel und knipste das Licht auf der Stiege aus. »Leise, leise!«, flüsterte er. Dann öffnete er die Tür zur Straße. Doch inzwischen war niemand mehr unterwegs. Es war kalt. »Gibt es Bomben?«, fragte ich. »Still!«, fuhr Kyrio Yanni mich an, denn er war abergläubisch und wollte nicht, dass ich englische Bomben anlockte. »Wir gehen zuerst zum Hotel Cecil«, sagte er. »Es ist in der Nähe der Haltestelle.« Wieder spähte er nach draußen. »Kommt«, befahl er und machte all die Bewegungen, die er vermutlich von Filmen kannte, in denen englische Kriegsgefangene aus einem deutschen Lager flohen. Mutter schob mich vorwärts und lief hinter mir her. Als ich mich umdrehte, sah ich, dass sie ein halb aufgegessenes Stück Kuchen in der Hand hielt.

Ganz Alexandria musste den gleichen Einfall gehabt haben

wie Kyrio Yanni, denn in der Eingangshalle des Hotels wimmelte es von Menschen, die besorgt Ausschau nach der nächsten Straßenbahn hielten und vorhatten, unmittelbar vor deren Ankunft über die Straße zu laufen und aufzuspringen. Kaum waren wir eingetroffen, hörte ich das müde, metallische Bimmeln einer Straßenbahnklingel. »Yalla, los jetzt«, flüsterte Kyrio Yanni, der den Wagen mit dem roten Zeichen der Victoria-Linie an der Stirnseite schon vor den anderen Leuten im Hotel erkannt hatte und wollte, dass wir als Erste einstiegen.

Meiner Mutter war sofort klar, warum der Grieche, der mich bei der Hand genommen hatte, schon über die Straße lief. Sie rannte mit ihren Päckchen in den Armen hinterher. Er und ich stiegen ein und liefen bis ans hintere Ende des Erste-Klasse-Waggons. »Hier, setz dich hierhin«, rief der Chefkonditor, »ich schau mal, wo deine Mama bleibt.« Er zog das Fenster hinunter, steckte den Kopf hinaus und winkte in die dunkle Nacht. Auf dem Bahnsteig war von meiner Mutter nichts zu sehen. »Wo bleibt sie nur?«, murmelte er. Dann hörte ich ihre Stimme. Sie war quer über die Gleise bis zu unserer Waggontür gerannt.

»Sie hätte ums Leben kommen können«, schrie Kyrio Yanni, dem es nie eingefallen wäre, über die Gleise zu laufen, um als Erster einen Sitzplatz zu ergattern. Unser Retter schob das Fenster hoch, erklärte, dass es uns auf unserer gefährlichen Heimreise hoffentlich an nichts fehlen werde, und bat meine Mutter, ihre Angehörigen von ihm zu grüßen. »Also dann, bis zum nächsten Mal«, sagte er und stieg erhobenen Hauptes aus dem überfüllten Waggon, mit der heroischen Selbstironie eines Mannes, der in einer anderen Zeit vielleicht ein tapferer Widerstandskämpfer gewesen wäre, in unserer Zeit aber Chefkonditor war und immer sein würde, wo auch immer er geruhen würde, seine Kunst zu praktizieren.

Ich hörte das rhythmische Rattern der stählernen Räder. Wir fuhren. Ich schaute aus dem Fenster, sah unter dem mondlosen Himmel erst Ramleh und dann Mazarita wie gespenstische Wälder in dunkler Landschaft an uns vorbeiziehen. Manchmal konnte ich nicht weiter als bis zu meinen Händen sehen. Nur das Klappern der Räder war zu hören und das Rattern des Waggons und die gespenstische Stimme des Schaffners, der ganz hinten in der zweiten Klasse unsichtbare Stationen ausrief.

Eine alte Dame neben mir wurde gegen mich gedrückt. In der Nähe hustete jemand. Meine Mutter tippte mir auf die Schulter und gab mir einen Bonbon. Ich hörte, wie sie einen für sich auswickelte.

Bald würde Chatby kommen, sagte sie, das war der zweite Halt, dann Camp de Cesar. Dann würde Ibrahimieh, Petit Sporting und schließlich die Haltestelle meiner Urgroßmutter kommen. Doch als der Schaffner Chatby ausrief, wurde mir klar, dass wir noch nicht weit gefahren waren und dass die Straßenbahn nicht an den regulären Stationen gehalten hatte, wie ich irrtümlicherweise angenommen hatte, sondern auf der verstopften Strecke immer wieder anhalten musste.

Und dann geschah es, und alle hielten den Atem an. Das Entwarnungssignal musste kurz vorher gegeben worden sein, aber niemand hatte es gehört. Plötzlich wurde es hell, überall zwischen Sporting und Cleopatra flammten die Lichter auf, als sei die Stadt aus einem langem Schlaf erwacht, und im nächsten Moment ging auch in der Straßenbahn das Licht wieder an.

Wir öffneten die Fenster und schauten nach draußen. Die Lichter an den Linien nach Bacos und Victoria, die sich in Grand Sporting gabelten, säumten die Strecke bis nach Cleopatra wie die Befeuerung einer gigantischen v-förmigen Landebahn. Auf dem menschenleeren Bahnsteig stand einsam eine gebeugte Gestalt, die aufmerksam zusah, wie unsere Straßenbahn näher kam und schließlich hielt. Es war meine Großmutter. Sie beobachtete mit zusammengekniffenen Augen die Waggons, während Latifa, ein paar Schritte hinter ihr, uns schon zuwinkte.

»Gottlob seid ihr in Sicherheit«, sagte die Prinzessin und küsste meine Mutter. »Ich habe eine Ewigkeit gewartet.«

»Wir mussten alle paar Meter anhalten«, erklärte meine Mutter. »Was ist passiert?«

»Was passiert ist? Es ist Krieg, das ist passiert. Der Bäcker hat deine Mutter angerufen, und sie hat uns angerufen. Alle machen sich Sorgen.«

Ich fragte, wo mein Vater sei.

»Hier«, sagte sie. Er stand halb in der Tür des Stationsvorstehers und hörte die arabischen Radionachrichten.

»Nicht gut, gar nicht gut«, murmelte er, während er näher kam. »Über ganz Ägypten ist Verdunkelung verhängt. Die Engländer, Franzosen und Israelis greifen an. Wer weiß, was noch alles passieren wird.«

Es war das erste Mal, dass ich ihn überhaupt in der Nähe einer Straßenbahn sah. Er hatte immer ein Auto zur Verfügung, fuhr nie mit dem Bus, der Straßenbahn, nicht einmal mit einer Droschke. Jetzt, auf dem Bahnsteig, sah er schlichter aus, wie ein gewöhnlicher Pendler, wie andere Väter, die jeden Tag mit öffentlichen Verkehrsmitteln zur Arbeit fuhren. So gefiel er mir besser.

Kyrio Yanni hatte uns zu Recht aufgefordert, die Nähe der Geschütze von Smouha zu meiden. Am Abend beschloss mein Vater, dass wir uns für die Dauer des Krieges bei meiner Urgroßmutter in Sporting einquartieren sollten. Zwei andere Familien inklusive Dienstpersonal waren schon am Nachmittag dort eingezogen, sodass die ansonsten düstere, unfreundliche alte viktorianische Wohnung geradezu von Festtagsstimmung erfüllt war.

»Hast du denn nicht gewusst, dass der Krieg schon heute Nachmittag ausgebrochen ist?«, fragte Onkel Isaac mit unverhohlenem Tadel in der Stimme.

»Woher sollte ich das wissen? Niemand hat mir was gesagt«, erwiderte meine Mutter.

»Das Wichtigste ist, dass jeder hier ist«, rief meine Urgroßmutter dazwischen. »Lasst uns etwas essen, ich sterbe vor Hunger.«

Tante Elsa, die den Haushalt führte, verkündete pünktlich um acht Uhr mit einem Gongschlag, dass das Essen angerichtet war.

Daraufhin strömten noch mehr Leute aus dem kleineren der beiden Salons, Leute, die ich seit dem Geburtstagsball zwei Jahre zuvor nicht mehr gesehen hatte. »So viele Leute«, rief meine Großmutter. »Wie schön!« In diesem Moment fielen meiner Mutter die Sachen ein, die sie beim Kaufmann besorgt hatte, besonders die Kuchenstücke.

»Sogar Kuchen gibts!«, rief Tante Marta, als sie die gute Nachricht hörte. »Wie viel Stück?«

»Vierundzwanzig«, rief jemand.

»So eine Schnapsidee – mitten während eines nächtlichen Luftangriffs loszugehen und Kuchen zu kaufen«, brummte Isaac.

Eine Sirene begann zu heulen.

Sofort brüllte jemand mit rauer, ruppiger Stimme »Taffi al-nur!« zu uns hoch. »Taffi al-nur!«, bellte er noch einmal und entfernte sich, ausgiebig fluchend, um noch andere Haushalte in der Rue Thèbes zu verwarnen.

»Wissen die eigentlich, wen sie anbrüllen?«, rief Onkel Isaac empört. »Früher hätte ich sie auspeitschen und pfählen lassen können.«

»Jetzt ist es umgekehrt«, erwiderte Onkel Nessim.

»Wartet nur, bis dieser Krieg vorbei ist, dann zeigen wir es diesen Barbaren. Ich habe ihre nationalistische Phrasendrescherei lange genug ertragen.«

»Ach, wenn doch nur der König noch da wäre ...«

»Eigentlich brauchen wir einen zweiten Moses, einen modernen Moses«, sagte Tante Marta.

»Der einzige Moses, den wir haben, ist Vili, und der spielt in England gerade den Lord. Also!«

»Der Schwab kann froh sein, dass er nicht mehr unter uns ist«, sagte Onkel Isaac und zündete sich eine Zigarette an.

»Lass Aldo da raus, die arme Seele«, erwiderte seine Witwe.

Tante Elsa ließ ein zweites Mal den Gong ertönen. Als ich das Esszimmer betrat, zog ein Diener gerade die schweren Vorhänge zu, während ein anderer den Docht einer Petroleumlampe herunterdrehte, die auf der Anrichte stand. Es war dunkel. Die Erwachsenen scharten sich um Onkel Isaac, der mit dem Öffnen einer Weinflasche beschäftigt war, und sprachen mit sorgenvoller Miene darüber, wie es wohl weitergehen werde. Lautes Stimmengewirr erfüllte den Raum.

Cousin Arnaut, der Sohn von Tante Marta, stand sichtlich am Rande einer Panik. »Lasst uns vor allem die Ruhe bewahren«, sagte Onkel Isaac und erhob sein Glas.

»Prost«, sagte jemand, »solche Geschichten haben wir ja schon oft durchgemacht.«

Die Kinder saßen am unteren Tischende und mussten still sein. Das Essen in diesem Haushalt hatte mir noch nie geschmeckt. Ich warf meiner Mutter einen Blick zu. In der Dunkelheit konnte sie keine Lippen lesen. Ich sah, wie sie versonnen eine Fischgräte auslöste, dabei niemanden anschaute, mit niemandem sprach, aber offensichtlich an etwas dachte, denn nachdem sie die Gabel zum Mund geführt hatte, hörte sie für einen Moment zu kauen auf und zog fast unmerklich die Schulter hoch. Dann begegneten sich unsere Blicke. »Warum isst du nicht?«, besagte ihre fragende Kopfbewegung. »Es schmeckt entsetzlich«, sagte meine Miene.

»Was gibts?«, schaltete sich meine Großmutter ein, als sie uns kommunizieren sah. Meine Mutter nutzte die Gelegenheit.

»Wenn du nichts dagegen hast«, flüsterte sie, um die Männer nicht zu stören, »werde ich ihn bitten, meine Eltern anzurufen. Sie machen sich bestimmt große Sorgen.«

»Wie du willst.«

Mutter gab mir ein Zeichen, ihr nach draußen zu folgen.

Behutsam tasteten wir uns, einander an der Hand haltend, durch den dunklen, langen, vollgestellten Flur. Ich orientierte mich an der Petroleumlampe im Esszimmer und an den Stimmen des Hauspersonals, das in der finsteren Küche saß.

Wir fanden das Telefon. Meine Mutter tastete im Dunkeln nach den Ziffern und wählte. Kaum hatte die Heilige meine Stimme gehört, brach sie in eine Art Getriller aus und stieß dann jene vertrauten Worte auf Ladino hervor, deren Bedeutung mir völlig unklar war, deren raue Zärtlichkeit aber selbst durch die Leitung zu spüren war. »Warum habt ihr nicht früher angerufen?« fragte sie.

»Warum wir nicht früher angerufen haben?«, fragte ich meine Mutter.

Meine Mutter zögerte einen Moment.

»Sag ihr, es ist der übliche Grund. Sie wird schon verstehen.«

»Du wirst schon verstehen. Es ist der übliche Grund«, wiederholte ich.

»Natürlich verstehe ich, ich bin ja ihre Mutter«, sagte meine Großmutter.

Ich reagierte erst nicht, weil ich dachte, sie hätte nur zu mir gesprochen.

»Du hast es ihr nicht gesagt. Sag ihr, ich bin ihre Mutter, ich werde sie immer verstehen, ich denke an sie.«

»Sie denkt an dich, sagt sie«, wiederholte ich, gelangweilt und desinteressiert, wie immer, wenn ich etwas ausrichten musste, was für meine Mutter gedacht war.

»Und dass ich ihre Mutter bin, dass ich sie verstehe!« Meine Großmutter am andern Ende ließ nicht locker.

Ich sagte nichts, hoffte, meine Großmutter möge annehmen, ich würde die Botschaft wortlos an meine Mutter weitergeben.

»Was hat sie gesagt? Bestell ihr, ich möchte sie morgen sehen«, sagte die Heilige. Ich übermittelte es.

»Aber sie sagt, es gibt Bomben«, sagte ich.

»Ich komme in jedem Fall. Oder sie soll zu mir kommen. Sags ihr!«

Mutter und Tochter vereinbarten, am nächsten Morgen miteinander zu telefonieren.

Als wir das Esszimmer wieder betraten, sprachen sie, die Gesichter glänzend im Schein der Petroleumlampe, noch immer über den Krieg und sahen aus wie nervöse Verschwörer bei einem Treffen im Untergrund.

Um fünf vor neun begaben sich alle in den kleineren Salon, um Nachrichten zu hören. Jemand stellte die kleine Petroleumlampe auf den Radioapparat.

Die ägyptische Nachrichtensendung in französischer Sprache meldete einen entscheidenden Sieg über den Feind. Die unerschrockenen Streitkräfte unter dem Befehl von Oberst Nasser hätten England, Frankreich und Israel eine verheerende

Niederlage bereitet. Der Marsch auf Tel Aviv und Haifa sei bereits in vollem Gange, und um Mitternacht des 31. Dezember 1956 würden die vereinigten arabischen Truppenverbände an den Gestaden des östlichen Mittelmeers ihren Sieg feiern.

»Dummes Geschwätz!«, brummte Onkel Isaac.

Durch die Wohnzimmerfenster sah ich die umliegenden Häuser, in lautloses Dunkel getaucht. Die Straßenbeleuchtung war abgeschaltet. Die wenigen Autos, die unterwegs waren, fuhren ohne Licht, manche Scheinwerfer waren kobaltblau übermalt, um vom Feind nicht erkannt zu werden.

Plötzlich erschollen Rufe in unserer Straße. »Vielleicht sollten wir auch das Petroleumlicht ausmachen«, sagte Tante Elsa.

Onkel Isaac drehte den Docht herunter. Mein Vater fummelte am Radio herum, aber alle Frequenzen waren gestört, worüber sich Onkel Isaac noch mehr aufregte. Er bedeutete meinem Vater, beiseitezutreten, und machte sich dann, unter seinem dicken Schnurrbart heftig schnaufend, selbst an den Knöpfen zu schaffen, um schließlich festzustellen, dass er ebenso wenig Erfolg hatte. »Hurensöhne!«, rief er. Es war Tante Marta, die mit der Geduld und dem Fingerspitzengefühl einer blinden Frau, die eine Nadel einfädeln will, schließlich Radio Libanon fand. Radio Libanon zog wütend über Israel her, den verräterischen Nachbarn, den Dolch im Rücken, den Schwächling, der sich mit den Starken verbündet hatte. Der Sprecher sagte etwas von einem Angriffskrieg gegen Ägypten. Die Engländer seien in Port Said gelandet.

Das reichte allen. »Es ist schon vorbei«, sagte jemand.

»Wenn Vili hier wäre, gäbe es jetzt sofort Champagner«, sagte Tante Marta.

Überglücklich über die Nachricht, fing meine Großmutter an, in der großen Eingangshalle auf und ab zu tanzen.

»Bravo, Esther«, rief Tante Elsa applaudierend und begann ebenfalls, auf ihren siebzigjährigen Beinen herumzuhüpfen.

Hinter dem halb geöffneten Vorhang zum Korridor sah ich Abdou, der aufmerksam die Nachrichten mithörte. Leicht vorgebeugt stand er da, im Dunkeln fast nicht zu erkennen, mit funkelnden Augen hinter den schweren Falten des alten braunen Vorhangs hervorspähend wie ein neugieriger Fuchs, der für einen Moment geblendet im Scheinwerferlicht steht, und es lag etwas Schuldbewusstes in der Art, wie er den Blick abwandte, als er merkte, dass ich ihn beobachtete.

Ich erzählte sofort meinem Vater davon, der darüber jedoch hinwegging, so wie er die Klagen meiner Großmutter über die kleinen Diebstähle ihres Dienstmädchens abtat. »Ich an ihrer Stelle würde es genauso machen«, sagte er.

»Ja, aber bedenke«, sagte Onkel Isaac, der immer vorgab, die Dinge von einem viel umfassenderen Standpunkt aus zu sehen, »du hast vielleicht Verständnis für ihre nationalistischen Bestrebungen, aber vergiss nicht, ohne uns wäre Ägypten noch immer eine Wüste.«

»Psst!«, machte meine Großmutter, die nicht wollte, dass Abdou etwas mitbekam.

»Warum denn?«, rief Cousin Arnaut, der uns immerfort in den Ohren lag, dass die ganze Familie nach Frankreich ziehen sollte. »Wenn wir unter unserem eigenen Dach nicht sagen können, was wir denken, dann haben wir kein Dach.«

»Gesprochen wie ein wahrer Dichter, ya salam«, antwortete Onkel Isaac voller Bewunderung. »*Wenn wir unter unserem eigenen Dach nicht sagen können, was wir denken, dann haben wir kein Dach.* Die Angst bringt den Dichter in dir zum Vorschein.«

Wenig später wurde es mucksmäuschenstill im Zimmer. Jeder der Anwesenden, auch die sieben oder acht Kinder, spürte etwas Feierliches in der sonoren Stimme, die plötzlich aus dem alten Philco kam, in einem würdevollen Französisch, das so ganz anders klang als das unsere. Radio Monte Carlo! Es war das Französisch der Filmstars, das Französisch, das meine Onkel nachzuahmen versuchten, aber nie beherrschten, das Französisch, über das man sich lustig machte, auch wenn man sich insgeheim danach sehnte, es sprechen zu können, das Französisch, von dem man behauptete, dass man es nicht gerne sprach, so wie manche Leute vielleicht sagen würden, dass ihnen bestimmte Käsesorten nicht schmeckten, weil kein Brie und kein Saint Andre es mit einer dicken, herzhaften Scheibe griechischem Schafskäse aufnehmen könne. »Ich kehre immer wieder zu meiner Feta zurück«, pflegte Onkel Isaac zu sagen, so wie er auch hätte sagen können, dass er immer wieder zu Tante Lotte zurückkehre. Es war ein Französisch, bei dem wir uns weit weg vom Schuss, altmodisch und minderwertig vorkamen.

Die Stimme, die von jenseits des dunklen Mittelmeers zu uns sprach, schien Lichtjahre entfernt zu sein, stolz, elegant und unerschütterlich verkündete sie das alte Versprechen, dass Frankreich stets gegen die Mächte der Finsternis kämpfen werde. Die vereinigten Streitkräfte hätten strategische Angriffe gegen Ägypten geflogen. Port Said sei gefallen. Alliierte Fallschirmjäger hätten Suez eingenommen.

»Damit dürfte es sich erledigt haben«, sagte Onkel Nessim.

»In ein paar Tagen werden sie hier sein.«

Wenig später hämmerte jemand an unsere Tür. Onkel Isaac schaltete sofort das Radio aus, nahm die kleine Petroleumlampe und ging, einen unförmigen Schatten an die Zimmerdecke werfend, selber zur Wohnungstür. Draußen stand der Hausmeister. Noch ehe die Tür richtig aufgegangen war, beschimpfte er uns wüst, weil wir das Licht erst so spät ausgemacht hatten.

»Wollt ihr, dass wir alle bombardiert werden?«, fragte er auf Arabisch.

Onkel Isaac sah ihn verblüfft an. »Natürlich nicht«, erwiderte er.

»Dann mach das Licht aus, du alter Jude, oder ich sorge dafür, dass du wegen Spionage verhaftet wirst.«

Der Hausmeister zog die Tür zu, sodass mein Onkel keine Chance hatte, sie ihm vor der Nase zuzuschlagen. Ich hörte, wie er der armen alten Madame Silvera weiter unten im Korridor die gleichen Dinge zubrüllte.

Noch am selben Abend wurden im Wohnzimmer und in der Diele die Möbel an die Wand gerückt und Matratzen ausgelegt, und als meine Großmutter sah, dass die Matratzen nicht für alle reichten, ließ sie alte Decken, die zum Teil noch aus der Zeit des Krimkriegs stammten, aus der Kammer holen und als Schlafgelegenheit für die Kinder ausbreiten. In den nächsten Wochen diente das Wohnzimmer meinen Cousins und mir als Nachtquartier.

Am nächsten Morgen wurde ein Diener losgeschickt, am großen Zeitungskiosk von Sporting alle lokalen Zeitungen zu kaufen. Die Nachrichten waren unglaublich.

»Wieder ein Sieg!«, las Onkel Nessim vor.

»Bei mir auch!«, sagte Onkel Isaac. »Kein einziger Gefangener, kaum ein Verwundeter unter den Männern, die ihre Heimat verteidigen.«

»Kann mir bitte jemand erklären, wie Nasser, dieser Taugenichts und Emporkömmling, die vereinten britischen und französischen Truppen schlagen will?«, fragte Tante Marta.

Gefrühstückt wurde bei meiner Urgroßmutter immer *à l'anglaise,* was ich nur aus Filmen kannte und was mir das Gefühl gab, als befände ich mich im luxuriösesten Hotel der Welt, wo die frische Morgenluft gemildert wird durch den angenehmen Duft exotischer Blumen, durch weiche Teppiche und warme Getränke, Butter, Toast und Eier. Man bediente sich selbst am Büfett und setzte sich dann wieder auf seinen Platz, während ein Diener Kaffee, Tee oder Schokolade einschenkte. Die Butter kam in kleinen, austernförmigen Schälchen. Eine purpurrote, bestickte Serviette bedeckte das frisch geröstete Brot, die Eier wurden in einer großen Schüssel warm gehalten, es gab diverse Käsesorten und Konfitüren, und von den Brioches lagen so viele in dem Körbchen, dass man sich offensichtlich mehr als nur eine nehmen durfte.

»Wirst du das alles auch aufessen?«, fragte meine Großmutter, die mir beim Auftun half.

Ich nickte. Ich bemerkte, wie meine Mutter den Kopf schüttelte – ich sollte nicht zeigen, dass ich noch nie ein so üppiges Frühstück gesehen hatte –, ließ mich aber nicht beirren und sagte zu meiner Großmutter, die den Blick meiner Mutter gesehen hatte, dass ich sehr hungrig sei.

»Wenn du meinst, na dann«, sagte meine Großmutter. Alle sollten nämlich erkennen, besonders diejenigen ihrer Schwestern, deren Kinder und Enkelkinder anwesend waren, dass sie mir nicht deswegen meinen Willen ließ, weil sie mit der übertriebenen Zärtlichkeit sephardischer Großmütter in mich vernarrt war, sondern weil zwischen uns, einer ungewöhnlich aufgeklärten Großmutter und ihrem ungewöhnlich frühreifen Enkelsohn, eine besondere Beziehung bestand.

Wie üblich schnitt meine Großmutter kleine Brotstücke für mich zurecht, köpfte das weich gekochte Ei und streute Salz darauf. Ich schaute von meinem Platz an ihrer Seite auf und sah die Sonnenstrahlen in das Esszimmer fallen. Großmutters lavendelfarbenes Kleid fing das Licht dieses wunderschönen, ruhigen Morgens ein. Ich hatte das Reich der Wunder und Legenden betreten.

Als der Diener kam, um mir heiße Schokolade einzuschenken, erklärte ich, dass ich lieber Tee wollte, und bat ihn, so wie meine Großmutter es machte, den Tee mit ein wenig heißem Wasser zu verdünnen.

Das wurde mir nicht so schnell vergessen. Sooft wir in den folgenden Wochen am Esstisch saßen, konnte ich sicher sein, dass irgendjemand den Diener bat, er möge bitte noch heißes Wasser dazugeben. Vielleicht etwas heißes Wasser in meine Suppe? Oder auf meinen Salat vielleicht? Oder in mein Glas Wasser, vielleicht war es zu kalt? Onkel Isaac, der für Tante Martas selbst gemachtes Eis schwärmte, konnte sich nie die Frage verkneifen, ob ich heißes Wasser zu meiner Eiscreme haben wollte.

»Genug der Scherze. Lasst den Jungen jetzt in Ruhe!«, rief meine Großmutter nach dem dritten Tag. »Und ab sofort«, sagte sie, an mich gewandt, »trinkst du, was dir eingeschenkt wird, keine Sperenzchen mehr, kapiert?«

Verschwunden war der aufgeklärte Liberalismus, den sie bis dahin zur Schau getragen hatte.

»Er möchte ein *petit monsieur* sein«, neckte mein Onkel. »Er braucht nur noch ein Monokel und einen Zylinder, und schon streift unser *jeune flaneur* durch die *grands boulevards de Paris*.«

Onkel Isaac fragte mich, was ich später einmal werden wollte.

»Botschafter«, sagte ich mit einem Blick auf meine Großmutter, von der ich diese Idee hatte.

»Und von welchem Land?«, fragte er.

Das wisse ich noch nicht, sagte ich.

»Von welchem Land hast du denn die Staatsangehörigkeit?«

Darüber hatte ich noch nie nachgedacht, aber die Antwort

schien mir so offensichtlich, dass ich nicht ganz begriff, warum er überhaupt gefragt hatte. »Frankreich natürlich«, sagte ich.

»Frankreich natürlich, sagt er. Weiß nicht einmal, was für eine Staatsangehörigkeit er hat, und seine Großmutter will, dass er Botschafter wird. Tu mir den Gefallen, Esther, tu mir bloß den Gefallen. Du bist kein Franzose, ich bin einer«, sagte er zu mir, und seine raue Stimme hatte etwas Giftiges, Spöttisches. »Du dagegen bist ein Italiener, und nicht einmal das – sondern, genauer gesagt, ein Türke!«

Er sah mich einen Moment an und prustete dann los.

»Hat es nicht einmal gewusst, seht ihr? Und scheint auch nicht gerade begeistert zu sein.«

Fast täglich hatte irgendjemand in der Familie von einer fernen, primitiven Welt namens Türkei gesprochen, in der Unwissenheit, Schmutz, Krankheiten, Diebstähle und Massaker gang und gäbe waren. Mir war nie der Gedanke gekommen, dass ich deswegen Türke sei. Ich fühlte mich besudelt, verspottet, verraten. In dem allgemeinen Gelächter sah ich Onkel Isaac an, außerstande, seine verqueren, ironischen Wendungen zu verstehen, denn ich wusste noch nicht, dass er den Witz, den Frohsinn und jene muntere Kinderliebe besaß, die für die grausamsten Menschen charakteristisch ist.

Eines Nachmittags, während alle anderen noch schliefen, hörte ich plötzlich das schmerzerfüllte Gurren einer Turteltaube, die ihr Junges an eine Katze verloren hatte. Sie flatterte wie wild im Innenhof herum und erzählte den Angestellten in der Küche von ihrer Trauer, während das Männchen zusah, wie sie im Kreis herumschwirrte und jedes Mal fast gegen das Mauerwerk krachte.

Ich öffnete die gläserne Schiebetür zwischen Salon und Esszimmer und trat in den Raum, wo kaum eine Stunde zuvor die Erwachsenen laut über unsere Zukunftsaussichten debattiert hatten. »Wir können nur abwarten«, hatte Isaac gesagt. »Die Banken sind geschlossen. Mein Büro haben sie versiegelt. Der Einzige, der bereit ist, mir Kredit zu geben, ist mein Tabakhändler.«

Er war beunruhigt. Obwohl die britischen und französischen Truppen zweifellos gesiegt hatten, war von ihnen nichts zu sehen.

»Wenn du so beunruhigt bist, warum fragst du dann nicht jemanden im Kabinett?«, hatte meine Urgroßmutter vorgeschlagen.

Isaac, der Talleyrand der Familie, hatte nie den Mut aufgebracht, seiner Mutter zu sagen, dass ein solches Kabinett schon lange nicht mehr existierte und er folglich niemanden von der Regierung mehr kannte. »Ich werd mal sehen«, hatte er gesagt, dabei auf die Apfelsine geschaut, die er bedächtig schälte, und sich plötzlich ein Stück Schale zwischen Lippen und Zähne geschoben, weil er wusste, dass er mich mit diesem Monstermund erschrecken konnte.

»Wenn sie Suez und Port Said eingenommen haben, warum sind sie dann nicht in Kairo oder Alexandria?«, hatte der alte Höfling gefragt.

»Die Deutschen sind in Frankreich sehr viel schneller gewesen«, hatte Tante Marta mit entsprechend ratloser Miene ergänzt.

»Ich muss mit Ugo sprechen«, hatte Onkel Isaac gesagt. »Er wird Bescheid wissen.«

Jetzt war vom Mittagessen nichts mehr zu sehen, nur ein Hauch von Zitrone lag in der Luft, vermischt mit dem ewig muffigen Geruch von Nelken, Zimt, altem Tuch und alten Leuten, der einen jedes Mal empfing, wenn man diese Wohnung betrat. Meine Urgroßmutter aß gern Ingwerkekse. Sie trank gern

Tee. Andauernd fror sie. Ich hörte sie im Nebenzimmer husten. Ein Dienstmädchen legte in dem alten Herd Holz nach. Die Diener aßen die Reste.

Kaum hatte ich die Glastür hinter mir zugemacht, wurde es im Esszimmer so friedlich und ruhig wie auf Tante Martas zeitlosen Stillleben an der Wand. Das erlegte Rebhuhn, die zerteilte Anjou-Melone, die leere Weinkaraffe mit Feldblumen, der in einer Schlinge hängende Fasan neben gedörrten Früchten und herbstlichem Jagdgerät in einem kleinen englischen Landhaus. Alles war braun. Ein tristes, teigiges, fades Braun erfüllte das Zimmer mit seinen dünnen, beigefarbenen Gardinen, den hellen Eichenmöbeln und den vergilbten Tapeten, sodass das gedämpfte Licht zwischen Mittag und frühem Abend in einem Monat, der nicht mehr Herbst und noch nicht Winter war, leicht einschläfernd wirkte.

Der deprimierende graubraune Ton des Zimmers rührte auch daher, dass jedes Stück Stoff, bis hin zu den Servietten, in Tee gefärbt war, wodurch weiße Stoffe, die andernfalls vergilbt, fleckig, ausgeblichen ausgesehen hätten, einen gleichmäßig bräunlichen Ton bekamen. Alles, was seine Farbe verlor, wurde irgendwann in Tee gefärbt. Selbst die hart gekochten Eier an Pessach wurden in Tee gefärbt.

Über der Anrichte hing Tanta Martas Waldszene, eine Darstellung der Geschichte von Aktäon, dem verwandelten Jäger, der von seinen Hunden zerrissen wird, während aus einem lohfarbenen Wäldchen andere Jäger näher kommen, den Hirsch erblicken und ihre Speere auf ihn schleudern. Auf dem Esstisch lag eine kitschige, bestickte alte Decke, und damit sie nicht verrutschte, stand eine Schale mit Walnüssen darauf.

»So«, hörte ich Onkel Isaacs Stimme in der Diele. Er hatte Stock, Hut und Mantel genommen und fragte seine Schwestern, ob eine von ihnen auf einen langen Spaziergang mitkommen wolle. Keine hatte Lust. Onkel Nessim war schon Golf spielen gegangen. Die anderen schliefen.

»Dann kommt er mit«, sagte mein Onkel und zeigte auf mich. Meine Großmutter zögerte.

»Wohin gehst du?«, fragte sie mit großen, misstrauischen Augen.

»Ich gehe spazieren.«

Ich merkte, wie sie sich zwang, keine weiteren Fragen zu stellen.

Sie half mir in den Mantel und band mir einen alten, muffig riechenden fremden Schal um.

Wir traten aus dem Haus und gingen in Richtung Straßenbahnhaltestelle. Mir war unbehaglich zumute, als Onkel Isaac dem Schaffner gegenüber argumentierte, dass ich wegen meines Alters nur den ermäßigten Fahrpreis zu zahlen brauchte.

Mehrere Haltestellen weiter, in Bulkley, stiegen wir aus. Der Weg führte leicht bergan, ich spähte durch die Bäume und sah etliche Villen mit großen Gärten und schmiedeeisernen Toren. Wir gingen weiter in östlicher Richtung, bis wir eine schmale, leere Straße erreichten, bedeckt von Laub, das unter den Schuhsohlen raschelte.

Onkel Isaac blieb vor einer Villa stehen, deren efeu- und jasminumrankte Terrasse von hellenisierenden Karyatiden getragen wurde. Er klingelte am Tor. Ein Dienstmädchen erschien in der Tür und kam sofort herbeigelaufen, als sie ihn sah. »Exzellenz«, rief sie, »was für eine Ehre!«

Onkel Isaac schob mich ungeschickt vor und schärfte mir ein, mich aufrecht zu halten. »Wir wollen nur einen Moment bleiben«, sagte er. Aus dem Innern des Hauses erklang laute Opernmusik.

»Isaac«, rief eine schrille Männerstimme, »Isaac. Der liebe, gute Isaac«, sagte der Mann, streckte die Hände aus und schüttelte Onkel Isaacs Rechte.

Beim Betreten des Hauses fiel uns auf, dass alle Fenster mit kobaltblauem Packpapier beklebt waren.

»Damit haben wir noch nicht angefangen«, sagte mein Onkel und deutete auf die Fensterläden. »Vermutlich sollten wir es.«

»Unbedingt«, sagte der ältere Herr, der ein kastanienbraunes Halstuch und eine beigefarbene Strickweste trug.

»Gestern war die Polizei hier. Sie waren dermaßen rüde, dass wir heute Morgen natürlich als Erstes die Fenster abgedeckt haben.« In diesem Moment trat seine Frau aus der Bibliothek.

»Isaac, es ist wirklich unverzeihlich von dir«, rief sie durch die marmorne Eingangshalle. »Sich so lange nicht bei uns blicken zu lassen – wirklich, tesoro.«

Onkel Isaac küsste sie.

»Ali!«, schrie sie aus voller Lunge. *»Tee!«*

»Erzähl schon, caro«, sagte der Mann mit dem Halstuch.

»Ich weiß noch nicht, was ich davon halten soll«, antwortete mein Onkel. Vielleicht wollte er ausweichen oder, wie er es bezeichnet hätte, diplomatisch sein – weniger sagen, als man denkt, und mehr andeuten, als man weiß.

»È finita …«, sagte der Herr, »das solltest du davon halten. La commedia è finita«, sang er mit gespielter Bestürzung, einen Arm erhoben, mit dem melodramatischen Getue desjenigen, der noch bei dem geringsten Anlass ein Liedchen trällert.

»Siamo seri, seien wir ernst«, sagte seine Frau.

»Siamo in due«, sagte ihr Mann und stimmte erneut eine Arie an, woraufhin zunächst seine treu liebende und verständnisvolle Gattin, auf die musikalischen Einfälle ihres Mannes eingehend, und schließlich auch der schmetternde Bass meines Onkels in das »O soave fanciulla« einfiel.

»Ach ja«, seufzte der Mann, nachdem das Terzett zum Schluss des Liedes vor lauter Lachen in einen Hustenanfall ausgebrochen war. »Wir haben viel zu lange gelebt, caro, und wir haben zu viele schöne Erinnerungen, als dass ein Haufen beturbanter Hitzköpfe uns jetzt erschrecken könnte.« Er dachte einen Moment nach. »Hitzköpfe, Schwachköpfe«, sagte er. »Ich habe dieses Haus aus dem Nichts errichtet –«, er zeigte auf den Marmorfußboden, die Marmorverkleidung der Treppe, auf die beiden Marmorstatuen, die, vom Nachmittagslicht umschmeichelt, in einer geschnitzten Holztür standen –, »und ich habe nicht vor, es ihnen zu überlassen. Hier, mein Freund, gedenke ich nach vielen Jahren einmal zu sterben, wie weiland der alte König David in den Armen seiner munteren, jungen, begehrenswerten Bathseba«, sagte er, legte dabei seiner Frau den Arm um die Taille und rieb seine Hüfte vielsagend an der ihren.

»Ugo!«, protestierte seine Frau mit gespielter Empörung.

»Ugo!«, echote er mit der Koketterie eines altmodischen Charmeurs. »M'hai stregato, du hast mich verhext«, flüsterte er und berührte mit dem Mund ihren Nacken. Und während er seine Frau in den Armen hielt, zwinkerte er meinem Onkel komplizenhaft zu, spitzbübisch, verschlagen, wie von Frauenheld zu Frauenheld. Er war Ägyptens einflussreichster Börsenmakler, der Mann, dem die europäischen und einheimischen Eliten ihre Glücksträume anvertrauten.

»Ugo, sag, was ist los?«, fragte mein Onkel.

»Was los ist?«, wiederholte Signor Ugo mit amüsiertem Blick. »Folgendes ist los: Ganz gleich, was die Engländer und Franzosen Nasser wegnehmen, sie werden es ihm zurückgeben müssen. Die Russen werden nicht zulassen, dass sie irgendetwas behalten, nicht den Kanal, nicht Port Said, nichts. Und der Witz ist, dass die Engländer es schon wissen, wie die Franzosen übrigens auch, obwohl sie noch eine Weile kämpfen werden, um nicht das Gesicht zu verlieren.«

»Das ist dann das Ende«, murmelte Onkel Isaac.

»Isaac. Ich habe gehört …« Er sah in meine Richtung.

»Sprich weiter. Er versteht nichts.«

»Meine Freunde«, fuhr Ugo fort, womit seine mächtigen Geschäftspartner in der ägyptischen Regierung gemeint waren, »meine Freunde machen mich darauf aufmerksam, dass Nasser diesen Angriff nicht verzeihen wird. Sobald der Krieg vorbei ist, wird es zu schwerwiegenden Repressalien gegen französische und britische Staatsangehörige kommen. Enteignungen, Ausweisungen. Das gilt auch für Juden.«

»Juden?«

»Zur Vergeltung für den Angriff der Israelis.«

»Aber wir sind keine Israelis …«, protestierte Onkel Isaac.

»Erzähl das Präsident Nasser.«

»Aber dann sind wir erledigt. Kein Wunder, dass sie die Banken geschlossen haben. Wenn sie mir nicht alles nehmen und mich aus Ägypten hinauswerfen, weil ich Franzose bin, dann deswegen, weil ich Jude bin.«

»Questa o quella …« Signor Ugo deutete die Arie an, die zu singen er jedoch taktvollerweise unterließ.

Dass es so schlimm kommen würde, sagte mein Onkel, hätte er sich nie vorgestellt. Es sei schlimmer als das Warten auf den Einmarsch der Deutschen in Alexandria.

»Ugo, nur für den Fall, dass mir etwas zustößt, merk dir diesen Namen. Monsieur Kraus, Genf. Vili weiß Bescheid.«

Signor Ugo nahm eine weiße Zigarettenschachtel und wollte etwas darauf kritzeln.

»Bist du verrückt, Ugo!«, rief mein Onkel. »Schreib nichts auf. Präg es dir ein.«

Signor Ugo nickte ruhig und bedeutsam mit dem Kopf, legte seinen Füllfederhalter weg, setzte eine muntere Miene auf, um zu verhindern, dass noch mehr trübe Gedanken sein ewig fröhliches Gemüt verdüsterten – vorgeblich allerdings aus Rücksicht auf das anwesende Kind –, und erklärte, dass im Salon der Tee serviert werde. »Che sciagura, was für ein Unglück«, sagte er in seinem ungewöhnlich melodischen Italienisch.

Ugo da Montefeltro war als Hugo Blumberg in Czernowitz zur Welt gekommen. Wie viele andere begabte Rumänen seiner Generation war er in die Türkei ausgewandert, um dort als kleiner Geschäftsmann sein Glück zu versuchen, dann aber schon bald in Palästina gelandet, und zwar als Korrespondent einer in der Ukraine publizierten jiddischen Zeitschrift, die einging, noch ehe er seinen ersten Artikel geschrieben hatte. Von Palästina reiste er nach Ägypten. Der charmante junge Mann, sprachbegabt und ein guter Sänger, etablierte sich bald als Börsenmakler für die in Ägypten ansässigen Franzosen und Italiener. Binnen vier Jahren war er ein steinreicher Mann geworden. Nachdem es in Kairo zu einer Reihe antisemitischer Zwischenfälle gekommen war, beschlossen Signor Ugo und Gattin, eingedenk der Gefahren, denen Juden ausgesetzt waren, sich einen anderen Namen zuzulegen. Sie entschieden sich zunächst für die italienische Form von Blumberg, also Montefiore, und hätten mit diesem Namen auch glücklich und zufrieden weitergelebt, hätte ein guter Freund sie nicht darauf hingewiesen, dass es nichts Jüdischeres gebe als das Haus Montefiore. Ugo trennte sich achselzuckend von dem geborgten Namen und wählte die französische Form, der er das Adelsprädikat voranstellte. Er hieß nun Hugo de Montfleury.

Aber auch dieses Projekt war nur von kurzer Dauer, denn jemand anders berichtete ihm von zwei französischen Dramatikern, Montfleury *père* und *fils,* die in Wahrheit Antoine und Zacharie Jacob hießen. Daraus wurde geschlossen, dass die Montfleurys, Zielscheibe von Cyrano de Bergeracs bissigsten Satiren, vermutlich »wie wir« waren. Blumberg warf den Monsieur de Montfleury eiligst über Bord und wählte einen Namen, der sehr ähnlich klang und, worauf er verschmitzt lächelnd hinzuweisen pflegte, einen gewissen Charme hatte und einer alten Familie gehörte. Er nannte sich nun Ugo da Montefeltro, wohnhaft, wie aus seinem illegal erworbenen italienischen Reisepass hervorging, nicht in Livorno – das die meisten levantinischen Juden als Heimat ihrer Väter bezeichneten, sondern in Montalcino, für dessen Weine er schwärmte.

Um ihn zu necken, sagten einige seiner Freunde Ugolino da Montefeltro zu ihm, was dem eitlen Rumänen über die Maßen gefiel, da dieser dunkel an Dante erinnernde Name auf eine doppelt aristokratische Herkunft verwies – und dies erklärte auch Onkel Isaacs Spitznamen für ihn: Dantés de Montecristo.

In späteren Jahren gab es kaum einen europäischen Jungen in Alexandria, der nicht Bekanntschaft mit Signor Ugo gemacht hätte. Der verarmte Mann schlug sich im Alter als Hauslehrer für Geschichte, Literatur und Mathematik durch, während seine Frau Paulette als Näherin für aufstrebende ägyptische Familien arbeitete. Sonntags sah man die beiden weiterhin im Sporting Klub, Arm in Arm auf der Promenade oder auf dem Polofeld, er mit immer demselben Tweedjackett und Halstuch, sie in bunt gemusterten Kleidern, die sie aus den auffälligen Stoffen, wie sie damals in Ägypten modern waren, nach Burda-Schnittmustern selbst nähte. Mein Vater bemerkte, dass das Lächeln aus ihrem Gesicht verschwunden war, und ihr Mann sang auch nicht mehr so oft, wenn wir bei ihnen zum Essen eingeladen waren und er, sich aufgeregt die Hände reibend, daranging, eine alte Flasche Bordeaux zu öffnen, die er geschickt an der Behörde für Nationalisierung vorbeigeschmuggelt hatte.

»Nicht die letzte, aber eine der letzten. Wenn die ausgetrunken sind, gehen wir – nicht wahr, cara?«

»Immer so trübsinnig«, sagte sie. »Mach die Flasche auf, und lass uns den Wein genießen. Libiam – et après nous le déluge«, rief sie, auf Verdi und Marie-Antoinette anspielend, während wir in ihrem kleinen Schlaf- und zugleich Esszimmer in der Pension in der Rue Djabarti saßen, das mit der grandiosen Villa in Bulkley nicht mehr viel gemein hatte. Signor Ugo, der keine Gelegenheit ausließ, ein verdisches Stichwort aufzugreifen, sang eine Arie aus *La Traviata* und dann noch eine zweite und eine dritte und schloss mit einem *Addio del passato* für Männerstimme. Bei diesen Besuchen saß meine Mutter, die keine Ahnung hatte, was er sang, mit einem Glas Wein in der Hand da, halb gelangweilt, halb ein Kichern über den bombastischen alten Gentleman unterdrückend, der sein schlaffes Doppelkinn unter allen möglichen Halstüchern verbarg und, wie sie wusste, jeden Moment zu weinen beginnen konnte. Und tatsächlich, am Ende seiner Arie brach er in ein jungenhaftes Schluchzen aus, woraufhin jedes Mal ein außerordentlich zärtliches und gefühlvolles »Tesoro!« von seiner Frau kam, die sehr viel mehr als früher gezwungen war, die Atmosphäre zu beleben, indem sie ihr Glas erhob und einen Toast ausbrachte: »Der wunderbarsten Seele auf der Welt!«

Nur sehr wenige Menschen bemerkten, dass die Signora da Montefeltro ihr Lächeln nicht nur deswegen verloren hatte, weil sie von Kummer verzehrt wurde, sondern weil sie sich schämte, anderen Menschen ihre schlechten Zähne zu zeigen, die richten zu lassen sie sich nicht mehr leisten konnte. Wenn sie, was selten vorkam, im Klub ihrem alten Zahnarzt begegnete, der mit seinen Freunden an einem Tisch saß, pflegte er ihr entgegenzurufen: »Lassen Sie mich mal sehen!« Sie lehnte das unter Verweis auf Schicklichkeit und Anstand ab und bezeichnete ihn, der von einer alten Frau verlange, sie solle ihm in aller Öffentlichkeit ihren Mund zeigen, als unverbesserlichen Wüstling. Doch nach längerem Sträuben erklärte sie sich schließlich bereit, ihn einen Blick auf ihren Gaumen werfen zu lassen. »Ich dachte mir's schon. Sie kommen morgen, verstanden?«

Auf diese für ihn ungewöhnlich brüske und herrische Art wollte er der einstigen Grande Dame den peinlichen Hinweis ersparen, dass sie für die Behandlung nicht würde bezahlen müssen. »Irgendwann dieser Tage, Herr Doktor, dieser Tage. Aber morgen spiele ich Bridge.«

Morgen spiele ich Bridge war ein bekannter Montefeltroscher Ausspruch, der nicht so sehr der Täuschung diente, sondern den erfolglosen Versuch einer Täuschung demonstrieren sollte, eine vielseitig verwendbare Floskel, die zitiert wurde, wenn man andeuten wollte, dass man im Grunde gelogen hatte.

»Morgen spielen wir Bridge«, rief Signor Ugo, als Ali mit Tee und heißer Schokolade eintrat. Der Diener sollte glauben, wir hätten über das Kartenspielen gesprochen.

»Ich spiele nur Paulette zuliebe. Ich persönlich kann Bridge nicht ausstehen«, fuhr Montefeltro fort, sehr zufrieden darüber, wie geistesgegenwärtig er das Thema gewechselt hatte, als er die Küchentür gehen hörte. »Besonders wenn es so grau ist wie in den letzten Tagen. Und was gibt es Schöneres an grauen Herbsttagen, als heißen Tee zu trinken und Brahms zu hören.« Das war ein Wink für seine Frau, ein wenig Klavier zu spielen.

»Nicht jetzt, Ugo. Leg lieber eine Platte auf!«

Signor Ugo verschwand lässig pfeifend in das Wohnzimmer. Wenig später drang der durchdringende Klang einer alten, zerkratzten 78er-Aufnahme des Horntrios heraus, begleitet von einem Geräusch, das mich an einen Gärtner erinnerte, der mit gleichmäßigen Bewegungen Laub zusammenharkt.

»Hier, etwas Schokolade«, sagte er und stellte uns eine riesige Schachtel mit Tobler-Täfelchen hin, die einzeln verpackt und zu einem verwirrend bunten Mosaik arrangiert waren.

»Welches möchtest du?«, fragte Onkel Isaac.

Ich nahm mir ein Täfelchen mit einer Haselnuss auf dem Einwickelpapier, steckte es in den Mund und stellte erschrocken fest, dass ich, noch ehe ich es richtig geschmeckt oder über den Geschmack nachgedacht oder das zusammengeknüllte Papier in den großen Aschenbecher neben der Schachtel geworfen hatte – das Täfelchen schon hinuntergeschluckt hatte. Mein Verlangen nach einem zweiten so gut wie möglich verbergend, erklärte ich der Signora da Montefeltro, dass die Schokolade wirklich hervorragend schmecke. »Dann musst du dir noch eins nehmen«, sagte sie, und als ich das zweite aufgegessen hatte, »und noch eins.« Ich kaute, so schnell es ging, in der Hoffnung, sie würde mir noch eins anbieten, doch mein Onkel intervenierte nach dem dritten mit dem Hinweis, dass ich drei gegessen hätte, und das sei genug. »Nun, wenn Sie meinen«, sagte die Signora da Montefeltro. »Aber ich möchte ihm noch ein paar für zu Hause mitgeben.«

Als mein Onkel erklärte, dass wir langsam aufbrechen müssten, protestierten Signor Ugo und seine Frau und baten uns, noch etwas zu bleiben; wir blieben noch fünf Minuten, dann wiederholte mein Onkel, dass wir nun wirklich gehen müssten, wobei er sich jedoch nicht erhob, denn er wusste, dass er ihrer

Aufforderung, zu bleiben, abermals nachgeben würde. Bei der dritten Ankündigung standen jedoch auch sie auf und begleiteten uns gemächlich über die große Terrasse zum hinteren Tor. In einem schmalen Korridor, der zur Terrasse führte, stapelten sich Unmengen von leeren Elmas-Zigarettenschachteln an der Wand. Es müssen Tausende von Schachteln gewesen sein. Signor Ugo sah meinen Blick. »Manchmal kommt mir ein Gedanke, und sofort notiere ich ihn auf der Rückseite einer Zigarettenschachtel.« Er behauptete, noch immer genau zu wissen, wo jeder Gedanke zu finden sei, weshalb es im Haus streng verboten war, diese Begräbnisstätte flüchtiger Gedanken zu berühren, zu verschieben und vor allem abzustauben.

»Die Hitzköpfe können sich nehmen, was sie wollen, aber das hier auf keinen Fall.«

Die leeren Schachteln wurden am Ende von der Geheimpolizei beschlagnahmt und geprüft und nie zurückgegeben.

Beim Hinausgehen erinnerte ich die Signora da Montefeltro an ihr Versprechen, mir ein paar Schokoladetäfelchen mitzugeben.

»Ach, was für ein zerstreutes Dummerchen ich bin«, sagte sie und eilte in das Zimmer zurück.

»So ein unglaubliches Benehmen!«, schimpfte mein Onkel. »Wer hat dir Manieren beigebracht? Araber? So was ist mir ja noch nie passiert! Ich werde dich nie mehr irgendwohin mitnehmen!« »Eine Demütigung war das«, sagte er dann immer wieder, während wir uns von der Villa Montefeltro entfernten und das glückliche Paar uns mit altmodischen Handbewegungen einen übertriebenen Abschiedsgruß hinterherwinkte, als seien wir im Begriff, auf einem Überseedampfer zu verschwinden.

»Eine Demütigung«, wiederholte er und stieß dabei jedes Mal seinen Spazierstock auf den Boden. Schlecht gelaunt stiefelte er den Hügel hinunter, während ich die Schokoladetäfelchen in der Hand trug und mich nicht traute, auch nur ein einziges aufzumachen, solange seine Stimmung sich nicht gebessert hatte. Schweigend erreichten wir den Fuß der Anhöhe und bogen ab, wie Signora da Montefeltro es uns empfohlen hatte. Onkel Isaac wollte noch bei einer anderen Familie vorbeischauen, doch unterwegs stellten sich uns zwei junge ägyptische Burschen in den Weg. »Seid ihr Juden?«, rief der eine von ihnen, der einen Stein in der Hand hielt. Mein Onkel erinnerte sich daran, wie seine Schwester Elsa reagiert hatte, als sie während des Zweiten Weltkriegs in Paris von zwei Polizisten das Gleiche gefragt wurde. Er tippte einem der beiden an die Brust und fragte, wie er es wagen könne, ihn für einen Juden zu halten. »Sehe ich wie ein Jude aus?«, brüllte er.

»Wir dachten, ihr seid dreckige Juden.«

»Sucht gefälligst woanders nach dreckigen Juden!«

Onkel Isaac führte mich stumm davon. »Cammina, immer weitergehen«, sagte er auf Italienisch. »Ich möchte mich nicht umdrehen«, als wir uns etwa fünfzehn Schritte entfernt hatten, »aber du, dreh dich um und sag mir, was sie machen!« Ich drehte mich um. Die beiden standen reglos da, als zweifelten sie allmählich an den Worten meines Onkels.

Wir nahmen eine Abkürzung und liefen, so schnell wir konnten, in Richtung Straßenbahnhaltestelle. »Keine Sorge, wir sind bald in Sicherheit«, sagte mein Onkel; wir liefen immer schneller. Wir sahen eine wartende Droschke und machten uns lautstark bemerkbar.

»Sharia Tiba«, sagte mein Onkel auf Arabisch, sobald wir saßen, Rue Thèbes. Er handelte den Preis aus, der Kutscher gab seinem Pferd einen leichten Peitschenhieb über die Mähne, und los ging es. Wir fuhren zurück in Richtung Sporting, passierten eine Villa nach der anderen, kamen sogar am Garten der Montefeltros mit seinen pseudoantiken Karyatiden und dem kaputten Springbrunnen vorbei, der nie funktioniert hatte. Kein Laut war auf der leeren Straße zu hören, nur ein Hund irgendwo in der Ferne und das Quietschen unseres Wagens, dessen Pferd, ich weiß nicht, warum, das Brahmssche Horntrio so gut kannte, dass es seine gemächlichen Schritte dem Takt der Musik anpasste.

Weit hinter Bulkley, aus einer Perspektive, wie ich sie noch nie gesehen hatte, erhob sich plötzlich Sporting mit seinen Polofeldern und den endlosen Reihen von Palmen an der Trabrennbahn. Die Luft war gewitterschwer, und über den Häusern und Kirchen, die die Straßenbahngleise säumten, so weit das Auge reichte, hing ein sich verdunkelnder, orangefarben gesprenkelter Himmel. Wir hörten die vertrauten Kirchenglocken von Ambroise Rally, die nach Art von Big Ben fünf Uhr schlugen.

»Zum Tee sind wir rechtzeitig zurück«, sagte Onkel Isaac. Und dann fiel ihm ein: »Diese Schokoladetäfelchen, willst du die alle für dich behalten?«

Ich gab ihm ein grün eingewickeltes. Pistazie schmeckte mir nicht.

Kaum waren wir eingetroffen, wurde der Tee serviert.

Latifa war wieder ohnmächtig geworden.

»Jedes Mal, wenn die Sirene heult, wird sie weiß wie Aspirin. Sie hat Angst«, erklärte meine Großmutter.

»Angst vor der Sirene, Angst vor Männern, Angst vor jedem, der ihr gegenüber die Stimme hebt. Gibt es eigentlich etwas, wovor sie keine Angst hat?«, brummte Onkel Isaac.

Meine Großmutter berichtete, auf welche Weise Latifa wieder zu sich gekommen war: Man hatte ihr einen kokelnden Stofflappen unter die Nase gehalten.

Alle hatten sich im Wohnzimmer versammelt, während Abdou und Latifa Tee und Gebäck servierten. »Latifa, ich habe gehört, du hast den Fußboden ruiniert«, zog Onkel Isaac sie auf, als sie einen zweiten Teller Gebäck hereintrug, den sie mit einem schüchternen Lächeln auf den Teetisch stellte. Meine Urgroßmutter rief Latifa zurück. Sie wollte ihre Ingwerkekse auf einem extra Teller serviert bekommen. Unser Abdou hatte sie versehentlich zu den anderen Petits Fours getan.

Mir fiel auf, dass die Fensterscheiben am Eingang und im Wohnzimmer kobaltblau übermalt waren. Abdou und Ibrahim und zwei andere Diener waren gerade dabei, die übrigen Fensterläden der Wohnung mit großen blauen Packpapierstreifen abzudecken, die sie mit Reißzwecken an den Rahmen hefteten. Auch die Scheinwerfer unserer Autos hatten sie blau übermalt.

Tante Elsa klingelte, woraufhin die Umrisse von Latifas rundlicher Gestalt hinter der Glastür erschienen. Sie kam herein und räumte leise das Geschirr ab. Die Teezeit war also vorbei, und schon jetzt vermisste ich den Zauber jenes Augenblicks, als mein Onkel und ich eingetreten waren und die anderen, die schon im Salon saßen, uns eilfertig Platz machten. Ich saß still neben meinen Eltern, den Cousins und Cousinen, Tanten und Onkeln, Schenkel an Schenkel, und auch wenn ich die meisten der im Zimmer Versammelten nicht leiden konnte, so fand ich es dennoch schön, bei ihnen zu sein, das Stimmengewirr beim täglichen Teeritual zu hören, fand es schön, zu sehen und gesehen zu werden.

Und als alles abgeräumt war und Onkel Isaac sich den ersten Scotch dieses Abends eingeschenkt hatte, als Tante Elsa, die alle Schlüssel des Hauses verwahrte, das kleine chinesische Kästchen geöffnet hatte, in dem die Erdnüsse vor den Kindern versteckt wurden, hörten wir plötzlich, pünktlich, als wären wir nur deswegen im Wohnzimmer zusammengekommen, das klagende Geheul, das sich über Sporting erhob, über der Stadt, und sofort ging es unten auf der Straße los: »Taffi al-nur!«, »Taffi al-nur!«

Jemand stand auf, ging in die Ecke des Zimmers, spähte durch die Vorhänge, während ein anderer ebenso schnell das Licht löschte. Eine tiefe, vorzeitige Nacht umgab uns. Als ich aus dem Fenster schaute, sah ich die Lichter von Sporting nacheinander ausgehen, was die plötzliche Dunkelheit, die sich über uns gelegt hatte, noch betonte.

»Ich verstehe nur nicht«, rief Tante Marta mit ihrer schrillen Stimme, »warum noch keine einzige Bombe auf Alexandria gefallen ist.«

»Und ich verstehe nicht, warum du bei jedem Fliegeralarm immer wieder dasselbe sagst«, sagte meine Großmutter bissig.

Fast eine Stunde lang saßen wir im Dunkeln, und die Stille wurde nur gelegentlich unterbrochen von einem wütenden »Taffi al-nur!«, das auf dem Hof erscholl, oder von meiner Urgroßmutter, die wissen wollte, was jemand gerade gesagt hatte, oder durch Latifa, die hereinkam, um ein paar Tassen zu holen, auf Zehenspitzen und ganz leise, um die Radiohörer nicht zu stören. Und so wurden wir immer wieder daran erinnert, dass unsere Tage in Ägypten gezählt waren, dass die meisten von uns das neue Jahr an irgendeinem anderen Ort auf der Welt begrüßen, dass wir nie wieder gemeinsam in diesem Zimmer sitzen würden.

An den darauffolgenden Tagen ging ich mit Tanten und Cousins aus, und ich spürte, dass der ungewöhnliche Glanz dieser Tage weniger von den gemeinsamen Spaziergängen herrührte oder von den Orten, die wir besuchten, oder von den besonderen, altmodischen Spielen, mit denen wir uns vergnügten, auch nicht von den spontanen Besuchen, über die sich die Heilige so sehr freute, als vielmehr von der seltsam tröstlichen Gewissheit, in ein muffiges Zimmer voll muffiger Leute zurückzukehren, die gezwungen waren, im Dunkeln beieinanderzusitzen.

Zehn Tage nach Kriegsausbruch stand eines Abends der Hausmeister mit einem Mann in Polizeiuniform vor der Tür. Angeblich hatte irgendjemand von uns nachts Funksprüche an feindliche Schiffe gesendet. Wir erklärten, dass da ein Irrtum vorliegen müsse; außerdem kenne niemand von uns das Morsealphabet. Großmutter ließ es sich von Onkel Isaac und Onkel Nessim hoch und heilig versichern.

Latifa war weiß im Gesicht. Meine Großmutter bat sie, sich hinzusetzen, und fächerte ihr Luft zu.

»Ist dir wieder schwindelig?«, fragte sie.

»Ich weiß nicht, ich glaube, ja, vielleicht«, sagte Latifa.

»Sie ist in Ohnmacht gefallen«, flüsterte Tante Elsa erzürnt, während der Polizist einen letzten Blick in die Wohnung warf und sich für die Störung entschuldigte.

Großmutter rief sofort Dr. Alcabès an. Meine Mutter, die allen Verwandten Spritzen gab und, wenn sie entsprechend aufgefordert wurde, Form und Beschaffenheit der verschiedenen Hinterteile beschreiben konnte, injizierte Latifa wenig später ein bestimmtes »Anregungsmittel«, von dem meine Urgroßmutter einen großen Vorrat besaß, eifersüchtig bewacht von Tante Elsa. Jahre später fand ich heraus, dass es Onkel Vili gehört hatte und nichts anderes war als ein dubioses Elixier, das von halb impotenten Männern verwendet wurde.

»Aber braucht sie es wirklich, oder will sie nur, dass wir ihr heute Abend freigeben, damit sie mit dem Mädchen von nebenan herumschnattern kann?«, fragte meine Urgroßmutter.

»Schau sie dir gut an, und sag mir, ob sie es wirklich braucht«, fauchte meine Mutter.

»Übertreibt sie auch nicht?« Die alte Dame ließ nicht locker.

»Geizkragen, alter«, murmelte meine Mutter.

Latifa hasste Spritzen und bat, verschont zu werden. Meine Mutter ignorierte ihr Flehen, aber Latifa sträubte sich mit Händen und Füßen, woraufhin Abdou und Ibrahim sie festhalten mussten, während meine Mutter Latifas Hinterteil entblößte. Sie stieß einen gellenden Schrei aus, rief ihre Mutter und sämtliche Schwestern um Hilfe an.

»Aber wovor um Himmels willen hast du Angst?«, fragte Onkel Isaac, der in die unaufgeräumte Mädchenkammer hereingepoltert kam, als wollte er Latifa schlagen. Sie lag auf einem Klappbett, inmitten von altem Gerümpel. »Musst du jedes Mal in Ohnmacht fallen, wenn du schlechte Nachrichten hörst?«

»Es sind die Schmerzen, hier«, stöhnte sie und zeigte auf ihren Bauch. »Sie kommen davon, dass ich mir Sorgen mache.«

»Und worum machst du dir Sorgen?«

Sie antwortete nicht darauf. Stattdessen berichtete sie, eine Hebamme habe ihr ein Loch in den Bauch gebohrt, einen Faden eingeführt und dann wieder herausgezogen, um die schlechten Dinge aus ihrem Körper zu entfernen.

»Ägyptischer Hokuspokus! Was für *schlechte Dinge?*«, fragte mein Onkel.

»Was weiß ich. Schlechte Dinge eben«, sagte Latifa.

Sie dankte meiner Mutter. Allah habe ihre Güte erkannt. Mit der Bemerkung, dass es ihr schon viel besser gehe, stand sie dann auf.

Während Latifa von den einen versorgt wurde, hatten die anderen ihre Unterhaltung über die politische aktuelle Lage weitergeführt. Jemand bestätigte das Gerücht, die Engländer zögen sich schon aus Port Said zurück. Es klingelte. Wir hörten Abdous Pantoffeln den Marmorfußboden entlangschlurfen, von der Küche bis zur Wohnungstür. Dann fiel die Tür ins Schloss. Ob es wieder die Polizei war? Ich hörte die Stimme von Tante Flora, die Abdou begrüßte.

Flora war zum Abendessen gekommen. Auch sie hatte Gerüchte gehört, dass sich die Engländer und Franzosen dem russischen Ultimatum letztlich beugen würden. Ja, auch sie würde wohl daran denken müssen, wegzugehen, aber wohin, das wisse sie nicht. Wahrscheinlich nach Frankreich, aber es stehe noch nicht fest, ob deutsche Juden lediglich enteignet oder auch ausgewiesen würden, womit die anderen Juden ja offenbar rechnen müssten.

Alle sprachen sie an diesem Abend über Frankreich, wobei Cousin Arnaut für sofortige Auswanderung plädierte und deswegen mit Onkel Nessim aneinandergeriet. Onkel Nessim war dafür, zu bleiben – »Wir haben hier ein gutes Leben gehabt.« »Warum gehst du dann nicht in die Türkei zurück? Dort hast du doch auch ein gutes Leben gehabt«, sagte sein Neffe.

Zum Essen gab es in Wein gedünsteten Fisch mit Gemüse. Hassan, der Chauffeur, Reservist in der ägyptischen Kriegsmarine, hatte in der Nacht zuvor, während seines Wachdienstes vor der Küste von Alexandria, zwei Blaubarsche gefangen und war nach Dienstschluss, noch in Uniform, mit zwei großen, in Zeitungspapier eingewickelten Fischen an der Tür erschienen. Über die Frage der Zubereitung waren sich die Schwestern derart uneins, dass meine Urgroßmutter sich einschalten musste. Sie erklärte, eine gute gedünstete Palamita habe man seit Ewigkeiten nicht mehr gegessen. Gemüse und Fisch ergaben auch eine dicke, wohlschmeckende Suppe, die meine Großmutter abends dann mit Fenchelzweigen dekorierte. Selbst Tante Elsa, die trotz der mageren Jahre in Lourdes nie ihre Lebenslust verloren hatte, fand, dieser Anlass verlange nach einer guten Flasche Wein.

Nachdem Latifa die Suppenteller abgeräumt hatte, brachte Hisham eine riesige Fischplatte herein, die er auf dem Büfett abstellte. Er und Latifa hatten vereinbart, das Esszimmer untereinander aufzuteilen – Latifa sollte die älteren Frauen und die Kinder bedienen, Hisham alle anderen Personen.

Plötzlich rief Tante Elsa Gott und den Himmel und die Madonna an und blickte so entsetzt drein, als hätte sie den Tod neben sich erblickt.

Latifa war nirgends zu sehen.

Mein Vater und Onkel Nessim standen sofort auf und liefen in die Ecke, ihre weißen Servietten achtlos beiseitewerfend.

Dann sah ich die Fischstücke überall auf dem Teppich, einen großen See Fischsoße und neben dem Fisch die arme Latifa, die sich mühsam erhob und die eine Hand krampfhaft gegen den Bauch presste. Immer wieder entschuldigte sie sich schluchzend, sagte, dass sie überall Schmerzen habe, dass sie sauber machen werde.

»Worüber bist du denn gestolpert?«

Sie konnte sich nicht erinnern.

»Hast du dir den Arm gebrochen?«

Nein. Ein Bein? Nein. Den Rücken? Vielleicht – nein, nicht den Rücken. Ob irgendeine Bemerkung ihr Angst gemacht habe? Nein. Ob es ihr jetzt besser gehe? Nur, wenn sie sich nicht bewege. Und selbst dann tue es noch weh.

»Aber wo, Mädchen, wo?«, rief Onkel Isaac ungeduldig.

»Hier«, sagte sie und zeigte auf den Bauch, auf die Leber, auf die Nieren, auf den Rücken.

»Das verstehe ich nicht«, meinte er unwirsch.

»Lass mich mal«, sagte meine Großmutter und gab gleichzeitig meiner Mutter ein Zeichen, sie solle ihr helfen. Sie legten Latifa auf das Wohnzimmersofa. Und dann hörte ich ein dünnes Wimmern. Sie flehte meine Mutter an, ihr nicht wieder eine Spritze zu geben. Tante Elsa und Tante Marta waren eifrig dabei, die Fischstücke aufzulesen und Lappen auf den Teppich zu werfen. »Wie soll man das je wieder rauskriegen, wie soll man das bloß je wieder rauskriegen?«, murmelten sie, während ihre Mutter von ihrem Stuhl herabblickte wie ein Vogel aus seinem Käfig und ihnen genau erklärte, wie die Soße aufzuwischen sei, ohne dass man sie in den Teppich rieb. Cousin Arnaut meinte, es spiele keine Rolle, da wir ohnehin in ein paar Wochen abreisen würden. »Es ist sehr wohl wichtig«, brüllte Onkel Isaac. »Es ist immer noch unser Teppich, und zwar ein sehr wertvoller.« Die Schweinerei auf dem Teppich störte ihn weniger als die Aussicht, ihn nicht mitnehmen zu können. In den folgenden Jahren blieb diese Ecke immer dunkler als der Rest des Teppichs, und wenn man sich anstrengte, wie beispielsweise ich es zehn Jahre später tat, konnte man noch immer einen merklichen Fischgeruch in der Nähe dieses Flecks ausmachen, den wir nach Kartografenart *Latifa's Corner* nannten.

Als Dr. Alcabès schließlich kam, ging er sofort in Latifas Zimmer. »Latifa, oummi, sitz aufrecht!«, befahl er auf Arabisch und fühlte ihren Puls. Latifa versuchte, ihm die Hand zu entwinden, und klammerte sich gleichzeitig an meine Großmutter. Hisham, der sie in Ohnmacht hatte fallen sehen, sagte, sie sei noch nie in ihrem Leben bei einem Arzt gewesen und habe mehr Angst vor Ärzten als vor Metzgern. »Zu Recht«, sagte Dr. Alcabès.

»Aber was für eine Schauspielerin sie ist«, rief Onkel Isaac dazwischen.

»Siehst du denn nicht, dass sie fast grün im Gesicht ist! Wo hast du nur deine Augen?«, donnerte der Doktor. »Ihr Gesicht ist grüner als ein Zucchino.« Dann hielt er einen Moment ihre Hand. »Tut es hier weh?«, fragte er und deutete auf ihr rechtes Handgelenk. Sie nickte. »Und manchmal hier?«, fragte er, während er ihren Bauch berührte. Wieder nickte sie.

»Und wann tut es weh?«

Sie sah sich um, wollte irgendwie herausfinden, ob auch er sie für eine Lügnerin hielt.

»Es tut immer weh. Mehr und mehr und mehr.«

Er befahl ihr, sich hinzulegen, er werde ihr eine Spritze geben. Sie fing an, sich zu wehren. Er sagte, es sei gegen die Schmerzen. »Du wirst sehen, du wirst schon sehen«, sagte er auf Arabisch, hielt ihre Hand und wartete, während meine Mutter die Spritze in kochendem Wasser sterilisierte.

»Nun, Ben?«, fragte ihn meine Urgroßmutter nach der Injektion.

»Sie ist am Ende.«

»Am Ende? Vor Angst?«, rief Onkel Isaac.

»Wirklich, Isaac, manchmal bist du so stur wie ein Maulesel.«

Diese Bemerkung des Arztes brachte Seine Exzellenz in Rage.

»Ich verstehe überhaupt nichts mehr. Zuerst wird sie ohnmächtig und zittert bei jedem Fliegeralarm und wird gelb im Gesicht, und jetzt ist sie am Ende? Einfach so?«

»Isaac, lass Ben sprechen«, sagte meine Großmutter.

»Nur zu. Ich möchte nämlich ganz gern wissen, wer hier in Wirklichkeit der sture Maulesel ist«, sagte Onkel Isaac.

Dr. Alcabès achtete nicht auf ihn. »Es ist ein Tumor, der ihre Leber blockiert. Wenn die Geschwulst den Rückenmarksnerv berührt, sind die Schmerzen so unerträglich, dass sie in Ohnmacht fällt. Ganz einfach.«

»Und was wirst du tun, wenn es so einfach ist?«, fragte Onkel Isaac.

»Ich? Nichts.«

»Heutzutage lässt sich das ja bestimmt operieren. Wir leben doch nicht im Mittelalter.«

»Es gibt nichts zu tun, begreif doch!«

Dr. Alcabès trank seinen Kaffee aus und sagte, er sei in Eile, er müsse noch einen anderen Patienten besuchen. Er nahm meine Mutter beiseite und gab ihr etwas aus seiner Tasche.

»Morphium«, sagte meine Mutter, als er gegangen war.

»Morphium, ich wusste nicht, dass es Morphium war«, rief Tante Marta, die den vorangegangenen Wortwechsel zwischen Onkel Isaac und Dr. Alcabès nicht gehört hatte. »Aber wenn sie Morphium bekommt, ist es Krebs, dann ist es Krebs!«, jammerte sie, als klopfte der Tod plötzlich auch an ihre Tür. Sie hatte solche Angst vor Schmerzen, vor Ärzten und Spritzen, dass sie allen Leuten das Versprechen abgenommen hatte – und immer wieder erinnerte sie sie daran, sie sterben zu lassen, falls sie eine unerträglich schmerzhafte Krankheit bekommen sollte und sterben wollte – was nicht der Fall war, als sie Jahre später in einem Pariser Hospital lag, von der gleichen Krankheit heimgesucht wie Latifa, und um ihr Leben kämpfte, trotz der Schmerzen, die bei ihr mehr als neun Monate dauerten und bei Latifa nur knapp zwei Wochen.

Am nächsten Morgen beschlossen meine Großmutter und Tante Elsa, zur Abwehr weiteren Unglücks ein Ritual zu veranstalten. Bei dieser Zeremonie, die *faire boukhour* hieß, nach dem türkischen *buhur* für Weihrauch, wurde ein Gefäß mit brennendem Weihrauch auf den Fußboden gestellt, und jedes Haushaltsmitglied musste darüberspringen – erst die Männer, dann die Frauen, schließlich die Diener. Zuerst sprachen Großmutter und Urgroßmutter ein Gebet auf Ladino, dann sprangen die

Männer, sogar Onkel Isaac, der von allen Familienmitgliedern am meisten europäisiert war, und mein Vater, der Zeremonien jeder Art hasste, hintereinander über das Gefäß, wie Kinder, die »Himmel-und-Hölle« spielen sollen.

Dann kamen die Frauen an die Reihe. Sie lächelten verschämt, wenn sie sprangen, und manche hoben dabei ungeschickt den Rock. Meine Urgroßmutter wurde bei ihrem Sprung von ihren ältesten Söhnen Nessim und Isaac gestützt; als Nächste kam ihre älteste Tochter und dann die anderen, bis hinunter zu meiner jüngsten Cousine. Anschließend war Abdou an der Reihe, dann Hisham. Ibrahim, dessen Stimme sonst so tief und ernst war, brach plötzlich in ein verlegenes hohes Kichern aus und hielt sich die Hände vors Gesicht. Dann hob er seine Galabiya an, damit er mehr Bewegungsfreiheit hatte, nahm Anlauf von der Speisekammer aus und kam die ganze Korridorlänge angerannt, sprang über das Weihrauchgefäß und wäre fast gegen Tante Elsas Schlafzimmertür geprallt. Schließlich war die arme Latifa dran – Latifa, der es am liebsten gewesen wäre, man hätte sie im Bett liegen lassen, die aber, typische Ägypterin, das Ritual gut gelaunt lächelnd und auf Abdous Schultern gestützt absolvierte.

Ein paar Stunden später schrie sie von Neuem. Wir fanden sie, die Hand an die Seite gepresst. Sie habe gedacht, sagte sie, dass es ihr besser gehen würde, aber jetzt seien die Schmerzen wieder da, nur noch stärker. »Ya satir, ya rabb, ya satir, ya satir, ya rabb«, rief sie Gott an. Meine Mutter beruhigte sie damit, dass sie ihr die gleiche Spritze geben werde wie der Arzt am Abend zuvor. »Nicht vor dem Jungen«, sagte Latifa. Meine Mutter bat mich, hinauszugehen. Als ich Latifa stöhnen hörte, drehte ich mich um und spähte durch die angelehnte Tür. Latifas Haut war ganz weiß. Sie klagte, dass die Spritze diesmal nicht wirke, der Schmerz gehe nicht weg. Unablässig jammerte sie – »Ya rabb, ya rabb, ya rabb, ya rabbi« –, rief nach Gott mit dem schläfrigen Tonfall von Kindern, die, noch lange, nachdem sie die Augen geschlossen haben, beteuern, dass sie nicht müde sind.

Mutter machte leise die Tür hinter sich zu. Draußen wartete Abdou. »Wie geht es ihr?« Meine Mutter biss sich auf die Lippen. Abdou riss sich fast die Schürze vom Leib – das war jedes Mal seine Art, mit Kündigung zu drohen, wenn er eines Diebstahls bezichtigt wurde –, verbarg das Gesicht darin, rief schluchzend »Sie hat niemanden, niemanden« und ging wieder in die Küche. Latifa hatte einen Sohn, der aber in schlechte Gesellschaft geraten war und sie nie besuchte.

Um drei Uhr nachmittags wachte Latifa auf und bekam einen Teller dünne Hühnerbrühe. Sie klagte, dass die Suppe nicht genügend gesalzen sei. Dann, es sei zu viel Zitrone darin. Dann sagte sie, vermutlich sei es die Krankheit, die ihrem Geschmackssinn einen Streich spiele. Aber es ging ihr jetzt besser, sie wollte nur schlafen.

Abends ging das Schreien von Neuem los. Zuerst schien es, als sei in den Dienstbotenräumen ein heftiger Zank ausgebrochen, denn Latifa brüllte wie sonst auch, wenn sie mit einem Nachbarn stritt und ein wüstes Kreischen wie von einem Schwarm wild gewordener Raben den Innenhof erfüllte. Abdou und Hisham servierten im Esszimmer, und Ibrahim hatte an diesem Abend frei. Da wurde mir klar, dass sie niemanden anbrüllte, dass sie ganz allein schrie, was alles noch viel schrecklicher machte, denn es war ein unmenschliches, dämonisches Geheul, das an diesem Novembertag in die Nacht hinausdrang. Meine Mutter, die an unseren Gesichtern sofort erkannte, dass mit Latifa etwas nicht stimmte, stand auf, um nachzusehen. Meine Großmutter folgte ihr auf den Korridor. Da fiel beiden ein, dass kein Morphium mehr da war. Eiligst wurde Dr. Alcabès angerufen, der aber nicht zu Hause war. Seine Frau versprach, ihm Bescheid zu sagen.

Als wir Latifas Zimmer betraten, sahen wir, wie sie sich auf dem Bett wälzte. Sie schrie, sie habe zweimal versucht aufzustehen, sei aber jedes Mal wieder umgefallen. Sie habe einen großen Wurm erbrochen und ihn in einem Glas gefangen. »Hier«, sagte sie und zeigte auf ein Glas, das mit einer Untertasse abgedeckt war. Meine Großmutter betrachtete den sich windenden braunen Wurm und sagte zu meiner Mutter, das liege daran, dass Latifa den Salat nicht ordentlich wasche. »Aber sei unbesorgt, du wirst keine Würmer mehr haben«, sagte meine Großmutter. Latifa glaubte ihr nicht, schwor vielmehr, dass ganze Heerscharen in ihrem Leib wimmelten und an ihren Eingeweiden knabberten, denn jedes Mal, wenn sie zubissen, spüre sie es, jetzt, jetzt spüre sie es. Und plötzlich stieß sie in ihrem schrillsten Arabisch wie rasend wirre Gebetsworte hervor, kreischend wie eine Verrückte, die bereit ist, jedem, der sich ihr in den Weg stellt, ein Messer in den Bauch zu jagen.

Meine Mutter versicherte Latifa, dass die Medizin unterwegs sei, aber kaum hatte sie das gesagt, brach Latifa abermals in ein markerschütterndes Geheul aus. »Hayimawituni, sie bringen mich um!«, schrie sie. »Hayimawituni!« – gemeint waren die Würmer. Und plötzlich kam vom Innenhof her ein ebenso durchdringendes Klagen – »Was ist los mit Latifa? Latifa stirbt! Latifa stirbt!«, woraufhin im ganzen Haus sofort Panik ausbrach und Dienstmädchen und Diener aus anderen Wohnungen schreiend ihr Mitgefühl kundtaten, ihr Mitleid äußerten, den Allmächtigen anflehten, ihn um Erbarmen baten.

Onkel Isaac kam herbeigelaufen, voller Sorge, das Geschrei könne allzu viel Aufmerksamkeit erregen. Es klingelte. Mein Vater machte auf. Es war Dr. Alcabès.

»Gott schickt dich, Ben«, sagte meine Großmutter.

»Man hört sie schon unten auf der Straße.«

»Gib ihr schnell etwas, Ben, die Leute werden denken, wir bringen sie um«, sagte Onkel Isaac.

Dr. Alcabès betrat, ohne anzuklopfen, die Mädchenkammer, ließ sich kochendes Wasser bringen und gab Latifa dann persönlich die Spritze.

»Wir werden alle noch taub, wenn du so weiterschreist«, scherzte er.

»Nun, Ben?«, fragte meine Urgroßmutter hinterher.

Dr. Alcabès hatte sich mit anderen Kollegen besprochen. Für eine Operation war es zu spät. Morphium. Eventuell sogar eine Überdosis Morphium.

»Vielleicht sollten wir sie lieber ins Krankenhaus bringen«, sagte Onkel Isaac, »wir wollen keine Scherereien.«

»In ihrem Zustand?«, fragte Dr. Alcabès. »Vielleicht übersteht sie nicht einmal die Nacht.«

»Aber muss sie so schreien? Übertreibt sie nicht ein bisschen?«

»Isaac, sie ist schon nicht mehr bei uns.«

Am nächsten Morgen ganz früh stand der Hausmeister mit zwei Männern in Zivil vor unserer Wohnungstür. Sie kamen von der Polizeiwache. Einer sprach Französisch, das er, wie er erklärte, an der École de la Communauté Juive gelernt hatte, einer französisch-jüdischen Einrichtung für weniger begüterte Juden und Ägypter, die ihren Kindern eine französische Schulbildung bieten wollten.

»Wissen Sie, warum wir hier sind, Docteur?«, fragte er meinen Onkel, der noch seinen Morgenmantel anhatte. Ich war überzeugt, dass sie wegen Latifas Geschrei gekommen waren.

»Das hätte ich auch gern gewusst«, sagte Onkel Isaac. Seine

Antwort sollte wohl selbstbewusst klingen, kam aber eher kläglich heraus. Die Männer nahmen auf dem Sofa Platz. Sie seien wegen eines an ihn gerichteten Briefes gekommen. Was für ein Brief? Ein Brief, der vor einigen Wochen in Paris abgeschickt, von der ägyptischen Zensur jedoch abgefangen und dechiffriert worden sei. Ein Brief, in dem eine angebliche Nichte die Geburt eines Mädchens meldete, »das wir letzte Woche bekommen haben«, zitierte der Mann aus dem Brief, den er in der Hand hielt, »und das ein kleines Goldstück für uns ist«.

»Nun?«, fragte der Beamte, der französisch sprach.

»Nun, was?«, fragte mein Onkel höflich, aber es klang verärgert. »Meine Nichte in Paris hat ein Kind bekommen.«

»Ein Mädchen, das *ein kleines Goldstück für uns* ist. Was bedeutet das?«

»Ein Mädchen, das einem sehr, sehr teuer ist, denke ich.«

»Denken Sie. Und bringt man ein Kind zur Welt, wird es geboren, oder bekommt man es, wie hier steht?«, fragte der schlaue Beamte.

»Wenn man an Gott glaubt, dann bekommt man, was Gott schickt«, warf meine Großmutter ein, die bis zum Eintreffen der Beamten in Alberto Moravias *Gli Indifferenti* gelesen hatte. Sie hielt das Buch noch immer in der Hand, einen Finger zwischen den Seiten, wo sie bei ihrer Lektüre unterbrochen worden war.

»Das gilt für Ihre Religion, und es gilt für unsere«, fuhr sie fort. »Und überhaupt, worauf wollen Sie eigentlich hinaus?«

»Ich will auf Folgendes hinaus. Wir können beweisen, dass Sie Devisen und Juwelen ins Ausland verbracht haben und dass Sie, und früher schon Ihr Bruder Aaron, das schon seit Jahren tun.«

Onkel Isaac stritt alles ab. Er rieb sich mit dem Finger nervös die Oberlippe und nahm die Oberlippe dann zwischen Zeigefinger und Daumen. Seine Stirn glänzte.

»Ich fürchte, Sie werden uns begleiten müssen«, sagte der Beamte.

»Was soll das heißen, ›uns begleiten‹?«

»Sie sind verhaftet.«

Der zweite Beamte packte meinen Onkel am Arm.

»Bitte ziehen Sie sich an.«

»Ich wüsste nicht, warum.«

»Dann werden Sie so mitkommen müssen.«

»Niemals. Was werfen Sie mir vor?«

»Landesverrat.«

»Ägyptisches Gewäsch. Ich bin achtzig Jahre alt.«

Mein Onkel versuchte, sich aus dem Griff zu lösen, und wäre vermutlich hingefallen, wenn der andere Beamte ihn nicht gehalten hätte.

»Sie können die Leute nicht einfach so verhaften«, protestierte meine Großmutter.

Die Männer schwiegen.

»Und wohin bringen Sie ihn?«, fragte Cousin Arnaut heftig keuchend, als hätte er sich für seinen Onkel tapfer geprügelt, ehe er ihn seinem Schicksal überließ.

Sie wollten ihn auf die Polizeiwache bringen.

In diesem Moment bemerkte ich einen schrecklichen Geruch. Ich blickte mich um, schaute zu meiner Großmutter, die ebenso irritiert schien, und sah dann etwas auf Onkel Isaacs Pantoffel und Fuß. Er war bleich geworden, lehnte sich an den Kaminsims, als wollte er in den Spiegel sehen, drehte sich zu uns um, die wir im Zimmer standen, und flüsterte tonlos: »Mamá querida.«

Er erbat sich ein paar Minuten Zeit, damit er sich umkleiden konnte.

Tante Elsa bestand noch immer darauf, dass er sich als Ausländer weigern solle, mitzugehen. Das würde die Sache nur noch verschlimmern, sagte er.

Zehn Minuten später kam er in den Salon, in seinem dunklen Mantel mit dem Astrachankragen, in der einen Hand den Gehstock, das Monokel umgehängt. Er klappte sein Zigarettenetui auf und begann, aus einem kleinen Holzkistchen, das auf einem der Couchtische stand, so viele Zigaretten wie möglich hineinzustopfen. Dann verabschiedete er sich von Latifa, die geahnt hatte, dass etwas nicht stimmte, und bereits weinte. Als man ihr Schluchzen hörte, mussten auch die anderen laut weinen. Jeder wollte ihn bis zum Treppenabsatz begleiten, doch Onkel Isaac drehte sich um und sagte: »Bitte! Kann ich nicht in Ruhe gehen, ohne dass ihr euch alle wie die Geier an der Tür drängt?«

Meine Urgroßmutter, die ihn gerade umarmt hatte, stand teilnahmslos in der Diele, eher benommen als traurig, gestützt auf ihre älteste Tochter, die mit dem Taschentuch zu winken begann, mit dem sie sich gerade die Nase geputzt hatte. Tante Elsa und Tante Marta taten es ihr nach. »Meine Damen, bitte!«, sagte Isaac, wandte sich um, schob seine jüngste Schwester in die Wohnung und warf die Tür hinter sich zu.

»Er wird es nicht einen Tag überstehen, wenn sie ihn ins Gefängnis stecken«, rief Tante Elsa schluchzend. »Er ist erledigt«, sagte Onkel Nessim.

Nach kurzer Stille draußen hörte ich das dumpfe Geräusch von Leuten, die in den Fahrstuhl traten, die metallene Gittertür flog zu, dann wurde von innen die Holztür geschlossen, sodass die Glasscheibe vibrierte. Dann hörte ich das Ächzen des Motors und das Quietschen der Kabel im Innenhof.

Allmählich wurde es hell im Haus. Alle saßen im Bademantel im Wohnzimmer, die Haare offen, die Augen voll Schlaf, durcheinander wie nie, außer wenn ein Todesfall gemeldet worden war. Niemand von uns hätte gedacht, dass Isaac so verwundbar war wie alle anderen Menschen auf der Welt, dass selbst er gewisse Wunder nicht zustande brachte, dass er genauso viel Angst haben konnte wie Latifa.

Eine Woche nach Onkel Isaacs Verhaftung erhielten wir ein Telegramm des Inhalts, dass er in *la douce France* in Sicherheit sei. »Isaac hats gut«, sagte jeder.

Und dann, so plötzlich, wie alles angefangen hatte, hörten Fliegeralarm und Verdunkelung auf. Der Krieg war vorbei.

Niemand jubelte bei dieser Nachricht, obschon um der Nachbarn und der Angestellten willen eine allgemeine Erleichterung zur Schau getragen werden musste. Aber jeder sorgte sich. Ohne die Sirenen und ohne die Verdunkelung machten wir uns noch mehr Sorgen als in den vorangegangenen Wochen, da wir jeden Abend im Dunkeln gesessen hatten und mit dem Schlimmsten rechneten. Meine Eltern beschlossen, die Wohnung meiner Urgroßmutter nicht zu verlassen. Alle hielten es für besser, beieinanderzubleiben.

Bald kamen Gerüchte auf, dass einige französische und britische Staatsangehörige ausgewiesen worden seien, und dann hieß es, Fabriken, Geschäfte, Häuser, Bankkonten seien im Schnellverfahren beschlagnahmt worden. Den Juden, so hieß es, stehe das gleiche Schicksal bevor. Wir sorgten uns. Selbst meine Urgroßmutter redete nun von einem Umzug nach Frankreich. Aber Latifa würde sie mitnehmen müssen, sagte sie.

Da jeder in der Familie das Schlimmste befürchtete, wurden in der nächsten Zeit all die Dinge eingekauft, die wir uns in Ägypten leisten konnten, die in Europa aber vielleicht unerschwinglich sein würden, und weil diese Phase in die Weihnachtszeit fiel, verband sich der hektische Einkaufstrubel mit festtäglicher Atmosphäre.

Ich erinnere mich noch gut an diese schönen Dezembertage, wenn meine Mutter und ich auf die Rue Thèbes in die frische, dunstige Morgenluft hinaustraten, wir uns beeilten, um in Sporting die Straßenbahn nicht zu verpassen, ein paar Stationen weiter Tante Flora trafen und den Rest des Vormittags von Geschäft zu Geschäft zogen.

Die Läden waren üppig dekoriert mit festlich eingewickelten Päckchen, Lametta und künstlichem Schnee, auf den Schaufenstern stand in großen Stofflettern *Merry Christmas* und *Joyeux Noël.* Tannengeruch erfüllte jede Etage von Hannaux und Chalon. Bei Hannaux rief mich ein bärtiger Weihnachtsmann zu sich auf den Schoß und erkundigte sich, ob ich ein braver Junge gewesen sei. Ich sagte Ja, einmal hätte ich allerdings während eines Fliegeralarms mit dem Licht gespielt. Er sagte, ich solle mir deswegen keine Gedanken machen, der Krieg sei vorbei. »Ne mens jamais, lüg nie!«, sagte er mit erhobenem Zeigefinger. Er setzte mich wieder ab, und ein arabischer Junge nahm meine Stelle ein. Der Weihnachtsmann sprach auch Arabisch.

Meine Mutter und Flora kauften Wollsachen. Der Winter war streng in Europa, und beide hielten es daher für ratsam, sich einen Vorrat anzulegen. Wir kauften drei sehr dicke Wolldecken, für jeden von uns eine. Als sie nachmittags in Sporting abgeliefert wurden, schrie mein Vater, jede Decke sei so groß, dass sie einen ganzen Koffer beanspruche. Meine Großmutter stimmte ihm zu, nahm dann aber die Wolle prüfend zwischen die Finger und sagte, sie würde eine Ewigkeit halten, es sei ein guter Kauf, sie werde sich ebenfalls eine besorgen. In Frankreich seien solche Decken nicht zu bekommen.

Latifa stand die ganze Zeit unter Morphium. Kurz nach den Injektionen legte sie sich hin und starrte mit weit aufgerissenen Augen zur Decke, etwas Speichel rann aus dem Mundwinkel, und bei jedem Atemzug drang ein verträumter Seufzer über die halb geöffneten Lippen. Sie führte die rechte Hand zur Brust, griff dort nach einem unsichtbaren Gegenstand, hob den Arm zur Decke, als wollte sie der Lampe den Klumpen Luft anbieten, den sie gerade von der Brust weggenommen hatte. So ging das stundenlang, jeden Nachmittag. Niemand wusste, weshalb sie unablässig diese lautlosen Bewegungen machte oder ob sie etwas bedeuteten.

Großmutter rief schließlich meine Mutter in die Mädchenkammer und fragte sie nach Latifas Gebärden. Meine Mutter verstand sofort. Sie bietet Gott ihre Seele dar. Sie bittet Gott, sie zu sich zu holen. Sie will sterben.

Eines Nachmittags kam schließlich auch Latifas Sohn. Abdou führte ihn zu seiner Mutter, blieb selber aber draußen und passte auf, falls der junge Mann auf die Idee kommen sollte, in der Wohnung herumzuwandern und Dinge mitzunehmen. Er war sechzehn, wirkte aber nicht älter als zwölf und war europäisch gekleidet. Ich sah ihn von meinem Platz im Wohnzimmer aus eintreten.

»Wer ist das?«, flüsterte meine Urgroßmutter.

»Der Sohn von Latifa.«

»Und was will er?«

Meine Großmutter, die uns gehört hatte, legte ihre Stickerei weg und stand auf, um ihn zu begrüßen. Sie klopfte an der Tür des Karakib, trat ein und sagte, sie sei *enchantée*, ihn kennenzulernen; der junge Mann starrte sie bloß an, erhob sich aber auf Drängen seiner Mutter und bot meiner Großmutter den einzigen Stuhl im Zimmer an, was sie jedoch ablehnte. Er blieb stehen, nervös von einem Bein aufs andere tretend, und verschränkte die Hände über der Leistengegend.

»Du wirst jetzt mit deiner Mutter sprechen. Anschließend meldest du dich bei mir«, sagte meine Großmutter und verließ das Zimmer.

Einige Minuten später ging die Tür der Mädchenkammer knarrend auf, und der Junge trat unschlüssig heraus, die Hände noch immer über der Leistengegend verschränkt. Ich sah ihm ins Gesicht, um zu erkennen, ob er geweint hatte. Er wirkte ruhig, beinahe gelangweilt. Geweint hatte er nicht.

»Ich habe mit meiner Mutter gesprochen«, sagte er, die Worte meiner Großmutter wiederholend.

»Na komm«, sagte sie. Der Junge trat zögernd näher. Vermutlich war er noch nie in seinem Leben in einem Salon gewesen und fand die Wohnung, die Gesichter, die neugierigen Augen einschüchternd.

»Deine Mutter hat mir berichtet, dass du stiehlst«, sagte meine Großmutter. »Stimmt das?«

Der Junge schwieg.

»Antworte mir!«, sagte sie.

Der Junge schüttelte den Kopf, biss sich dann auf die Lippen und sagte: »Ja.«

»Willst du ins Gefängnis gehen?«

Er schwieg.

»Weißt du nicht, dass Stehlen unrecht ist? Weißt du, was mit Dieben geschieht? Man bindet ihnen die Füße zusammen, zieht sie hoch und schlägt sie so lange auf die Fußsohlen, bis sie nicht mehr stehen können. Mein Bruder Isaac war sehr zornig, als er hörte, dass Latifas Sohn ein Dieb ist, und wenn wir noch einmal so etwas hören, wird er dem König Bescheid sagen, und dann werden sie kommen und dich ins Gefängnis werfen.«

Sie glaubte es beinahe selber.

Der Junge stand schweigend und ausdruckslos da.

»Und jetzt geh nach Hause. Morgen meldest du dich in der Fabrik meines Sohnes. Er wird dir Arbeit geben.«

Latifa muss Großmutters Standpauke gehört haben, denn in dem Moment, als ihr Sohn die Tür zu ihrer Kammer öffnete, um sich zu verabschieden, hörte ich sie meine Großmutter preisen. Er trat ein, und ehe er die Tür schloss, machte er eine obszöne Handbewegung.

Zwei Tage später starb Latifa. Meine Mutter war vormittags mit mir zum Einkaufen in die Stadt gefahren. Bevor wir losgingen, hatte sie mich gebeten, draußen vor dem Karakib zu warten, während sie Latifa die tägliche Spritze geben würde. Aber ich spürte, dass irgendetwas anders war. Unter den Hausangestellten herrschte große Unruhe, und Abdous Augen waren gerötet. Als ich ihn fragte, wie es Latifa gehe, machte er nur eine Handbewegung, die besagte, dass einzig Allah das wisse.

Wir kehrten früher als geplant vom Einkaufen zurück. Kaum hatten wir unser Haus erreicht und stiegen in den Aufzug, hörte ich ein Schreien, wie ich es noch nie in meinem Leben gehört hatte. Wir betraten die Wohnung und fanden alle in Tränen aufgelöst, auch meine Urgroßmutter, die nun doch begriffen hatte, was passiert war. Die Schreie kamen vom Dienstbotenaufgang her. Meine Großmutter befahl mir auf Ladino, der Küche fernzubleiben, aber ich widersetzte mich ihrer Anordnung sofort. Sowie ich die Speisekammertür öffnete, wurde das Schreien plötzlich lauter. Ich trat in die Küche und sah Latifa auf dem Tisch liegen. Abdou und Ibrahim wickelten den Leichnam von Kopf bis Fuß in eine Art graues Sackleinen, während Bedienstete aus den Nachbarwohnungen an der Tür standen, um Latifa ein letztes Mal zu sehen. Sie schauten mich stumm an, doch ich spürte ihre Missbilligung. Ich bewegte mich nicht von der Schwelle. Hisham, der, obwohl einarmig, der Stärkste der drei war, lud sich den Leichnam dann auf die Schulter und trug ihn die Dienstbotentreppe hinunter.

Kaum hatte er sich in Bewegung gesetzt, verwandelte sich das Klagen in einen Chor von fast animalisch schreienden Stimmen, der durch den Innenhof hallte. Sämtliche Dienstmädchen des Hauses beugten sich aus den Fenstern, winkten mit Taschentüchern, zwei, drei Frauen drängten sich zuweilen in einem Fenster, heulten Latifa hinterher, baten sie, sie möge zurückkommen, flehten Hisham an, sie nicht fortzuschaffen, rissen sich die Kleider vom Leib, schlugen sich ins Gesicht, stießen mit dem Kopf gegen die Wand und schrien: »Ya Latifa! Ya Latifa!«

Am nächsten Tag bat mich meine Großmutter, sie auf einem Spaziergang zu begleiten. Wir gingen nach Petit Sporting, kauften für ein paar Groschen gesalzene Erdnüsse und kamen schließlich nach Ibrahimieh. Von dort aus setzten wir unseren Weg in Richtung Rue Memphis fort, wo wir einem verkrüppelten Bettler begegneten, der am Straßenrand saß. »Hier, gib ihm das«, sagte Großmutter und reichte mir ein paar Münzen. »Für Latifas Seele«, fügte sie hinzu. Wir besuchten kurz ihr altes Haus, das unlängst an eine koptische Familie vermietet worden war. Während Großmutter hineinging, um einen Briefumschlag abzuholen, wartete ich draußen. Ein Junge kam sofort heraus, blieb schweigend stehen und beäugte mich misstrauisch.

Dann gingen wir auf die andere Straßenseite, um die Heilige zu besuchen. Sie wirkte müde und traurig, sagte, sie habe seit mehr als einer Woche nicht mehr geschlafen. Die Regierung habe gerade ihren ganzen Besitz beschlagnahmt. Ihr Sohn und seine Familie, die französische Staatsangehörige waren, hatten schon ihre Ausweisungsbescheide erhalten. Auch sie würde bestimmt bald dran sein. Sie hoffte nur, dass ihr Mann bis dahin etwas Geld aufgetrieben habe, andernfalls könnten sie weder etwas zu essen kaufen noch die Dienstboten bezahlen.

»Aber ich wusste gar nicht, dass ihr Franzosen seid!«, rief die Prinzessin.

»Wir sind Franzosen, so wie ihr Italiener seid, Madame Esther. Und was haben wir jetzt davon?«

»Immerhin dürfen italienische Juden bleiben«, antwortete die Prinzessin. Ich hatte sie zu Onkel Nessim sagen hören: »Gottlob sind wir Italiener.«

Die Heilige war fix und fertig; vielleicht würde sie nie ihren Sohn und ihre Enkelkinder wiedersehen. Wer wollte schon nach Frankreich gehen! Warum konnten sie nicht in Ägypten bleiben, und sei es als arme Leute.

Die beiden Frauen wünschten einander ein gesegnetes Chanukkah.

An diesem Abend erklärte Cousin Arnaut vor dem Essen, er begrüße eine mögliche Ausweisung aus Ägypten. Wir sollten in Paris eine ebenso große Wohnung beziehen und dort »neu anfangen«. Niemand sei gestorben, niemand verletzt, und niemand sei so alt, dass er nicht neu anfangen könne, sagte er, als wollte er die positiven Aspekte aufzählen. Onkel Nessim sah wortlos seine Mutter und meine Großmutter an. In Frankreich müsse auch niemand hungern, sagte Cousin Arnaut weiter. Schließlich kenne jeder jemanden, der in Paris wer sei, und wenn nicht, so seien wir trotzdem in der Lage, uns aufgrund unseres Aussehens und unserer Talente Zugang zu den richtigen Kreisen zu verschaffen.

Es war ein verkleideter Vili, der da sprach. Elsa und Nessim waren fest entschlossen, vorerst zu bleiben. Auch mein Vater wollte nicht fort. Die Geschäfte könnten nicht besser gehen, sagte er. Seine Textilfabrik zählte mittlerweile zu den besten in Ägypten. Er trug sich schon mit dem Gedanken, eine zweite Fabrik in Kairo zu bauen. »Warum nicht auch auf dem Ätna eine?«, sagte meine Urgroßmutter.

Während des Essens kam es zu einem ganz unerwarteten Zwischenfall. Eine Sirene heulte plötzlich auf. Jeder erstarrte. »Diesmal ist es ein Atomkrieg, ich weiß es«, wimmerte Tante Marta und verbarg schluchzend den Kopf an der Schulter ihres Sohnes. Kaum war die Sirene erklungen, gingen überall in Sporting die Lichter aus. Menschen liefen die Straße entlang und riefen immer wieder: »Taffi al-nur! Taffi al-nur!« »Aber der Krieg ist doch schon seit Wochen vorbei«, meinte Dr. Alcabès, der uns an diesem Abend besuchte. »Es ist ein fauler Trick, lasst die Lichter an.«

»Ben, wir wollen keine Scherereien – macht das Licht aus«, sagte meine Großmutter.

»Es ist trotzdem ein fauler Trick. Sie tun etwas im Schutze der Dunkelheit, weil niemand es sehen soll.«

Also wurde die Petroleumlampe herbeigeholt. Tante Elsa zog die Wohnzimmergardinen vor, machte alle Türen zu und dankte ihrem Sparsamkeitssinn, dass sie das blaue Papier nicht weggeworfen hatte, mit dem noch ein, zwei Wochen zuvor die Fenster verdeckt gewesen waren.

Bald darauf hörten wir ein merkwürdiges Rumpeln, nicht von fernen Flugabwehrkanonen, wie ich zuerst glaubte, sondern von Schützenpanzern und vielen, vielen Lastwagen, die in einem mysteriösen Konvoi durch Alexandria fuhren. Einmal erzitterte unser Haus, als Panzer laut rasselnd und dröhnend auf der Rue Delta in Richtung Avenue Ambroise Rally fuhren.

»Was habe ich euch gesagt«, rief Dr. Alcabès, der durch die Vorhänge nach draußen spähte. »Es hat nichts mit Fliegeralarm zu tun. Die Soldaten werden von der Front abgezogen, und niemand soll es merken. Diese Transporter sind bestimmt voll mit Gefangenen und Verwundeten, die die Israelis gerade freigelassen haben, und jetzt werden sie im Schutz der Dunkelheit zurückgebracht.«

Im Esszimmer wurde es allmählich immer dunkler, und ich sah, wie an dem dünnen Docht der Petroleumlampe der beißende Geruch von rauchendem Öl aufstieg. Das hatte auch mein Vater bemerkt, denn er sagte: »Elsa, das nächste Mal bitte etwas mehr Öl in den Lampen, zumindest so viel, dass es für eine ganze Mahlzeit reicht.«

Da wusste ich, dass wir, sobald sich das Dröhnen der Motoren gelegt hatte, das Entwarnungssignal hören würden und jeder im Zimmer erleichtert aufseufzen und das Licht wieder eingeschaltet würde. Wenn wir nur noch fünf, zehn Minuten im Dunkeln sitzen könnten! Es war mir sogar gleichgültig, dass ich nicht gut sah, und ich vermutete, dass es jedem, auch meinem Vater, ziemlich gleichgültig gewesen wäre, wenn wir unsere Mahlzeit im Dunkeln eingenommen hätten, nun, da unsere Augen sich daran gewöhnt hatten.

Mir würden diese Abende fehlen, dachte ich, nicht der Krieg, sondern die Verdunkelung, nicht meine Onkel oder meine Tanten, sondern ihre samtweichen, gedämpften Stimmen, wenn die Lichter ausgingen und wir näher an das Radio rückten und in der Dunkelheit fast flüsternd unsere Gedanken aussprachen, als würden wir vom Feind belauscht. Es war die Verdunkelung, die unsere gemeinsamen Abende prägte, die unsere Mahlzeiten verlängerte, denn vor lauter Dunkelheit sahen wir kaum, was wir aßen, und mussten daher äußerst langsam essen. Die Verdunkelung unterbrach Teestunde, Kartenspiel, Unterhaltung, Streit, Tränen, Besuche, gab unserem Leben etwas Zeremonielles, fast

Liturgisches, weihte es mit dem Geruch von Petroleum und rauchendem Öl, der wie Weihrauch in der abendlichen Luft lag.

»Latifa!«, rief meine Urgroßmutter. Sie wollte noch ein paar Kekse haben.

»Die arme Latifa ist von uns gegangen«, sagte meine Großmutter.

»Aber wo mag sie so spät hingegangen sein?«, fragte sie.

Eine Woche später wurden mehrere meiner Verwandten aus Ägypten ausgewiesen.

Drei Monate danach verließen weitere vier das Land, freiwillig.

Unmittelbar darauf noch einmal sechs. Sie gingen alle nach Frankreich.

Anderthalb Jahre später zogen auch die Heilige und ihr Mann nach Frankreich.

Am Ende waren wir nur noch acht: Tante Elsa, Tante Flora, die Prinzessin, Onkel Nessim, meine Urgroßmutter und wir.

»Die arme Latifa hätte gelacht!«, sagte Tante Elsa. Die viel gerühmte Wohnung in Paris, von der Cousin Arnaut so geschwärmt hatte, lag im fünften Stock eines prächtigen Fin-de-siècle-Gebäudes in der Avenue Georges Mandel und stellte sich als ausgebaute Mädchenkammer heraus. Es gab keinen Fahrstuhl im Haus, die Treppe wurde von Stockwerk zu Stockwerk schmaler und steiler, die Stufen waren zunächst aus Marmor, nach dem vierten Stock aus Stein und nach dem sechsten aus knarrenden, schiefen Holzdielen. Hierher war ich an einem Weihnachtsmorgen Anfang der Siebzigerjahre aus Amerika gekommen, um meine Großmutter und Tante Elsa zu besuchen. In dem Zimmer, in dem hinter einem fuchsienfarbenen Art-déco-Paravent mein provisorisches Nachtquartier eingerichtet war, aßen wir zu Mittag.

Eine dichte graue Wolkendecke hing tief, noch mehr Regen verheißend, über dem menschenleeren Paris. Vielleicht würde es sogar schneien, sagte meine Tante. Kein Laut auf der Straße, im ganzen Viertel breitete sich unverkennbar Pariser Sonntagnachmittagsstille aus. Unten auf der Straße hielt ein Peugeot. Ich sah hinunter. Ein Paar mit Geschenkpaketen unter dem Arm stieg aus einem Taxi. Ein ausgiebiges Weihnachtsessen, dachte ich.

Nach dem Essen zogen wir in den *petit salon* um, wie ein anderer Teil desselben Zimmers hieß, der durch eine Holzwand abgetrennt war. Tante Elsa bot mir eine englische Zigarette aus einer grünen Blechschachtel an, dann eine Tasse türkischen Kaffee, wir machten es uns gemütlich und unterhielten uns, vor allem über Amerika. »Der Mensch ist wie ein Vogel, heute hier, morgen dort«, sagte meine Großmutter, auf eine bekannte türkische Parabel von einem faulen Sultan anspielend, der, nachdem er jahrelang in der einen Sofaecke gesessen hat, plötzlich beschließt, sich in die andere Ecke zu setzen. Gemeint war damit, dass die Menschen, allem äußeren Anschein zum Trotz, selten weit fortziehen, dass sich kaum etwas ändert und dass das Leben immer auf dasselbe hinausläuft.

Wir blieben nach dem Kaffee noch eine Weile sitzen, bis ihnen einfiel, dass ich einen langen Flug mit Zeitverschiebung hinter mir hatte. Ich sagte, es mache nichts aus. Sie boten mir an, auf dem Sofa ein Nickerchen zu machen, sie müssten ein Kleid von Tante Elsa flicken, ich könne so lange ein wenig ruhen. Ich streckte mich auf dem Sofa aus, sie fingen an zu flüstern, und mir schien, als hörte ich jemanden meinen Aschenbecher und meine Kaffeetasse wegräumen, und bald registrierte ich das ferne und diskrete Rattern einer von Hand betriebenen Nähmaschine, die zwischen längeren Pausen rasch ein paar verstohlene Stiche machte, gefolgt von dem quengeligen Geflüster alter Frauen in einer Sprache, die ich seit Jahren nicht mehr gehört hatte, und ihr unterdrücktes, boshaftes Zischen, untermalt von der alten Singer, die hin und wieder pausierte, rief mir den Winter 1956 in Erinnerung, als alle Frauen im Haus, in der Befürchtung, sie könnten von heute auf morgen aus Ägypten ausgewiesen werden, sich um die einzige Nähmaschine in Sporting scharten und, widerwillig einander Platz machend, Kleider für ihre Familie nähten oder ausbesserten.

Als ich aufwachte, dämmerte es schon. Wir spazierten die Avenue Henri Martin entlang, vorbei am Lamartine-Brunnen, und erreichten schließlich den Bois de Boulogne. Ob ich die Straße überqueren und in den Bois hineingehen wollte, der bei Sonnenuntergang besonders schön sei, fragte meine Tante mit einem kritischen Blick auf die graue, regenschwere Landschaft, deren kahle Bäume mich an kalte Corotsche Winter in La Ville d'Avray denken ließen. Vielleicht beim nächsten Mal, antwortete ich. Ich hatte Paris noch nie so leer gesehen. Weihnachten, erklärten sie.

An der Straßenecke berührte ich, aus einer plötzlichen Laune heraus, die ausgestreckte Hand der Rodinschen Plastik von Victor Hugo. »Hab ihn nie gemocht«, sagte Tante Elsa mit einem Blick auf den bärtigen Dichter. Dann begann sie, von dem alten Signor Ugo zu sprechen, der in der Hoffnung, seine letzten Jahre in Ägypten verbringen zu können, die ägyptische Staatsangehörigkeit angenommen hatte. »Sogar Moslem ist er geworden, nennt sich Hag Gabalzahri«, sagte Tante Elsa. »Er gibt ägyptischen Offizieren Yogaunterricht.« »Aber was für ein Stehaufmännchen.« »Kein Stehaufmännchen, ein Chamäleon.« »Ein Opportunist.« »Ein Verrückter«, fanden beide.

Es war schon dunkel, als wir auf der Avenue Victor Hugo zurückkehrten und ein nahezu leeres Café betraten. Kaum hatte man die beiden alten Damen gesehen, wurde Tee gebracht. Meine Großmutter bestellte ein Stück Mandelkuchen, das sie mir zugedacht hatte. »Du hast das doch immer so gern gegessen«, sagte sie. Ich erwiderte, ich würde nur die Hälfte essen, doch wir plauderten immer weiter, und am Ende hatte ich das ganze Ding aufgegessen. Das leere Café strahlte etwas weihnachtlich Warmes, Heimeliges aus, und als ich die beiden alten Frauen ansah, die ihre schweren Wintermäntel schließlich auch ohne meine Hilfe abgelegt hatten, wollte ich ihre Hände halten und ihnen alles Mögliche versprechen.

Bald wurde es voller, und immer mehr Stimmen waren zu hören, meist von Spaniern oder Portugiesen, Hausangestellten im sechzehnten Arrondissement.

Vor dem Cinema Victor Hugo auf der anderen Straßenseite warteten die Leute schon. Eine Gruppe kam an unseren Nachbartisch und bestellte Ricard.

»Hättest du Lust, heute Abend ins Kino zu gehen?«, fragte Tante Elsa.

Ich schüttelte den Kopf. Sie selbst gingen einmal wöchentlich, sagten sie, *pour se dégourdir,* um sich ein bisschen die Beine zu vertreten.

Als es ans Zahlen ging, wollte Tante Elsa ihren Anteil – etwa ein Drittel des Gesamtbetrags – unbedingt selbst übernehmen. Meine Großmutter erklärte empört, dass sie nicht auf ihr Drittel angewiesen sei, nicht auf ihr Viertel oder ihr Sechzehntel! Sie würde alles bezahlen. Tante Elsa öffnete unbeirrt ihr Portemonnaie und nahm mit faltigen, arthritischen Fingern mehrere unterschiedlich große Münzen heraus.

»Ich will deine Centimes nicht, behalt sie für deine Erben!«, fuhr meine Großmutter ihre kinderlose Schwester an.

Und während sich beide Greisinnen wutentbrannt in ihre Mäntel kämpften, um das Lokal vor der anderen zu verlassen, erreichte die giftige Atmosphäre zwischen ihnen einen derartigen Höhepunkt, dass meine Großmutter die Geduld verlor und ihrer Schwester erklärte, dass sie nicht mehr bei ihr wohnen könne. Sie sei es leid, immer so spärlich essen zu müssen, als werde man am nächsten Tag am Hungertuch nagen – wo sie ohnehin nicht mehr so viele Tage hatten. »Red von dir!«, brauste Elsa auf und wies ihre Schwester darauf hin, dass sie sehr wohl bemerkt habe, dass ich ihr ein Dutzend Oral-B-Zahnbürsten aus Amerika mitgebracht hätte, sie ihr aber nicht eine einzige abgegeben habe. »Du sagst, dass du bald stirbst, aber wenn es darum geht, mir eine Zahnbürste zu schenken, tust du, als würdest du zehn Gebisse überdauern.«

Mit diesen Worten überquerte Tante Elsa die leere Straße und ging auf der gegenüberliegenden Seite der Rue Longchamps nach Hause. Ich pendelte zwischen ihnen hin und her, doch beide lehnten es ab, sich miteinander zu versöhnen, und jede bestand darauf, dass sich erst die andere entschuldigen müsse. Als ich diese Botschaft übermittelte, sagten beide Schwestern nur: »Soll sie doch krepieren!«

Rechtzeitig zu ihrer Fernsehshow waren wir wieder zu Hause. Sie versöhnten sich, als Tante Elsa gegen ein Stuhlbein stieß. »Sie ist fast blind«, flüsterte meine Großmutter. »Du fragst, warum ich mich nicht von ihr trenne. Sie hat doch niemanden.« Zum Abendbrot gab es Joghurt, Marmelade und Käse – *à l'americaine,* das heißt vor dem Fernseher.

Ich sah zum Fenster hinaus und beobachtete einen langen, rotierenden Lichtstrahl über der Stadt, der eine graurosafarbene Linie in den Himmel zeichnete. »Der Eiffelturm«, sagte Tante Elsa, die ans Fenster getreten war und sich an mich lehnte. »Sie wird langsam vergesslich«, flüsterte sie. »Sie glaubt, ich habe es nicht gehört. Sie hat doch auch niemanden.«

Später am Abend musste ich den beiden Schwestern versprechen, nichts Großartiges oder Aufwendiges zu veranstalten, *wenn es so weit sei.* Ich versprach es, verlegen lächelnd und bemüht, das Thema zu wechseln, bis mir plötzlich klar wurde, was sie gemeint hatten – den hundertsten Geburtstag. »Diese Zeiten sind längst vorbei. Einen kurzen Besuch, mehr wollen wir nicht.«

Als ich zwanzig Jahre später mit meiner Frau wieder in Paris war, hatte sich die Stadt kaum verändert. Ich erinnerte mich noch an die Namen der Metrostationen, das Café in der Avenue Victor Hugo sah so aus wie früher, und das Geschäft am Faubourg Saint Honoré, wo meine Großmutter eine Krawatte für mich gekauft hatte, war noch immer da, nur größer und voll japanischer Touristen. Das Cinema Victor Hugo war verschwunden. In dem alten Café an der Ecke bestellten wir Café crème und Schinkenbrote.

Die Avenue Georges Mandel war ruhig am frühen Abend. Wir näherten uns der Ecke, wo Tante Elsa gewohnt hatte, sahen plötzlich ihr Haus.

Ich wies nach oben und zeigte meiner Frau das Fenster, aus dem Tante Elsa an Silvester die Pfeife ihres Mannes geworfen und sich dabei etwas gewünscht hatte. Ich zeigte ihr das Haus gegenüber, wo Maria Callas gewohnt hatte. Sie hatten Griechisch mit ihr gesprochen, sie einmal sogar verbessert.

Wir machten Fotos. Vom Haus. Von mir vor dem Haus. Von meiner Frau, wie sie mich vor dem Haus fotografierte. Sie fragte wieder, in welchem Stockwerk sie gewohnt hatten. Im fünften, sagte ich. Wir sahen hinauf. Die Fenster von Tante Elsas Appartement waren dunkel und die Läden geschlossen. Natürlich ist dort kein Licht, es ist ja niemand zu Hause, sagte ich mir. Sie sind seit zwanzig Jahren tot! Andererseits konnte die Wohnung nicht so viele Jahre leer gestanden haben, bestimmt gehörte sie jemand anders. Ich erinnerte mich vage, dass Vili sie verkauft hatte. Was aber, wenn sie in all den Jahren nicht den Besitzer gewechselt hätte, wenn sich nichts verändert, wenn niemand auch nur die Gabel aufgehoben oder die Strickjacke angefasst hätte, die Tante Elsa fallen ließ, bevor sie in der Nacht, als sie starb, ins Krankenhaus geschafft wurde? Was, wenn ihre Möbel und ihr Porzellan und ihre Kleider und all die Dinge, die sie in ihrem Leben angehäuft hatte, Wache für sie hielten und für immer nur ihr gehören würden, weil sie ihr Leben mit ihnen verbracht hatte?

Und für einen Moment stellte ich mir vor, dass dies auch für die Wohnung in der Rue Thèbes gelten könnte, die nach den sechzig Jahren, die wir dort gelebt hatten, ganz allein uns gehören würde, für immer, und niemandem sonst. Ich wünschte mir, dass auch sie so geblieben wäre, wie wir sie verlassen hatten, dass niemand dort geweint oder gestritten hätte, dass Staub sich in den Ecken angesammelt hätte, dass Kinder dort nicht schreien durften, wenn sie an der Rumpelkammer vorbeiliefen, in der Flora liebte, Vili weinte und Latifa starb.

Ich sah wieder hinauf. Die Fenster neben Tante Elsas dunkler Wohnung waren erleuchtet. Ein Schatten bewegte sich von der Küche in die Essecke. Er trat ans Fenster, sah kurz hinaus und drehte sich dann wieder um. Der Nachbar, der sich einmal beschwert hatte, dass ich beim Baden zu viel Wasser verbrauchte, lebte also noch.

Aber ich hatte mich geirrt. Nach so vielen Jahren hatte ich die Fenster verwechselt. Der alte, knickerige Nachbar wohnte hinter den verschlossenen Fensterläden. Die erleuchteten Fenster gehörten *doch* zu Tante Elsas Wohnung. Sie ist also zu Hause, sagte ich mir und hätte beinahe losgejubelt.

»Wolltest du sie in all den Jahren nicht noch einmal besuchen?«, fragte meine Frau.

Ich konnte mir gut vorstellen, wie die beiden, auf dem Treppenabsatz des fünften Stocks wartend, uns entgegensahen und ihre Freude nach sephardischer Art erst einmal in Form von Klagen ausdrückten: »Jetzt erst kommst du uns besuchen?« »Zwanzig Jahre, das ist eine Ewigkeit.« »Eine kleine Gabe, ein Gebet, etwas, woran wir uns hätten halten können. Stattdessen: nichts!« »Das kommt davon, wenn man in New York lebt.« »Genug, Elsa. Er ist da, alles andere ist jetzt unwichtig.«

Ich stellte mir vor, wie sie in der Küche herumhantierten, um eine Mahlzeit zu improvisieren, trotz meiner Proteste, dass wir gerade erst gegessen hätten. »Du hättest uns Bescheid sagen sollen.« »Aber wir sind nicht hungrig.« »Wie könnt ihr nicht hungrig sein?« Und meine Frau würde meinen Arm berühren und sagen: »Lass sie«, fast amüsiert über diese entfernten Verwandten, hervorgekramte Fundstücke aus alter Zeit.

Und dann wird ihnen klar, dass es sowieso aussichtslos ist, dass es keinen Sinn hat, sich etwas vorzumachen, und mit vor Alter brüchiger Stimme sagen sie: »Du bist zu spät gekommen.« Und in gutem, vornehmem Französisch fügen sie hinzu: »Es tut uns sehr leid«, als wären wir zur falschen Stunde gekommen und hätten gerade den Nachmittagstee verpasst.

5
Die Lotosesser

Drei Jahre dauerte es, bis meine Eltern in Cleopatra ihr Juwel gefunden hatten. Nach dem Krieg von 1956 war es ihnen zu unsicher und ungemütlich in Smouha geworden – zu viel Gesindel, sagten sie, zu viel Staub, nur wenige Europäer. Und abends konnte es in Smouha recht unheimlich werden, besonders wenn man den Lärm der Kundgebungen hörte, bei denen über dröhnende Lautsprecher die allerneueste Propaganda verbreitet wurde. Was meine Eltern suchten und schließlich auch fanden, war eine Wohnung in der Nähe von Sporting, mit Blick auf das Meer und die riesigen Bananenplantagen von Smouha.

Mein Vater freute sich über das Arbeitszimmer, meine Mutter über den Balkon, Om Ramadan über den Waschraum, und es gab sogar ein kleines Zimmer für Madame Marie, meine neue griechische Gouvernante. »Was für eine fabelhafte Wohnung«, rief die Prinzessin, als sie uns besuchen kam und sich sofort im Flur verirrte. »Wie habt ihr sie nur gefunden?« Meine Mutter sagte, es sei die einfachste Sache der Welt gewesen; die Venturas, alte Freunde ihrer Eltern, hatten beschlossen, aus Ägypten fortzugehen, und daher dringend einen Käufer für ihre Wohnung gesucht.

Eines Abends, kurz nach unserem Einzug, lag lauter kobaltblaues Packpapier auf dem Esszimmerfußboden, das Abdou aus dem Haus meiner Urgroßmutter geholt hatte. »Dort wird nie etwas weggeworfen«, hatte meine Mutter gesagt. Madame Marie, meine Mutter und Aziza zerschnitten die großen blauen Bogen in vier Teile, um meine Bücher und Hefte darin einzuschlagen, wie es die Schulordnung verlangte. Eine Lehrerin hatte angerufen und sich über den mangelhaften Zustand meiner Hefte beklagt. Zwei Wochen später rief dieselbe Lehrerin wieder an und sagte, es gehe nicht einfach um Sorgfalt – wie Abdou, der den ersten Anruf entgegengenommen hatte, irrtümlicherweise verstanden und meiner Mutter ausgerichtet hatte –, sondern um die Vorschrift, dass meine Bücher und Hefte genau so eingebunden sein müssten wie die aller anderen Schüler.

Jedes Heft hatte mit einem Etikett versehen zu sein, auf dem mein Name, ordentlich in Druckbuchstaben geschrieben, das Fach, das Jahr, die Klasse und die jeweilige Heftnummer stehen mussten. Das blaue Papier musste außerdem fest gefaltet sein und durfte nicht verklebt werden. Meine Mutter, die für diese britischen Schulgepflogenheiten nichts übrighatte, wollte das Etikett in die rechte obere Ecke kleben, wie es an französischen Schulen Usus war. Ich bestand darauf, dass es in der Mitte des Umschlags sitzen musste. Ob auch beigefarbenes Papier gehe, hatte sie zuerst gefragt. Nein, es musste blaues sein. Alle hatten blaues Papier. Das war der Moment, als Abdou sich an das blaue Papier in der Rue Thèbes erinnerte. Er legte seine Schürze ab, ging zu Fuß nach Sporting und war nach einer Stunde wieder da.

»Nicht zu glauben, dass wir erst einen Monat später davon erfahren«, sagte mein Vater, der den Frauen nach der Arbeit dabei half, meine Bücher einzuschlagen, während Madame Marie das Papier zurechtschnitt. »Wie konntest du es vergessen?«

Ich hatte es nicht vergessen.

»Und warum muss es dann in der allerletzten Minute sein?«, fragte er.

Ich wusste keine Antwort. Vielleicht hatte ich gedacht, dass wir Ägypten bald verlassen würden und diese Dinge also nicht mehr wichtig waren.

Mein Vater wollte aber nicht fort, und wie zum Beweis seiner Entschlossenheit hatte er die Fabrik um ein Stockwerk erweitert, in mehrere Wohnungen investiert, neue Möbel bestellt und, was sein größter Traum war, mich nach meinem neunten Geburtstag am Victoria College angemeldet, jener exklusiven Schule, die in seiner Jugend als Inbegriff glanzvoller britischer Traditionen gegolten hatte.

Das Victoria College – 1956 nach dem »Sieg« der ägyptischen Armee über England, Frankreich und Israel in »Victory College« umbenannt – hatte einst zu den renommiertesten Institutionen des britischen Bildungswesens gezählt. Es bestand, wie andere berühmte Public Schools des Empires, aus einem imposanten viereckigen Gebäudekomplex auf einem weitläufigen Gelände mit großen, gepflegten Sportplätzen, und es herrschte dort eine Disziplin, die Matthew Arnolds Vater, den dicken, stupsnasigen Direktor vom Browning College, mit perverser Begeisterung erfüllt hätte.

Zahlreiche englische Schriftsteller, Philosophen und Mathematiker hatten einst am VC unterrichtet. Reiche Briten schickten ihre Sprösslinge auf diese Schule, und die Alexandriner Elite zog das VC stets dem Lycée Français vor. Alles am VC strahlte karge viktorianische Eleganz aus, von den düsteren Räumen, in denen sich die dumpfe Opulenz der Gründer spiegelte, bis hin zu den traurigen Allerweltsgesichtern der Lehrer, die es nicht erwarten konnten, den Kindern anzutun, was ihnen vermutlich selbst viel zu lange angetan worden war.

Doch abgesehen davon, beschränkte sich das britische Erbe mittlerweile auf eine Handvoll bedeutungsloser Merkmale – das miserable Essen, die Abneigung gegen alles allzu auffällig Moderne, das Verbot von Kaugummis und Kugelschreibern, die graue Schuluniform mit dem blau paspelierten Blazer, den hartnäckigen Widerstand gegen alles Amerikanische (speziell Softdrinks), den obligatorischen Sportunterricht, die Prügelstrafe und ganz besonders den Respekt vor jedweder Autorität, sogar vor der des Hausmeisters. Mein Vater, der nie einen Fuß in eine englische Schule gesetzt hatte und, typisch sephardisch, alles dafür gegeben hätte, sein Leben noch einmal neu anfangen zu können, vorausgesetzt, es würde in einer Public School beginnen, mein Vater schätzte diese Karikatur viktorianischer Strenge, weil sie beneidenswerterweise allen Formen von Verweichlichung abhold war. Diese Schule machte Gentlemen aus Rüpeln und Männer aus schwächlichen, bleichgesichtigen Knaben. Sie machte England erst zu England. In seiner Vorstellung wurde das VC von blonden, blauäugigen Jungen besucht, die eines Tages nach Cambridge und Oxford gehen und in allen großen Banken und allen großen Nationen der Welt das Ruder übernehmen würden. Während der Besichtigung, die wir eines Sommertages unternahmen, als die renommierte Schule völlig leer stand, entging ihm jedoch, dass sich das VC im Grunde in eine arabische Schule verwandelt hatte, deren britische Aufmachung arg ramponiert war.

Nach seiner Umbenennung hatte eine traurige Zeit am VC begonnen. Mit dem Weggang der meisten Engländer war es ein Internat für reiche Palästinenser, Kuwaitis und Saudis geworden. Die aufstrebende ägyptische Mittelschicht schickte ihre Erstgeborenen dorthin, ebenso die Großgrundbesitzer aus dem Niltal und wohlhabende Bürgermeister. Obwohl das VC noch immer als englischsprachige Schule galt, sprach niemand dort außerhalb des Unterrichts Englisch. Bevorzugte Sprache war Arabisch. Konnte ein Lehrer $2\pi r$ nicht auf Englisch erklären, was ohnehin meist eine Art Pidginenglisch war, verfiel er unweigerlich ins Arabische. Europäer, Armenier und syrische Christen – in meiner Klasse waren wir sechs – sprachen untereinander gewöhnlich Französisch. Charlie Atkinson, der kein Französisch konnte, war der letzte englische Junge an der ganzen Schule. Ich war der letzte Jude.

Obwohl seit 1960 alle in Ägypten wohnhaften Ausländer gezwungen waren, Arabisch zu lernen, nützten den europäischen Jungen arabische Erklärungen nicht viel. Vom klassischen Hocharabisch oder von der gehobenen Umgangssprache verstanden die meisten von uns kaum ein Wort. Wir sprachen lediglich Küchenarabisch, jene verwässerte, behelfsmäßige Lingua Franca, die Ägypter mit Europäern sprachen. Als Mohammed, unser Diener, eines Morgens vom Krankenhaus aus anrief und darum bat, einen Tag freizubekommen, weil sein Sohn von einem Lastwagen überfahren worden war, erklärte er: »Al bambino bita'a Mohammed getu morto« (»Der Sohn gehörend Mohammed tot geworden«), und dann: »Bokra lazem congé alashan lazem cimetière« (»Morgen muss freier Tag, weil muss Friedhof«). Das war nicht einmal Umgangsägyptisch, doch konnten Europäer, die es nicht für notwendig hielten, Arabisch zu lernen, in dieser verballhornten Mischung aus Französisch, Italienisch und Arabisch mit den Einheimischen kommunizieren.

Das bisschen Arabisch, das ich sprach, hatte ich an der Dienstbotentür aufgeschnappt, die im Frühling weit offen stand, wenn sich Köche und Diener aus dem ganzen Haus in Cleopatra an den warmen Ramadanabenden vor unserer Küche versammelten und warteten, bis der laute Böllerschuss vom Hafen allen frommen Moslems anzeigte, dass sie nun, nach dem langen Fastentag, wieder Essen zu sich nehmen durften. Untereinander sprachen sie unsere Lingua Franca nicht, doch verfielen sie in meiner Gegenwart automatisch in eine Art Kindersprache, deren leicht zotige Untertöne ihre Konversation auf humorvoll spöttische Weise begleiteten.

Om Ramadan kam oft in die Küche und setzte sich zu Abdou und Aziza. Fauzijah, das Dienstmädchen von nebenan, kam ebenfalls herüber, und an manchen Abenden saßen alle drei da, während Abdou den Reis siebte oder Erbsen pulte, die Botenjungen lärmend treppauf, treppab polterten und ringsum mit Tellern und Küchengeräten geklappert wurde. Ich liebte ihren Klatsch – purer, boshafter, gemeiner Klatsch – und hörte gern, wie sie sich über die anderen hinter deren Rücken beklagten, über ihre Chefs, über meine Mutter und deren Geschrei, über ihre Söhne, die auf die schiefe Bahn geraten waren, über Krankheit, Gesundheit, Tod, Skandale, Wohnverhältnisse, Armut, schmerzende Knochen und Rumatizm – oder, wie Fauzijah sagte, Maratizm, worüber sich alle jedes Mal köstlich amüsierten, denn in der verballhornten Fassung Maraftizu bedeutete es etwas Obszönes, hatte mit Frauen und deren Hinterteil zu tun.

Manchmal saß ich bei Abdou, Hisham und Fauzijah auf einem vierten Schemel, während Abdou sich mit einer gigantischen Hühnerschere seine großen Zehennägel schnitt und Fauzijah, die sich im Sitzen die geöffnete Küchentür zwischen die Knie geklemmt hatte, mit beiden Händen so komplizierte und so rasante Rhythmen trommelte, dass unser einarmiger Hisham aufstand und den zuckenden Hüftschwung einer drittklassigen Bauchtänzerin imitierte. Jeder lachte, Hisham selbst auch, und durch neuerliches Trommeln auf dem Küchentisch konnten wir drei ihn dazu bringen, noch einmal zu tanzen. Um diesen Rhythmus zu üben, hatte ich ihn einmal auf unserem Esstisch getrommelt – was meine Großmutter furchtbar degoutant fand und sie noch mehr in ihrer Ansicht bestätigte, dass ich nicht länger in Ägypten bleiben dürfe. »Wir müssen ihn nach England auf ein Internat schicken«, sagte sie.

Niemand widersprach ihr, auch meine Eltern und Tante Flora nicht.

»Er nuschelt, seine Tischmanieren sind nicht der Rede wert, und, offen gestanden, Henri«, sagte Onkel Nessim, »sein Englisch ist inakzeptabel.«

»Ich weiß gar nicht, wie ich Vili schreiben und ihn bitten kann, den Jungen für einen Sommer aufzunehmen«, fügte Tante Elsa hinzu, »er ist einfach nicht vorzeigbar.«

Verstimmt über diese Bemerkung ihrer Schwester, wies meine Großmutter darauf hin, dass ich immerhin das berühmte Victoria College besuchte – nicht ohne hinzuzufügen, dass sie diesen Umgang mit dem arabischen Personal natürlich ebenso wenig billige. Dann wandte sie sich an Madame Marie – ihre Spionin, wie meine Mutter sie nannte – und bat sie, mich von diesen Leuten fernzuhalten. Madame Marie, die für Araber nur tiefste Verachtung übrighatte, außer wenn sie sich in den Dienstbotenaufgang vorwagte, um dort jemanden um eine Zigarette zu bitten, pflichtete ihr aus vollem Herzen bei. »Selbst Hunde kläffen Araber an«, sagte sie.

Dafür machten sich die Hausangestellten ständig über sie lustig. Einer der Diener rief ihr ständig, um sie zu ärgern, einen kleinen Spottvers auf die ägyptischen Griechen hinterher. Die erste Zeile war auf Griechisch, die zweite auf Arabisch:

Ti kanis? Ti kanis?
Bayaa makanis.

(Wie gehts? Wie gehts?
Du Besenverkäufer.)

Mein Vater jedoch, den mein neuer arabischer Umgang nicht beunruhigte, fand, dass es eine hervorragende Methode sei, Arabisch zu lernen. »Er kennt jeden Koch und jeden Diener im Haus«, erzählte er unseren Gästen, so wie er damit prahlte, dass ich die Namen sämtlicher griechischer Götter und Göttinnen kannte – eine Offenbarung, die Tante Elsa und Onkel Nessim mit großem Kummer erfüllte, als ihnen klar wurde, dass ich alles über Ares und Aphrodite wusste, aber noch nie etwas von Kain und Abel gehört hatte.

»Er kennt nicht einmal die Geschichte von Abraham und Isaak, vom Marsch durch das Rote Meer ganz zu schweigen«, berichtete Elsa ungläubig bei unserem ersten Seder in Cleopatra.

»Wer sind wir eigentlich? Heiden?«, rief Onkel Nessim.

»Madame Marie, Sie müssen unbedingt etwas unternehmen, damit dieses Kind gerettet wird. Versprechen Sie uns das?«, sagte meine Großmutter.

Madame Marie, überglücklich, dass man sie während des Essens angesprochen hatte, erklärte freudestrahlend, dass auf sie Verlass sei. »Si fidi di me, Signora, vertrauen Sie mir«, sagte sie auf Italienisch – dass meine Mutter kein Wort Italienisch sprach, schien sie nicht zu kümmern.

»Ich danke Ihnen, meine Liebe«, sagte meine Großmutter.

»Salud y berakhá«, sagte meine Urgroßmutter.

Woraufhin Onkel Nessim wieder zu seiner Haggadah griff, zu blättern begann und seine Lesung fortsetzte. Auf ein Zeichen von Tante Elsa erhoben sich alle, auch Madame Marie, die zum Seder eingeladen worden war, weil es meiner Großmutter allzu unhöflich erschienen wäre, sie nach Hause zu schicken oder sie zu bitten, während der Mahlzeit wie ein Dienstmädchen in ihrem Zimmer zu bleiben. Madame Marie, eine fromme griechisch-orthodoxe Christin aus Smyrna, stand auf und setzte sich wieder, stippte ihr Essen in all die vorgeschriebenen Speisen und Soßen, aß alles, was sie uns essen sah, und wiederholte das »Amen« der anderen, wenn auch mit dem skeptischen Gesichtsausdruck eines Missionars, der gezwungen wird, das Gebräu irgendeines heidnischen Stammes hinunterzukippen. Als Angestellte in einem jüdischen Haushalt hatte sie die allergrößte Sorge, sie könne, wenn sie nicht aufpasse, zum jüdischen Glauben bekehrt werden.

»Wir sagen auch ›Amen‹«, sagte sie bemüht herzlich.

»In allen Religionen sagt man ›Amen‹«, erwiderte mein Vater.

Mein Vater neckte Madame Marie gern mit der Bemerkung, dass es ganz, ganz absurd sei, zwischen den Religionen zu unterscheiden, da vor Gott alle Menschen Brüder seien, ob Juden, Moslems, Griechisch-Orthodoxe – besonders in diesem Jahr, da Pessach, Ostern und Ramadan praktisch zusammenfielen.

»Eigentlich«, sagte mein Vater, »gibt es gar keinen Unterschied zwischen Ostern und Pessach, wenn man bedenkt, dass Ostern auf Griechisch Paska heißt, auf Italienisch Pasqua, und das kommt von dem hebräischen Wort Pesah. Was war denn Ihrer Ansicht nach das Abendmahl, Madame Marie?«

»Die letzte Mahlzeit unseren Herrn Jesus.«

»Ja, aber was haben die Jünger getan, als sie sich zum Abendmahl versammelten?«

»Gegessen, natürlich.«

»Lass sie in Ruhe«, sagte Tante Elsa, die Madame Marie zu Hilfe eilte, weil sie schon ahnte, worauf mein Vater hinauswollte.

»Was hätten sie sonst tun sollen? Abgesehen davon«, sagte sie, voller Sorge, aus mir, dem Jüngsten und Empfänglichsten, könne ebenfalls ein Freidenker werden, »Ostern ist eine Sache, Pessach eine andere.« Mit ihrer schroffen, bestimmten Art wollte sie Madame Marie vor meinem Vater schützen und ihn dafür tadeln, dass er die beiden Religionen gleichgesetzt hatte.

»Ich gebs auf«, sagte mein Vater, der wahrscheinlich vergessen hatte, dass über das Thema Abendmahl schon oft gesprochen worden war. Diesmal aber würde Madame Marie ihn nicht diese groteske Lüge wiederholen lassen, dass Jesus ein Jude gewesen sei.

»Ich weiß nur«, erklärte sie, »was meine Mutter mir erzählt hat, als ich ein kleines Mädchen war. Wenn Jesus und seine Jünger während des Abendmahls noch etwas anderes getan haben, so will ich nichts davon hören.«

In ihrem Glaubenseifer war Madame Marie derart ergriffen von der Passion Christi, dass sie an Ostern fortwährend weinte und von den Nägeln sprach, die sich durch die Hände des jungen Jesus gebohrt hätten, und von der Dornenkrone, die er auf dem Haupt getragen habe, während er mit seiner schweren Last auf den Schultern die Via Dolorosa entlangstolperte und niemand ihm geholfen habe. Weinend schloss sie sich jeden Nachmittag in unser dunkles Wohnzimmer ein und hörte das griechisch-orthodoxe Radioprogramm, summte die Liturgie mit, brach in Schluchzen aus und schluchzte in einem fort, und ihre Tränen flossen über unseren Grundig, sodass sie ihn mit ihrem Taschentuch abwischte, als wäre das Radio ein frommer Begleiter, dessen Tränen sie vollkommen verstand und den sie trösten wollte. Sogar während der griechischen Nachrichten und der »Stunde für die griechischen Kinder« musste sie weinen.

Madame Marie war zudem eine regelmäßige Kirchgängerin. Oft nahm sie mich mit, weinte dort abermals und zündete dünne Votivkerzen zum Gedenken an ihren Bruder Petro an, der sich *jetzt, wo er dort oben war* (dabei deutete sie mit dem Zeigefinger auf die abbröckelnde Decke), vielleicht bei ihrem Vermieter für sie verwenden würde, damit ihr erlaubt würde, auf der Terrasse einen sehr viel größeren Taubenschlag zu installieren. Wenn man die Kerze anzündete, durfte man nicht an den Taubenschlag denken. Manchmal zündete sie mehrere Kerzen an, nicht um ihrem Wunsch mehr Nachdruck zu verleihen, sondern weil sie sich jedes Mal beim Gedanken an den Taubenschlag ertappt hatte, was ihr Gebet automatisch zunichtemachte. Und so versuchte sie es von Neuem. Jede Kerze kostete einen Piaster, etwa fünf Pfennig. Bisweilen schien sie mit ihren Gebeten ganz zufrieden und wollte schon aufstehen, um die Kirche zu verlassen, doch dann flüsterte ich ihr ins Ohr: »Madame Marie, zünden Sie noch eine an. Ich habe an den Taubenschlag gedacht.«

Sie liebte Tauben, und nichts konnte sie mehr betrüben als der Gedanke, dass Abdou gefüllte Täubchen zubereitete – eine ägyptische Delikatesse und ein weiterer Streitpunkt zwischen den beiden.

»Aber sie sind doch so sanft und friedlich«, protestierte sie.

Abdou fuhr schweigend fort, die Vögel nach jüdischer Art zu schlachten – indem er ihnen den Hals ein-, zweimal mit einem sehr scharfen Messer aufschlitzte. Dann ließ er das Tier los und sah lachend zu, wie es, gegen Wände und Schränke taumelnd, in unserer Küche herumflatterte und überall Blut verspritzte: »Es ist nur eine Taube!«

Um sie zu reizen, erklärte Abdou, genau wie mein Vater, dass alle Menschen – Christen, Moslems, Araber, Griechen, Juden – vor Allah gleich seien. Madame Marie wies diese Behauptung wutentbrannt mit einer verächtlichen Handbewegung ab, die den Islam auf eine ganz armselige Angelegenheit reduzierte. Und um zu beweisen, dass Gott stets auf der Seite der Christen sei, erzählte sie jedem der Hausangestellten die Geschichte von den religiösen Darstellungen in der Hagia Sophia, die, nachdem die Türken Konstantinopel erobert und aus der Kirche eine Moschee gemacht hatten, übermalt worden waren; doch nachts schienen die Bilder durch die grüne Tünche der Ungläubigen hindurch und trösteten die wenigen Griechen, die sich mutig in das Gotteshaus geschlichen hatten. Als der Sultan davon hörte, ließ er alle Christen abschlachten und die Ikonen von den Wänden kratzen, bis nichts mehr von ihnen übrig blieb.

Abdou tat diese Geschichte mit einem beiläufigen »mush mumkin, unmöglich« ab.

»Und der heilige Georg?«, rief sie erregt. »Was ist mit dem heiligen Georg, der meinen Mann mitten auf der Wüstenstraße anhielt und auf das Loch im Reifen aufmerksam machte?« Madame Marie glaubte an Wunder. Sie hatte einmal al-Ifrit, den Teufel, höchstpersönlich gesehen und sogar mit ihm gesprochen, als er in Gestalt von Madame Longos Papagei gekommen war und ihre Tauben besteigen wollte.

»Kalam, kalam, Worte, Worte«, erwiderte Abdou. Er wusste, dass er die griechische Fanatikerin verhöhnte, wenn er die beiden Dinge verunglimpfte, die ihr am kostbarsten waren, ihren Glauben und ihre Tauben.

Manchmal explodierte Madame Marie vor Empörung, und sie erinnerte ihn daran, dass alle Menschen dereinst Christen würden. »Selbst Onkel Nessim, sogar Abdou, und Om Ramadan auch«, sagte sie, verzückt an den endgültigen Sieg Christi denkend.

»Unsinn«, spottete Abdou.

»Ha!«, rief sie. »Gottloses Pack! Zuerst kam Noah, dann Abraham, dann Jakob, dann Mohammed, und dann kam Christus.« Sie erregte sich immer mehr, machte mit dem rechten Arm eine weit ausholende Bewegung und rief: »Wu baadeen al-Messih getu kullu al-Chrétiens.«

Daraufhin brachen nicht nur Abdou, Fauzijah und ich, sondern alle, die auf der Dienstbotentreppe standen, in schallendes Gelächter aus. Es war nie ganz klar, was sie damit meinte, denn ihr Satz bedeutete entweder »Nach Christus kamen alle Christen« oder »Nach Christus wird jeder Christ«. Doch es war ihre hochmütige, die ganze Welt umfassende Armbewegung, die uns jedes Mal zum Lachen brachte, wenn wir sie imitierten. Innerhalb kürzester Zeit hatte diese Geste Eingang in die Annalen der Hinterhöfe von Cleopatra gefunden.

Als Madame Marie mich dabei erwischte, wie ich sie nachmachte, drohte sie, es sofort allen meinen Lehrern zu sagen.

Damit war nicht zu spaßen, denn am VC konnte einem alles, selbst der Verlust eines belanglosen Privatgegenstands, der überhaupt nichts mit der Schule zu tun hatte, als Verstoß gegen die Vorschriften ausgelegt werden, und jeder Verstoß wurde unweigerlich mit Prügelstrafe geahndet. Es gab, je nach Schwere des Delikts und Laune des Lehrers, verschiedene Kategorien von Strafen. Zuerst die Hand des Lehrers, der nach Gutdünken Ohrfeigen austeilen konnte, dann das Lineal, dann das Stöckchen, dann der Rohrstock, die furchtbare Khaizaranah. Innerhalb jeder Kategorie gab es Differenzierungen und Varianten, die des großen Marquis würdig gewesen wären. Beispielsweise konnte man mit der flachen oder mit der metallverstärkten Seite des Lineals geschlagen werden, auf die flache Hand oder auf die Finger, auf den Arm oder auf den Schenkel, mit einem geriffelten oder einem glatten, einem nassen oder einem trockenen Rohrstock, und so weiter und so fort.

Ich bezog schon an meinem allerersten Tag am VC Prügel. Ich wurde in Mathematik geschlagen, weil ich sechs und acht falsch multipliziert hatte, und bekam im Arabischunterricht fünf Schläge mit dem Lineal, weil ich, unter dem Gelächter der ganzen Klasse, sämtliche fünf Wörter eines aus fünf Wörtern bestehenden Satzes falsch gelesen hatte. Sodann wurde ich bestraft, weil ich meinen Reis nicht aufgegessen hatte und nicht wusste, wie man eine frische Dattel mit Messer und Gabel schält. Ich musste neben dem Tisch stehen, während die anderen im großen Speisesaal weiteraßen. Am liebsten hätte ich den Pelikan-Füller meines Großvaters genommen und ihn Miss Sharif, meiner Arabischlehrerin, die am oberen Ende des Tisches saß, in die Stirn gebohrt. Als der erste Tag schließlich vorbei war und ich vom Schulbus vor unserem Haus in Cleopatra abgesetzt wurde, erbrach ich das bisschen, das ich gegessen hatte. Ich wurde sofort gewaschen und ins Bett gesteckt. Ich erzählte, dass ich fünf Jungen kennengelernt hätte, alles Europäer, von denen alle bis auf einen Französisch sprachen, und alle hatten sie mir dringend abgeraten, Französisch zu sprechen.

Die Schüler, denen man auf die Hand geschlagen hatte, bliesen sich eifrig in die hohlen Fäuste. Ich hatte es auch so gemacht. Irgendwie schien es zu trösten. Manche Jungen taten es sogar schon vorher. Auch das schien zu helfen.

In der ersten Woche wurde ich geschlagen, weil ich gesagt hatte, ich sei erkältet, obwohl ich bloß vermeiden wollte, mich vor dem Schwimmunterricht in Gegenwart der anderen auszuziehen. Ich war der einzige beschnittene Europäer, und auch ohne einen entsprechenden Hinweis meines Vaters wusste ich, es war besser, niemandem zu sagen, dass ich Jude war.

Ich wurde geschlagen, weil ich vor mich hin träumte, weil ich während des Unterrichts sprach, weil mein Pelikan Tintenflecke machte. Ich wurde geschlagen, weil ich versucht hatte, diese Flecke zu entfernen. Ich wurde geschlagen, weil es mir nicht gelungen war. Ich verwendete mehr Zeit darauf, ein falsch geschriebenes Wort zu entfernen, als darauf, einen ganzen Satz zu schreiben. Ich befeuchtete die Spitze eines Radiergummis mit Spucke, und durch stetiges, vorsichtiges Reiben schaffte ich es dann, entweder ein Loch in mein Heft zu radieren oder die Tinte zu verschmieren und einen noch größeren Fleck zu produzieren. Irreparable Beschädigungen des Schreibhefts konnten bedeuten, dass man für ein und dasselbe Vergehen mehrfach bestraft wurde, denn Miss Sharif vergaß oft, dass sie jemanden für einen ganz bestimmten Fleck oder ein ganz bestimmtes Loch schon bestraft hatte. Die Seite herauszureißen, war auch keine Lösung, weil Miss Sharif die Seiten der Schreibhefte nachzählte. Jedes Heft enthielt zweiunddreißig Seiten.

Wenn sie an einem Pult auftauchte, hieß das stets Gefahr. Dann schnappte sie sich das Heft und hielt es sich, da sie nicht weiter sehen konnte als eine Handbreit vor der Nasenspitze, dicht vor die Augen, sodass ihr Gesicht völlig dahinter verschwand, las eine Weile und warf es einem dann urplötzlich hin, schleuderte eine Reihe von Beleidigungen hinterher und schlug und trat um sich. Sie warf mit allem Möglichen – Büchern, Kreide, Tafelschwämmen, Bleistiftkästchen, Magazinen – und brüllte: »Ach, du meine Schwester!«, bevor sie ihre Geschosse in die Gegend katapultierte. Sogar mit ihrer Handtasche warf sie um sich. Dann kam natürlich das Lineal – allerdings hatte Miss Sharif beschlossen, dass in meinem Fall ein größeres Folterinstrument erforderlich sei, weshalb sie ein doppelbödiges hölzernes Bleistiftkästchen benutzte, wenn sie mir auf die Hände schlug.

Bestraft wurde ich auch, wenn meine Schuhe dreckig waren. Im VC hatten Schuhe geputzt zu sein, und nach unserem spontanen morgendlichen Gebolze auf dem Fußballplatz waren sie meist dreckig und schlammverschmiert. Wie ich bald herausfand, konnte man ihnen relativ leicht den Anschein von Sauberkeit geben, indem man sie, wenn die Klasse angetreten war, um von der Direktorin inspiziert zu werden, verstohlen an den Socken blank rieb.

Miss Badawi, die Direktorin, ließ es sich nicht nehmen, unsere Fingernägel, unsere Spinde, unsere Taschen, unsere Haare zu inspizieren. Jedes Mal, wenn ich meiner Mutter erzählte, dass meine Haare in der Schule untersucht worden waren, begann sie, selbst nach Läusen zu suchen, in der Annahme, dass Lehrer das nur praktizierten, wenn bereits eine Läuseepidemie ausgebrochen war. Ich weiß noch, wie wir die Köpfe hinhalten mussten und Miss Badawi oder Miss Sharif oder Miss Gilbertson, meine Englischlehrerin, mit groben Fingern und Nägeln über unsere Kopfhaut fuhren. Abgesehen von der Demütigung, vor der ganzen Klasse als Träger von Läusen bezeichnet zu werden, wurde man sofort zum Schulfriseur geschickt, der einem den Kopf kahl schor, sodass jede Schramme zu sehen war. Eines Tages wurde Charlie Atkinson geschoren, ein schlaksiger, blonder, sanftmütiger Junge mit lockigem Rupert-Brooke-Haar. Er verließ das Klassenzimmer mit seiner eindrucksvollen Haarpracht, in der sich das Sonnenlicht fing. Als er zurückkehrte, lachte die ganze Klasse. Niemand hätte gedacht, dass Charlie in Wirklichkeit einen so kleinen Kopf hatte. Anderntags stieg sein Vater, ein korpulenter Mann um die sechzig, der in Ägypten alles verloren hatte, aber nie freiwillig fortgegangen wäre, aus einem uralten Cadillac und begab sich, seinen Sohn an der Hand, in Miss Badawis Büro.

Jeder wusste, dass er sich über das Unrecht beschweren wollte, das man seinem Sohn angetan hatte, und während Miss Gilbertson uns in englischer Grammatik unterrichtete, spitzten wir die Ohren, und unsere Herzen klopften so laut, dass wir, wenn sie uns aufrief, keinen einzigen vernünftigen Satz herausbrachten. Wir hörten nichts. Jeder rechnete mit dem Schlimmsten. Zehn Minuten später klopfte es an der Tür. Miss Gilbertson, die Störungen ihres Unterrichts nicht leiden konnte, rief: »Herein.« Es war Charlie. Er entschuldigte sich für die Verspätung und ging auf Zehenspitzen zu seinem Pult. Er setzte sich still hin und schien sein Buch auf der Seite aufschlagen zu wollen, die im Unterricht gerade behandelt wurde, als er, zur allgemeinen Verblüffung, die schlimmste Sünde beging: Er klappte den Deckel seines Pultes auf. Miss Gilbertson, voller Schadenfreude, war schon unterwegs, um ihm mit dem Lineal eine Tracht Prügel zu verabreichen, als eine Stimme von der Tür her sie innehalten ließ. Es war Miss Badawi; neben ihr stand Atkinson senior. In unserer Aufregung hatten wir die beiden gar nicht bemerkt.

Unterdessen leerte Charlie sein Pult, so rasch er konnte, stopfte Bücher, Bleistiftkästchen und Schreibhefte in seinen Sportbeutel. Ruhig, als hätte er seine Schritte so oft geprobt, dass er sich gar nichts mehr dabei denken musste, ging er zu seinem Schrank an der hinteren Wand, öffnete ihn mit seinem Schlüssel und leerte den Inhalt in seinen Beutel und seine Hosentaschen. Dann nahm er seine unübertrefflichen, weich genoppten Tischtennisschläger, die es in Ägypten längst nicht mehr zu kaufen gab, und rief mit erregter, schriller Stimme: »Wer will sie?« Da brach eine Massenhysterie aus, und jeder brüllte wie verrückt »Ich!«, ohne daran zu denken, wer zusah oder nicht. Charlie warf erst den einen und dann den anderen Schläger in unsere Mitte. Ein wilder Kampf setzte ein, jeder fiel über Amr her, dessen Pult zufällig in der Mitte des Zimmers stand und der nicht begriff, was geschah, weil er kein Wort Englisch sprach.

Dann ging Charlie Atkinson hinaus. Draußen vor dem Gebäude wartete er mit seinem Vater auf den Chauffeur. Das war das Letzte, was wir von ihm sahen.

Einen Monat später wurde Daniel Biagi geschoren.

Dann kam Osama al-Bascha dran. Sein Vater war zwar Ägypter, aber seine Mutter war eine Engländerin, wie sie im Buche stand. Osama selbst sah typisch englisch aus, hatte einen astreinen englischen Akzent und imitierte manchmal zum Spaß Laurence Olivier, dem er ähnelte. Auf Arabisch brachte er kaum einen Satz zustande. Auch er wurde, nachdem man ihn geschoren hatte, vom Victory College genommen.

Ich wusste, dass auch ich bald an der Reihe sein würde.

Eines Tages gab ich meinem Vater einen Brief meiner Arabischlehrerin, den ich über eine Woche in meiner Mappe mit mir herumgetragen hatte. Vater sah das Datum der sauber geschriebenen, französisch abgefassten Mitteilung und fragte, wieso ich sie ihm vorenthalten hätte. Ich sagte, ich hätte einfach nicht mehr daran gedacht. Wie ich schon ahnte, beschwerte sich meine Lehrerin darüber, dass ich nie Hausaufgaben machte, dass ich im Unterricht nie aufpasste, und erklärte, dass ich fraglos sitzen bleiben würde.

Mein Vater ging mit mir ins Wohnzimmer und fragte mich, warum ich meine Arabisch-Hausaufgaben nicht machte.

Ich wusste es nicht.

»Du weißt es nicht?«, fragte er.

Ich wusste es nicht.

»Hast du *überhaupt* schon mal Arabisch-Hausaufgaben gemacht?«, fragte er, als interessierte es ihn einfach. Ich dachte eine

Weile nach, und plötzlich wurde mir klar, dass ich tatsächlich noch nie Arabisch-Hausaufgaben gemacht hatte.

»Kein einziges Mal?«, fragte er sarkastisch.

»Kein einziges Mal«, wiederholte ich, ohne zu merken, dass sein Sarkasmus mir galt und nicht der Vorstellung, im Fach Arabisch Hausaufgaben machen zu müssen.

Mein Vater rief Madame Marie. Nachdem er die Tür geschlossen hatte, machte er Madame Marie Vorwürfe, weil sie sich nicht darum gekümmert hatte, ob ich meine Hausaufgaben machte oder nicht. Sie ließ ihn schimpfen, doch als er sie eine dumme Kuh nannte, sank sie auf einen Stuhl und bat meinen Vater, solche schlimmen Worte nicht in Gegenwart des Kindes zu sagen. Nicht einmal ihre Mutter habe dergleichen zu ihr gesagt, und sie werde sich das mit ihren vierzig Jahren von niemandem gefallen lassen.

»Madame Marie …« Mein Vater, der inzwischen das letzte bisschen Geduld verloren hatte, versuchte, ihr klarzumachen, dass man meine mangelnden Leistungen im Arabischunterricht als Widerstand gegen das herrschende Regime auslegen könne. Jeder habe Arabisch zu lernen.

»Aber die anderen europäischen Jungen lernen doch auch nicht Arabisch«, gab ich zu bedenken.

»Diejenigen, die das Land verlassen, brauchen sich wohl auch nicht um Arabisch zu kümmern. Da wir aber nicht die Absicht haben, zu gehen«, fuhr er fort, »sollten wir wenigstens so tun, als sei Arabisch für uns wichtig. Und jetzt zeig mir deine neueste Aufgabe!«

Ich öffnete die Schulmappe und holte ein Arabisch-Lehrbuch heraus, dessen Seiten noch nicht einmal aufgeschnitten waren. Ich sagte, ich müsse ein Gedicht lernen.

»Wo steht es?«, fragte er.

Ich versuchte, die fragliche Seite zu finden, hatte aber keinen Erfolg, da sich die Seiten noch nicht umblättern ließen. »Es steht auf Seite zweiundvierzig«, erinnerte ich mich schließlich.

»Ihr seid im Unterricht schon auf Seite zweiundvierzig, und du hast noch kein einziges Mal Hausaufgaben gemacht?«, fragte er, während er mir half, die Bogen mit einem Papiermesser aufzuschneiden.

Die Illustration, die dem Gedicht beigegeben war, zeigte einen jungen ägyptischen Soldaten, der drei alten Männern mit drei zerrissenen Fahnen um den Leib seinen Krummsäbel entgegenschwang. Der Erste trug den Union Jack, der Zweite die Trikolore, und der Dritte, ein glatzköpfiges Männlein mit buschigen Koteletten, mächtiger Hakennase und Spitzbart, war in einen Fetzen mit dem Davidsstern gewickelt.

Ich betrachtete das Zwanzig-Zeilen-Gedicht, starrte schwitzend auf die Schriftzeichen, die buchstäblich auf der Seite verschwammen.

»Meine Augen brennen«, sagte ich.

Madame Marie trat näher heran und sah mir über die Schulter. Auf diese Weise konnte sie dem tadelnden Blick meines Vaters ausweichen.

»Ich kann nicht lesen«, sagte ich.

Er stutzte. »Du kannst nicht lesen? Damit ich dich recht verstehe: Nicht nur, dass du das Gedicht nicht gelernt hast, du kannst es nicht einmal lesen?«

Ich nickte.

»Wie gedenkst du, es auswendig zu lernen, wenn du es nicht einmal lesen kannst?«

»Das weiß ich nicht«, antwortete ich und starrte weiter auf mein Buch. Ich merkte, wie ich zitterte. Ich wollte das Zittern verbergen, indem ich noch angestrengter das Bild ansah, aber mein Atem ging zu flach, und mein Kinn wackelte, als würde es von losen Drähten zusammengehalten. Ich ertappte mich dabei, wie ich ein paar Wörter nuschelte. Ich wusste, es würde kein Zurück geben, ich würde bestimmt weinen.

»Was ist denn?«

»Nichts«, schluchzte ich.

Mein Vater sah das Bild.

»Mir ist egal, wie du es anstellst«, sagte er, »aber bis morgen früh hast du dieses Gedicht gelernt.«

»Wie soll er es lernen, wenn weder Sie noch ich Arabisch lesen können?«, fragte Madame Marie.

»Abdou wird ihm helfen.«

Mein Vater rief nach Abdou. Sekunden später klopfte es an der Wohnzimmertür. Abdou kam mit einer Untertasse herein, auf der wackelnd ein Glas Wasser stand. Das Wasser war für mich, er hatte mein Schluchzen gehört.

»Ich möchte, dass du ihm hilfst, ein Gedicht zu lernen.«

»Ich kann aber nicht lesen.«

»Gibt es hier irgendjemanden, der Arabisch lesen kann?«

»Mein Sohn Ahmed«, sagte Abdou. »Soll ich ihn rufen?«

»Mach schon, ruf ihn«, brüllte mein Vater. Dann wandte er sich wieder an mich: »Geh jetzt essen. Sobald Ahmed da ist, sehen wir weiter.«

»Trotzdem, Kinder sollten nicht solche abscheulichen Dinge lernen«, flüsterte Madame Marie meinem Vater zu. Sie meinte die Illustration.

»Abscheulich oder nicht, er wird tun, was alle anderen auch tun.«

Eine halbe Stunde später bekamen wir Besuch. Unsere Nachbarin, Madame Nicole, eine Belgierin, erschien mit ihrem Mann, einem koptischen Ägypter. Eine andere Nachbarin,

Sarina Salama, eine Jüdin, kam mit ihrer Tochter Mimi und einem Freund, Monsieur Phares, dem Maler. Getränke wurden serviert. Mohammed wurde losgeschickt, gesalzene Erdnüsse einzukaufen. Man war gekommen, um zu besprechen, in welchen Film man abends gehen wollte. Zur Auswahl standen *Sayonara* oder *Zwei rechnen ab.* Meine Mutter, Madame Salama und Mimi hatten keine Lust auf einen Western. *Sayonara* klang gut, aber Schießereien und Feuergefechte – ausgeschlossen. Meine Mutter fragte Madame Salama, ob Abdel Hamid, ihr steinreicher ägyptischer Liebhaber, mitkomme. »Er kommt mit, aber erst, wenn das Licht im Zuschauerraum ausgegangen ist. Ich muss ihm eine Eintrittskarte kaufen – stellen Sie sich vor, *ich* muss *ihm* eine Karte kaufen! – und sie an der Kasse auf den Namen ›Monsieur Cesar‹ hinterlegen.« »Aber ist Marlon Brando denn nicht Jude?«, fragte Mimi, was sich darauf bezog, dass Filme mit jüdischen Schauspielern in Ägypten nicht gezeigt werden durften – weshalb *Cleopatra* nie aufgeführt wurde. Auch Filme mit Edward G. Robinson waren verboten und alle Filme mit Paul Newman, der als Jude galt. *Ben Hur, Die Zehn Gebote* und *Exodus* wurden, da es in ihnen um jüdische Themen ging, in Alexandria nie gezeigt. Kirk Douglas dagegen war ein solcher Inbegriff von Amerikaner, dass kein Zensor und überhaupt niemand in Ägypten, nicht einmal wir, auf den Gedanken gekommen wäre, dass er eigentlich Issur Danilowitsch hieß. Monsieur Phares lachte über Mimis Frage und sagte, es sei typisch jüdisch, anzunehmen, dass alle prominenten Leute insgeheim ihre Brüder seien.

Meine Mutter beugte sich zu meinem Vater und fragte ihn leise, ob sie mich mitnehmen könnten. »Seit wann dürfen Jungen in seinem Alter mitten in der Woche ins Kino?«, sagte er mit erhobener Stimme.

An der Tür wurde leise geklopft. Es war Abdou. »Mein Sohn ist da«, verkündete er. Ich sah Ahmeds Gesicht an der Tür.

»Gut«, sagte mein Vater, stand auf und reichte Ahmed die Hand. Er bat Abdou, seinem Sohn etwas zu essen zu geben, der, wie er wusste, den ganzen Tag gefastet hatte.

Mein Vater holte einen Einpfundschein aus der Hosentasche und gab ihn dem jungen Mann. Ahmed wich zurück und erklärte mit abwehrender Geste, er sei nicht des Geldes wegen gekommen. Mein Vater sagte, er sei ihm sehr dankbar, dass er während des Ramadan gekommen sei, und dass er beleidigt sei, wenn der junge Mann das Geld nicht annehme. Abdous Sohn sagte »Mush lazem, es ist nicht nötig«, während mein Vater ihn geradezu anflehte: »Lazem, lazem«, bis Ahmed schließlich nachgab.

Ahmed hatte kaum Zeit, eine Kleinigkeit zu essen, da wurde er schon über den Korridor zu meinem Zimmer geführt, wo sein Vater auf einen Stuhl neben meinem Schreibtisch wies. Der junge Mann zog sein Jackett aus, ließ es auf mein Bett fallen, besann sich dann aber und hängte es ordentlich über die Stuhllehne. Er setzte sich, rückte etwas näher an den Tisch, errötete etwas, lächelte schüchtern und nahm mit seiner schmalen, olivfarbenen, ein wenig zitternden Hand das Buch und suchte die Seite zweiundvierzig. Als er sah, dass die anderen Seiten noch nicht aufgeschnitten waren, lehnte er sich ohne den geringsten Kommentar zurück, griff tief in seine Tasche, holte ein kleines Papiermesser heraus und schnitt mit geschickten, energischen Bewegungen, aus dem Handgelenk heraus, die Seiten auf, wie es ihm der Scheich beigebracht hatte, bei dem er Lesen und Schreiben gelernt hatte. Anschließend legte Ahmed das geöffnete Buch flach auf den Tisch und strich mehrere Male mit der Hand über die Bindung, ohne den Rücken zu beschädigen, bis es auf Seite zweiundvierzig aufgeschlagen blieb.

Wieder errötete er, vielleicht weil ihm unsere vertauschten Rollen peinlich waren, vielleicht aber auch, weil ihm plötzlich aufging, dass er einem Juden ein Gedicht beibringen musste, das Juden verunglimpfte.

Er las erst einmal das ganze Gedicht für sich. Dann sprach er, wie meine Arabischlehrerin im Unterricht, die ersten Worte vor, wiederholte sie und ließ sie von mir nachsprechen. Den Inhalt erklärte er mir nicht; Gedichte wurden nie erklärt. In ihnen ging es immer um Gift, Juden, Rache und Heimat. Er sagte die Wörter langsam und bedächtig vor, und meine Fehler korrigierte er, indem er die Wörter bloß richtig wiederholte und dabei jedes Mal lächelte, als würde ich ihm schon dadurch einen besonderen Gefallen tun, dass ich unergründliche Worte in klassischem Arabisch sprach.

Binnen einer Stunde hatte ich das Gedicht auswendig gelernt. »Lies es dir noch einmal durch, bevor du zu Bett gehst und sobald du morgen aufwachst«, sagte er, als empfehle er mir eine Arznei, denn auf diese Weise hatte er fast den gesamten Koran auswendig gelernt. Ich erklärte ihm, dass ich nicht besonders gut lesen könne. »Soll ich es dir beibringen?«, fragte er, als wäre es die natürlichste Sache der Welt. »Es ist ganz leicht«, sagte er.

In der nächsten Stunde lernte ich die einzelnen Wörter buchstabieren. Bevor er ging, ließ er mich das ganze Gedicht noch einmal aufsagen. »Siehst du, wie einfach es war – und du hattest solche Angst«, sagte er, während Madame Marie uns in die Küche begleitete. Ich hatte mir eingebildet, meine Angst ganz geschickt verborgen zu haben.

Im Bett blätterte ich in dem Buch herum, bevor ich mich dem Gedicht zuwandte, betrachtete die Illustrationen, Darstellungen kräftiger arabischer Burschen, die mit spitzen Bajonetten zur Befreiung Palästinas voraneilten, während tausend angstzitternde jüdische Nasen auf die unerschrockenen Sieger anlegten, die auf der Fahne Israels herumtrampelten. Überall lagen Leichen im Sand. Zu jedem Gedicht gab es eine ähnliche Illustration, nur bei dem Gedicht zum Muttertag zeigte der Künstler eine erschöpfte, ägyptische Mutter mittleren Alters, umringt von sieben Kindern, von denen der älteste Sohn in der einen Hand eine gigantische ägyptische Fahne, in der anderen ein Porträt von Präsident Nasser hielt. Er trug eine Mischung aus Kadettenuniform und Schuluniform, die Hemdsärmel waren bis zu den Schultern hochgekrempelt.

Plötzlich erfasste mich Panik, und ein Gedanke schnürte mir die Brust zusammen. Was, wenn ich das Gedicht vergaß, das ich gerade gelernt hatte? Sofort wiederholte ich die erste Zeile. Nein, die Wörter waren alle an der richtigen Stelle, nichts war vergessen.

Später in der Nacht wurde ich von Regen geweckt, der leise ans Fenster trommelte. Voller Freude und Dankbarkeit lauschte ich dem friedlichen Frühjahrsschauer, der auf die Straßen von Cleopatra niederging; aus dem Geräusch schloss ich, dass das Regenwasser nicht an den Läden herunterlief und sich auf dem Fenstersims in kleinen Seen sammelte, sondern direkt gegen die Fensterscheibe prasselte. Abdou hatte mir zuliebe, gegen die Anordnung meiner Mutter, die Fensterläden offen gelassen, damit das Licht frühmorgens ins Zimmer fiel und mich an die Sommermorgen in unserem Strandhaus in Mandara erinnerte. Ich fragte mich, was meine Mutter gegen geöffnete Fensterläden hatte, zumal nachts die Lichtreflexe von den Nachbarhäusern an die Decke geworfen wurden.

Ich stellte meinen Kurzwellenempfänger an und lauschte einem französischen Schlager.

Stunden später hörte ich Mutter auf Zehenspitzen ins Zimmer schleichen. Das Rascheln ihrer Kleider verriet mir, dass sie noch im Mantel zu mir hochgekommen war. Sie waren tanzen gewesen – ich wusste, dass sie gern tanzte, und als sie sich herunterbeugte, um mir einen Kuss zu geben, bemerkte ich, dass ihr Atem nach Wein roch. Ich freute mich für die beiden.

Sobald ich am nächsten Morgen aufwachte, überprüfte ich, ob das Gedicht in meinem Kopf noch aufzufinden war. Zu meiner allergrößten Verwunderung hatte es sich nicht von der Stelle gerührt.

Als ich das Esszimmer betrat, war mein Vater gerade dabei, ein weich gekochtes Ei zu verzehren. Er trug einen Morgenmantel und hatte eben erst geduscht. Neben ihm saß Monsieur Politi, der gleichfalls ein weich gekochtes Ei aß. Hinter meinem Vater stand Abdou mit der Teekanne und wartete offensichtlich auf eine lobende Erwähnung seines Sohnes.

Mein Vater erkundigte sich nach meiner abendlichen Nachhilfestunde. Ich berichtete, dass ich das Gedicht auswendig gelernt hätte. Er bat mich, es vorzutragen. Ich schüttelte den Kopf. Daraufhin fragte er Abdou: »Will Ahmed ihm Privatstunden geben?« Abdou sagte, er könne sich nichts Besseres wünschen, es sei nur so, dass sein Sohn bald eingezogen und zwei Jahre lang nicht zur Verfügung stehen würde. »Schade. Dann müssen wir uns einen anderen Lehrer suchen.«

Nie mehr würde Arabisch lernen so leicht sein wie an jenem Abend mit Ahmed.

An diesem Tag machte ich mich während einer kleinen Schulpause über Amr lustig, der, wie viele Araber, in der Aussprache des Englischen nicht zwischen B und P unterscheiden konnte. Miss Gilbertson hatte am Morgen versucht, ihm den

Unterschied beizubringen. Von ihrem bornierten und unbedarften Standpunkt aus musste es den Anschein haben, als wollte Amr aus Trotz nicht lernen. Sie zitierte ihn vor die Klasse, nahm einen Zettel, zerriss ihn in kleine Stücke und legte sich fünf oder sechs dieser Papierschnipsel auf die Hand. Dann hielt sie die Hand dicht vor den Mund und sprach ein deutliches »B«. Nichts passierte. »Und jetzt der Unterschied, pass auf«, sagte sie und sprach ein »P«, dass ihr die Schnipsel aus der Hand flogen. »Hier, jetzt du!« Sie legte ein paar Fetzen in Amrs Hand. »Sag bah!«, sagte sie. »Bah«, wiederholte er. Nichts passierte. »Und jetzt sag pah!« Amr sagte »bah«. »Nein, pah«, verbesserte sie ihn. »Bah«, sagte er. »Nein, du Esel, es heißt pah, pah, pah!« Sie wurde dabei immer lauter, und alle Papierfitzelchen flogen ihr aus der Hand. »Bah, bah, bah«, wiederholte Amr, durchaus bemüht, sie zufriedenzustellen, und als er ihre Verärgerung bemerkte, produzierte er ein letztes kraftloses, hoffnungsloses »Bah«.

Inzwischen grölte die ganze Klasse, und manche Schüler fielen von den Stühlen vor Lachen. Selbst Miss Gilbertson, die nie lachte und auf deren Gesicht sich ein boshafter Blick eingegraben hatte, schmunzelte zuerst über Amrs erfolglose Bemühungen, kicherte dann und prustete schließlich los, was für die ganze Klasse das Signal war, in wildes Gejohle auszubrechen, während Amr verwirrt und niedergeschmettert dastand, bis er sich sagte, dass es keinen Grund gab, nicht mitzulachen, und ebenfalls lachte.

In der Mittagspause stieß ich auf Amr und fragte ihn aus Jux, ob er sein Bäckchen schon zur Bost gebracht habe. Er wusste, dass ich mich über ihn lustig machte, und bezeichnete mich als kalb al-Arab, Hund der Araber. Das ging zu weit; ich stürzte mich auf ihn, und wir rauften uns, bis die Direktorin herbeigelaufen kam und uns trennte. »Ihr sollt nicht miteinander kämpfen«, rief sie. »Er hat mich aber beleidigt«, rechtfertigte ich mich. »Er hat mich kalb al-Arab genannt.« Sie ließ mir keine Zeit, meine Beschwerde zu beenden. »Aber du bist doch der Hund der Araber«, sagte sie lachend auf Arabisch, als wäre es das Selbstverständlichste der Welt.

In meiner Überraschung sagte ich mir, dass ich sie bestimmt falsch verstanden hatte. Ich wollte schon wieder protestieren, sagte aber nichts und ging in den Duschraum, wo Michel Cordahi, der aus einer der reichsten christlichen Familien in Ägypten kam und dessen Muttersprache Französisch war, mir half, mein aufgeschürftes Knie mit Wasser zu spülen. Ich wusch mich, so gut es ging, und erschien, die Beine noch immer vom Sturz gerötet, zum Arabischunterricht.

Miss Sharif sprach zunächst kurz über das Gedicht und ließ sich die Namen aller arabischen Staaten auf der Welt aufzählen. Das Gedicht selbst war eine lange, schwülstige patriotische Ode auf die Einheit der Araber. Es verleumdete nahezu alle europäischen Nationen und rief zum Schluss alle arabischen Jungen und Mädchen dazu auf, die beiden letzten arabischen Länder, die noch unter dem Joch der Fremdherrschaft standen, zu befreien: Algerien und Palästina. Frankreich und England wurden entsprechend verdammt. Zum Abschluss ihrer kleinen Ansprache zog Miss Sharif über die Yahud her, die Juden, indem sie die Faust zu einer Art Salut reckte, und jedes Mal, wenn sie das Wort aussprach, spürte ich, wie ein Adrenalinstoß durch meine Adern fuhr. Die Schüler reagierten auf Miss Sharifs Schlachtrufe, indem sie Fragen stellten und Zustimmung äußerten, was die Intensität ihrer Empörung nur noch steigerte. An den Wänden des Klassenzimmers hingen handgeschriebene bunte Plakate, von den Schülern selbst gemacht, auf denen der Imperialismus, der Zionismus und die Falschheit der Juden verdammt wurden.

Eine hässliche und gefährliche Atmosphäre lag jedes Mal im Raum, wenn das Wort Yahud fiel. Dann erstarrte ich hilflos und wünschte mir, eine unbekannte Macht möge kommen und mich wegholen, die Decke möge über Miss Sharif einstürzen, und ein furchtbares Meerungeheuer möge vor unserem Klassenzimmer ein Geheul anstimmen. Mit unbeweglicher Miene versuchte ich, mich innerlich zurückzuziehen, ins Leere zu starren und meinen Gedanken nachzuhängen.

Während Miss Sharif über Nassers Vision einer vereinten panarabischen Nation sprach, wartete ich auf das Unvermeidliche. Sie hatte mich schon gewarnt, dass ich an diesem Tag das Gedicht als Erster würde aufsagen müssen, und ich wusste, dass sie am Ende ihrer kleinen Rede an ihr Pult treten, in ihrer Handtasche die Brille suchen, das Buch aufschlagen würde und dann, den Blick zum Fenster lenkend, als wären ihre Gedanken ein wenig abgeschweift und hingen noch immer über dem großen grünen Kricketplatz, plötzlich meinen Namen aufrufen würde. Jeden Moment würde es so weit sein. Ruhig riss ich eine winzige Ecke aus meinem Schreibheft und malte einen Davidsstern darauf. Vielleicht würde er mir Glück bringen. Da ich nicht wusste, was ich mit dem Stern anfangen sollte, und ihn weder auf meinem Pult liegen lassen noch in meiner Hosentasche herumtragen wollte – es bestand immer die Gefahr, vor versammelter Klasse durchsucht zu werden –, steckte ich ihn in den Mund, schob ihn ein wenig herum und ließ ihn dann am Gaumen kleben, weit weg von Zunge oder Zähnen, so wie Michel Cordahi es nach eigenem Bekunden mit der Hostie machte.

Wieder suchte ich in meiner Erinnerung nach der Anfangszeile des Gedichts. Die Worte waren noch immer da, vollzählig, wie Kinder, die schon vor Stunden zu Bett gebracht wurden und sich nicht gemuckst haben. Beinahe liebevoll dachte ich an sie.

Dann rief Miss Sharif mich auf. Das Adrenalin schoss mir durch die Adern, und gleichzeitig erfasste mich ein kalter, lähmender Krampf.

Ich trat vor die Klasse, räusperte mich, räusperte mich noch einmal. Ich wollte das Gedicht schnell aufsagen, es rasch hinter mich bringen. Ich sagte den Titel, rezitierte die erste Zeile, die nur eine Wiederholung des Titels war, und suchte, durchaus zufrieden mit mir, schon nach der dritten Zeile, als plötzlich das ganze Gedicht verschwand.

Ich erkannte einige der Worte, die mir von den Jungen in der ersten Reihe vorgeflüstert wurden, konnte sie aber nicht zusammenfügen. Und da ich wusste, dass Miss Sharif das Flüstern und Wispern ebenfalls gehört haben musste, war mir nicht klar, ob ich es mit einem beiläufigen Lächeln bestätigen oder bloß ins Leere starren und so tun sollte, als hätte ich nichts gehört.

»Das ist ein wichtiges Gedicht, das wichtigste Gedicht im ganzen Buch«, sagte Miss Sharif. »Warum hast du es nicht gelernt?« Ich konnte es nicht erklären. »Ich weiß nicht mehr, was ich mit dir anfangen soll«, sagte sie und steigerte sich immer mehr in ihre Erregung hinein. »Ich weiß es nicht, ich weiß es einfach nicht – ach, du meine Schwester!« Sie bekam einen Wutanfall und schien mich jeden Moment schlagen zu wollen. »Ach, du meine Schwester!«, rief sie wieder und warf mit der bunten Kreide um sich, mit der sie die Umrisse der arabischen Welt an die Tafel gemalt hatte. »Wir werden zu Miss Badawi gehen müssen.«

Als wir an diesem kühlen, sonnigen Vormittag zu Miss Badawis Büro unterwegs waren, dachte ich, dass sie wahrscheinlich zum Stock, womöglich sogar zum Rohrstock greifen würde. Viel mehr Sorge bereitete mir jedoch die Aussicht, mein Vater könne von meiner Missetat erfahren. Am Abend würde er in

Zorn geraten und mir abermals erklären, dass mein Verhalten den Polizeispitzeln zeigen würde, dass niemand in meinem Elternhaus den Arabischunterricht sonderlich ernst nahm. Und das würde meinen Eltern bestimmt das Genick brechen.

Zu meiner Überraschung bekam ich nicht den Stock zu spüren. Stattdessen rief Miss Badawi zu Hause an und erklärte, dass ich für diesen Tag vom Unterricht suspendiert sei. Meine Mutter und Madame Marie sprangen in ein Taxi und holten mich eine halbe Stunde später ab. Meine Mutter entschuldigte sich, mit Madame Maries dolmetscherischer Hilfe, bei Miss Badawi und versprach, dass ich ab sofort bei einem Hauslehrer täglich Arabischstunden bekommen würde.

Als sie mich draußen vor dem Schulgebäude fragte, warum ich das Gedicht nicht gelernt hatte, brach ich weinend zusammen.

»Wir fahren mit der Straßenbahn nach Hause«, sagte sie.

An der Endstation Victoria stiegen wir in den Zweite-Klasse-Wagen, gingen sofort auf das Oberdeck und zwängten uns auf die Plätze unter freiem Himmel, rechts neben der Treppe. Als alte Alexandrinerin hatte meine Mutter vor dem Einsteigen noch daran gedacht, geröstete Erdnüsse für unterwegs zu kaufen. Es war windig, und trotz einiger Wölkchen am Himmel würde es sicher ein schöner, sonniger Tag bleiben. Von unserem Platz aus konnte ich das stuckverzierte Türmchen auf dem Schuldach sehen, über dem Speisesaal, wo jetzt die anderen zur Mittagsmahlzeit anstanden. Ich dachte an das Essen, den immer gleichen billigen, ekelhaft klebrigen Reis, durchsetzt mit ein paar Fleischstückchen. Jemand in der Schule hatte einen kleinen Vers auf Arabisch gedichtet, den ich, im Gegensatz zu allen anderen arabischen Gedichten, die ich gehört habe, nie vergessen werde:

Captain Toz
akal al-lahma
wu sah al-roz.

(Käpt'n Pfui
aß das Fleisch
und nicht den Reis.)

Bei dem Gedanken an diese Worte hätte ich fast losgelacht. Ich erzählte sie meiner Mutter, die mein Lächeln gesehen hatte und den Grund dafür wissen wollte. Auch sie erinnerte sich an schlechtes Essen bei Madame Tsotsou und sagte, sie wisse, wie brutal Lehrer sein könnten. Sie lachte über Captain Toz und überlegte, wie er es schaffte, den entsetzlichen Reis nicht zu essen. Am VC mussten wir unsere Teller leer essen. »Und wenn nicht?«, fragte sie. »Dann wird man geschlagen.« »Das werden wir noch sehen«, sagte sie und griff in die Erdnusstüte.

Rumpelnd und quietschend setzte sich die Bahn in Bewegung. Bald hatte sie die Kurve bei Victoria hinter sich gelassen und fuhr, an Tempo gewinnend, der nächsten Haltestelle entgegen.

»Wir fahren nicht nach Hause«, sagte meine Mutter spontan. »Wir fahren in die Stadt.«

Das war ein Wunder. Wir würden vom einen Ende der Stadt bis ans andere fahren, irgendwo zu Mittag essen und schließlich Miss Sharif und Miss Badawi und die Ode auf die arabische Einheit vergessen haben. »Mach dir nicht immer so viele Gedanken«, sagte meine Mutter, als ich sie fragte, was Miss Badawi wohl meinem Vater erzählen würde. Sie schaute nach rechts und nannte den Namen der ersten Haltestelle nach Victoria, mit jenem unbekümmerten, munteren, mädchenhaften Lächeln, das meinen Vater fuchsig machte, wenn er schlechte Nachrichten brachte. Dann bezeichnete er sie als die verantwortungsloseste, eigensüchtigste Opportunistin, die er kenne, nur weil sie sich weigerte, so wie er die Stirn in Falten zu legen und sich zu sorgen.

»Das ist Laurens«, sagte sie und zeigte zur nächsten Haltestelle, deren Bahnsteig um diese Uhrzeit still und verlassen dalag. Und ehe ich michs versah, nannte sie die Namen aller Haltestellen der Victoria-Linie, eine Litanei von französischen, griechischen, deutschen, arabischen und englischen Namen, die auf ewig in meinem Gedächtnis eingebrannt sind, zusammen mit dem Bild meiner Mutter, wie sie oben auf dem offenen Verdeck saß, mit Sonnenbrille und buntem, wehendem Halstuch und eine Zigarette rauchend, während ihr die schwarzen Haare ins Gesicht flatterten und sie versuchte, so gut sie konnte, mich von meinen Schulsorgen abzulenken. Nie würde ich diese Namen vergessen: Sarwat, San Stefano, Zizinia, Mazloum, Glymenopoulos, Saba Pascha, Bulkley, Rouchdy, Mustafa Pascha, Sidi Gaber, Cleopatra, Sporting, Ibrahimieh, Camp de Cesar, Chatby, Mazarita, Ramleh.

Kurz vor Rouchdy tauchten alte Villen mit großen Bäumen und Gärten auf, einige sogar mit Springbrunnen. Als sich der Wagen schaukelnd in eine Linkskurve legte, erkannte ich plötzlich die Villa der Montefeltros. Auch dieses Haus war, wie so viele andere, in eine staatliche arabische Schule umgewandelt worden. Lärmende Mädchen in kakifarbenen Kitteln tollten im Park umher. Als ich Signor Ugo erwähnte, sagte meine Mutter, er sei jetzt Geschichtslehrer am Lycée Saint Marc.

»Wir gehen ins Kino«, sagte sie.

Nach dem Ramadan in jenem Jahr beschloss mein Vater, einen Arabischlehrer einzustellen: Scheich Abdel Nagib. Das Einzige, woran ich mich bei ihm noch erinnere, sind seine außerordentlich übel riechenden Füße und seine schwielige Hand, die auf meinem Schenkel lag, während er meine Aussprache der Koranworte verbesserte. Er unterrichtete nur den Koran und ließ mich jedes Mal nur ein oder zwei Suren auswendig lernen, ohne sich aber irgendwann die Mühe zu machen, sie mir zu erklären. Meine Aufgabe beschränkte sich darauf, jeden Tag viele, viele Male Suren abzuschreiben.

Verglichen mit dem Arabischunterricht an der Schule, gab es nichts Angenehmeres für mich, als stundenlang am Tisch zu sitzen und dieselbe Sure zehn-, zwanzig-, dreißigmal abzuschreiben, während die Aprilsonne auf meinem Heft lag und eine stille, friedliche Atmosphäre in meinem Zimmer verbreitete, die Wand, die Bücher, den Tisch, meine Hand und meinen Koran beschien wie eine Verheißung von gleißender Sommersonne, Badewetter und Strandvergnügungen.

Eine alte Matisse-Reproduktion in meinem Zimmer strahlte im Morgenlicht, und durch das Balkongeländer vor dem Atelier des Malers in Nizza schimmerte, wie immer, das blaue Meer.

Aus Abdous Küche zog ein Duft von Limonen, Melonen und überreifen Gurken. Jederzeit konnte jetzt gepackt werden, Betttücher würden über die Möbel gebreitet, und dann würden wir hinausfahren zu unserem Strandhaus in Mandara. »Lazem bahr«, hatte Abdou gesagt, »wir müssen ans Meer.« Der Ramadan ließ einen immer an den Sommer denken.

Ich arbeitete ruhig und emsig vor mich hin, erfüllt von der geistlosen Zufriedenheit eines mittelalterlichen Skribenten, der den ganzen Tag an seinem Pult stand und schrieb, ohne die kopierten Texte je zu lesen oder zu verstehen.

Scheich Abdel Nagib war hingegen keineswegs zufrieden. Ich hatte nämlich bei der Sure, die ich dreißigmal abgeschrieben hatte, jedes Mal einen ganzen Vers vergessen. »Aber hast du denn nicht gemerkt, dass die Sure ohne diesen Vers keinen Sinn ergibt?«, fragte er mit erhobener Stimme, worauf ich ruhig und respektvoll erwiderte, dass ich es nicht bemerkt hätte, weil ich Arabisch nur dann lesen und verstehen könne, wenn mir die einzelnen Wörter vorher erklärt würden – was alle wüssten, die mich kennten.

Scheich Abdel Nagib verdoppelte mein Arbeitspensum während der Sommerferien in Mandara, sodass ich jede Sure sechzigmal abschreiben musste. Dafür brauchte ich durchschnittlich eine Stunde, wenn ich erst die Zahl der für jede Sure benötigten Zeilen berechnete und dann das erste Wort sechzigmal untereinander schrieb, dann daneben das zweite Wort sechzigmal, dann das dritte Wort sechzigmal und so weiter. Madame Marie, die sich nicht sicher war, ob meine Abschreibmethode besonders sinnvoll war, kam hin und wieder in mein Zimmer, beobachtete meine Fortschritte und erklärte geradezu besorgt: »Du bist wirklich sehr fleißig.«

Von Weitem hörte ich das Dudelsackgebrumm des alten Beduinen, der gegen drei Uhr nachmittags barfüßig auf den heißen Sandwegen von Mandara auftauchte. Er hieß überall nur »der arme Teufel«, weil er noch immer in seiner alten, zerfetzten britischen Militäruniform herumlief. Nach ihm kam der Bettler mit seinem Pavian. Und danach die Müllfrau, al Zabbalah – auf Pidgin-Französisch la Zibalière –, die jeden Nachmittag mit ihrem großen, stinkenden Jutesack voller Essensreste, die seit Tagen in der Hitze vor sich hinrotteten, an unserer Tür klopfte, keuchend vor Hitze um ein Glas Wasser bat und sich mit einem »Allah yisallimak ya Abdou, Gott behüte dich, Abdou!« bedankte.

Nach ihr kam der Ruf des Brot- und Kuchenverkäufers, dann der Eismann und dann der Lärm der Jungen aus der Nachbarschaft, die sich unweit unseres Hauses trafen und über Dinge redeten, die ich nicht recht verstand, bis ich aus meiner dösigen Benommenheit erwachte und genau hinhörte. Da wusste ich, dass es meine Freunde waren, die in das sandige Hinterland zogen, um dort mit ihren Flugdrachen, die am vorderen und hinteren Ende mit alten Rasierklingen ausgestattet waren, wieder einen Wettkampf zu veranstalten.

Die Jungen aus dem griechischen Waisenhaus von Mandara hatten mit Abstand die besten Drachen, und sie gewannen immer. Ihre beiden Riesendrachen, Paralus und Salaminia, beherrschten jeden Sommer den Himmel. Wenn unser Drachen sich ihnen näherte, wichen Paralus und Salaminia zunächst aus, scheuchten ihn wie träge zischende Kobras davon und riefen ihn dann mit einem anmutigen, gebieterischen Kopfnicken zurück. Sobald er ihnen näher gekommen war, stießen erst der eine und dann der andere ohne Vorwarnung herab, zerfetzten ihn in zwei Attacken, ohne sich selbst dabei zu verheddern, bis unser Drachen, benommen und hilflos, noch eine Weile herumtaumelte und schließlich senkrecht zu Boden stürzte und sich in den Sand bohrte, während wir, aus Angst vor den Rasierklingen, auseinanderstoben. Zwei ältere Griechen beobachteten die Situation aus der Ferne und brüllten Kommandos, der Kampf wurde immer heftiger, und ihre Buben sahen jubelnd und klatschend zu, wie Paralus und Salaminia, dieses Mal, ohne herausgefordert worden zu sein, sich über ihr nächstes Opfer hermachten.

Bei meinen Schreibübungen gingen mir immerfort Bilder der Salaminia durch den Kopf, die sich aus der Höhe herabstürzte, sobald sie unser armseliges, namenloses Opfer erblickte, und es mit ihrem spitzen Schnabel in Stücke schlitzte. Meine Gedanken schweiften ab, während ich schrieb, Wort für Wort für Wort. Dann hörte ich von Weitem das Siegesgeheul der griechischen Waisenkinder. Die Salaminia hatte erneut gewonnen.

Die Jungen warteten in den Dünen auf mich, bis ich mit dem Abschreiben der Suren fertig war. Momo (Maurice-Schlomo) Carmona weinte. »Sie haben geschummelt«, schimpfte er. Jemand hielt das traurige Skelett unseres abgestürzten Ikarus: zerfetzte Bambusrohrstücke und zerrissene weiße Leinwand aus der Fabrik meines Vaters. Selbst unsere Eltern hatten Mitleid mit uns. »Ihr verschwendet eure Zeit«, sagte mein Vater.

Das zweite Jahr am VC war nicht besser als das erste. Schon bald erwies sich, dass ich in jedem Fach schlecht war, sogar in Zeichnen.

Eines Morgens hörte ich von Madame Marie, mein Vater habe einen Anruf von Miss Gilbertson bekommen, und sie habe sich abermals besorgt über meine Leistungen geäußert. Er wolle mit mir sprechen. Ich hörte ihn laut keuchen, während Monsieur Politi in seinem stark jüdisch-arabisch gefärbten Französisch unermüdlich »Eins-zwei, eins-zwei« rief. Meine Mutter war früher als sonst aufgewacht und trug einen grünen Bademantel; ihre tiefschwarzen Haare, noch nass vom Duschen, hatte sie sich rasch zurückgekämmt. Sie schnitt mein Croissant in kleine Scheiben und war während dieses Frühstücks ganz besonders um mich bemüht.

Abdou warf mir einen geradezu kläglichen Blick zu. »Schidd haylak!«, flüsterte er, als mein Vater das Zimmer betrat. »Nur Mut!«

»Nun?«, fragte mein Vater.

Ich schwieg. Ich hasste vage Einleitungen, denen sich eine heftige Standpauke anschließen musste. Mutter saß mit verschränkten Armen da und senkte den Blick, als gelte der bevorstehende Rüffel ihr. Ich sah zu ihr hinüber, flehte sie heimlich an, sie möge lächeln oder zumindest meinen Blick erwidern.

»Lassen Sie uns allein«, sagte mein Vater zu Madame Marie. »Du auch«, sagte er zu meiner Mutter, sobald Madame Marie sich erhoben hatte. Madame Marie wartete an der Tür auf meine Mutter.

»Nein, ich bleibe«, sagte sie bemüht ruhig und schickte Madame Marie hinaus.

»Immer willst du vermitteln, immer«, begann er. »Das ist eine Sache zwischen ihm und mir, ihm und mir.«

»Aber ich bin seine Mutter. Und diese Zimtzicke von Engländerin hätte genauso gut mit mir telefonieren können statt mit dir, mit *mir* statt mit *dir!*«

»Und mit wessen Hilfe? Abdous?«, fragte mein Vater ironisch. »Und bezeichne sie in Gegenwart des Jungen nicht als Zimtzicke.«

»Sag ihm einfach, was du zu sagen hast. Siehst du denn nicht, dass du ihn ganz durcheinanderbringst, wenn du nicht zur Sache kommst?«

»Gut, ich werde dir also sagen, was ich beschlossen habe«, sagte er, an mich gewandt. »Ich habe schon mit Miss Gilbertson darüber gesprochen«, fuhr er fort, um zu betonen, dass sein Entschluss feststand, »und sie fände es ebenfalls sehr gut, wenn du eine Weile zu ihr ziehst und als Logiergast bei ihr wohnst.«

Das war die schrecklichste Drohung meines Lebens. Den ganzen Tag, die ganze Woche, für den Rest des Schuljahrs konnte ich an nichts anderes mehr denken. Die Aussicht verfolgte mich wie ein böses Gespenst, das sich überall aufdrängte und mir jede Freude verdarb.

»Tut mir leid, aber das ist verrückt«, rief meine Mutter. »Selber verrückt!«

»Du bist ein Monster!«

Nachdem mein Vater sich während des Frühstücks wieder gefangen hatte, erklärte er freundlich und mit beinahe reumütiger Stimme seinen Plan. Meine Arbeitsgewohnheiten, mein Englisch, meine Leistungen in Arabisch, meine Disziplin, ja sogar meine Haltung – alles habe sich verschlechtert. Etwas Drastisches sei vonnöten. Da der Besuch eines englischen Internats nicht infrage komme – Juden durften weder Geld ins Ausland senden noch, wenn sie einmal ausgereist waren, nach Ägypten zurückkehren –, könne man nur einen Hauslehrer nehmen oder mich auf ein hiesiges Internat schicken. Das Erste hatten wir bereits versucht. Was das Internat anging, so hatte mein Vater seine Zweifel; er stellte sich vor, dass es auf Internaten lustig zuging und nächtliche Kissenschlachten veranstaltet wurden und niemand etwas lernte.

Gegen Bezahlung könne ich aber bei Miss Gilbertson wohnen. Sie sei schließlich nicht so furchtbar. Sie würde mir beibringen, was alle jungen Engländer meines Alters wussten. Ihr kultivierender Einfluss würde mich aus Abdous Küche herausholen und dem stürmischen Zugriff meiner Mutter entziehen.

Wenn ich mir Miss Gilbertsons Wohnung vorstellte, sah ich nur ein kleines, dunkles Schlafzimmer, einen gestreiften Schlafanzug, meine Zahnbürste, die neben der ihren im Badezimmer stand, und alte braune Möbel in einer alten braunen Wohnung, in der man nichts anderes machte, als allein zu lesen, allein zu essen und abends allein an einem langen braunen Tisch zu sitzen, unter den finsteren, wachsamen Augen des alten England. Miss Gilbertson würde ihre Nase in meine geheime Welt stecken und mit dem strafenden Blick eines Gefängnisdirektors und Gewissensprüfers meine Träume, meine allergeheimsten, unanständigsten Gedanken kontrollieren. Meine Mutter sagte, sie werde es niemals zulassen, ich brauchte keine Angst zu haben.

Meine Großmutter unterstützte hingegen das Vorhaben. Tante Elsa dachte: »Warum nicht?« Madame Salama lachte spöttisch und versicherte mir, dass es einem Jungen meines Alters nicht schade, mit einem verdorbenen älteren Fräulein allein gelassen zu werden. Ihr Liebhaber, Abdel Hamid, gab zu bedenken, dass es den entgegengesetzten Effekt haben könne, während Madame Nicole erklärte, dass das, was Eltern für ihre Kinder wollten, am Ende immer das Falsche sei. Außerdem gehe von Eltern immer ein verderblicher Einfluss auf Kinder aus, warum trenne man sie also nicht, da sie einander zwangsläufig bekämpften?

Dann tat mein Vater, was er in Krisenzeiten immer tat: Er drückte sich vor der Entscheidung. Das eigentliche Vorhaben wurde nicht aufgegeben, sondern nur aufgeschoben, vertagt, und ich wurde, wie Dreyfus, nie offiziell freigesprochen. Sogar als sich abzeichnete, dass mein Vater sein Projekt selber anzweifelte und es schon mehr oder weniger aufgegeben hatte, wagte niemand, ihn daran zu erinnern, aus Angst, er könne eine Sache neu überdenken, die inoffiziell ad acta gelegt war, gerade weil er glaubte, sie werde noch geprüft. Am Ende war mein Vater der Angelegenheit vielleicht einfach überdrüssig.

Mein neuer Hauslehrer, ein arabischer Jude, war die zweitbeste Lösung. Monsieur al-Malek sprach fließend Englisch, Französisch und Arabisch und war der Direktor der École de la Communauté Israélite. Jeden Nachmittag um fünf klingelte er an unserer Tür, begrüßte jedermann auf Englisch, einschließlich Abdou, dessen Sprache er besser kannte als Abdou selbst, und bat mich höflich, ihn in mein Zimmer zu bringen. Dort öffnete er meine Schulmappe, suchte nach Beweisen für irgendwelche Dummheiten, die ich angestellt hatte, fand sie auch unweigerlich, tadelte mich und ging dann meine Arabisch- und

Mathematikaufgaben durch. »Ich werde deinem Vater nichts verraten«, sagte er jedes Mal, »aber diese Stunden sind im Prinzip vergeudet. Du strengst dich nicht an.« Dann klappte er sein Buch zu und erklärte mir anhand von Beispielen aus dem Leben seiner beiden Söhne, was »sich anstrengen« hieß.

Während des Nachhilfeunterrichts hörte ich oft vielversprechende Geräusche aus dem Salon, wo sich Gäste zum Tee und zu Drinks eingefunden hatten. Nichts war schöner als das gedämpfte Klingeln an der Tür, gefolgt von Abdous gespielt freudiger Überraschung, wenn er Herrn oder Frau Soundso begrüßte, und der Klang der Schritte auf dem harten Holzfußboden des Flurs, der zum Wohnzimmer führte.

Eines Tages hielt sich Monsieur al-Malek vor dem Gehen noch etwas länger als gewöhnlich in der Diele auf und lief meiner Mutter über den Weg, die ihn, mehr aus Höflichkeit denn aus Sympathie, einlud, mit den anderen Gästen eine Tasse Tee zu trinken. Er lehnte erst ab, willigte aber nach weiterem Drängen ein, legte seinen Mantel, den er gerade angezogen hatte, wieder ab, reichte Aziza seinen Hut und blieb händereibend an der Tür zum Salon stehen, als wäre er gerade aus der Kälte gekommen. Er wurde von meinem Vater begrüßt, der ihn noch weniger leiden konnte als meine Mutter, aber viel Respekt vor einem Mann hatte, der bei allen Leuten als hochgebildeter Lehrer galt.

Mein Vater schenkte ihm einen Scotch ein, tat ein großes Eisstück dazu und fragte dann, ob er den Whisky pur oder mit Vichy-Wasser trinken wolle. »Vichy, Vichy«, sagte Monsieur al-Malek, als würde er nie etwas anderes als Scotch mit Vichy-Wasser trinken. Er nippte daran und meinte, der Whisky schmecke hervorragend. »Johnnie Walker natürlich!«, fügte er hinzu. »Ich kann diesen Mann nicht ausstehen«, flüsterte Tante Flora, die an diesem Abend ebenfalls unter den Gästen war und deren

Stimme völlig im Verkehrslärm unterging, der von der Straße heraufkam. Mutter hatte die Balkontüren offen gelassen, sodass die süßen Gerüche von den Plantagen in Smouha hereinwehten und, vermischt mit dem Duft des Jasmins, den jemand mitgebracht hatte, und dem vertrauten kalten Zigarettenrauch, unserem Salon einen Hauch von Sinnlichkeit und Luxus gaben.

Plötzlich klingelte es an der Tür. Wir hörten, wie Abdou die Küchentür schloss, und bevor er Zeit hatte, seine freudige Überraschung kundzutun, donnerte eine laute Stimme los, und schließlich erschien Abdou in der Tür, in der Hand einen breitkrempigen Herrenhut und dahinter dessen Besitzer nebst Gattin. »Aber das ist ja Ughetto!«, rief meine Großmutter.

»In der Tat«, sagte er und stürmte mit Schritten, die »Platz da!« zu befehlen schienen, in den Salon. »Für dich, für dich und für dich. Mehr habe ich nicht bekommen«, sagte er, während er Geschenke von seiner letzten Auslandsreise verteilte. Er hatte zehn kostbare Tafeln Tobler-Schokolade mitgebracht, die von den Anwesenden – einschließlich Monsieur al-Malek, meiner Großmutter, Madame Marie und Abdou – auf der Stelle verzehrt wurden. Meiner Mutter hatte Signor Ugo außerdem eine große Flasche Crêpe de Chine mitgebracht, mir eine Jugendausgabe der Lebensgeschichten des Plutarch und meinem Vater den allerneuesten Larousse – Dinge, die es in Ägypten nicht mehr zu kaufen gab. Unser letzter Larousse war sechs Jahre alt.

»Ugo, du bist ein Engel«, sagte meine Großmutter, als sie den Handmixer auspackte, den er ihr aus Frankreich mitgebracht hatte. »Das ist ein Wunder!« Alle staunten über das kleine Gerät mit den winzigen Messern. So etwas hatten sie noch nie gesehen. »Und wie funktioniert es?«, fragte Madame Salama. »Ich zeige es euch sofort«, sagte Signor Ugos Frau. Fast der ganze Salon marschierte in die Küche, um meiner Großmutter beim

Rühren von Mayonnaise zuzusehen. Ein Raunen ging durch die Küche, und eine Minute später kehrte meine Großmutter, gefolgt von einer Schar begeisterter Damen, triumphierend zurück, in der rechten Hand, so wie die Freiheitsstatue ihre Fackel, ein großes Glas mit einer gelblichen Paste haltend. Jeder wollte davon probieren.

Während die Damen wieder in den Salon kamen, rief Signor Ugo meiner Großmutter auf Italienisch zu: »Setz dich zu mir, du alte Hexe. Ich möchte mich wieder jung fühlen.« Alle lachten, auch meine Großmutter, die bis dahin sehr still gewesen war, da sie früher am Abend, während sie im Erdgeschoss auf Abdou wartete, der ihr in den Aufzug helfen sollte, Madame Sarpi begegnet war, die sie aus Versehen umgestoßen hatte und zu allem Überfluss noch auf sie draufgefallen war. »Ugo, sei still, meine Beine bringen mich noch um.«

»Amputieren, Schätzchen, amputieren!« Was ihn darauf brachte, einen zotigen Witz über einen gut ausgestatteten Tölpel zu erzählen, der, um sich als Eunuch verkleidet in einen Harem einschleichen zu können, »Amputate, amico, amputate« gesagt hatte.

Seine Frau flehte ihn an, den Witz nicht zu erzählen, doch er hörte nicht auf sie und erzählte ihn mit großem Vergnügen, vor allem die Pointe. »Ugo, du bist ein Scheusal«, sagte sie und gab ihm einen Klaps auf die Schulter. »Ich verzehre mich nach dir, mein Schatz«, entgegnete er, »Ardo, ardo«, und tat, als wollte er sie beißen.

»Ugo, wo du auch hinkommst, du verbreitest gute Laune«, sagte meine Großmutter. »Jetzt sag uns, was wir tun sollen. Wir machen uns solche Sorgen um den Jungen. Seine Arabischlehrer schlagen ihn die ganze Zeit, und inzwischen lernt er überhaupt nicht mehr.«

Ich tat, als hörte ich nicht zu, während ich mich weiter mit Tante Flora unterhielt.

Meine Mutter schwieg. Abdel Hamid, der Liebhaber von Madame Salama, erklärte sofort, dass es einzig auf Disziplin ankomme. »Die Gefühle von Kindern werden zu wichtig genommen, aber auch Eltern haben Gefühle. Außerdem strafen Lehrer sicher nicht ohne Grund.«

»Er lernt überhaupt nie«, fiel Madame Marie ein.

»Darum geht es gar nicht, man muss verstehen, warum«, warf Monsieur al-Malek ein, der bis dahin geschwiegen hatte, weil er erst die Situation prüfen wollte, ehe er einen Kommentar riskierte. Monsieur Phares, der Maler, hielt sich einen gekrümmten Zeigefinger an die Nase und machte sich mit dieser Imitation eines Papageienschnabels über meine Hakennase lustig. »Nein, daran liegt es auch nicht«, sagte Monsieur al-Malek und reichte Abdel Hamid einen Kuchenteller. Abdel Hamid, der Diabetiker war, starrte auf die Kuchenstücke und gab den Teller dann an Madame Nicole weiter. »Das Problem ist, dass wir nie versuchen, uns in ein Kind hineinzuversetzen«, sagte Monsieur al-Malek. »Das erfordert Geduld. Und viel Psychologie.«

»Geduld und Psychologie sind ja schöne Wörter, aber es geht doch ein bisschen zu weit, ganz zu schweigen von dem, was sie denken« – mein Vater meinte die Spitzel, »wenn sie sehen, dass in diesem Haus alles, was mit arabischer Kultur zu tun hat, gering geschätzt wird. Sie wissen ohnehin, was in diesem Hause vorgeht«, fuhr er fort. »Könnten wir also zur Abwechslung mal versuchen, nicht aufzufallen und so zu sein wie die anderen?«

»Um sie solltest du dir am allerwenigsten Gedanken machen«, sagte Tante Flora zu meinem Vater. »Du solltest an ihn denken. Sie sollten ihn nicht schlagen.«

Meine Mutter nickte. Prügeln fand sie barbarisch.

»Ich an deiner Stelle, Henri«, sagte Monsieur Phares, »würde meinen Sohn von niemandem schlagen lassen.«

Mein Vater sagte, wenn man das, was mir angetan werde, als Schlagen bezeichne, wie sollte man dann die Behandlung bezeichnen, die er als Kind bei den Jesuiten erfahren habe?

»Womit schlagen sie dich denn?«, fragte Abdel Hamid.

»Mit einem Lineal«, sagte ich.

»Mit einem Lineal! Stellt euch vor, mit einem Lineal«, kicherte Abdel Hamid. »Zu meiner Zeit haben sie einen Bambusstock und eine Peitsche verwendet. Erinnerst du dich an den Bambusstock?«, fragte er meinen Vater mit beinahe nostalgischer Miene. »Wir hatten auch Monsieur de Pontchartrains Spazierstock und Père Antouns Khartoum – buchstäblich ein Gartenschlauch. Den hat keiner so schnell vergessen!«

Tante Flora behauptete, dass Kinder nichts mehr lernten, sobald ihnen mit Prügeln gedroht werde. Mein Vater sagte, er sei da nicht sicher, er würde die Entscheidung gern professionellen Pädagogen überlassen. Ein arabischer Pädagoge, sagte meine Großmutter, das sei ein Widerspruch in sich. Madame Nicole vermutete, dass sie jedes Mal *jouissaient,* wenn sie kleine Jungen versohlten.

Madame Salama, Monsieur Phares und Madame Sarpi blieben trotzdem bei ihrer Meinung, dass ich weiterhin das VC besuchen und mich besonders anstrengen solle. Monsieur al-Malek stimmte zu, empfahl aber, mich aus dem christlichen Religionsunterricht zu nehmen und stattdessen in die Koranstunde zu schicken. Welchen Unterschied würde es machen, welche Religion ich lernte, da ich weder Christ noch Moslem sei. Der islamische Unterricht biete zumindest den Vorteil von fünf zusätzlichen Arabischstunden pro Woche, und das beste Schriftarabisch zu hören, könne durchaus von Nutzen sein.

»Vielleicht keine schlechte Idee«, sagte mein Vater nachdenklich.

Ich war nicht begeistert. Ich wollte nicht den Koran studieren, und ich wollte auch nicht der einzige Europäer in einer Klasse mit lauter Moslems sein; ganz bestimmt hatte ich keine Lust, mir die Schuhe während der Religionsstunde auszuziehen, wie das fromme Araber machten.

Unterdessen kam es zu einer Meinungsverschiedenheit zwischen meiner Großmutter und Montefeltro. Signor Ugo erinnerte meinen Vater daran, dass es, da wir Italiener seien, doch naheliegend sei, mich auf die italienische Don-Bosco-Schule in Alexandria zu schicken. Irgendwann würden alle Italiener schließlich Ägypten verlassen und nach Italien gehen müssen – warum also nicht Italienisch lernen? Meine Großmutter sah das anders. Vielleicht sollten wir zweimal pro Woche einen Italienischlehrer kommen lassen.

»Auch das ist eine großartige Idee«, sagte mein Vater.

In diesem Moment stürzte sich Monsieur al-Malek in die Debatte, als sei ihm die endgültige Lösung des Problems eingefallen. »Wie lange gedenken Sie, in Ägypten zu bleiben?«, fragte er meinen Vater.

»Solange man mich bleiben lässt. Was für eine Frage!«, erwiderte mein Vater.

»Dann muss der Junge Arabisch können. Ganz einfach!«

Aber meine Mutter widersprach. »Früher oder später werden wir gehen müssen. Dann werden all die Jahre, in denen er Arabisch gelernt hat, umsonst gewesen sein. Verstehen Sie nicht? Lasst ihn doch in Arabisch schlecht sein – lasst ihn jedes Jahr die schlechteste Note kriegen, dafür soll er Dinge lernen, auf die es ankommt, statt so viel Zeit auf diese grauenhaften Gedichte zu verwenden, bei denen er nichts anderes lernt, als Juden zu hassen.«

Signor Ugo machte ein ernstes Gesicht. Er hatte angefangen, meinem Vater zu erzählen, in welchem Zustand er Dr. Katz nur wenige Monate zuvor in der Muhafza, der örtlichen Polizeiwache, angetroffen hatte. Alle hatten gelesen, dass der bekannte Arzt unter dem Vorwurf der Spionage ins Gefängnis gesteckt worden war; sein Name fiel mindestens einmal täglich im Unterricht. »Es ist noch schlimmer als achtundfünfzig. Heute können sie jeden verhaften. Sie werfen einen unter den absurdesten Anschuldigungen ins Gefängnis. Sie haben mich bei meinem Schneider abgeholt, zur Muhafza gebracht, ich musste mich ausziehen, und ehe ich michs versah, hatten sie einen riesigen Dobermann hereingebracht, dessen geifernde Schnauze sich direkt vor meinem Dings befand, und fingen an, mich zu verhören. Er merkt, wenn du lügst, warnten sie mich, und zogen an der Leine. Ich hatte eine Heidenangst. Die Situation ist wirklich ernst«, sagte er, und sein Gesicht umwölkte sich immer mehr.

»Sie haben Katz gefoltert«, sagte seine Frau. »Ugo hatte Glück.«

»Haben sie denn nicht gewusst, dass ihr ebenfalls Juden seid?«, fragte mein Vater.

»Aber … ähm, habt ihr es denn nicht erfahren?«, fragte Signora da Montefeltro.

»Was soll ich erfahren haben?«, fragte mein Vater.

»Sie wissen nichts«, sagte sie, an ihren Mann gewandt. »Du musst es ihnen sagen, Ugo.«

»Es ist nichts. Es ist bloß so, dass wir uns im letzten Monat haben taufen lassen. Eine Vorsichtsmaßnahme, die letztendlich keinen Unterschied macht. Die Idee geht auf meinen Freund Pater Papanastasiou zurück, er hat darauf bestanden.«

»Und was seid ihr jetzt?«

»Pater Papanastasiou ist griechisch-orthodox, also sind wir zum griechisch-orthodoxen Glauben konvertiert. Was soll ich tun, mich zwischen zwei Formen von Christentum entscheiden?«

Wir müssen ihn mit offenem Mund angestarrt haben.

»Na, hört mal, euch Sephardim ist das doch nicht fremd, also schaut nicht so schockiert.«

»Ich bin nicht schockiert, ich finde nur dein Griechisch so katastrophal«, sagte meine Großmutter. »Du hättest dich wenigstens für eine plausiblere Religion entscheiden können.«

»Bitte! Ich habe schon genug Kopfschmerzen deswegen. Wenn ihr Rat braucht, kann ich euch an Pater Papanastasiou vermitteln. Er wird jeden hier zum Christen machen – euch, Monsieur Abdel Hamid, Henri, den Koch Abdou.«

Madame Nicole musste lachen. Mein Vater, der neben ihr saß, beugte sich zu ihr und flüsterte ihr schmunzelnd etwas zu. Sie versuchte, ihr Lachen zu unterdrücken.

Mimi, die wie ihre Mutter ein enges Kostüm trug, um älter und eleganter zu wirken, und die ein wenig zu still neben ihrer Mutter gesessen hatte, stand plötzlich auf, hielt sich ein Taschentuch vors Gesicht, stürmte hinaus in die Küche und brach dort in lautes Schluchzen aus. Ihre Mutter stand auf und lief ihr hinterher.

»Was ist los? Was hat sie?«, fragte meine Großmutter.

»Mimi è una civetta«, trällerte Signor Ugo – »Mimi ist ein kokettes Ding.«

»Was sie hat? Sie weint«, sagte Madame Sarpi, die eng befreundet mit Madame Salama war.

»Aber wieso?«, fragte Abdel Hamid.

»Weil sie weint«, antwortete Madame Salama, die gerade zurückkam und Abdel Hamids Frage gehört hatte. »Mimi ist nach Hause gegangen«, sagte sie und deutete auf die Küchentür. Für einen Moment schwiegen alle. »Weißt du, sie ruft mich immer im Büro an«, sagte mein Vater. »Ich weiß«, antwortete die Mutter, »sei nachsichtig mit ihr, mehr verlange ich nicht. Es geht vorbei.«

Meine Mutter wandte sich an Madame Salama. »Was hat Mimi denn?«, fragte sie.

»Das Übliche«, antwortete ihre Nachbarin.

»Noch immer?«

Madame Salama nickte.

Es klingelte wieder. Abdou meldete, dass Kassem und Hassan gekommen seien.

Kassem und Hassan waren Maschinenschlosser in der Fabrik meines Vaters. Sie trugen so etwas Ähnliches wie graue Sonntagsanzüge, nicht ihre übliche Monteurskluft. Sie waren sichtlich verlegen.

Kassem, der Jüngere der beiden, hielt ein mit einem roten Band verschnürtes Plastikschächtelchen in der Hand. Als er meine Mutter aus dem Wohnzimmer kommen sah, ging er auf sie zu, begrüßte sie und gab ihr die Schachtel. »Von uns beiden.« Hassan, der ein paar Schritte daneben gestanden hatte, lächelte sie an. In den Augen der beiden war es ein sehr europäisches Geschenk, und meine Mutter sagte später, dass sie sehr viel Geld dafür ausgegeben haben mussten.

Sie öffnete die Schachtel und entnahm ihr entzückt eine Rose aus silbrig schimmernder Seide. Sie bedankte sich und steckte sich die Rose sofort an, um sie den beiden vorzuführen. Abdou brachte den Besuchern zwei geöffnete Coca-Cola-Flaschen, und sie erzählten sich das Neueste über die Kaserne. Abdous Sohn und Hassans Bruder waren in demselben Regiment.

Mein Vater begrüßte die beiden Männer herzlich und bat sie herein. Schüchtern betraten sie den Salon, jeder mit seiner

Flasche in der Hand, und da sie nicht wussten, wohin, steuerten sie direkt auf ein leeres Sofa neben dem Balkon zu und nahmen nebeneinander Platz. Kassem, ermuntert von meinem Vater, gab Hassan seine Flasche und begann, einen großen Bogen Pergamentpapier zu entrollen, auf dem das Modell einer seltsamen Maschine zu erkennen war. Mein Vater hielt das Papier ans Licht, studierte aufmerksam die Zeichnung und erklärte, dass sie ihm diesmal gefalle.

»Ihr werdet nie erraten, was diese beiden Herren hier gemacht haben«, sagte er, an sämtliche Anwesenden gewandt. »Sie haben den Dampfkessel eines im Zweiten Weltkrieg gesunkenen deutschen Frachters genommen, ihn verstärkt und in meiner Fabrik installiert.«

»Wieso, will deine Fabrik davonsegeln?«, scherzte Signor Ugo. Er wusste, dass sein Witz etwas heikel war, denn es war allgemein bekannt, dass die ägyptische Regierung in diesem Jahr weitere Betriebe und Fabriken verstaatlichen wollte.

Die beiden Ägypter sprachen zwar kein Französisch, verstanden aber, dass mein Vater ihnen gerade ein Kompliment gemacht hatte. Dann bot er ihnen einen Drink an. Mit einer abwehrenden Geste zeigten sie auf ihre Coca-Cola-Flaschen, gaben am Ende aber nach. Kassem nahm von Madame Salama eine Zigarette, die er, nach ägyptischer Sitte, zwischen kleinem und Ringfinger hielt. Man sprach über die berühmte äygptische Sängerin Om Kalthum, für die beide schwärmten. Madame Salama bot auch Hassan eine Zigarette an, doch er lehnte ab – mit dem verlegenen Ausdruck von Menschen, die ein Gericht ablehnen, nicht weil sie es nicht gern essen würden, sondern, weil es ihnen peinlich ist, vor Fremden zu essen. »Entschuldigen Sie, aber ich muss gehen«, sagte Kassem daraufhin. Das war für Hassan das Stichwort, ebenfalls aufzustehen. »Meine Frau erwartet mich«, erklärte er. »Frauen!«, rief Madame Salama scherzend auf Arabisch. »Aber wo wärt ihr Männer ohne Frauen?« Mein Vater brachte sie hinaus. »Denkt an meine Worte, eines Tages werdet ihr reich sein.« »Möge Gott Sie erhören«, erwiderte Kassem.

Erst da wurde mir klar, wer Kassem war: Latifas Sohn.

Wenig später fiel Madame Nicole plötzlich ein, dass sie gehen musste. »Schon?«, fragte meine Großmutter. »Leider ja.« »Und wohin um diese Uhrzeit?«, fragte Madame Salama. »Zu meiner Näherin.« »Aha. Zu Ihrer Näherin«, echote die Nachbarin. »Jawohl, zu meiner Näherin«, sagte Madame Nicole lächelnd und mit einem leisen Seufzer, als wollte sie sagen, dass wir alle unser Kreuz zu tragen hätten, und ihres sei nun mal die Leidenschaft. »Ach, Madame Nicole ...«, sagte meine Großmutter. »Bonsoir tous«, sagte Madame Nicole kurz und nahm ihr Schlüsselbund und das Zigarettenetui vom Teetisch. »Sie hat recht, die arme Frau«, sagte meine Großmutter, als Madame Nicole den Raum verlassen hatte. »So schön, wie sie ist, und bei einem solchen Ehemann ...«

Meine Großmutter hatte einmal gehört, wie Madame Nicole den Schlägen ihres Mannes auszuweichen versuchte und »Arrête, arrête, salaud« schrie, während er »Bint al-sharmuta, du Hurentochter« brüllte und beide im Treppenhaus aufeinander einschlugen wie ein Topf auf eine Pfanne. »Aber keine Sorge, sie haut genauso zu«, fügte meine Großmutter hinzu.

Mein Vater brachte Madame Nicole zur Tür. Kaum war sie gegangen, sagte er, er sei mit einem Kunden verabredet, er müsse fort.

»So spät?«, fragte meine Mutter.

»Es dauert nicht lange.«

»Und du lässt mich allein mit diesen Leuten, die ich kaum verstehe? Hat das nicht Zeit bis morgen früh?«

»Nein.« Tiefes Schweigen trat ein.

»Hör zu, ich habe keine Zeit, mich mit dir zu streiten, aber wenn du willst, komm mit, dann kannst du dich mit eigenen Augen überzeugen.«

Meine Mutter gab sich geschlagen und erklärte, dass sie zu Hause bleiben wolle.

»Wohin geht er?«, fragte Signor Ugo, als er sah, wie mein Vater seinen Regenmantel anzog.

»Ich weiß es nicht«, sagte meine Mutter. Ich hörte Madame Salama etwas von Geduld und Seelenstärke sagen. Meine Mutter sagte, sie würde sich lieber aus dem Fenster stürzen, als so weiterzuleben.

Wenn Mutter damit drohte, sich aus dem Fenster zu stürzen, passte ich jedes Mal scharf auf, wenn sie an einem vorbeikam. Abends im Bett lauschte ich angestrengt ihren Schritten im Haus. Manchmal stieg ich aus dem Bett, lief auf Zehenspitzen über den Korridor, stellte mich hinter den Vorhang und beobachtete, wie sie auf dem Sofa einen Roman las oder auf der Terrasse, von der man über die dunstigen Felder vom Smouha blickte, allein einen Kaffee trank oder neben einem Händler saß – einem Juwelier oder einem der verschiedenen Antiquitätenhändler, die abends vorbeikamen, um etwas anzubieten. Wenn ich nachts aus meinem Schlafzimmer kam, ertappte ich sie manchmal dabei, wie sie allein im Salon saß, verstohlen eine Telefonnummer wählte, den Hörer in der einen Hand, die andere über der Sprechmuschel, und keinen Ton sagte. Ich wusste, dass sie meinen Vater zu finden versuchte. Aber manchmal hörte ich überhaupt nichts – und dann wusste ich, dass sie sich entweder aus dem Fenster gestürzt hatte oder nach nebenan durch den Dienstboteneingang zu Madame Salama gegangen war. In dieser Nacht waren alle Fenster in unserer Wohnung ordentlich geschlossen. Mutter hatte ihr ledernes Lesezeichen gewissenhaft in den Roman gelegt und überall das Licht gelöscht, außer in der Speisekammer – im Hinblick auf ihre späte Rückkehr von Madame Salama. In ihrem Schlafzimmer brannte das Licht, wie immer – die Spitzel sollten glauben, dass die ganze Familie zu Hause sei.

Monate später kamen wir auf Signor Ugos Angebot zurück. Eines Freitagmorgens zogen mein Vater und ich uns um und fuhren in die Rue Djabarti, um ihn dort in seiner Pension abzuholen. Er war noch nicht fertig, also stiegen wir aus und warteten draußen auf der Straße. Es war einer dieser klaren, stillen Frühjahrstage in Alexandria, die Geschäfte waren noch geschlossen, und die Stadt wartete geduldig, fast träge auf den Ruf zum Morgengebet. Überall roch es nach Ful, dem beliebten Bohnenfrühstück der Ägypter. Wir hatten Hunger. Signor Ugo würde wahrscheinlich empört sein, wenn er uns dabei erwischte, wie wir dieses Arme-Leute-Gericht aßen. »Und immer dieses Gemansche«, sagte mein Vater, als wir beschlossen, die Idee nicht weiter zu verfolgen. Durch die Tür der Pension drang ein anderer Geruch: der von Kaffee und Loukoumades, in Honig getunkten Kringeln. »Wir werden unterwegs etwas essen müssen«, sagte mein Vater.

Signor Ugo trug eine schimmernde Seidenkrawatte, von der Sorte, wie nur er sie zu besitzen schien; mein Vater sagte später, dass nur reiche Männer eines bestimmten Alters solche Krawatten trugen. Er trug außerdem einen Borsalino, eine makellos gebügelte Tweedjacke und funkelnde Schuhe mit Goldschnallen. »Ah, ihr seid schon da!«, begrüßte er uns. »Paulette kann nicht mitkommen. Bei diesem Wetter hat sie immer Kopfschmerzen. Typisch alexandrinisch: Liebt die Sonne, bleibt aber am liebsten im Schatten.«

»Es ist gleich hinter Mandara, abseits der Küstenstraße«, sagte Signor Ugo, während er sich auf den Beifahrersitz setzte und eine Packung Elmas herausholte. Er klopfte die Zigarette leicht gegen die Rückseite der weißen Schachtel, wo er sich, wie üblich, in königsblauer Tinte etwas notiert hatte.

An diesem wolkenlosen Freitagmorgen um acht Uhr war kein Verkehr auf der Corniche, und wir fuhren an den bekannten Orten vorbei. Ein kühler Wind wehte durch Signor Ugos heruntergekurbeltes Fenster. Wir kamen an Sidi Bischr vorbei, dem größten Strandabschnitt vor Mandara, wo von sommerlichem Badeleben noch nichts zu sehen war. Die Strände lagen verlassen da, an den Reklametafeln entlang der Küstenstraße hingen noch die Plakate vom letzten Jahr, und von den kleinen Geschäften und Buden, die während der Saison überall neben den jetzt noch verrammelten, ungepflegten Strandkabinen aus dem Boden schossen, war nirgends etwas zu sehen. In den Restaurants hatte man die Hassiras vom letzten Jahr nicht entfernt – Bambusdächer, die Gäste und Strandbesucher beschützten, wenn die Tische auf den Gehsteig gestellt wurden. Manche Hassiras waren vergammelt und lagen mitten auf der Straße; andere hingen von hölzernen Balken schief auf die Erde herunter und flatterten im Wind wie irgendwo hängen gebliebene Drachen am Ende des Sommers.

Die unbefestigte Straße nach Mandara war mit verkrustetem Sand bedeckt. Ein Khamsin hatte kürzlich überall Sand hingeweht. Selbst Al-Nunus Coca-Cola-Bude war fast darunter begraben, der Sand füllte die Rillen der Wellblechwände seines Sommerdomizils. Eine andere Bude in der Nähe war unter dem Gewicht des Sands eingesunken.

Signor Ugo bat meinen Vater, rechts abzubiegen, und nach einer weiteren Rechtskurve befanden wir uns auf einem Weg, der steil bergan führte. Ein Turban tragender Beduine mit zwei Töchtern, die Nasenringe trugen, trat aus einer kleinen Hütte und beobachtete, wie unser Auto auf dem sandigen Pfad schlingerte. »Dort drüben ist das Kloster.« Wir sahen eine ziemlich große, verfallene Villa, umgeben von einer Mauer, die mit Stacheldraht und Eisendornen gespickt war. Sobald wir vorgefahren waren, öffnete ein zweiter Beduine ein breites Tor, und mein Vater fuhr weiter bergan, bis wir einen ebenen Kiesweg erreichten und durch einen Obstgarten fuhren, vorbei an gepflegten Feldern und Blumenrabatten. Schließlich hielten wir vor einer alten, verfallenen Kapelle. Ein unverkennbarer Geruch empfing uns, als wir ausstiegen: Wir befanden uns mitten in der Wüste, und doch konnten wir von diesem windumtosten Vorgebirge aus das Meer sehen, das sich tiefblau bis in die Ferne erstreckte, die vertrauten Strände von Mandara und Montaza und die kurzen weißen Linien unmittelbar an der Küste.

»Vré pezevenk! Bastard!«, rief ein hochgewachsener, bärtiger Mann, als er Signor Ugo aussteigen sah. Er hatte einen Gärtner beaufsichtigt, der ein Blumenbeet bearbeitete, und kam uns mit einer Heckenschere und breit schmunzelnd entgegen, während er sich mit einem Lappen den Schmutz von den Fingern rieb. »Pezevenk kai essi!«, erwiderte Signor Ugo in einem Mischmasch aus Türkisch-Griechisch. »Selber Bastard!« Sie schüttelten sich herzlich die Hand, und der große, bärtige Grieche hielt die Schere mit gespielten Schneidebewegungen dicht an Signor Ugos Lende. Dann wandte er sich meinem Vater und mir zu und begrüßte uns mit einem breiten Lächeln und einem scherzhaften »Was, noch mehr conversos?«, bevor Signor Ugo uns vorstellte. »Conversos von meinem Kaliber, wenn du verstehst«, fügte er hinzu. »Verstehe, verstehe«, sagte Pater Papanastasiou. »Sonntags Kommunion, aber freitags das Shma. Mit anderen Worten, ein alborayco, ein Halbblut, ein pezevenk.« »Genau!«, feixte Signor Ugo. »Bei euch Juden weiß man ja nie Bescheid«, fuhr der Grieche fort. »Kommt, trinkt ein Glas Limonade.« Meinem Vater erklärte er dann, dass ihre Freundschaft weit zurückreiche, bis in die Zeit vor dem Krieg. Ich fragte nicht, welchen Krieg er meinte. Er erklärte, alborayco komme von al-Burak, Mohammeds Ross, das weder Pferd noch Maulpferd, weder männlich noch weiblich war. »Ihr armen Juden, seid nirgends zu Hause und überall Verräter, sogar euch selbst gegenüber. Und mach nicht so ein Gesicht, Ugo, deine eigenen Propheten haben das gesagt, nicht ich.«

Als wir in Pater Papanastasious Studierzimmer traten, erklärte er als Erstes: »Ich bin nicht wie die anderen.« Mein Vater nickte, als sei ihm das von vornherein klar gewesen. »Und wisst ihr, warum?« Es folgte eine lange Pause, als erwartete er eine Antwort von uns. »Ich werde es euch sagen. Die anderen sind zuerst Priester und dann Menschen. Aber wisst ihr, was ich bin?« Abermals eine lange Pause. Sollte man Ja oder Nein sagen? Ich sah mir das Zimmer an, das mit Hunderten von Ikonen und alten Büchern vollgestopft war. Ein unangenehmer Weihrauchgeruch lag in der Luft. Sogar meine Hände rochen danach und das Limonadeglas, das er mir angeboten hatte. »Ich werde euch sagen, was ich bin: Ich bin zuallererst Mensch«, sagte er und wackelte dabei mit seinem erhobenen Daumen, »dann Soldat«, jetzt hob er den Zeigefinger, »und dann Priester«, schließlich den Mittelfinger. »Könnt jeden fragen. Auch ihn. Diese Hände«, sagte er und hielt zwei kolossale Pranken in die Höhe, die Peter den Großen, Rasputin und Iwan den Schrecklichen eingeschüchtert hätten und mühelos die Tastatur der alten Royal-Schreibmaschine, die auf seinem Arbeitstisch stand, hätten zertrümmern können, »diese Hände haben alles berührt und alles getan – du weißt, was ich meine?«, sagte er zu mir und starrte mich dabei so durchdringend an, dass ich »Ja« flüsterte. »Nein, du weißt es nicht«, rief er barsch, »und wirst es, so Gott will, auch nie erfahren, oder du wirst dich vor mir verantworten müssen. Und offen gestanden, ich weiß nicht, was schlimmer ist, Gott oder ich.«

»Wassili, hör mit diesem Quatsch auf und lass uns weitermachen«, unterbrach Signor Ugo ihn.

»Aber ich habe doch nur geplaudert«, protestierte er.

»Der Junge zittert wie Espenlaub, als hätte er den Leibhaftigen gesehen – das nennst du plaudern?«

»Plaudern. Was sonst.«

»Wassili, manchmal bist du nicht viel besser als ein griechischer Schafhirte aus Anatolien«, sagte Signor Ugo, und dann, an meinen Vater gewandt und auf die Schreibmaschine zeigend: »Weißt du was? Dieser Bursche hier ist ein international renommierter Fayum-Experte.«

Mein Vater schloss sofort, dass der bullige Priester ein Spezialist für Seuchenbekämpfung war, weil Fayum für sein verseuchtes Wasser bekannt war. Er sagte, er habe gehört, dass viele Bauern an einer Krankheit starben, die unheimlich an Cholera erinnere. Ob Pater Papanastasiou denn glaube, dass Ägypten bald von der Cholera heimgesucht werde?

»Und wennschon, was würde es mich kümmern«, brummte der.

»Ich meine nicht das heutige Fayum«, unterbrach Signor Ugo. »Er ist ein Fachmann für die frühchristliche Porträtmalerei von Fayum. Er sieht sich diese Porträts an und kann nach einer Sekunde sagen, ob sie authentisch sind oder nicht. Er bringt den armen Waisenkindern hier bei, nur so was zu malen.«

»Wo wir gerade von Waisenkindern reden«, sagte mein Vater, »ich habe den Jungs etwas mitgebracht. Kann mir jemand beim Ausladen zur Hand gehen?«

»Zur Hand? Und was ist das da?«, rief der Priester mit donnernder Stimme und streckte zwei Hände aus, eine jede so groß wie der Peloponnes.

Wir traten aus dem Arbeitszimmer. Mein Vater hielt die Kofferraumklappe hoch, während Pater Papanastasiou drei Kartons herausholte. Zwei junge Griechen in Bluejeans kamen und entluden noch mehr Kartons vom Hintersitz. »Was ist denn da drin?«, fragte Pater Papanastasiou. »Gestrickte Sommerhemden für die Jungen, mercerisierte Baumwolle – hier, fühl mal!«, sagte Signor Ugo und reichte dem Priester ein Hemd. Der Priester faltete es auseinander und prüfte es. »Die kosten ja ein Vermögen«, sagte er fast in einem Ton, als könne er das Geschenk nicht annehmen, während er den Stoff richtig in die Hand nahm, um den samtigen Glanz besser fühlen zu können. »Wassili, bedanke dich!«, sagte Signor Ugo. »Vielen Dank!« Mein Vater sagte, es sei nicht der Rede wert. »Wir werden den Jungen die neuen Hemden geben, wenn sie heute Nachmittag zurückkommen. Sie brauchen Ostergeschenke, die armen Kerle.« Während die Kartons in den Eingang gestellt wurden, erschien es mir doch etwas merkwürdig, dass mein Vater mir nie so ein Hemd geschenkt hatte. »Du kannst Hunderte davon bekommen«, sagte er später im Auto, nachdem wir Signor Ugo an seiner Pension abgesetzt hatten.

»Wir müssen ein paar Dinge besprechen«, sagte mein Vater zu mir, während er den Priester ansah. »Wartest du im Auto?«

Ich sagte, ich würde im Garten bleiben. Die drei Männer gingen wieder ins Studierzimmer.

Ich stand allein da und merkte, dass außer mir niemand auf dem Klostergelände war. Die beiden Burschen, die beim Entladen der Kartons geholfen hatten, stürmten den Abhang hinunter, rutschend und stolpernd und bei jedem Schritt im Sand versinkend, und verschwanden schließlich hinter einer Reihe Palmen. Dann war kein Laut mehr zu hören, nicht einmal der Wind, und auch keine Raben. Es herrschte eine Stille, wie sie nur in der Wüste anzutreffen ist – die Stille der antiken griechischen Nekropole in Alexandria oder die tiefe Stille eines Sonntagmorgens in der Stadt, wenn alles am Meer ist.

Ich sah mich um und verstand nicht, warum jemand sich die Mühe machte, einen so wunderschönen Garten zu pflegen, wo die Gebäude dermaßen heruntergekommen waren. Bei dem Kloster handelte es sich vermutlich um eine frühere Privatvilla, die eine reiche griechische Familie für wohltätige Zwecke gestiftet hatte.

Ich ging bis zu einer verfallenen Pergola am äußersten Ende des Parks, früher wahrscheinlich eine stille, gemütliche Ecke, in der man lesen oder den Blick über das Meer genießen konnte, das sich bis nach Sidi Bischr erstreckte. Linker Hand, versteckt hinter vollgehängten Wäscheleinen, duckten sich die schäbigen Lehmhütten eines arabischen Weilers. Große Vögel, wahrscheinlich Falken, stießen hungrig auf einen Felsen in der Nähe herab.

Ich spähte durch ein Fenster in die Kapelle und glaubte, ein Klassenzimmer vor mir zu sehen. An der Wand hingen Landkarten, Kinderzeichnungen, Ikonen und ein Bild von Perikles. Auf einem schmalen Gang gelangte ich zu einem uralten Stall, der aber schon lange als Werkstatt benutzt wurde. Dahinter lag ein Stück Land, eingerahmt von riesengroßen Sonnenblumen, die ihre gespenstischen Augen auf mich richteten und jeden meiner vorsichtigen Schritte verfolgten. Plötzlich hatte ich das unangenehme Gefühl in meinem Rücken, beobachtet zu werden. Ich drehte mich sofort um.

Und da sah ich sie, Paralus und Salaminia, an die Stallwand gelehnt wie zwei riesige umgekippte Sonnenschirme, sodass man die Verstrebungen sah und die dünnen, gelb schimmernden Bambusrippen, doppelt so groß wie ich und noch größer, als ich sie mir vorgestellt hatte – bis dahin hatte ich sie immer nur von Weitem gesehen –, und ihre langen Schwänze schlängelten sich auf dem Erdboden wie ein gigantischer Darm in einem kleinen Bauch. Ganz nackt sahen die beiden Drachen aus, wie unfertige Ruderboote, schutzlos meinem prüfenden Blick ausgeliefert. Die Konstrukteure hatten die Zellophanbespannung vom letzten Jahr entfernt und waren im Begriff, eine neue Bespannung aufzukleben. Ich trat näher heran, um die Rippen zu betasten, äußerst vorsichtig, denn ich erinnerte mich, dass man sich an Bambus viel übler schneiden konnte als an Glas. Erst da sah ich die Rammdornen, die die anderen Drachen in Stücke reißen konnten. Anders als bei unseren Modellen handelte es sich nicht um alte Rasierklingen, die am Körper des Drachens angebracht waren, sondern einfach um angespitzte Verlängerungen der Bambusrippen – ein Unterschied, wie Momo mir später erklärte, wie der zwischen der Zahnprothese einer alten Frau und dem Gebiss eines kräftigen Wolfs.

Momo würde es mir nie verzeihen. Ich hätte bloß mein Taschenmesser herauszuholen und das Bambusgestänge zu zerschneiden brauchen. In dem Sommer hätten wir die Vorherrschaft über den Luftraum gehabt. Einen Augenblick lang kam ich mir wie ein phönizischer Spion vor, der in eine verlassene griechische Werft schleicht, um dem Feind so großen Schaden wie möglich zuzufügen, dann aber die Nerven verliert beim Anblick der Paralus und der Salaminia, dem Stolz der athenischen Flotte, die in zwei Docks majestätisch auf kleinere Ausbesserungsarbeiten warten.

Ich verließ das Gebäude und hörte meinen Vater nach mir rufen.

Während der Rückfahrt sprach niemand von uns ein Wort. Mich bedrückte nur ein einziger Gedanke: Madame Marie würde unerträglich eingebildet werden, wenn sie erführe, dass wir vorhatten, zu ihrem Glauben zu konvertieren. Signor Ugo sagte, er müsse fast jeden Sonntag in die Kirche gehen. Für Madame Marie würde es nichts Schöneres geben.

Doch nachdem wir Signor Ugo abgesetzt hatten und vor unserem Haus in Cleopatra hielten, sah mein Vater mich eine Weile an, ehe er mich aussteigen ließ, und sagte: »Keine Sorge, ich glaube nicht, dass wir mit unserem griechischen Priester etwas unternehmen werden. Ich könnte es nicht ertragen, ihn jede Woche zu sehen. Trotzdem, ich möchte über alles noch ein bisschen nachdenken«, sagte er, als wollte er sofort damit anfangen, sobald ich ausgestiegen war. Dann meinte er nachdenklich, dass es vielleicht einfacher sei, zum Protestantismus überzutreten. »Jedenfalls hat es keine Eile«, fügte er hinzu, während ich die Tür zuwarf und er davonfuhr. Ich wusste, ich würde ihn erst am Frühstückstisch wieder sehen.

Ostern und Pessach fielen, wie schon in den vorangegangenen Jahren, in die Zeit des Ramadan. Doch in diesem Jahr herrschte eine gedrückte Stimmung, es gab keine Streitereien zwischen Abdou und Madame Marie, und niemand beschwerte sich über meine Manieren. Meine Urgroßmutter hatte nach unserem kleinen Familienseder in Sporting einen Unfall. Sie war mitten in der Nacht aufgewacht und hatte in ihrer Nachttischschublade nach den Ingwerplätzchen gesucht, sie dort aber nicht gefunden. Tante Elsa hatte sie entfernt, denn sie wusste, dass ihre Mutter an Pessach kein Hefegebäck essen würde. Aber die alte Frau hatte nicht mehr daran gedacht, und als sie ihre Lieblingskekse nicht an dem gewohnten Ort fand, war sie aufgestanden und auf dem Weg in die Küche über einen alten Hocker gestolpert.

Sie blutete aus einer Kopfwunde. Onkel Nessim, Tante Elsa und meine Großmutter unternahmen mehrere Versuche, das Blut zu stillen, indem sie etwa gemahlenen Kaffee auf die Wunde streuten. Dr. Zakour, der neue Hausarzt, wurde gerufen, und er tat sein Bestes, aber die alte Frau erlangte nicht wieder das Bewusstsein. Nicht einmal ein Krankenwagen war gerufen worden.

Später am Morgen, als sich alle draußen vor ihrem Schlafzimmer versammelt hatten, trat Onkel Nessim schließlich heraus, machte die Tür hinter sich zu und sagte: »Sie ist von uns gegangen.« Bald darauf wurde sie in ein Leichentuch gehüllt, und nur wenige Stunden später hatte man sie bereits fortgebracht. Madame Marie bemerkte tadelnd, dass das bei Christen nicht üblich sei, dass man in einem christlichen Haus, ehe sie einen abholten, noch eine Weile betrauert werde. Dann fiel ihr ein, dass sie der Aguzah, der Alten, noch drei Pfund schuldete. Um Unglück abzuwenden, lief sie sofort auf die Straße hinunter, kaufte drei süße Brote und gab das Geld unterwegs den ersten drei Bettlern, denen sie begegnete.

Wir verbrachten einen regnerischen Nachmittag in dem kleineren Salon. Niemand weinte, niemand erzählte irgendetwas von ihr. Abdou kam herein und fragte, ob er den Nachmittag freihaben könne. Jemand schlug vor, ins Kino zu gehen, was wir dann auch taten, alle sieben, einschließlich Madame Marie.

Drei Tage später wurde Madame Marie im Krankenhaus die Gallenblase entfernt. Als sie nach ein paar Wochen entlassen wurde, hatte sie abgenommen, sah alt aus und klagte über Ekzeme an beiden Händen. Sie sah mir beim Essen zu, fragte mich, wie es in der Schule gehe, und war enttäuscht, als sie hörte, dass ich, statt in den *normalen* Religionsunterricht zu gehen, inzwischen den Koranunterricht besuchte, wie Monsieur al-Malek es empfohlen hatte. »Bist du ein Moslem geworden?«, fragte sie.

Ich schüttelte den Kopf. »Und was hast du auf die Frage geantwortet, warum du den Koran lernen willst?« Ich sagte, ich hätte erklärt, dass meine Eltern sich mit dem Gedanken trügen, zum Islam überzutreten. Als ich mein Mittagessen beendet hatte, stand Madame Marie nicht auf, um mein Geschirr abzuräumen, wie sie es sonst immer getan hatte. Sie forderte mich auch nicht auf, mir die Hände zu waschen. Sie drängte mich nicht, mit den Hausaufgaben anzufangen, und sie schärfte mir auch nicht ein, der Küche fernzubleiben und nicht mit den Dienstboten zu plaudern. Sie versprach, eines Tages mit mir in die Katherinenkathedrale zu gehen. Dann trank sie ihren Kaffee, bedankte sich bei Abdou und verließ das Haus.

Eine Woche später – Madame Marie war inzwischen vorbeigekommen, um sich zu entschuldigen und zu erklären, dass sie eine weniger strapaziöse Halbtagsstelle in einem griechischen Altersheim gefunden habe – beschlossen meine Eltern, als Gouvernante eine junge Perserin namens Roxane einzustellen, die in Spanien Tanz studiert hatte und die es, durch eine Reihe unglücklicher Umstände, nach Alexandria verschlagen hatte, wo sie mit einem britischen Journalisten lebte, der für eine der englischsprachigen Zeitungen des Landes schrieb. Sie war jung, lebhaft, dunkelhaarig, außerordentlich schön, und im Gegensatz zu Madame Marie, die mit den anderen Gouvernanten im Schatten saß und mir beim Baden zuschaute, kam sie mit ins Wasser und schwamm schneller als alle anderen. Wenn sie aus dem Wasser stieg, lief sie sofort zu unserem Sonnenschirm und wickelte sich von oben bis unten in ihr Handtuch, dass nur noch das Gesicht und ihre mit Gänsehaut bedeckten Beine hervorschauten. Dann kämmte sie die langen, mit Henna getönten Haare und zündete sich eine Zigarette an. Ihre Haut glänzte im

Sonnenlicht, und abends saß sie mit meinen Eltern auf der Veranda, in einem dunkelblauen, weiß gepunkteten Sommerkleid, den Geruch des Sonnenöls noch auf der Haut, und wartete auf Joey, der sie in seinem Anglia abholen würde. Sie nahm nur wenige Dinge ernst, und alles, was sie sagte oder hörte, schien einen ironischen Unterton anzunehmen, und das amüsierte sie, weshalb ich oft glaubte, klüger zu sein, als ich je gedacht hatte – und in meiner überschwänglichen Art brauchte ich genau das, um mich einem Menschen zu öffnen, der nicht nur zu verstehen schien, wer ich war, sondern auch, wer ich sein wollte.

Roxane kannte keine Grenzen, sie kam und ging, wie es ihr beliebte, ohne dabei andere Menschen vor den Kopf zu stoßen, und mit ihrer unbändigen Fröhlichkeit und Unbeschwertheit erreichte sie, dass ich Sachen aß und Dinge tat, die ich nie für möglich gehalten hätte. Wenn sie zu Hause war, hockte ich nicht mehr in der Küche herum, und als sie mir erzählte, dass ihr Bruder Darius hieß und ihr Vater Kambyses, begriff ich, dass sich das Leben über den Durchschnitt erheben und zur Legende werden konnte. Morgens begrüßte sie mich mit einem verschmitzten Lächeln, als hätten wir über Dinge gesprochen, die wir strikt für uns behalten wollten. Abends lasen wir gemeinsam Plutarch. Und wenn ich im Bett lag, las sie mir ein paar Verse von Hafis vor, damit der nächste Tag schön wurde. Sie las die Gedichte zuerst auf Persisch, übersetzte sie, lieferte anschließend eine Interpretation, die stets weit hergeholt, aber gelungen war, und gab mir dann einen Gutenachtkuss.

Am heftigsten verliebte sich Signor Dall'Abaco in sie, mein Italienischlehrer, der einmal Diplomat hatte werden wollen und zu Mussolinis Zeiten aus seiner Heimatstadt Siena geflohen war. Ihn hatte Signor Ugo unter den alexandrinischen Hauslehrern ausgegraben und uns mit dem Hinweis empfohlen, er spreche weit und breit das beste Italienisch. Signor Dall'Abaco hatte jedes Buch und jede Zeitschrift gelesen. Er pflegte die Zeitschriften aus der größten italienischen Buchhandlung der Stadt auszuleihen, sie während der Straßenbahnfahrt zu seinen Privatschülern gründlich zu studieren und, sobald er sie ausgelesen hatte, in tadellosem Zustand zurückzugeben. Wie Monsieur al-Malek, dessen Missfallen er nicht erregen wollte, und dessen Unterricht seinen Stundenplan bestimmte, blieb er noch gern zu Tee und Cocktails und schaffte es immer, dass man ihn in den Salon bat, denn er liebte Gesellschaft, und bei seinem einsamen Junggesellenleben hatte er selten Gelegenheit, über die beiden Dinge zu reden, die ihm am wichtigsten waren: Literatur und Oper. Er fing in jenem April an und war fünf Jahre lang mein Hauslehrer.

Als Signor Dall'Abaco mich mit Dante bekannt machte, war es ihm eine besondere Genugtuung, wenn mein Vater an der Esszimmertür klopfte und fragte, ob er am Tischende sitzen und ein wenig zuhören dürfe. Roxane setzte sich, unaufgefordert, ebenfalls dazu. Wenn er über Farinata, den Grafen Ugolino und Ser Bernetto sprach oder die Geschichte von Paolo und Francesca erzählte, muss Roxanes Anwesenheit sein altes, blaues sienesisches Blut in Wallung gebracht haben, denn die Perserin, die Italienisch nur in Form eines verballhornten Spanisch sprach, schien den vertriebenen Guelfen und den geflohenen Sienesen genauso gut zu verstehen, wie sie Hafis, Joey, mich und überhaupt alle Männer auf der Welt verstand. Sie verstand, was es hieß, alles verloren zu haben und gesalzenes Brot essen zu müssen, nachdem man sein Leben lang nur das ungesalzene toskanische Brot gegessen hatte. Und sie verstand, was es hieß, wenn das eigene Auskommen – ein bescheidenes Auskommen – von anderen abhängig war.

Tu proverai sì come sa di sale
lo pane altrui, e come è duro calle
lo scendere e'l salir per l'altrui scale.

(Wirst schmecken dann, wie Bitternis dein Teil,
Wie hart das fremde Brot und wie die Stiegen
Der Fremde, auf und nieder, ach, so steil!)

Signor Dall'Abaco sprach zu ihr, zu mir, zu sich selbst, zu Dante.

»Wenn du jeden Tag einen Gesang lernst«, sagte er, »dann hast du innerhalb von drei Monaten, von jetzt bis August, die gesamte *Commedia* auswendig gelernt.« Aber vielleicht sprach er ja zu Roxane.

Er erzählte ihr dann, dass er, nachdem alle Italiener in Ägypten von den Engländern interniert worden waren, seine Haftzeit wie Silvio Pellico verbracht hatte, der italienische Patriot des neunzehnten Jahrhunderts, der täglich einen Gesang auswendig gelernt hatte. »Sie im Gefängnis, Signor Dall'Abaco! Ich kann Sie mir nicht hinter Gittern vorstellen.« Der Sienese war gerührt.

Das sagte sie an einem Freitagvormittag Anfang Juni, als wir hinaus nach Mandara fuhren. Signor Dall'Abaco würde den Tag mit uns verbringen und später nach Sidi Bischr gebracht werden, von wo aus er mit der Straßenbahn in die Stadt zurückfahren würde.

Wir saßen bei geöffneten Fenstern eng nebeneinander im Auto, Signor Dall'Abaco sprach über *Tosca,* und nachdem er einige Grundharmonien erklärt hatte, sang er die letzte Arie des Cavaradossi, mehrmals hintereinander, und dann bat er mich, sie zu singen, dann meinen Freund Cordahi, der bei uns übernachten würde, dann – zerstreut, wie er war – meine Mutter und schließlich Roxane. Alle kicherten, selbst Hassan, der Chauffeur, der, um zu beweisen, dass er nicht auf den Kopf gefallen war, selber ein paar Takte sang und die Arie dabei unabsichtlich arabisierte. Signor Dall'Abaco gefiel die orientalische Note, und nachdem er uns den berühmten Chor aus *Nabucco* beigebracht hatte, fragte er Hassan, wie er das singen würde. Der Chauffeur sang die Melodie, zur großen Heiterkeit aller Insassen, und Roxane ahmte die Verdi-Interpretation des Ägypters nach. Signor Dall'Abaco erzählte uns die Geschichte des Mohammed-Ali-Theaters in Alexandria und des großen Opernhauses in Kairo, für das der ägyptische Khedive *Aida* in Auftrag gegeben hatte. »Verdi ist in Ägypten gewesen?«, rief ich ungläubig. »Jawohl, in Ägypten«, antwortete er, und er klang ebenso patriotisch wie Miss Sharif.

Unterwegs begegnete uns Abu Ali, der Fuhrmann meines Vaters, auf seinem schiefen Karren. Er wollte ebenfalls nach Mandara, unsere Siebensachen hinausbringen – Sommerkleidung, Küchengerät, Spielzeug, sogar einen neuen Kühlschrank und den riesigen Grundig, der alle Kümmernisse von Madame Marie überstanden und den mein Vater durch ein neueres Modell ersetzt hatte, von dem er sich aber einfach nicht trennen konnte. Alles war nachlässig übereinandergeladen und mit alten Strippen festgebunden. Der Karren mit den Rädern, die von einem ausgeschlachteten britischen Panzer stammten, und der Mähre, die müde dahinzuckelte, sah eher wie ein Wagen von Zigeunern aus, die vor Hungersnot und Krieg fliehen, als ein Ferientransport zum Sommerhaus. Hassan winkte dem alten Arbagi zu, und Abu Ali erwiderte mit seiner Peitsche den Gruß.

In Joeys Auto, das hinter uns herfuhr, saßen meine Großmutter, Tante Flora und Onkel Nessim. Tante Elsa, die um ihre Mutter trauerte, hatte im allerletzten Moment beschlossen, mitzukommen, um nicht allein zu Hause herumzuhocken. Sie saß aber während der ganzen Fahrt schmollend da und hielt uns beständig vor, dass unsere überstürzte Abreise nach Mandara während der Trauerzeit den Eindruck erweckte, wir seien übereifrige Bauern, die noch nie am Meer gewesen waren.

Um ihr zu beweisen, dass sie recht hatte, zogen Cordahi, Roxane, meine Mutter und ich sofort nach unserer Ankunft Badesachen an und liefen zum Strand, während Signor Dall'Abaco, der keine Badehose mitgebracht hatte, es sich auf der Veranda mit Meerblick bequem machte. Vielleicht gab er sich besondere Mühe, zufrieden auszusehen, damit wir ihn nicht drängten, mit an den Strand zu kommen. Oder vielleicht fand er, dass er seine angeborene Schüchternheit schon hinreichend überwunden habe, indem er die Limonade, die ihm meine Mutter anbot, akzeptiert hatte, und sich nicht noch einem zweiten Härtetest aussetzen müsse, indem er komplizierte, ihm völlig fremde Strandrituale befolgte.

Ich dagegen praktizierte diese Rituale nur allzu gern – Tennisschläger dort aufzulesen, wo ich sie im letzten September liegen lassen hatte, den Sonnenschirm auf meinen Schultern zu balancieren, die zusammengerollte Liegematte, Sonnenöl oder alte Tennisbälle zu finden, die nie kaputtzugehen schienen, daran zu denken, eine zweite Badehose mitzunehmen für den Fall, dass ich mich umziehen wollte, und die alte Flasche mit Benzin nebst Lappen einzupacken, mit dem man den unvermeidlichen Teer abwischte, der immer wieder antrieb, sodass man sich schwarze Fußsohlen holte.

Die Dienstboten, von denen einige bereits am Vortag gekommen waren, um das Haus herzurichten, entluden die Autos, und im ganzen Haus herrschte große Geschäftigkeit.

Signor Dall'Abacos stille Verandaecke schien genau der richtige Ort für einen geborenen Eigenbrötler zu sein.

Ich verstand sein Zögern, mit uns schwimmen zu gehen, nicht nur, weil es mir am VC ähnlich ergangen war, sondern weil ich wusste, dass viele unserer Gäste in Mandara, zumal die Angestellten meines Vaters, eine irrationale Angst vor dem Meer vortäuschten, in Wahrheit aber nur vor uns Angst hatten und davor, uns im Weg zu sein. Während die anderen zum Schwimmen gingen, blieben manche lieber im Haus, einfach weil sie sich nicht trauten, uns um Handtücher zu bitten. »War es schön im Wasser?«, fragten sie, wenn wir vom Strand zurückkamen.

Meine Mutter erklärte Signor Dall'Abaco, es gebe eine Kommode voll Badesachen in den verschiedensten Größen, und er könne sich gern eine Hose ausleihen. Doch er spazierte weiter im Haus herum, in dem noch die muffige Luft der Wintermonate hing. Er zeigte sich sogar an den spanischen Möbeln interessiert und fragte, ob wir das Haus auch im Winter benutzten. »An Weihnachten manchmal«, sagte meine Mutter.

»Beeil dich«, rief Roxane, als sie Joeys Auto die Auffahrt entlangkommen sah. »Wir gehen zum Strand.«

»Geht schon vor, ich komme später nach«, rief er zurück.

»Allora, Signor Dall'Abaco, ziehen Sie sich jetzt um, ja oder nein?«, fragte Roxane.

»Na schön, aber ich weiß noch nicht, ob ich ins Wasser gehe.«

Sie tat ungeduldig, als wäre er ebenfalls ihrer Obhut anvertraut worden. Signor Dall'Abaco schaute zu Joey hinüber, der den Dienern dabei half, die neue Hassira vom Dachgepäckträger zu hieven. Er beneidete den jungen Reporter, hasste ihn vermutlich und hätte alles dafür gegeben, an seiner Stelle zu sein.

»Vielleicht ist das Wasser noch nicht warm genug ...«, meinte er.

»Sie müssen sich eine Badehose anziehen«, sagte sie und schob ihn in eines der Schlafzimmer. Der zaghafte Mann trat gehorsam ein. Er wartete, bis ich und Cordahi hinausgegangen waren, schloss dann hinter uns die Tür, langsam, fast widerstrebend, und drehte leise den Schlüssel um. Fast fünf Minuten warteten wir. Als Roxane an die Tür klopfte und rief, er solle sich beeilen, entschuldigte er sich mit nervöser Stimme, er habe alle Badehosen anprobiert, aber für einen so mageren Mann wie ihn sei anscheinend nichts Passendes vorhanden.

Als er schließlich herauskam, trug er einen Badeanzug, an dessen ursprünglichen Besitzer sich niemand mehr erinnerte, der aber sehr viel dicker und größer als der italienische Lehrer gewesen sein musste, denn er hatte das Oberteil bis auf den Bauch heruntergekrempelt.

Signor Dall'Abaco war, wie sich herausstellte, spindeldürr und hatte kein einziges Haar auf seinen dünnen Beinen. Was Roxane aber besonders komisch fand, waren seine beiden großen Zehen, die in die Höhe standen. Selbst meine Mutter bemerkte es und fragte ihn, warum er die großen Zehen so aufrichte? »Ich weiß nicht«, antwortete er mit typischer Selbstironie. »Ich mache es nicht mit Absicht.« »Aber Sie stolpern doch bestimmt!« Er schaute auf seine Zehen hinunter, als wären es entfernte Cousins, mit denen er noch nie etwas zu tun haben wollte. »Sie stören mich nicht«, sagte er.

Wir gingen auf unserer üblichen Abkürzung zum Strand, stiegen über Dünen und konnten es kaum erwarten, ins Wasser zu springen. Signor Dall'Abaco stand am Rand, mit den Füßen im Wasser, und sah mit huldvoller Miene zu, wie wir in der Brandung herumtollten. »Ich hab euch ja gesagt, er geht nicht ins Wasser«, sagte meine Mutter zu Roxane.

Und tatsächlich habe ich ihn nie schwimmen sehen, obwohl es ihm nach eigenem Bekunden in Mandara gefiel und er im Sommer zwei-, dreimal die Woche herauskam, um Dante und

De Amicis *Cuore* mit mir zu lesen, und den Rest des Tages bei uns verbrachte, im einen Jahr Roxane den Hof machte, im nächsten Tante Flora, dann meiner Mutter. Abends, wenn er mit meinem Vater und Gästen aus den Nachbarvillen auf der Veranda einen Drink genommen hatte, entschuldigte er sich und erklärte, er müsse in die Stadt zurückfahren. Gewöhnlich brachte ihn jemand nach Sidi Bischr, von wo er, die entliehene Zeitschrift ordentlich zusammengefaltet in der linken Tasche seines importierten italienischen Sportjacketts, im Wagen zweiter Klasse nach Ramleh fuhr.

Nach dem Abendessen an jenem ersten Tag in Mandara saßen wir alle um den Esstisch und spielten im Schein von zwei Petroleumlampen Karten. Tante Elsa machte ein Glas *marrons glacés* auf – eine seltene Köstlichkeit in Alexandria. Meine Großmutter teilte sich eine Kastanie mit mir, da sie befürchtete, es könne für die Gäste nicht reichen. Als sie dann sah, dass doch genügend vorhanden waren, teilte sie eine zweite und dann eine dritte. Elsa schimpfte. Sie solle entweder eine ganze Kastanie nehmen oder gar keine, diese Sitte, alles zu teilen, am Ende aber genau die gleiche Menge zu essen wie die anderen, sei wirklich geschmacklos. Onkel Nessim sagte, sie solle sich beruhigen. Signor Dall'Abaco mochte keine Süßigkeiten, Joey hingegen sehr. Er bat Signor Dall'Abaco um seine Kastanie und griff dann nach dem Glas, um sich die letzte mit der Gabel zu angeln. »Bitte, bitte, ne vous gênez pas, genieren Sie sich nicht«, sagte Tante Elsa pikiert. Ihr kostbares Mitbringsel war in weniger als fünf Minuten aufgegessen. Joey, der sein Tweedjackett über die Stuhllehne gehängt hatte, drehte sich um, sah in seine Taschen und holte zwei unangebrochene Päckchen Zigaretten heraus: Grey und Craven A. »Das ist wirklich etwas ganz Besonderes«, sagte mein Vater, der es nie gewagt hätte, etwas auf dem Schwarzmarkt zu kaufen. »Darf ich auch?«, fragte Signor Dall'Abaco. »Selbstverständlich, Signor Dall'Abaco.« »Mario«, verbesserte ihn Signor Dall'Abaco. »Mario«, wiederholte der Engländer amüsiert und griff zu seinem Whiskyglas. Fast alle rauchten. Joey bot auch Abdou eine Zigarette an, der sie zögernd nahm und erklärte, dass er sie später rauchen werde.

Das unvermeidliche Thema Schule wurde kurz angesprochen. Joey hatte einen dichtenden Kollegen, dessen griechische Frau an einer amerikanischen Schule unterrichtete, der besten Schule in der ganzen Stadt, und mehr oder weniger ohne Diskussion wurde vereinbart, dass ich im folgenden Jahr auf diese Schule gehen sollte. VC kam nicht mehr infrage, zumal nach dem Vorkommnis in der letzten Ramadanwoche.

»Was deine Frau an dem Tag getan hat, war sehr tapfer – solange es kein Nachspiel hat«, sagte Tante Flora.

»Solange es kein Nachspiel hat«, wiederholte mein Vater.

»Wir haben in unserer Zeit Schlimmeres angestellt«, sagte Tante Flora, die am Konservatorium alle möglichen Missetaten begangen hatte.

»Und ich war ein ausgesprochener Teufel«, sagte Joey, der ehemalige Etonianer, und blies einen Rauchkringel in die Luft. »Und ich habe weiß Gott Schlimmeres getan, als im Unterricht meine Turnsachen anzuziehen.«

»Aber es war die Koranstunde«, warf mein Vater ein.

An jenem außergewöhnlich warmen Maitag hatte ich während der Koranstunde verstohlen meine graue Hose ausgezogen und war in eine weiße Turnhose geschlüpft. Dann hatte ich das Hemd mitsamt Krawatte ausgezogen. Dann das Unterhemd, die Socken, die Uhr. Andere Schüler hatten es mir nachgemacht und sich ebenfalls umgezogen, aus Respekt vor ihrer Religion allerdings nicht die Turnschuhe angezogen. Es war der junge Tarek, der, eher aus Frömmigkeit als aus Boshaftigkeit, Miss Sharif auf das Geschehen aufmerksam gemacht hatte. Sie hob die Augen von ihrem Koran und sah zu ihrer Überraschung eine Klasse, die fast komplett in Weiß gekleidet war. »Er ist es gewesen, er hat es ihnen vorgemacht«, sagte Tarek. »Ach, du meine Schwester!«, rief Miss Sharif, lief zu mir und donnerte mir das Buch auf den Kopf. »Ach, du meine Schwester!«, kreischte sie.

Ich musste mich umgehend bei Miss Badawi melden.

Als ich abends vom Fußballspielen nach Hause kam, bemerkte Roxane die blauen Flecken auf der Rückseite meiner Oberschenkel. Es wäre sonst nie herausgekommen. Roxane versuchte, sie mit der Hand abzuwischen, lief dann entsetzt hinaus und alarmierte meine Mutter, die sofort in mein Zimmer kam und eine Erklärung verlangte. Roxanes erschrockenes Gesicht und die Tatsache, dass ich unter Tränen erzählte, was am Vormittag passiert war, bewirkten wohl, dass sie ihren Ärger unterdrückte, und als ich dann in der Badewanne saß, kniete sie sich neben Roxane hin, und beide Frauen wuschen mich so behutsam und fürsorglich, dass ich mir wie ein Soldat vorkam, dessen Wunden von zwei jungen Nonnen behandelt wurden.

Mein Vater war beunruhigt und schien sich während des Abendessens nicht recht entscheiden zu können, ob er sich über die Schule oder über mich aufregen sollte.

»Diesmal sind sie zu weit gegangen«, sagte meine Mutter.

»Nein, diesmal ist *er* zu weit gegangen. Er hat ihre Religion beleidigt, und wenn er ihre Religion beleidigt, beleidigen *wir* ihre Religion, und wenn wir ihre Religion beleidigen, werden wir verhaftet, kommen ins Gefängnis, wir verlieren alles und werden aus Ägypten hinausgeworfen. Ich lege keinen Wert darauf, dass mein Name ständig auf der Muhafza erwähnt wird. Verstehst du jetzt?«

»Ich will es nicht verstehen.«

Am nächsten Morgen, als mein Vater nach seiner Gymnastik gerade im Badezimmer war, wandte sich meine Mutter an Monsieur Politi und bat ihn, sich rasch seine Jacke anzuziehen, scheuchte uns alle nach unten, instruierte Abdou, er solle dem Schulbusfahrer sagen, dass ich an diesem Tag nicht in die Schule gehen würde, und bat Hassan, uns zum VC zu fahren. Wir trafen dort zwanzig Minuten vor den Bussen ein; die Internen frühstückten vermutlich noch. Mutter und ich stiegen aus, gefolgt von einem verblüfften Monsieur Politi. Mit seiner mächtig gewölbten Athletenbrust unter dem Jackett sah er ein wenig wie ein Gangsterbodyguard aus, der vergessen hatte, sich eine Krawatte umzubinden.

Meine Mutter führte uns direkt zu Miss Badawis Büro, an das sie sich von ihrem früheren Besuch her erinnerte. Sie bat Politi, draußen zu bleiben. Wir klopften an, mussten warten, und als Miss Badawi schließlich öffnete, verriet uns ihre Miene, dass wir nicht ganz überraschend kamen. In ihrem starren Lächeln lag kein Ausdruck von Entschuldigung, sondern eher gemessenes, bürokratisches Mitleid für die Eltern widerspenstiger Kinder, die in ihrem eigenen Interesse bestraft werden müssen.

Meine Mutter, die kein Englisch sprach, bat mich, Miss Badawi zu sagen, dass sie wissen wolle, was vorgefallen sei. »Sie meinen gestern?«, fragte sie. Ich nickte. Miss Badawi hielt einen langen, ausführlichen Vortrag über die Schulordnung und starrte mich durchdringend an, während ich versuchte, ihre Version meiner Schuld zu vermitteln. Meine Mutter nickte bei jedem Satz, obwohl ich wusste, dass ich viel zu verworren sprach, als dass sie viel verstehen konnte. Wie so oft, kommunizierten wir mit Rücksicht auf Dritte in Andeutungen. Einmal unterbrach mich meine Mutter mit den Worten: »Ich weiß, ich habe verstanden, sag ihr, ich habe verstanden«, und dann, ehe ich wusste, wie mir geschah, hatte sie mich umgedreht und zeigte auf die dunkelvioletten Striemen auf meinen Oberschenkeln, berührte jeden einzelnen und sagte: »Schauen Sie, diesen da und den da, und diesen hier«, mit der geringschätzigen Miene, mit der sie ein Kleid nahm und ihren Schneider aufforderte, sich diesen Fehler, diesen Mangel und diesen Fleck anzusehen, den sein unachtsamer Gehilfe übersehen hatte. Miss Badawi hob die Augenbrauen wie ein Kaufmann, der sich mit dem Argument »Gekauft ist gekauft« weigert, einen fehlerhaften Artikel zurückzunehmen.

Fast fünf Minuten starrte ich ihn schon wie abwesend an, den Rohrstock, der in einer Ecke hinter Miss Badawis Stuhl stand. Das also war die Waffe, dies waren die Rillen, die den größten Schmerz verursachten – und dabei so harmlos aussahen. »Ja, aber sag deiner Mutter, wir können nicht garantieren, dass in deinem Fall der Rohrstock nicht noch einmal verwendet wird. Sags ihr!« Ich sagte meiner Mutter, dass sie nicht garantieren könnten, dass in meinem Fall der Rohrstock nicht noch einmal verwendet würde. Ich sah meine Mutter nicken. Würde sie jetzt klein beigeben? Ich fuhr fort, die von der Direktorin dargelegten Vorschriften zu übersetzen, dann die anschließende Frage meiner Mutter, bis ich befürchtete, sie würde einlenken.

Plötzlich erklang ein furchtbarer Schrei. Mutter hatte aus Leibeskräften geschrien, so wie sie Kaufleute, Angestellte und Straßenverkäufer anbrüllte. Draußen im Hof liefen der Hausmeister und der Gärtner zusammen und sahen zum Fenster herein. Meine Mutter zeigte auf den Rohrstock und sagte: »Frag sie, ob sie nicht weiß, dass das wehtut?« »Natürlich tut es weh«, antwortete Miss Badawi mit leicht angewiderter Miene ob des Geschreis meiner Mutter, aber immer noch mit demselben

Lächeln, mit dem sie uns begrüßt hatte. »Wir können so viel diskutieren, wie Sie wollen«, sagte ihre Miene, »aber die Schule wird sich nicht entschuldigen.«

Es war dieses Lächeln – das unheimliche, unverschämte, boshafte Grinsen, mit dem sie mich einmal als »Hund der Araber« bezeichnet hatte und das über ihr Gesicht gehuscht war, als sie mich fragte, ob ich in der Schuluniform oder in meiner Turnhose den Rohrstock spüren wollte –, es war dieses Lächeln, das meine Mutter erkennen ließ, dass nicht die geringste Aussicht bestand, sie könne mit ihrem Besuch etwas erreichen.

Ihr Entschluss fiel so schnell, dass Miss Badawi noch immer lächelte, als es schon passiert war. »Mich grinsen Sie nicht so an, mich nicht!«, brüllte meine Mutter so laut, dass ihre Stimme in der ganzen Schule zu hören gewesen sein musste. Eher verdutzt als empört hielt sich die Direktorin die Wange, entweder, weil sie es nicht glauben konnte, oder um den Handabdruck zu verbergen, der immer röter wurde. »Was soll das, was soll das?«, sagte sie auf Arabisch. Meine Mutter nahm die Tasche, die sie auf Miss Badawis Schreibtisch abgelegt hatte, wandte sich zu mir und sagte: »Komm, wir gehen!« Auf dem Boden vor der Tür sah ich eine von Miss Badawis Haarnadeln liegen und versetzte ihr einen leichten Fußtritt. »Ich werde Sie auf der Muhafza anzeigen«, sagte meine Mutter.

Miss Sharif stand mit Miss Gilbertson draußen, als wir herauskamen. Als meine Mutter Miss Gilbertson bemerkte, sah sie ihr direkt ins Gesicht, rief »sale putain« und spuckte vor ihr aus.

Ich sagte ihr, dass ich weder mein Pult noch meinen Schrank ausräumen wolle. Wir gingen sofort zu unserem Auto, das auf der anderen Seite des Schulhofs auf uns wartete. Ich bin nie mehr in das VC zurückgekehrt.

Knapp zwanzig Minuten später waren wir wieder zu Hause, noch ganz erschüttert von den Ereignissen dieses Morgens. Mein Vater war außer sich, als er davon erfuhr. Er beschimpfte meine Mutter, verfluchte Hassan und Monsieur Politi und schärfte ihnen ein, nie mehr Befehle von meiner Mutter entgegenzunehmen. »Na ja, was ändert es schon, wir haben hier nichts mehr verloren.«

Einige Wochen später schränkte mein Vater Monsieur al-Maleks Unterrichtsstunden ein. »Kinder brauchen im Sommer eine Pause«, erklärte er. Indem er Monsieur al-Maleks Stundenzahl derjenigen von Signor Dall'Abaco anglich, gab er jedoch zum ersten Mal zu verstehen, dass Arabisch nicht ausschlaggebend sei, dass wir vielleicht nicht für immer in Ägypten bleiben würden.

Vom VC haben wir nie eine Stellungnahme zu dem Zwischenfall erhalten. Mein Zeugnis war katastrophal, und in Ägyptischer Landeskunde, einem ausschließlich auf Arabisch unterrichteten Fach, hatte ich, kaum überraschend, eine Sechs. Mein Vater, der nicht begriff, wie man so schlechte Leistungen haben konnte, beschloss, mich zu bestrafen: eine Woche lang kein Kino. Doch dann dachte er nicht mehr daran und verstieß gegen seine Verfügung, als es eines Abends regnete und man nichts anderes tun konnte, als ins Kino zu gehen.

Sobald man in Mandara aufgewacht war, lief man ans Fenster, um zu sehen, wie das Meer an diesem Tag sein würde. Schon vom Bett aus konnte man manchmal die Wellen hören und vom Geräusch auf das Wetter schließen. Wenn Kinder am Strand schrien, wusste man, dass sie in der Brandung herumtollten und dass an diesem Tag raue See war. Doch dann gab es wieder Zeiten, da hörte man keinen einzigen Laut, keine Kinder, keine

Wellen, keine Strandverkäufer, nichts, nur Stille weit und breit, als würde irgendetwas in der Luft alle Geräusche zudecken. Und dann wusste man, dass nicht die leiseste Bewegung das Wasser kräuselte, dass das Meer, wie Tante Flora sagte, *glatt wie ein Ölfleck* war.

Im Haus duftete es nach gemahlenem Kaffee. Roxane stand schon in der Küche, rauchte eine Zigarette und brühte sich ein kleines Kännchen auf. Sie hatte ihren Badeanzug an. Joey schlafe noch, sagte sie, alle schliefen, von den Dienstboten war noch niemand da. Leise öffneten wir die Tür zur Veranda, wissend, dass uns ein überwältigender Blick erwartete, sobald wir den dünnen Vorhang anheben würden. Niemand war zu sehen, nur ein paar geparkte Autos, deren Motorhauben im Morgenlicht glänzten, und dahinter – hinter den Sanddünen und den betagten Palmen und den Villen, die sich in sonntäglicher Stille sonnten – das blassblaue Meer, das im ersten Tageslicht glitzerte.

»Was für ein Tag!«, sagte Roxane. Langsam, um ihren Kaffee nicht zu verschütten, ging sie zu dem kleinen, schweren Eisentisch meines Großvaters, der jeden Sommer, weil er so schnell rostete, in einer anderen Farbe angestrichen wurde. Wenn die Farbe an den Kanten abblätterte, konnte man die Schichten wie Jahresringe zählen und wusste dann, wie viele Jahre er schon in unserer Familie war – auch dieses Tischchen war, wie so viele andere Gegenstände hier, viel älter als ich.

Wir wollten uns gerade hinsetzen, als wir in der Ecke plötzlich Signor Dall'Abaco sahen, der die dünnen Beine auf das Geländer gelegt hatte und seinen Korbstuhl leicht nach hinten kippte. »Wann sind Sie denn aufgewacht?«, fragte Roxane. »Schon vor Stunden«, antwortete er, »ich wollte den Sonnenaufgang beobachten.«

Ich hatte noch nie einen Sonnenaufgang gesehen.

»Haben Sie gut geschlafen?«, fragte er.

»Mmmmmm. Wunderbar«, sagte sie. »Wunderbar.« Sie gähnte und streckte die Arme.

»So einen Morgen habe ich lange nicht mehr erlebt, ich weiß gar nicht mehr, wann zuletzt.«

Roxane schaute aufs Meer hinaus.

»Ist von den anderen schon jemand wach?«, fragte sie. »Nein«, sagte Signor Dall'Abaco.

Sie legte die Beine auf die Balustrade und trank langsam ihren Kaffee. »Hätte ich Ihnen auch einen machen sollen?«

Er sagte, dass er auf die anderen warten wolle.

Wir hörten eine Tür aufgehen. Ich erschrak. Andere würden dem Augenblick zweifellos seine Magie nehmen.

Doch das Geräusch war aus dem Garten gekommen. Jemand musste das Tor aufgemacht haben und kam nun den Kiesweg entlang, der zur Veranda führte. Und dann sah ich, wer es war. Ich hatte das kleine Wunder der Morgenstunden in Mandara völlig vergessen: den Feigenverkäufer. Er tauchte immer zuerst auf. Dann kam der Eismann, dann der Gemüsehändler und um zehn schließlich der Obsthändler.

Roxane suchte zwei Dutzend Feigen aus und bat ihn, sie auszuwiegen. Sie gab jedem von uns eine. »Eine«, sagte sie, und das hieß: »Nur diese eine bis zum Frühstück.«

Bis zum Frühstück waren es aber noch ein paar Stunden, sodass ich vorschlug, Ful kaufen zu gehen. Um diese Uhrzeit war das Ful einfach am besten. »Weißt du, wo es welches gibt?«, fragte Roxane, die noch nie in Mandara gewesen war. Ich nickte. Der Verkäufer würde mit seinem Wagen an der Ecke Rue Mordo vor den Sanddünen halten, und die Leute würden mit großen Töpfen kommen. Signor Dall'Abaco sagte, er kenne das Ful von

Mandara nicht. Dann gestand er, dass er überhaupt noch nie Ful gegessen habe. »Aber Sie sind jetzt dreißig Jahre hier, Mario«, sagte sie. »E pazienza«, erwiderte er, und das hieß: »Was kann ich jetzt noch daran ändern!« Ich sagte, wir müssten uns beeilen, denn der Verkäufer wartete nie lange an einer Ecke. Am schlimmsten war es, ihm von Halt zu Halt hinterherzulaufen und ihn jedes Mal zu verpassen.

Aber ich hatte es noch aus einem anderen Grund eilig. Ich wollte nicht, dass irgendjemand mitkam oder uns an diesem Morgen von unserem Ausflug abhielt. Signor Dall'Abaco sagte, er müsse sich zuerst umziehen, doch ich versicherte ihm, dass Shorts völlig akzeptabel seien, so früh sei noch niemand unterwegs. Roxane zog ein langes Hemd an, dessen Enden sie über der Taille verknotete. In der einen Hand hielt sie eine Zigarette, in der anderen einen großen leeren Topf.

Ich führte sie in den Garten hinter dem Haus und zur Auffahrt, wo die Bienen so laut summten, dass es sich anhörte wie ein ferner Wasserfall oder wie eine große, brummende Dampfmaschine. Signor Dall'Abaco sagte, er habe Angst vor Bienen. Ich erklärte, dass sie nicht stechen würden. Er müsse nur ganz ruhig gehen und dürfe keine plötzlichen Bewegungen machen. Beide glaubten mir.

Signor Dall'Abaco hielt uns das alte Gartentor auf, das anscheinend ein paar Jahrzehnte zuvor der einzige Zugang zur Villa gewesen war. Wir benutzten es selten. Auch dieses Tor trug, wie so viele in Alexandria, die nicht mehr in Gebrauch waren, ein verwittertes Familienwappen, hatte eine Glocke, die nicht läutete, wenn man das Tor aufstieß, und einen alten Türklopfer.

Signor Dall'Abaco meinte, dass diese alten Klopfer eines Tages sehr wertvoll sein würden. »Eines Tages, wenn in Europa keine Antiquitäten aus dem neunzehnten Jahrhundert mehr aufzutreiben sind, werden die Leute aus der ganzen Welt hierherkommen, um diesen Türklopfer zu kaufen«, sagte er.

»Aber er ist doch nichts wert«, sagte Roxane.

»Denken Sie an meine Worte: Kommen Sie in zwanzig Jahren wieder, und die Leute werden ihn in Gold aufwiegen.«

»Wo ist der Fulverkäufer?«, unterbrach ihn Roxane.

»Genau, wo ist der Fulverkäufer?«, wiederholte Signor Dall'Abaco, der wohl der gutmütigste Mensch auf der Welt war und dem es nichts ausmachte, wenn ihm jemand ins Wort fiel.

Wir kamen an Momo Carmonas Haus vorbei. Es war noch immer winterfest verrammelt. Waren sie nach Europa gezogen, oder waren sie in diesem Jahr einfach spät dran? Mein Vater sagte, ihr Onkel habe alles verloren. Vielleicht war es ihnen genauso ergangen. Ich erinnerte mich, dass Momo an dem Tag, als das Geschäft seines Onkels verstaatlicht wurde, nicht an den Strand gehen wollte, und er war auch nicht zum Drachenkampf mitgekommen. Hisham hatte aus einer Zeitung die Namen all jener vorgelesen, deren Vermögen oder Geschäfte an diesem Tag verstaatlicht worden waren. Erfreut darüber, dass mein Vater nicht auf der Liste stand, aber noch nicht ganz erleichtert, hatte ich ihn gefragt, ob er sämtliche Namen vorgelesen habe. »Warte, hier stehen noch viel mehr«, sagte er lächelnd und schlug eine neue Seite mit lauter Namen von Personen auf, deren Besitz man eingezogen hatte: Madame Salamas Liebhaber, Tante Flora, Onkel Nessim, überhaupt fast alle Leute. Mein Vater hielt es für unklug, ihn jetzt zu entlassen.

Ich zeigte Roxane und Signor Dall'Abaco Onkel Vilis altes Haus in Mandara. Aber es schien sie nicht zu interessieren. Dann kam die Villa der russischen Gräfin. Wer jetzt wohl darin wohnte, überlegte ich. Auch das interessierte sie nicht.

Wir überquerten einen Feldweg und stießen schließlich auf

einen Garten, der von einer Hassira eingezäunt war. Dann kamen die Dünen. Hinter den Dünen lag einer der Strände von Mandara, zur anderen Seite lag das griechische Kloster, dahinter erstreckte sich die Wüste.

Unsere Füße versanken im Sand, aber der Sand war noch nicht heiß. Unangenehm waren nur die Bambussplitter, die in unsere Sandalen drangen, die wir aber einfach herausschüttelten, indem wir die Füße hin und her schlenkerten.

Vor uns erkannte ich den Wagen des Fulverkäufers. Wir winkten und riefen, er solle auf uns warten. Er winkte zurück. Als wir schließlich seinen Wagen erreicht hatten, gab Roxane ihm den Topf. Er füllte ihn und wünschte uns einen gesegneten Sonntag. Wir sahen ihn erstaunt an. Warum sollte ein Moslem uns einen gesegneten Sonntag wünschen? Er musste uns die Überraschung angemerkt haben, denn nachdem er sich vorsichtig umgeschaut hatte, zog er seinen Ärmel hoch und zeigte uns ein großes eintätowiertes Kreuz auf seinem Handgelenk. »Ich bin Kopte.« Das herrschende Regime war den Kopten nicht gerade wohlgesinnt.

Obwohl Signor Dall'Abaco Atheist war, Roxane Anhängerin des zoroastrischen Glaubens und ich Jude, wünschten wir drei ihm einen gesegneten Sonntag. Signor Dall'Abaco wollte unbedingt bezahlen. Es war seine Art, uns zu dafür zu danken, dass er am Wochenende unser Gast war. Ich versuchte, ihn zu überreden, Roxane bezahlen zu lassen, aber er erklärte, das komme überhaupt nicht infrage, er werde bezahlen, zumal er nichts mitgebracht habe, nicht einmal eine Badehose. Roxane fing eine Diskussion an. Dann insistierte er. Wir ließen ihn bezahlen.

Um das Thema zu wechseln, meinte Signor Dall'Abaco auf dem Rückweg, das tätowierte Kreuzeszeichen habe ihn an die Narbe erinnert, die Odysseus' Dienerin Eurykleia erkennt, als ihr Herr nach zwanzigjähriger Abwesenheit nach Ithaka zurückkehrt.

Roxane wusste nicht, wer Odysseus war, aber es stimmte sie traurig, dass der alte Kämpe so lange Jahre in der Fremde verbracht hatte. »Zwanzig Jahre, ganze zwanzig Jahre«, sagte sie, »das ist kein Pappenstiel«, als wäre Odysseus ein Zeitgenosse, über dessen ungeklärtes Schicksal man sich noch immer Sorgen machen müsse.

»Zwanzig Jahre sind nichts«, erwiderte der Sienese, der seit Ende der Dreißigerjahre nicht mehr in Italien gewesen war. »Als ich aus Italien wegging, waren Sie noch nicht einmal geboren, Roxane«, sagte er, als wäre dies sein Zeitmaß.

»Und ich glaube, Sie sind ein bisschen in mich verliebt, Signor Dall'Abaco.«

»Das glaube ich auch«, sagte er. Beide lachten, und je mehr sie lachten, desto mehr Ful verschüttete Roxane, und desto mehr mussten wir alle miteinander lachen. »Wie dumm von mir«, sagte sie, »dass ich den Topf, aber keinen Deckel mitgenommen habe.«

Ich sah in das kristallklare Morgenlicht. Die Luft war frisch, neu, unverbraucht, wie immer zu Beginn eines Sommertages, der dann unerträglich heiß wird. Selbst die Dünen wirkten sauber, sie saugten die Sonnenstrahlen auf, sodass wir nach einem Blick in den Himmel zu Boden sehen mussten und die Farbe des Sandes ringsum als wohltuend empfanden und nicht einmal die Villen vor uns ansehen konnten. Ich brauchte nur die Augen zu heben, und das Meer würde vor mir liegen.

»Jetzt erhub sich die Sonn' aus ihrem strahlenden Teiche auf zum ehernen Himmel.«

Signor Dall'Abaco zitierte Homer auf Griechisch und übersetzte dann ins Italienische. Plötzlich begriff ich – so musste das

Licht des antiken Hellas gewesen sein, das Licht klarer ägäischer Morgenstunden, wenn sich glitzernder Quarz meilenweit erstreckt, bis er das Meer berührt, und das Meer den frühsommerlichen Himmel berührt und der Himmel jeden Baum und jeden Berg und jedes Haus hinter den Bergen. Auch heute brauche ich nur irgendwo in meiner Nähe das Meer, einen klaren Himmel und ein intensives Licht, das mich zwingt, den Blick zu senken, und plötzlich, wo ich auch bin, wandern meine Gedanken unweigerlich zum lichtesten Autor der Antike zurück, und dann erinnere ich mich wieder, wie ich ihm zum ersten Mal am Strand von Mandara begegnete, an jenem Morgen, als wir zurückschlenderten und Ful über die Sanddünen verschütteten. Signor Dall'Abaco erzählte uns von den Gefährten des Odysseus, die, nachdem sie von dem verbotenen Lotos gegessen hatten, kein Bedürfnis mehr verspürten, nach Ithaka zurückzukehren, und nicht länger herumirren wollten. Nach zwanzig Jahren, sagte er, sei Odysseus der Einzige gewesen, der es schaffte, lebendig zurückzukehren.

»Schon wieder Ihr Odysseus!«, rief Roxane.

»So heißt es zumindest«, fuhr Signor Dall'Abaco fort. »Dante sagt, Odysseus sei nach seiner Rückkehr nach Ithaka wieder ausgezogen, andere Länder zu erforschen. Viele teilen seine Ansicht. Aber ich glaube eher, dass Kavafis, der Alexandriner, recht hat. Kavafis sagt, dass Odysseus schwankte, sich nicht entscheiden konnte, ob er zu seiner Gemahlin zurückkehren oder als Unsterblicher auf der Insel der Göttin Kalypso bleiben sollte. Am Ende entschied er sich für die Unsterblichkeit und kehrte nicht zurück. Die Göttin flehte ihn an« – und Signor Dall'Abaco begann zu rezitieren:

Warum mein Heim verschmähen, wenn die Fremde
dein Heim ist?
Dein ersehntes Ithaka wirst du haben, indem du
darauf verzichtest.
Du wirst an seinem Strand gehen und doch nach
dieser Erde dich sehnen,
wirst Penelope küssen und doch wünschen,
die Freundin zu halten,
ihr Fleisch berühren und doch nach meinem dich
sehnen.
Dein Heim ist das steinerne Haus der Zeit,
und so bist du: ersehnst, was du verlierst.

Die Geschichte eines Mannes, der sich für die Geliebte und die Unsterblichkeit entscheidet, gegen Frau, Kind und Heimat, fand Roxane empörend. Signor Dall'Abaco zog nur die Augenbrauen hoch und zuckte mit den Schultern, als wollte er sagen: Wer bin ich schon, dass ich mich mit dem Dichter anlegen könnte? Ich bat ihn, noch mehr Homer zu rezitieren, was er dann auch tat.

Zum ersten Mal in meinem Leben wusste ich genau, was ich in diesem Sommer und in den Sommern darauf tun wollte. Ich fragte Signor Dall'Abaco, ob er mir Griechisch beibringen würde. Sehr gern, sagte er, aber erst nach der Italienischstunde – und es könne Jahre dauern. »Aber na ja, wer weiß«, sagte er schmunzelnd, als wir das alte Gartentor öffneten.

Signor Dall'Abaco unterrichtete mich fünf Jahre lang in Griechisch, langsam, emsig, so wie ein verarmter sizilianischer Lehrer ihn Jahre zuvor in Siena unterrichtet hatte. Nach unserer Abreise aus Ägypten setzte er den Griechischunterricht schriftlich fort, indem er Textstellen wählte, die ich, immer etwas eilig, mit schlechtem Gewissen und einem Gefühl des Verpflichtetseins, übersetzte. Zehn Tage später, manchmal noch später, erhielt ich seine entmutigend ausführlichen und komplizierten Kommentare auf dem Rand meines Briefbogens, der mittlerweile den Tabaksgeruch seines Stammcafés angenommen hatte, in das er ging, um zu kritzeln – scribacchiare. Über die meisten meiner griechischen Wörter schrieb er Zahlen, so wie Tante Flora Zahlen über die Noten ihrer Klavierschüler schrieb, um mir zu zeigen, welche Wortstellung er besser fand. Wenn er sich nicht entscheiden konnte, welches Wort das beste war, notierte er alle griechischen Synonyme, die ihm einfielen. Als ich Jahre später in Massachusetts seine Briefe wieder las, stellte ich mir den betagten Signor Dall'Abaco vor, wie er an einem kleinen Tisch im Athineos saß, am alten Hafen, dem Portus Eunostus, dem Hafen der Guten Rückkehr, und in seiner kleinen Handschrift die achtseitigen Kommentare schrieb. Dort übersetzte er griechische Texte ins Italienische, die ich dann ins Griechische zurückübersetzen musste, obschon uns beiden klar war, dass mein Griechisch immer schlechter wurde und dass diese Übersetzungsübungen nur eine aufwendige Veranstaltung waren, um in Kontakt zu bleiben. Er beschrieb die Stadt, das Meer, die schlampigen Kairoer, die sich jeden Sommer einfanden, Roxane und ihren Mann Joey, der so dick und kahl geworden war, dass man ihn nicht mehr erkannte, und beendete jeden Brief mit der Formel »Und jetzt muss ich schreiben«, womit seine anderen Briefe gemeint waren, diejenigen an seine Anwälte in Italien, die ihn in einem langjährigen Rechtsstreit mit dem italienischen Staat um die Rückgabe von Vermögen vertraten, das die Faschisten vor dem Krieg beschlagnahmt hatten. Mit einer Pension würde er sich abfinden, schrieb er. In meinen Antwortbriefen erzählte ich von meinem Studium, von Frauen, von der Hitze, von den Sandwiches mit Gurken und Schafskäse, die ein Italiener und ich auf der Oxford Street aßen, von unserem Warten auf eine Badesaison, die im Grunde nie kam. Lazem bahr, erinnerte ich ihn.

»Du bist über die Säulen des Herkules hinausgefahren«, schrieb er zurück. »Jetzt ist alles möglich!« Ich war der einzige Mensch, den er kannte, der nach Amerika gegangen war. »Aber ahimé! Werde nie Lehrer, denn dann isst du anderer Leute Brot und gehst auf den steilen Stiegen der Fremde.«

Dann hörte ich nichts mehr von ihm. Zuerst dachte ich, typisch Signor Dall'Abaco, er hat sich gesagt, dass es Zeit sei, mich nicht mehr mit diesen albernen Übungen zu behelligen. Meinen zweiten Brief beantwortete er aber ebenso wenig wie den dritten. Auch meine Weihnachtsgrüße nicht, weder in jenem Jahr noch im Jahr darauf. Dann schrieb auch ich keine Briefe mehr. Vielleicht wusste ich es, ohne es eigentlich wissen zu wollen. Ich hätte anrufen können, tat es aber nicht. Oder vielleicht rechnete ich damit, dass ich einen Brief mit langatmigen Erklärungen bekommen würde, unterschrieben von einem Mann, der fast zehn Jahre lang seine Briefe mit immer denselben zwei Wörtern beendet hatte: Lazem scribacchiare.

Jahre später erhielt ich ein Päckchen, eingewickelt in dickes Packpapier, erkennbar aus der Dritten Welt. Es war per Schiffspost gekommen, und die Schnur, die das Ganze zusammenhielt, war mit vielen Knoten und kleinen Plomben versehen. Die Handschrift war mir unbekannt. Ich öffnete das Päckchen und fand ein kleines Buch, billig gebunden, in Wachspapier eingeschlagen. *Alexandriner,* herausgegeben von Mario Dall'Abaco: eine Anthologie alexandrinischer Schriftsteller von der Antike bis zur Moderne. Einige der Gedichte hatte ich noch nie gesehen, andere waren mir vertraut, das über Odysseus stammte von Signor Dall'Abaco persönlich, nicht von Kavafis. Da ich nicht wusste, bei wem ich mich bedanken sollte, übersandte ich dem Verlag einen Scheck.

Einige Monate später erhielt ich ein zweites, etwas größeres Päckchen, eingewickelt in das gleiche kobaltblaue Papier, das ich beim ersten Mal nicht erkannt hatte. Ich fuhr mit der Hand durch das zusammengeknüllte Zeitungspapier im Karton und erwartete, noch weitere Exemplare der *Alexandriner* zu finden. Stattdessen berührte ich etwas Kaltes, das sich wie eine Hand anfühlte, die darauf wartete, meine Hand zu berühren. Es war ein alter Türklopfer aus Bronze. »Als wir hörten, dass Mandara renoviert würde, fuhren wir sofort hinaus. Mario hat ihn selbst abmontiert. Er hat ihn als Briefbeschwerer verwendet. Dass du ihn jetzt hast, ist sicher in seinem Sinn. Er ist vor einem Jahr friedlich entschlafen. Vergiss mich nicht. In Liebe, Roxy.« Den Türklopfer habe ich noch immer. Er liegt heute auf meinem Schreibtisch.

6

Der letzte Seder

Mein Vater legte den Hörer auf und sah uns an. »Es geht los«, sagte er. Niemandem musste er erklären, was gemeint war. Alle wussten, dass *diese* Telefonanrufe zu jeder Nachtzeit kamen – drohende, gemeine, obszöne Anrufe, in denen eine namenlose Stimme, angeblich im Auftrag einer staatlichen Behörde, alle möglichen Fragen über unseren Tagesablauf, unsere Gäste, unsere Gewohnheiten stellte und uns daran erinnerte, dass wir niemand seien, keine Rechte hätten und bald aus dem Land gejagt würden, wie vor uns schon die Franzosen und die Briten.

Bislang waren uns diese Anrufe erspart geblieben. Doch nun, im Herbst 1964, fingen sie an. Die Stimme schien alles über uns zu wissen. Sie kannte sogar unsere Verwandten im Ausland, sie las unsere Post, kannte die Namen meiner Freunde und Lehrer an der Amerikanischen Schule, die ich seit meinem Abgang vom VC vier Jahre zuvor besuchte. Sie wusste alles. Sie wusste sogar von dem Steinwerfer an diesem Tag. »Und heute Abend gibt es bestimmt Wachteln«, sagte sie. »Bon appetit.« »Ein schlechtes Omen«, sagte meine Großmutter.

Für Tante Elsa war der Mittwoch ein Unglückstag. Schlimme Sachen, sagte sie, passierten immer mittwochs.

Mein Vater sagte, auch er habe ungute Ahnungen gehabt, aber was habe die Stimme mit dem Steinwerfer gemeint?

Da beschloss Tante Flora, es ihm zu sagen. Am Vormittag hatten wir uns unter die Menschenmenge gemischt, die entlang der Corniche auf Präsident Nasser wartete. Stundenlang standen die Leute in der Sonne, und jedes Mal, wenn so etwas wie eine Wagenkolonne um die Ecke des Montaza-Palastes zu biegen schien, jubelten sie und winkten. Schließlich kam er in seinem Cadillac angefahren und winkte, und er sah genauso aus wie auf den Fotos. Die Männer und Frauen jubelten, sprangen in die Höhe und klatschten und schwenkten Papierfähnchen. Ganz vorne am Straßenrand hielt ein Mädchen im Rollstuhl ein zusammengerolltes, mit einem grünen Band verschnürtes Papier hoch. Inzwischen war der Präsident vorbeigefahren, und enttäuscht und traurig hielt sie das Blatt Papier noch immer in der Hand. Es war ihr nicht gelungen, ihre schriftliche Botschaft in den Wagen des Präsidenten zu werfen. Abdou, der mit uns gekommen war und sie schon vorher bemerkt hatte, meinte, dass sie sich vom Rais vermutlich eine Operation oder einen neuen Rollstuhl wünsche. Ihr älterer Bruder, der ebenfalls ganz niedergeschlagen wirkte und sich wahrscheinlich Vorwürfe machte, weil er sie nicht näher an die Kolonne herangeschoben hatte, machte ihr klar, dass es nicht wichtig sei, sie würden es das nächste Mal wieder versuchen. »Ich will so nicht mehr leben«, schluchzte sie und verbarg das Gesicht vor Scham, während er sie in Richtung Mandara davonschob, in ein Viertel, das wir nicht kannten.

Auf dem Heimweg wurde Tante Floras Bein von einem Stein getroffen. »Ausländer raus!«, schrie jemand auf Arabisch. Wir hatten nicht genau gesehen, wer den Stein geworfen hatte, doch als Tante Flora aufschrie, lief eine Gruppe Jugendlicher sofort auseinander. Der Stein hatte sie am Knöchel getroffen, aber es floss kein Blut. »Solange ich gehen kann«, sagte sie immer wieder und massierte sich dabei das Schienbein. Dann erinnerte sie sich an die Flasche Kölnischwasser in ihrer Handtasche, verteilte es großzügig über die betroffene Stelle, humpelte weiter und rieb sich gelegentlich das Bein.

Kaum waren wir an diesem Nachmittag zu Hause eingetroffen, gab es erneut Unruhe, diesmal in unserem Garten, wo alle durcheinanderriefen. Auch Al-Nunu war zu hören, der, als er das plötzliche Geschrei vernahm, mit seiner Machete bewaffnet aus seiner Bude herbeigelaufen kam. Al-Nunu schrie am lautesten, noch lauter als Mohammed und meine Mutter, alle liefen sie im Garten umher, sogar meine Großmutter, die aus Leibeskräften schrie. Ich fragte Gomaa, Al-Nunus Gehilfen und Lustknaben, was los sei. Völlig atemlos rief er: »Kwalia!«

Wachteln!

Jeden Herbst gingen Wachteln über Ägypten nieder, die von weit her, manchmal sogar aus Sibirien, kamen und beim Anblick des Festlands vor Erschöpfung buchstäblich vom Himmel fielen. An diesem Nachmittag war ein Vogel in unseren Garten gefallen, und zwar genau dort, wo Arlette Joanides und ihre Tochter, die Ägypten verlassen wollten und gekommen waren, Lebewohl zu sagen, mit meiner Großmutter bei einer Tasse Tee saßen. Instinktiv hatte Großmutter ihre Stickerei genommen, an der sie schon seit mehr als einem Jahr arbeitete, und sie über den erschöpften Vogel geworfen. Er war zwar schneller als die alte Dame, aber zu müde, um wegzufliegen. Er hüpfte im Garten herum, bis zwei andere Wachteln dazustießen, die, unbemerkt von meiner Großmutter, irgendwann vorher vom Himmel gefallen sein mussten. Das übertraf ihre kühnsten Träume, und sie begann, laut zu rufen. Alle kamen herbeigelaufen und wollten ihr helfen, bis sie die Vögel sahen und sich ebenfalls an der Jagd beteiligten.

Aus den benachbarten Gärten, bis hinunter zur Rue Mordo, erklangen ähnliche Schreie, als die Leute, ob zu Hause oder auf der Straße, alles stehen und liegen ließen, um dieses köstliche, alljährlich vom Himmel fallende Manna einzufangen.

Aber trotz der großen Freude, die die Vögel an diesem Tag auslösten – bei Abdou, obwohl er mit seinen Küchenvorbereitungen noch einmal von vorn beginnen musste, bei Tante Flora, die ihre Verletzung fast vergessen hatte und entschlossen war, sie meinem Vater zu verheimlichen, und bei meiner Großmutter, für die die Wachtelsaison mit dem Einmachen von Obst zusammenfiel –, kündigte der Anblick dieser unvergleichlichen ägyptischen Delikatesse, die, heftig um ihr Leben kämpfend unseren grapschenden Händen zu entwischen suchte, stets den Herbst und damit das Ende unseres Sommers in Mandara an.

Nach der Wachtelsaison blieb niemand mehr in Mandara. Anfang Oktober lagen die Straßen verlassen da, und nur ein paar Ägypter, Beduinen zumeist, blieben dort, wo sie das ganze Jahr lebten. Streunende Hunde – zum Teil so jung, dass sie von Sommergästen adoptiert und am Ende der Saison zurückgelassen wurden – kamen scharenweise aus allen Richtungen angelaufen, ausgehungert hockten sie manchmal vor unserer Tür, und immer bellten sie, besonders nachts. Die Strände hatten sich mittlerweile geleert, die Coca-Cola-Buden waren geschlossen, und wenn wir nachts vom Kino zurückkamen, brannte in unserer Straße nur noch bei uns eine trübe Vierzig-Watt-Birne in der Küche, wo Abdou bei arabischer Radiomusik saß und auf uns wartete. An manchen Abenden fuhr er aber in die Stadt zurück, und dann erwartete uns kein Licht, dann war Mandara eine Geisterstadt, und sobald mein Vater das Autoradio und den Motor ausgemacht hatte, hörte man nur noch das Geräusch unserer Bewegungen im Auto, unsere Schritte auf dem Schotterweg, der zur Haustür führte, und hinter dem Haus, von der Wegbiegung bei Al-Nunus Bude her, das Rauschen des Meeres.

Wenn wir das Haus betraten, war mein erster Impuls immer, die Dielenbeleuchtung einzuschalten, den düsteren Flur entlangzulaufen und überall – auf der Veranda, in der Küche, im Wohnzimmer – Licht zu machen und sogar das Radio in meinem Zimmer anzustellen. Auf diese Weise wollte ich Leben ins Haus bringen und mir und meinen Eltern die Illusion ermöglichen, dass noch immer Sommergäste im Haus waren, die im nächsten Moment aus ihren Zimmern treten würden. Man konnte sich sogar der Illusion hingeben, dass noch weitere Gäste eintreffen würden.

Um Mitternacht fragte unser anonymer Anrufer, ob wir im Kino gewesen seien. Mein Vater nannte ihm den Titel des Films, den wir gesehen hatten.

In jenem Jahr blieben wir bis spät in den Herbst hinein in Mandara. Wir blieben immer zu lange. Meine Mutter wollte sich auf diese Weise dagegen wehren, dass der Sommer vorbei war. Dass wir in diesem Jahr so lange blieben, hatte aber noch einen anderen Grund. Wir hatten nämlich beschlossen, im Herbst nicht wieder nach Cleopatra zurückzukehren, sondern nach Sporting zu ziehen, damit die Familie zusammen sein konnte. Meine Mutter bekam den Auftrag, das Mobiliar in Cleopatra zu verkaufen.

Das letzte Mal sah ich die Wohnung in Cleopatra ein paar Wochen später, als meine Mutter mit mir hinausfuhr, um Anziehsachen für Abdou und Aziza auszusortieren. Die Möbel waren mit Betttüchern bedeckt und die Fensterläden geschlossen, sodass unsere Wohnung, die im Oktober meist noch sehr sonnig war, etwas Düsteres, Friedhofsähnliches hatte und die alten Laken, die Abdou Anfang Juni, bevor es nach Mandara hinausging, rasch über Sofas und Sessel geworfen hatte, wie schlappe, kraftlose Gespenster aussahen. »Das wird alles verkauft«, sagte meine Mutter mit einer Flapsigkeit, die leicht mit Gereiztheit zu verwechseln war, tatsächlich aber ihre Art war, Begeisterung zu zeigen. Sie liebte Neues und Abwechslung und war genauso aufgeregt wie vor fünf Jahren, als sie hier eingezogen war.

Ich habe den Mann, der die Möbel kaufte, nicht kennengelernt und weder die Transaktion miterlebt noch den Moment, als unsere Schlafzimmer- und Esszimmereinrichtung in Cleopatra auf der Straße stand. Aziza sagte, nur Abdou habe geweint. Eines Tages kehrte ich nach der Schule in eine leere Wohnung zurück. »Vielleicht hätten wir nicht ausziehen sollen«, sagte mein Vater. Seine Stimme klang irgendwie anders ohne die Teppiche und die Möbel.

Ich fragte ihn, ob er die Bücher auf dem Fußboden alle wegwerfen wolle. Nein, sagte er. Wir würden sie mit nach Sporting nehmen. Er blätterte zwanzig, dreißig dicke grüne Notizbücher durch und riss hier und da eine Seite heraus, die er offenbar aufheben wollte. Ich fragte ihn, was er mache. »Das sind Notizbücher, die ich als junger Mann geführt habe.« Ob er sie wegwerfen wolle? »Nicht alle, aber es gibt einige Dinge, die ich lieber verschwinden lassen möchte.« »Hast du damals etwas gegen die Regierung geschrieben?«, fragte ich. »Nein, nichts Politisches. Andere Sachen.« Ein feines Lächeln ging über sein Gesicht. »Eines Tages wirst du es verstehen.« Ich versuchte, ihm zu erklären, dass ich alt genug sei, um es zu verstehen. Aber ich wusste, was er antworten würde: »Das bildest du dir nur ein.« Er sagte, er könne sich noch an den Anblick der leeren Wohnung erinnern, die seine Eltern aufgegeben hätten, als sie dreißig Jahre zuvor aus Konstantinopel fortzogen. So wie sein Vater die Wohnung seines Großvaters gesehen habe. Und davor unsere

Vorfahren. Und so würde auch ich mich eines Tages daran erinnern, obwohl er es mir nicht wünsche – »aber alles wiederholt sich«. Ich wandte mich gegen diese Art von Fatalismus und sagte, dass ich frei sei von sephardischem Aberglauben. »Das bildest du dir nur ein«, sagte er.

Ich ging durch die Wohnung und war erstaunt, wie viel größer sie ohne Möbel wirkte.

Ich rief mir den Tag in Erinnerung, an dem ich sie zum ersten Mal gesehen hatte. Meine Großmutter und ich hatten uns darin verirrt, weil wir uns bei all den Türen und Fluren nicht zurechtgefunden hatten, und wir hatten den Arbeitern zugesehen, wie sie die Dielen abzogen und eine Wand mauerten, um ein zusätzliches Zimmer für eine gewisse Madame Marie zu schaffen. Ich erinnerte mich an das Küchengeplauder während des Ramadan, an den Geruch von frischer Farbe und neu gebeizten Möbeln und an Mutters Jasmin und an das Fenster, aus dem sie sich jedes Mal zu stürzen drohte, wenn sie glaubte, meinen Vater zu verlieren. Ich dachte an Mimi und Madame Salama. Sie waren nach Israel gegangen. Monsieur Phares lebte in Florida. Abdel Hamid war von der Hüfte abwärts gelähmt, und der Mann von Madame Nicole war zum Islam übergetreten und hatte seine Frau schließlich wegen unschicklichen Lebenswandels verstoßen. Fauzijah arbeitete bei einer ägyptischen Familie, die sie schlecht behandelte. Monsieur al-Malek war inzwischen ein kleiner Lehrer in Marseille und wartete dort auf seine Rente. Und Abdous Sohn Ahmed, dieser liebenswürdige Bursche, wurde aus dem Jemen zurückgeschafft, nachdem ein Guerillatrupp ihn gefangen genommen und enthauptet hatte.

Dann erhielt auch Tante Flora aus heiterem Himmel einen Telefonanruf. Die Stimme teilte ihr mit, dass sie Ägypten innerhalb von zwei Wochen zu verlassen habe. Sie reiste, wie andere Freunde von uns, im Herbst jenes Jahres ab, nur wenige Tage nach unserem Einzug in Sporting. Wir wussten, dass auch wir irgendwann dran waren.

Tante Elsa pflegte zu sagen, dass aller schlechten Dinge immer drei seien. Hatte man zwei Teller zerbrochen, war niemand überrascht, wenn einem ein dritter Teller aus der Hand fiel. Hatte man sich zweimal geschnitten, wusste man, dass das dritte Mal schon auf das ideale Zusammentreffen von scharfem Gegenstand und Haut wartete. War man zweimal getadelt worden, zweimal durch die Prüfung geflogen, oder hatte man zwei Wetten verloren, so hielt man sich einfach ein paar Tage bedeckt und versuchte, nicht allzu erstaunt dreinzuschauen, wenn der dritte Schlag kam. Wenn er dann tatsächlich kam, sagte man aber nie, dass es der letzte der drei gewesen sei. Man musste so tun, als könne noch ein vierter folgen, oder als hätte man sich möglicherweise verzählt, oder als sei diese tausendjährige Regel gerade geändert worden, um einen zu irritieren. Das wurde Takt genannt. Es bedeutete, man war nicht vermessen und würde es nie wagen, sich über die unerforschlichen Beschlüsse des Schicksals hinwegzusetzen.

Natürlich ahnten wir, dass unser mitternächtlicher Anrufer ganz genau von diesen Gedanken wusste, die uns bewegten. Er würde sich zweimal melden und in dieser Nacht dann nicht mehr, denn er wusste, dass wir erst ins Bett gehen würden, wenn sein dritter Anruf gekommen war. Oder er würde dreimal anrufen, sodass wir schon erleichtert aufseufzten, und genau in dem Moment, wenn alle ins Bett gehen wollen, ein viertes Mal anrufen. »Ist er da?«, fragte die Stimme – gemeint war mein Vater. »Nein, wir wollen nicht mit ihm sprechen. Nur so.« »Wer war gestern Abend bei Ihnen zu Gast?« »Was haben Sie heute eingekauft?« »Wo sind Sie gewesen?«, und so weiter.

Durch ihr Eintreffen wie durch ihr Ausbleiben bestimmten diese schikanösen Anrufe allmählich unsere Abende und erinnerten uns daran, dass aus einem gemütlichen Beisammensein im Handumdrehen ein erbitterter Streit werden konnte, sobald Großmutter aufgelegt hatte. »Warum musstest du den Hörer abnehmen? Habe ich dir nicht gesagt, du sollst nicht rangehen?«, beschwerte sich mein Vater. »Und warum konntest du ihm nicht sagen, wo ich gewesen bin?«, fügte er hinzu. »Weil ich finde, dass es ihn nichts angeht«, antwortete seine Mutter. »Aber warum musst du so unhöflich zu ihnen sein? Warum sie provozieren?«, rief er ihr zu. »Weil mir danach war. Das nächste Mal gehst du ran.«

Ein Trick des Anrufers bestand auch darin, sich genau dann zu melden, wenn er wusste, dass mein Vater außer Haus war. In der Annahme, es sei mein Vater oder vielleicht ein Freund, der mich noch am späten Abend sprechen wollte, ging ich dann ans Telefon, und die fremde Stimme, die scheinbar harmlos, ja sogar servil klang, sagte Dinge, von denen mir klar war, dass ich sie eigentlich nicht wissen durfte. Ein andermal bellte eine raue Straßenhändlerstimme irgendwelche Fragen, die ich nicht verstand und erst recht nicht beantworten konnte. Zum Schluss fielen immer dieselben Worte: »Bestell ihm, wir melden uns morgen wieder.«

Ein Tag verging. Dann ein zweiter. Manchmal drei. Dann zwei Anrufe hintereinander. Niemand ging dran. »Vielleicht ist es dein Vater«, sagte meine Großmutter. Er war es nicht. Dann eine Woche lang kein Anruf.

Vielleicht stimmte das Gesetz des *jamais deux sans trois* ja doch nicht. Aber kaum hatte man beschlossen, nicht länger daran zu glauben, funktionierte es wieder – natürlich nur so lange, dass man verunsichert wurde.

Nun geschah es, dass Tante Elsa in der Woche vor der Enteignung meines Vaters von seltsamen Ahnungen ergriffen wurde. »Une étrange angoisse, eine merkwürdige Angst, genau hier«, sagte sie ständig und zeigte dabei auf ihre Brust. »Hier und hier und manchmal sogar hier«, sagte sie zögernd, als würden ihre Empfindungen durch ihr Unvermögen, sie genau zu lokalisieren, nur noch glaubwürdiger. »Es passiert etwas, wenn ich diese Gefühle habe.« Sie hatte sie kurz vor dem Attentat auf Präsident Kennedy. Sie hatte sie 1914 gehabt. Und natürlich 1939. Madame Ephrikian, die 1922 von Tante Elsa dringend gebeten worden war, Smyrna zu verlassen, bezeichnete sie noch immer als *voyante,* als Seherin. »Von wegen Seherin!«, rief meine Großmutter hinter ihrem Rücken. »Sie hat ein billiges Barometer verschluckt, das jetzt in ihrem Brustkasten klappert. Was immer ihr dort Beschwerden bereitet, verlasst euch darauf, es ist nur ihr schlechtes Gewissen.«

Das war eine Anspielung auf den Streit, zu dem es unter den Schwestern nach Onkel Vilis plötzlicher Flucht aus Ägypten gekommen war, wer nämlich sein wertvolles, aus dem neunzehnten Jahrhundert stammendes Barometer bekommen sollte. Da Onkel Vili gern auf Entenjagd gegangen war, stritten sich die Schwestern natürlich auch darüber, wer seine Gewehre erben sollte. Eines Tages waren die Gewehre, das Barometer und seine Golfschläger verschwunden. »Les domestiques«, behauptete Tante Elsa. »Les domestiques, dass ich nicht lache«, erwiderte meine Großmutter. »Sie hat sie verschluckt, so wie sie eines Tages unseren ganzen Besitz schlucken wird.« »Darüber brauchen wir uns jetzt nicht mehr den Kopf zu zerbrechen«, rief mein Vater dazwischen. »Die ägyptische Regierung hat dafür gesorgt.«

Die Nachricht, dass mein Vater alles verloren hatte, kam im Morgengrauen an einem Samstag im Frühjahr 1965. Überbringer war Kassem, der mittlerweile nachts die Fabrik beaufsichtigte. Er klingelte, und mein Vater öffnete die Tür. Als der junge Mann das niedergeschlagene Gesicht seines Chefs sah, der den Grund für diesen so ungewohnt frühen Besuch schon ahnte, brach er sofort in hysterisches Schluchzen aus. »Sie haben sie also genommen«, sagte mein Vater – gemeint war die Fabrik. »Ja.« »Wann?« »Gestern Abend. Ich durfte Sie nicht anrufen, also musste ich herkommen.« Beide Männer standen stumm in der Diele und gingen dann in die Küche, wo mein Vater versuchte, irgendwie Tee zu machen. Sie saßen am Küchentisch, sprachen einander Mut zu, bis sie schließlich zusammenbrachen und sich schluchzend in die Arme fielen. »Als ich in die Küche kam, heulten sie wie kleine Kinder«, lautete Tante Elsas Refrain an jenem Tag. »Wie kleine Kinder.«

Durch das Weinen war auch meine Großmutter wach geworden, die trotz ihrer Klagen, sie könne nachts wegen der »Unruhen« kein Auge zutun, einen gesunden Schlaf hatte. Sie kam in die Küche geschlurft, wo inzwischen auch Abdou saß, der durch die Dienstbotentür eingetreten war und mit den anderen weinte. »Hört auf«, rief sie, »ihr weckt sonst Nessim. Was ist passiert?« »Sie haben sie genommen.« »Wen genommen?« »Die Fabrik, Signora, was sonst«, sagte Abdou, wobei er den Pidginausdruck »al-fabbrica« verwendete.

Meine Großmutter weinte nie. Sie wurde zornig, stampfte, trat mit den Füßen und lief rot an. Tante Elsa hatte recht mit ihrer Behauptung, dass ihre Schwester nicht aus Kummer weine, sondern höchstens vor Empörung – wie Bismarck, der Eiserne Kanzler. Ihre Augenlider schwollen an und röteten sich, und mit einem Zipfel ihres Taschentuchs tupfte sie sich unentwegt mit heftigen Bewegungen die Tränen ab, als wollte sie sich in ihrem Zorn noch mehr Schmerz zufügen. Zum neunten Mal erlebte sie jetzt, dass die Männer in ihrer Familie alles verloren. Erst ihr Großvater, dann ihr Vater, ihr Mann, fünf Brüder und nun ihr Sohn.

Eine Weile herrschte Schweigen. »Hier«, sagte sie und gab meinem Vater ein Glas Zuckerwasser. Angeblich beruhigte es die Nerven. »Danke, ich trinke schon Tee«, sagte er. Doch Abdou, der noch immer schluchzte, sagte, er könne es gebrauchen. Unterdessen klagte Tante Elsa: »Seht ihr? Ich wusste es, ich wusste es. Habe ich es euch nicht gesagt? Habe ich es nicht gesagt?« »Würdest du bitte den Mund halten!«, rief ihre Schwester und schob plötzlich mit solcher Wucht eine große Schüssel mit dem selbst gemachten Joghurt vom Vorabend über den Küchentisch, dass sie gegen die Wand donnerte und in Stücke zerbrach. »Ist doch egal«, rief sie, um den Vorwurf ihrer Schwester vorwegzunehmen. »Ist doch egal, in solchen Zeiten!« Sie begann, die Scherben aufzulesen, während Abdou, noch immer schluchzend, erklärte, sie solle sich nicht bemühen, er werde schon sauber machen.

Es war der Lärm dieses Streits, der mich an diesem Samstagmorgen schließlich weckte. Ich spürte, dass etwas nicht stimmte. Alle strengten sich an, mir die traurige Nachricht zu verheimlichen, so wie jedes Mal, wenn jemand gestorben war. Der Name des Toten wurde sorgfältig aus den Alltagsgesprächen herausgehalten, und wenn er doch fiel, so seufzten die Leute nebulös, als wollten sie damit sagen, dass das alles über meine Begriffe gehe, und fügten dem betreffenden Namen ein feierliches »pauvre« hinzu. »Pauvre« wurde für Verstorbene, Besiegte und Verratene verwendet. »Pauvre Albert«, mein verstorbener Großvater, »Pauvre Lotte«, meine verstorbene Tante, »Pauvre

Angleterre«, das seine Kolonien verloren hatte, »Pauvres nous«, sagte jeder, »Pauvre moi«, sagte meine Mutter, wenn sie von meinem Vater sprach. An diesem Tag sagten alle »Pauvre fabrique«. Das letzte Mal hatten sie diesen Ausdruck bei der Explosion des Hauptdruckkessels verwendet, die schwere Schäden am Fabrikgebäude verursachte und meinen Vater fast ruiniert hätte.

Ich fand meinen Vater im Wohnzimmer, wie er Kassem und Hassan flüsternd Anweisungen erteilte. Bei meinem Anblick nickte er etwas zerstreut, ein Zeichen, dass er nicht gestört werden mochte. Ich nahm mir – nach Art der Erwachsenen, deren Gepflogenheiten ich mir aneignen wollte – die Zeitung und setzte mich allein ins Esszimmer. An der Amerikanischen Schule hatte ich gehört, dass junge Amerikaner morgens beim Kaffee die Zeitung lasen. Auch das Kaffeetrinken wollte ich mir angewöhnen. Man nahm einen kleinen Schluck aus der Tasse, dachte an die Dinge, die an diesem Tag zu erledigen wären, und wandte sich dann wieder der Zeitung zu. An diesem Morgen kein Joghurt. Stattdessen drang der Duft von Eiern und Speck und gebuttertem Toast aus der Küche. Ich hatte in amerikanischen Filmen und in der Schule gesehen, wie Amerikaner frühstückten, und hatte Abdou gebeten, mir samstags Eier und Speck zu servieren.

Die Frühjahrssonne fiel auf den braunen Esszimmertisch, auf die Stuhllehnen und den ausgeblichenen roten Teppich. Meine Großmutter war wie ich: Wir liebten helle Räume, deren Fensterläden Tag und Nacht offen blieben, wir liebten den sauberen, frischen Geruch von sonnengetrockneten Laken und von sonnendurchfluteten Räumen und Balkonen an windigen Sommertagen, wir liebten das listige, eigensinnige Sonnenlicht, das an unerträglich heißen Tagen unter der Tür eines abgedunkelten Zimmers hindurchdrang, und wir liebten sogar die leichte

Migräne, die von zu viel Sonne herrührte. Durch das Fenster sah man, wie immer an einem klaren Samstagmorgen, unbewegliche türkisfarbene Streifen am Horizont, die jene Sehnsucht nach Meer weckten, die allen Schülern in Alexandria vertraut war und die einen an lange heiße Tage an einem sommerlichen Strand denken ließ. Noch zwei Monate, sagte ich mir.

Als meine Großmutter ins Esszimmer kam, versuchte sie zu verbergen, dass sie geweint hatte. »Nichts«, erwiderte sie auf meine unausgesprochene Frage, »gar nichts. Hier ist dein Orangensaft.« Auf ihren chronisch schmerzenden Füßen schlurfte sie zu mir, küsste mich auf den Hinterkopf und kniff mich in den Nacken. »Mon pauvre«, sagte sie und strich mir durchs Haar. »Hätte es nicht noch etwas warten können, hm?«, murmelte sie und nickte dabei vor sich hin. Und als spürte sie, dass ich meine Frage wiederholen würde, sagte sie »Nichts, nichts« und schlurfte davon. Ich aß schweigend meine Frühstückseier. Dann kam meine Mutter herein und setzte sich mir gegenüber an den Tisch. Auch sie sah bekümmert aus. Niemand aß. Sie hatten sich also gestritten. Aber ich hatte sie nicht schreien hören.

»Hör zu«, sagte sie. »Sie haben uns alles weggenommen.«

Es war, als hätte sie gesagt, jemand sei gestorben. Ich spürte ein komisches Gefühl in der Magengegend und ein Jucken hinter den Ohren. Ich schob meinen Teller weg.

Meine Mutter – ich hatte gar nicht bemerkt, dass sie aufgestanden war – rührte Zucker in ein Glas Wasser. »Hier, trink das aus«, sagte sie. Es bedeutete, dass ich mit den Nerven fertig war. Ich war also ein Mann.

Trotzdem verstand ich nicht ganz, was so schlimm daran war, seinen Besitz zu verlieren. Einige unserer Freunde, die ihren Besitz verloren hatten, lebten so weiter wie eh und je, hatten ebenso viele Häuser, Autos und Diener. Ihre Söhne und Töchter gingen in dieselben Restaurants, sahen ebenso viele Filme und gaben genauso viel Geld aus wie früher. Sie trugen jedoch das schändliche Stigma von Gefallenen, Ausgestoßenen, das von einem eigentümlichen Geruch ausging, der sie unweigerlich verriet: der Geruch von Leder. »Habt ihr das Schlachthaus gerochen?«, lautete der boshaft geflüsterte Ausdruck meines Vaters, wenn wir Freunde besucht hatten, die im Begriff standen, auszuwandern. Familien, die alles verloren hatten, wussten, dass sie früher oder später aus Ägypten weggehen mussten, und in einem Zimmer, meist abgeschlossen und vor den Gästen versteckt, standen dreißig, vierzig Lederkoffer, in denen Mütter und Tanten die Habseligkeiten der Familie verpackten, langsam, sorgfältig, immer hoffend, dass sich die Dinge am Ende doch noch zum Guten wenden würden. Bis zuletzt hofften sie – während ihre Ehemänner dauernd versicherten, dass sie jemanden in einflussreicher Position kannten, der, wenn es so weit sei, bestochen werden könne. Auch mein Vater begann, sich derartiger Kontakte zu brüsten.

Und dann dämmerte es mir. Wenn Gäste zu uns ins Haus kommen würden, nahmen auch sie diesen komischen Ledergeruch wahr und flüsterten »Schlachthaus« hinter unserem Rücken, während sie neugierig herumliefen und überlegten, wo unsere Koffer wohl versteckt sein könnten. Die Schlachthaus-Phase würde bald beginnen und damit eine Zeit intensivierter Familienkräche. Wo gab es welche Koffer billiger? Diese Frage spaltete unsere Familie. Was sollten wir für Europa besorgen? Handschuhe, Socken, Decken, Schuhe? Nein, Regenmäntel. Nein, Hüte. Erneuter Streit. Was würden wir dalassen? Tante Elsa wollte alles mitnehmen. Typisch, sagte meine Großmutter, die alles zurücklassen wollte. Sollten wir es weitererzählen?

Nein. Ja. Warum? Noch mehr Geschrei. Und schließlich die eine Frage, die jeden erregte: Wohin? »Wir können ja nicht einmal die Sprache, die dort gesprochen wird.« »Wieso, hast du Arabisch gesprochen, als du hierherkamst?« »Nein.« »Na bitte.« »Aber es ist dort so kalt.« »Und hier war es zu heiß. Das hast du selbst gesagt.«

Noch hatten wir allerdings eine Gnadenfrist. Wie verblüffte Gefangene, deren Strafe zeitweilig aufgehoben worden ist, oder gestrandete Touristen, deren Heimreise sich aus unerfindlichen Gründen verzögert, durften wir uns frei bewegen und tun, wozu wir Lust hatten, unser Leben war in der Schwebe, bekam etwas Irreales. Es war bekannt, dass Gefallene mehr Geld ausgaben und sich weniger Sorgen machten. Manche beschlossen sogar, es sich in Ägypten gut gehen zu lassen, denn jetzt konnten sie verschwenderisch sein, weil feststand, dass sie nichts würden mitnehmen dürfen. Andere nutzten die Atempause und taten den ganzen Tag nichts anderes, als ziellos herumzuschlendern und in den Kaffeehäusern zu sitzen und, wie sie glaubten, die würdevolle Gelassenheit verurteilter Aristokraten zur Schau zu tragen.

Als ich an jenem Morgen schließlich mit meinem Vater sprach, sagte er, dass er nicht überrascht gewesen sei. Er habe schon beim Zubettgehen gewusst, was ihn in der Frühe erwarten würde, und er habe niemandem davon erzählt, nicht einmal meiner Mutter. Da nahm ich all meinen Mut zusammen und fragte ihn, wie es weitergehe. Sie brauchten ihn noch in der Fabrik, sagte er. Aber nur eine Weile, und dann würde das Unvermeidliche eintreten.

Was? Sie würden uns auffordern, zu verschwinden. Wir würden alles zurücklassen müssen. Es gebe allerdings, hier und da versteckt, ein paar Ersparnisse, auch wenn wir offiziell gesehen gar nichts besäßen. Vielleicht würde man uns die Möbel verkaufen lassen. Aber die Autos gehörten uns schon nicht mehr. Mein Vater entsann sich alter Schuldner. Eine unangenehme Sache, das. Ich wollte wissen, wer ihm Geld schuldete. Er nannte mir ihre Namen. Ich war erstaunt. Der Sohn trug immer maßgefertigte Schuhe. »Was meinst du, wie lange noch?«, fragte ich schließlich, wie ein Patient, der seinen Arzt anfleht, ihm zu sagen, dass die Situation doch nicht so aussichtslos ist. Er zuckte mit den Schultern. »Ein paar Wochen, vielleicht einen Monat.« Und nach einer Pause: »Für uns ist es jedenfalls aus.«

Es – das bedeutete unser gewohntes Leben, eine Epoche, die erste Reise eines jungen Mannes namens Isaac im Jahre 1905 nach Ägypten, ins Ungewisse, unsere Freunde, die Strände, alles, was ich kannte, Om Ramadan, Roxane, Abdou, Guaven, das laute Klappern von Tricktracksteinen, die rachsüchtig auf das Brett geworfen wurden, gebratene Auberginen an spätsommerlichen Morgen, die Stimme von Radio Israel an verregneten Abenden und die schläfrige Atmosphäre alexandrinischer Sonntage, an denen man von Kino zu Kino zog, dabei immer mehr Freunde traf, bis sich schließlich eine ganze Truppe versammelt hatte, aus der dann irgendwann immer der Vorschlag kam, die Straßenbahn zu nehmen und im Oberdeck der zweiten Klasse nach Victoria und wieder zurückzufahren. Jetzt erschien mir das alles unwirklich und absurd, als hätten wir eine Lüge gelebt und wären plötzlich ertappt worden.

»Und was soll ich so lange tun?«, fragte ich betont sorgenvoll, da es mir sinnlos erschien, so zu tun, als würde das Leben normal weitergehen. »Tun? Tu, was du willst …«, hob mein Vater an, sodass ich mich schon genüsslich der Vorstellung hingab, wie ich die Schule schwänzen und jeden Tag ins Museum gehen und dann durch das belebte Zentrum Alexandrias schlendern und einfach das tun würde, wonach mir der Sinn stand. Doch meine Großmutter fuhr dazwischen: »Nein, nein, keinesfalls«, rief sie mit wachsender Erregung. »Er muss in die Schule gehen. Etwas anderes werde ich nicht akzeptieren.« »Wir werden sehen«, sagte mein Vater, »wir werden sehen.« Sie wollte schon etwas erwidern, doch er sagte: »Sprich nicht so laut, ausgerechnet jetzt!« Während sie aus dem Zimmer ging, hörte ich noch das Ende ihres Satzes: »... sagt seinem Sohn auch noch, er soll ein Lotterleben führen. Hat der Mensch Töne! Nicht zu fassen, wirklich nicht zu fassen!«

In diesem Moment hörten wir die Haustür ins Schloss fallen, und Onkel Nessim trat ein. Erst kürzlich hatte er seine Gewohnheit aufgegeben, in aller Frühe aus dem Haus zu gehen und einen langen Spaziergang an der Corniche zu machen, und nun, als er plötzlich auftauchte, war jeder sprachlos. Den ganzen Morgen hatten wir geflüstert, weil wir sicher waren, dass er in seinem Zimmer schlief. Wir hatten nicht einmal überlegt, ob wir ihm die schlechte Nachricht vorenthalten sollten.

Die Wahrheit ist, dass Onkel Nessim im Alter von zweiundneunzig Jahren an Magenkrebs starb. Stundenlang lag er im Bett, zusammengerollt wie ein Embryo, die Arme um den Leib gelegt, und in dieser Haltung, in der er, wie er erklärte, weniger Schmerzen hatte, schlief er manchmal ein. Nur einmal habe ich ihn so gesehen. Sein Zimmer wurde gerade sauber gemacht, die Tür stand offen, und im Vorbeigehen sah ich ihn, in einem gestreiften Pyjama, die Arme um die Brust, als wäre sie sein kostbarster Besitz. Er sah klein und mickerig aus. Beim Sabbatgebet am vorausgegangenen Freitagabend hatte er abwesend und erschöpft gewirkt. Als mein Vater ihm, wie er das vor dem Gebet immer tat, »Falla breve, Nessim, machs kurz« zurief, hatte er nicht gelächelt. Er aß nichts. Seine Schwestern hatten extra für ihn eine Schale mit rosa Götterspeise zubereitet, die während des Gebets vor ihm stand und ihn anstarrte. Er fasste sich kurz. Doch als es Zeit war, zu essen, tauchte er bloß den Löffel in die glibberige Masse, rührte herum, kostete ein wenig und erklärte dann, als er unser aller Blicke spürte, dass er nicht mehr könne. Da sah ich den ausgeblichenen, blau gestreiften Pyjama unter der dunklen Smokingjacke und dem lila glänzenden Halstuch. Er wollte ins Bett gehen. Niemand war da, der an seiner statt das Gebet hätte aufsagen können. Mein Vater sprach ebenso wenig Hebräisch wie ich, und wir beide beteten nie, nicht einmal auf Französisch. »Das ist sehr traurig«, sagte Tante Elsa. »Es gab einmal eine Zeit, da war dieser Raum voller Menschen und voller Kerzen. Der Tisch reichte nicht aus für die Anwesenden. Jetzt ist das Haus zu groß. Und Nessim geht es nicht gut.«

Ich dachte wieder an das überfüllte Zimmer während jener Taffi-al-nur-Abende, in dem sich mehrere Generationen gedrängt hatten, der Älteste und der Jüngste ein Jahrhundert auseinander. So viele waren wir gewesen, und nun war niemand mehr da. Das gute Porzellan und das protzige Tafelsilber war weggepackt, serviert wurde nur ein Gang, bei Tisch hörte ständig jemand Radio, und weil das Haushaltsgeld inzwischen von Tante Elsa verwaltet wurde, brannte inzwischen sogar eine schwächere Glühbirne, sodass ein trüber Schein auf unseren Gesichtern und unseren Tellern lag, der Schatten unseres letzten Jahres in Ägypten. Meine Mutter verglich den einst prächtigen Esszimmerlüster mit dem Nachtlicht an einem Sterbebett.

Die alte Einrichtung sah noch älter und trister aus, und ganze Teile der Wohnung waren seit den Tagen der Isotta-Fraschini-Affäre nie angerührt worden. Der Dienstbotenaufgang war so schmutzig, dass ich mich nicht in seine Nähe traute. Fast alle Möbel waren kaputt, notdürftig zusammengeflickt oder beiseitegeräumt, warteten sie auf einen gottgesandten Besucher, der mit der Geduld, dem Know-how und der Hingabe eines Schreinersohns endlich das Klebeband, das so viele Stühle in unserem Esszimmer zusammenhielt, entfernen und das lang ersehnte Wunder vollbringen würde. »Am Ende siegt immer der Sand«, zitierte Tante Elsa ihren Bruder Vili, wenn sie mit den Fingern über den Staub fuhr, der sich in jenem Jahr nach einem besonders heftigen Chamsin auf die braunen Möbel gelegt hatte. Nirgends wurde noch groß sauber gemacht. In der Wohnung roch es nach Nelken, nicht nur, weil beim Kuchenbacken immer Nelken verwendet wurden, sondern weil die drei verbliebenen Geschwister ihre schmerzenden Zähne damit einrieben.

Nessim sollte zwei Wochen vor Pessach operiert werden. Vorsichtshalber überredete man ihn, seinen Besitz Tante Elsa zu übertragen. »Ihr werdet schon sehen«, rief meine Großmutter, verärgert darüber, dass man ihr wegen eines leichten Schlaganfalls, den sie einige Jahre zuvor erlitten hatte, die Verantwortung nicht mehr zutraute. »Denkt an meine Worte«, sagte sie und machte eine Handbewegung vom Mund über die Speiseröhre bis zum Magen: »Sie wird alles schlucken.« Tatsächlich wurde von Nessims Geld nie mehr etwas gesehen oder gehört.

Merkwürdigerweise ging es Onkel Nessim in der bewussten Nacht plötzlich besser, sodass er beschloss, wie üblich seinen Morgenspaziergang zu machen. Jeder war derart überrascht, ihn auf den Beinen zu sehen, dass man, statt ihn dafür auszuschimpfen, dass er in seinem Zustand spazieren gegangen war, mit Fragen auf ihn eindrang. »Aber ich habe nichts«, sagte er immer wieder. »Mir geht es gut.« »Du hättest aber hinfallen können oder dir hätte schlecht werden können. Es hätte etwas passieren können.« »Dann wäre ich eben gestorben, basta.« Wenn man alt wird, pflegte er mir zu erklären, denkt man nicht an den Tod. Man schämt sich nicht einmal fürs Sterben.

Er zündete sich eine Zigarette an und bat um eine Tasse Kaffee. Tante Elsa, verstört wegen seiner spektakulären Genesung, schimpfte weiter herum. »Ich wusste, es war eine Kappara.« Jüdischer Tradition zufolge war Kappara die unvermeidliche Katastrophe, die einem unverhofften Glücksfall vorangeht. Man bekommt eine Sechs in der Schule, aber am selben Nachmittag entgeht ein geliebter Mensch nur um Haaresbreite einem Verkehrsunfall. Man verliert einen wertvollen Edelstein, stößt dann aber auf einen uralten Bekannten, den man schon für verschollen gehalten hatte. Mit Kappara konnte man Unglück ertragen, indem man von der Voraussetzung ausging – die allerdings vage zu sein hatte, nie eine eindeutig definierte Abmachung war –, dass einem für jeden Schicksalsschlag eine noch schlimmere Katastrophe erspart blieb.

Kaum hatte meine Großmutter dieses Wort gehört, warf sie ihrer Schwester einen giftigen Blick zu. »Schau sie dir an, diese böse Natter«, flüsterte sie mir zu. »Sieh nur, wie es sie drängt, ihm von der Fabrik zu erzählen. Sie wird eine Andeutung nach der anderen fallen lassen, bis er schließlich von allein darauf kommt.« »Überhaupt nicht«, protestierte Elsa flüsternd. »Kann man nicht glücklich und zufrieden sein, ohne sich jedes Mal erklären zu müssen? Mit dir zu leben ist manchmal, als wäre man im Gefängnis.«

Sowie der Kaffee serviert war, nahm Nessim seine Tasse, bedeutete meinem Vater und mir, ihm in den Salon zu folgen, und machte die Glastür hinter sich zu. »Sie haben sie dir weggenommen, stimmts?«, fragte er. Mein Vater nickte. »Woher weißt du das?« »Bin ich ein Dummkopf?«, rief er. »Ich brauchte nur eure Gesichter zu sehen.« Dann lächelte er. »Diese Kappara kommt dich ziemlich teuer zu stehen, hm?«, sagte er. »Aber keine Sorge, eigentlich geht es mir gar nicht besser, ich wollte nur ein letztes

Mal die Corniche sehen.« Dann zeigte er, noch immer schmunzelnd, zur Tür; die geduckten Silhouetten der beiden Schwestern klebten hinter der Milchglasscheibe, verschwanden aber, als er sich der Tür näherte.

Eine Woche später starb Nessim. In der Nacht nach seiner Operation rissen die Wundnähte, das Blut sickerte durch die Matratze und tropfte auf den Fußboden. Als Tante Elsa, die die Nacht in seinem Krankenzimmer verbrachte, aus einem Nickerchen erwachte, war er schon tot.

»Was wird wohl der dritte Schlag sein?«, sagte meine Großmutter ein paar Tage darauf. »Da brauchen wir nicht lange zu raten«, erwiderte mein Vater.

An dem Morgen, als die Nachricht von Nessims Tod eintraf, wurde ich von einem merkwürdigen, nicht enden wollenden, an eine Eule erinnernden Geheul am anderen Ende der Wohnung geweckt. Es musste schon stundenlang so gegangen sein. Ich erinnerte mich, dass ich versucht hatte, es aus meinen Träumen zu verbannen. Schließlich stieg ich aus dem Bett, um nachzusehen, was es war. In der Diele standen zwei Krankenschwestern, während Tante Elsa, den Hut noch immer auf dem Kopf, schluchzend auf dem Sofa saß und ihre Handtasche umklammerte. Sie musste beim Betreten der Wohnung auf das Sofa gesunken sein. Vor ihr stand ein leeres Glas, in dem bestimmt Zuckerwasser gewesen war. Tröstend streichelte ich ihren Arm. Sie schien es nicht zu bemerken, aber als ich aufhörte, wimmerte sie etwas Unverständliches, das wie ein Flehen klang. »Bleib, bleib!«, murmelte sie, doch ich wusste nicht, ob sie mich oder ihren Bruder meinte. Dann fing sie wieder an zu weinen, sagte etwas auf Ladino, immer dieselben fünf, sechs Worte, in einem rituellen Singsang, den ich nicht verstand. Abdou wollte sie dazu bringen, noch etwas zu trinken, aber sie lehnte ab und richtete dieselben

Worte, die sie schon zu mir gesagt hatte, nun auch an ihn. Er antwortete auf Ladino, die Señora habe ja recht, sie habe recht, natürlich hätte er noch lange leben können, aber das Schicksal habe es eben anders bestimmt, und wer könne den Willen Allahs anzweifeln? Ich warf ihm einen fragenden Blick zu, überlegte, was sie wohl gesagt hatte, und auf dem Rückweg in die Küche berichtete er mir auf Arabisch: »Sie sagt dauernd, dass er doch erst zweiundneunzig war, erst zweiundneunzig«, woraufhin wir in schallendes Gelächter ausbrachen und immer wieder »erst zweiundneunzig« riefen, als wäre es eine komische Pointe in einem Stück von Molière. Der Witz gelangte bis zu Zeinab, dem Dienstmädchen von nebenan, von dort treppauf, treppab, zum Hausmeister, zum Kaufmann auf der anderen Straßenseite, und ich weiß nicht, wohin noch.

Die Reaktion meiner Großmutter war nicht viel besser. Als sie ihre Schwester wie benommen auf dem Sofa sitzen sah, kriegte sie sofort einen Koller. Die beiden fielen sich in die Arme, und Tante Elsa, deren Tränen inzwischen versiegt waren, brach abermals in Schluchzen aus. »Schau, wozu du mich bringst«, rief sie immer wieder, »ich wollte nicht wieder weinen, ich wollte nicht weinen.«

Es war ein so bewegender Anblick, dass auch ich mit ihnen geweint hätte, wenn ich mir nicht auf die Zunge gebissen und mich gezwungen hätte, an andere Dinge zu denken, an komische Dinge, an irgendetwas. Doch wie abwegig und bizarr meine Gedanken auch waren, stets brachten sie mich, wie von einer absurden Logik geleitet, zu Onkel Nessim zurück, der noch zwei Wochen zuvor im Wohnzimmer gesessen und seine Hebräischkenntnisse aufgefrischt hatte, weil er in Israel sterben wollte. Nirgends konnte ich vergessen. Ich versuchte, in meinem Zimmer etwas zu lesen, doch es ging nicht. Niemand wollte reden.

Selbst die Hausangestellten waren ungewöhnlich schweigsam. Ich ging in die Küche zu Abdou und versuchte, das letzte bisschen Heiterkeit aus dem »erst zweiundneunzig« herauszuquetschen. Aber selbst das funktionierte nicht mehr.

Onkel Nessim hatte mir eine aus dem neunzehnten Jahrhundert stammende Ausgabe von Lord Chesterfields Briefen geliehen. Er fand, dass ich sie vollständig lesen sollte, überhaupt sollten alle jungen Männer sie lesen. Ein paar Tage später klopfte Tante Elsa an meiner Tür und wollte das Buch zurückhaben. Sie würde es zu seinen anderen Sachen legen. Ich weiß nicht, woher sie wusste, dass ich es hatte. Aber an einem der nächsten Abende, als sie nicht zu Hause war, schloss ich ihre Zimmertür auf und stöberte in ihren Sachen herum, fest entschlossen, einen Diebstahl zu begehen. Ich holte mir nicht nur den Chesterfield zurück, sondern erleichterte auch ihre Briefmarkensammlung um einige der schönsten Stücke. Viele Jahre später, als ich sie einmal in Paris besuchte und ihr dabei half, ihre Marken in ein neues Album einzuordnen, bemerkte sie schließlich, dass ihre wertvollsten Exemplare fehlten. »Die Araber haben mich ganz schön geschröpft«, klagte sie, während ich meiner Großmutter, der mein Ausflug in das Zimmer ihrer Schwester seinerzeit nicht verborgen geblieben war, einen komplizenhaften Blick zuwarf. Sie starrte mich aber nur mit ausdrucksloser Miene an. Sie erinnerte sich nicht mehr.

An diesem Abend schlüpfte ich in Onkel Nessims Zimmer. Ich setzte mich auf sein Bett, schaute aus dem Fenster, sah die glitzernden Lichter der Stadt, erinnerte mich an seine Erzählungen von London und Paris, an seinen Ausspruch, dass jeder Gentleman, und er hielt sich für einen solchen, abends einen Whisky trinkt. »Es wird mich noch umbringen«, prophezeite er, »aber es ist wirklich schön, hier zu sitzen und die Stadt zu betrachten und vor dem Essen noch ein wenig über das eine oder andere nachzudenken.« Und jetzt würde ich es ihm nachtun, über das eine oder andere nachdenken, wie er es nannte, an die Abreise und an all die Menschen, die ich nie wiedersehen würde, und an diese Stadt, die so untrennbar zu der Person gehörte, die ich in diesem Augenblick war, und daran, wie sie mir entgleiten und mir fremder sein würde als irgendein Traumland. Auch das würde eine Art Tod sein. Tot sein hieß, dass andere dein Zimmer betreten, sich hinsetzen und an dich denken konnten. Es bedeutete, dass andere in dein Zimmer kommen konnten, ohne zu wissen, dass es einmal dein Zimmer gewesen war. Schritt für Schritt würden sie alle Spuren von dir beseitigen. Selbst dein Geruch verschwand. Und schließlich würden sie sogar vergessen, dass du tot warst.

Ich öffnete das Fenster, um den Lärm der Stadt hereinzulassen. Er kam, fern und unbeteiligt, wie das Lachen von Menschen, die nicht wissen, dass in dem Haus, an dem sie vorübergehen, jemand krank ist. Es gab nur eine Möglichkeit für mich, diese leblose Düsternis abzuschütteln: entweder wieder hinauszugehen, oder aber eine stille Ecke zu finden, wo ich in Cousin Arnauts unanständigen Büchern lesen konnte.

Abends gingen wir alle in die Spätvorstellung von *Thérèse Desqueyroux,* eines neuen französischen Films. Ich war noch nie um diese Zeit im Kino gewesen, und die unbekannte, glanzvolle, geheimnisvolle Welt der Erwachsenen schlug mich sofort in ihren Bann. Mich faszinierten die geflüsterten Bemerkungen während der Pause, die eleganten jungen Männer, die nur ein paar Jahre älter waren als ich und mit ihren Freundinnen in den hinteren Reihen saßen, und die erregende Aura von Parfüm, Nerz und Zigaretten, die die Frauen umgab wie eine vage Vorahnung von Liebe und Lachen in überfüllten Salons, in denen sie saßen und mit den Männern sprachen, die sie liebten, so wie Männer und Frauen im Salon meiner Eltern redeten, wenn sie eine Gesellschaft gaben und ich schon längst im Bett lag.

Anschließend gingen wir in ein teures Restaurant, und auf meine Frage, ob wir uns das denn leisten könnten, sah mich mein Vater amüsiert an und sagte so etwas wie »Keine Sorge, ganz so schlimm ist es nicht«. Wir waren mit Freunden dort, Großmutter und Tante Elsa waren ebenfalls gekommen, niemand sprach von Nessim, wir aßen mit großem Appetit, und anschließend fuhren wir, wie wir das hin und wieder getan hatten, die Corniche entlang, und niemand sagte ein Wort. Wir hörten die französischen Nachrichten, hielten dann an und stiegen aus, um die Meeresluft einzuatmen und das heisere Schnaufen der Wellen zu hören, die schäumend gegen die Hafenmole krachten.

In dieser Nacht meldete sich der Anrufer wieder. Ob wir alle zu Hause seien. Ja, wir waren alle zu Hause. Wo wir gewesen seien. Wir hatten einen Trauerfall, bitte lassen Sie uns in Ruhe. Wo wir gewesen seien. Er ließ nicht locker. »Verflucht sei die Öffnung, die dich und die Religion deiner Mutter hervorgebracht hat!«, erwiderte mein Vater und legte auf.

Als ich tags darauf vom Tennisspielen nach Hause kam, empfing mich lautes Geschrei in der Küche. Meine Mutter und meine Großmutter stritten sich heftig, und Abdou, der sonntagnachmittags normalerweise freihatte, redete besänftigend auf die beiden ein.

»Hier hast du deine verfluchten Pflaumen«, brüllte meine Mutter. »Miststück, undankbares«, erwiderte meine Großmutter, und ihre Stimme zitterte vor Erregung. »Was glaubst du wohl, für wen ich sie gekocht habe? Für mich?« Der Rest waren wüste Wortfetzen auf Türkisch, Ladino und Griechisch.

Tante Elsa war so besorgt um ihre Schwester, dass sie trotz ihres Wunsches, neutral zu bleiben, meiner Großmutter beruhigend zuredete und ihr auf Ladino etwas zuflüsterte, woraufhin meine Mutter in noch größere Wut ausbrach: »Immer müsst ihr beiden flüstern, ihr mit euren listigen, verschlagenen jüdischen Knopfaugen, immer flüstert ihr euch auf Ladino eure kleinen Geheimnisse zu, wie zwei Frettchen aus dem Getto von Konstantinopel, immer haltet ihr zueinander, so wie sie« – sie zeigte auf meine Großmutter – »Partei für dich ergriffen hat, gegen ihren Mann, bis sie ihn wie einen Hund umbrachte, wie ein Hund ist er krepiert, und als er starb, durfte sie ihn nicht einmal in seinem Krankenzimmer besuchen.« »Was weißt du schon, ha! Du nichtsnutzige Näherin aus Aleppo«, brüllte Elsa jetzt und griff offen in den Streit ein. »Schämst du dich nicht, so zu sprechen, während Nessims Leiche noch warm ist?« »Nessim hier, Nessim da«, kicherte meine Mutter. »Jetzt ist er euch endlich los. Wenn ihr wüsstet, wie sehr er euch gehasst hat. Habt ihn in seinem eigenen Zimmer zum Trinker gemacht! Ha, zwingt mich nicht, noch mehr zu sagen. Ihr habt ihn umgebracht, so wie ihr eure Männer umgebracht habt. Und wer ist jetzt dran? Ich, ja?«

Meine Großmutter, die diesen Streit offenkundig nicht mehr lange ertragen konnte, tat in diesem Moment etwas, was ich noch nie jemanden von uns hatte tun sehen: Sie schlug sich ins Gesicht. »Das zur Strafe dafür, dass ich meinem Sohn erlaubt habe, sie zu heiraten. Und das« – sie schlug sich, diesmal stärker, auf die andere Wange, »zur Strafe dafür, dass ich ihn gebeten, ja angefleht habe, ihr treu zu sein.« »Hör auf!«, rief meine Mutter. »Hör auf!« Sie packte sie an den Armen und bat Abdou mit einem raschen Blick, einen Stuhl zu holen.

Bald beruhigte sie sich. »Willst du einen Schlaganfall haben, damit er mir für den Rest meines Lebens Vorwürfe machen kann? Es reicht jetzt!« Meine Großmutter war unterdessen auf den Stuhl neben dem Telefon im Flur gesunken und stützte den Kopf in die Hände. »Ich kann so nicht mehr weitermachen, ich kann nicht mehr. Ich will nicht mehr leben, lasst mich sterben.« »Sterben?«, rief meine Mutter. »Sie wird uns alle überdauern. Setz dich hin! Abdou, bring der Signora etwas Wasser.«

Schließlich gelang es Abdou und mir, die drei zu trennen, und ich fand heraus, wie es zu dem Streit gekommen war. Mutter und Schwiegertochter hatten unterschiedliche Vorstellungen über die Zubereitung von *Harosset,* der dicken Paste aus Obst und Wein, die an Pessach gegessen wird. Meine Mutter bestand auf Rosinen und Datteln, weil *ihre* Mutter Rosinen und Datteln verwendet hatte, während meine Großmutter auf Orangen, Rosinen und Pflaumen bestand, weil dies in *ihrer* Familie seit alters her so gemacht wurde. »Maudite pesah! Vermaledeites Pessach!«, rief meine Großmutter. Prompt wurde an alle drei in ihren jeweiligen Zimmern Zuckerwasser verteilt. »Deine Mutter sollte man in eine Anstalt stecken, das ist doch kein Leben«, sagte Elsa. Als ich nach meiner Mutter sah, machte ich den Fehler, ihr von Tante Elsas Bemerkung zu erzählen, woraufhin sie aufstand und wütend zu ihr stürmte, um abermals einen Streit vom Zaun zu brechen. »Aber ich habe es nicht so gemeint«, rief Tante Elsa und begann zu schluchzen. »Ach, hört das denn nie auf. Der arme Nessim, der arme Nessim«, jammerte sie, besann sich dann aber: »Der glückliche Nessim, der glückliche Nessim.«

In diesem Moment klingelte es an der Tür. Ich war überzeugt, dass es ein Nachbar war, der sich wegen des Lärms beschweren wollte. Vor der Tür standen jedoch zwei ägyptische Herren im dreiteiligen Anzug. »Dürfen wir eintreten?«, fragte einer. »Wer sind Sie?« »Wir sind von der Polizei.« »Einen Augenblick«, sagte ich, »ich muss erst Bescheid sagen«, und warf ihnen, ohne ein

Wort der Entschuldigung, die Tür vor der Nase zu. Ich lief sofort zu meiner Großmutter, die Tante Elsa Bescheid sagte, die ihrerseits Abdou schickte, die Herren zu bitten, draußen zu warten, sie würde gleich kommen. Tante Elsa schloss sich in ihrem Zimmer ein und wusch sich das Gesicht, bevor sie seelenruhig zur Diele ging. »Dürfen wir eintreten?«, wiederholten sie. »Ich bin deutsche Staatsangehörige, und ich habe nicht die Absicht, Sie in die Wohnung zu lassen«, erklärte sie, als hätte sie diesen Satz viele, viele Monate lang mit einem drittklassigen Sprachlehrer geübt. »Wir hätten gern den Herrn des Hauses gesprochen.« »Er ist nicht da«, sagte sie. »Wo ist er denn?« »Ich weiß es nicht.« »Und wer ist der da?«, fragte einer der beiden und deutete auf mich. »Er ist ein Kind. Er weiß nichts«, sagte Tante Elsa, die mir erst ein paar Tage zuvor erklärt hatte, dass ich jetzt ein *jeune petit monsieur* sei.

Das Gesicht hatte sie zwar unter Wasser gehalten, aber auf ihren Brillengläsern lag noch immer ein weißer Film, vermutlich getrocknete Tränen, wodurch sie ungepflegt und ärmlich aussah, ganz und gar nicht wie die Grande Dame, die sie in diesem Moment spielte. »Cierra la puerta, mach die Tür zu«, sagte Tante Elsa auf Ladino zu mir – gemeint war die Verbindungstür zur übrigen Wohnung. Das war das erste Mal, dass sie Ladino mit mir gesprochen hatte, doch ich tat, als hätte ich sie nicht gehört, und starrte die beiden Polizisten an, während meine Großmutter, die sich in das Hin und Her zwischen ihrer Schwester und den Polizisten nicht einmischen wollte, den Korridor entlanggeschlurft kam, vorsichtig in die Diele schaute, um dann wieder umzukehren und davonzuschlurfen, wobei sie sich in die Wangen kniff – in unserer Familie ein Zeichen von Angst – und unablässig »guay de mí, guay de mí, weh mir, weh mir!« vor sich hin murmelte.

Meine Mutter, die sich im anderen Teil der Wohnung befand und das Kommen der Polizisten nicht bemerkt hatte, stieß unterdessen laute Schluchzer aus, während Elsa, die gesprochenes Arabisch nicht gut verstand, angestrengt lauschte und sich für den Krach in der Wohnung entschuldigte. »Sie ist nicht ganz dicht«, sagte sie zu einem der Beamten, was sich auf meine Mutter bezog. »Toc-toc«, sagte sie lächelnd und tippte sich mit dem Zeigefinger an den Kopf, »toc-toc.« Die Polizeibeamten händigten ihr eine Vorladung für meinen Vater aus, dann gingen sie wieder. »Ich habe sie fortgeschickt«, sagte sie.

Nur eine Stunde später passierte eine weitere Katastrophe. Abdou war gegangen, um seinen freien Tag zu genießen, beziehungsweise was davon noch übrig war. Meine Mutter hatte sich im Badezimmer das Gesicht gewaschen, war dann sofort in ihr Zimmer gegangen und hatte die Tür hinter sich zugeknallt. Meine Großmutter, der überraschende laute Geräusche zuwider waren, zuckte zusammen, sagte aber nichts. Als ich später in den Salon ging, um zu lesen, spürte ich etwas Feuchtes unter meinen Füßen. Wasser. Mir war sofort klar, dass meine Mutter mal wieder vergessen hatte, den Hahn zuzudrehen. Badezimmer, Küche und Flur standen unter Wasser. Ich lief sofort zu ihr, um ihr Bescheid zu sagen, und als wir aus ihrem Zimmer kamen, stand meine Großmutter in dem dunklen Flur, den Blick zur Decke gerichtet, um festzustellen, wo das viele Wasser hergekommen war.

Meine Mutter eilte in die Küche, nahm so viele Lappen, wie sie nur auftreiben konnte, warf sie auf den Fußboden und bat mich, ihr zu helfen, die Teppiche vor der Flut in Sicherheit zu bringen. Dann holte sie einen großen Eimer und begann, sich auf allen vieren vorwärtsbewegend, mit den Lappen das Wasser aufzuwischen und unablässig die Stofffetzen auszuwringen, die den durchdringenden Geruch von Abdous Bohnerwachs verströmten. »Ich habe vergessen, den Hahn zuzudrehen«, jammerte sie und brach wieder in Tränen aus. »Weil ich taub bin und weil ich verrückt bin, taub und verrückt, taub und verrückt«, klagte sie im Rhythmus ihrer Schluchzer. Meine Großmutter, die sich inzwischen ebenfalls auf allen vieren voranbewegte, wrang alte Handtücher über dem Eimer aus, dass ihr die gräuliche Brühe über die Arme lief. »Es macht nichts, du hast das Wasser nicht gehört, es macht nichts«, sagte sie immer wieder, doch dann konnte auch sie nicht mehr, sie blickte hoch und rief: »Quel malheur, quel malheur, welches Unglück, welches Unglück!« – was sich auf die Überschwemmung bezog, auf Ägypten, auf die Taubheit, auf die Tatsache, dass sie mit neunzig Jahren wie ein Dienstmädchen auf dem Fußboden knien musste, weil wir sonntags kein Personal mehr hatten.

Am Abend meldete sich der Anrufer wieder. »Warum sind Sie heute Nachmittag nicht zu Hause gewesen?«, fragte die Stimme. »Mögest du in sechzig Höllen schmoren!«, erwiderte mein Vater.

»Ich möchte, dass du dich jetzt hinsetzt und ein großer Junge bist«, sagte mein Vater in dieser Nacht, nachdem er die Vorladung gelesen hatte. »Hör mir gut zu.« Ich hätte am liebsten geheult. Er spürte es, sah mir eine Weile ins Gesicht, nahm dann meine Hand und sagte: »Weine ruhig!« Ich spürte, wie ein Zittern von der Unterlippe bis zum Kinn lief. Ich wehrte mich dagegen, biss mir auf die Zunge, schüttelte dann den Kopf, um zu signalisieren, dass ich nicht weinen würde. »Es ist nicht leicht, ich weiß. Aber ich möchte, dass du Folgendes tust. Da feststeht, dass sie mich morgen verhaften werden«, sagte er, »kommt es jetzt vor allem auf eines an: Du musst deiner Mutter beim Verkauf der Sachen helfen, du musst zusehen, dass jeder so viel wie möglich einpackt, und du musst Fahrkarten für uns alle besorgen. Es ist leichter, als du glaubst. Falls ich festgehalten werde, möchte ich, dass ihr trotzdem losfahrt. Ich werde später nachkommen. Du musst, wenn du in Europa bist, eine Nachricht an Onkel Vili und eine zweite an Onkel Isaac schicken.« Ich sagte, ich würde sie mir merken. »Ja, aber ich will, dass jede Nachricht verschlüsselt wird, für den Fall, dass du sie vergisst. Es dauert nur eine Stunde, nicht länger.«

Er bat mich, ihm ein Buch zu bringen, das ich nach Europa mitnehmen und eventuell auf dem Schiff lesen würde. Infrage kamen zwei Werke: *Der Idiot* und Kittos *Griechen*. »Bring Kitto«, sagte er, »wir unterstreichen alle schwierigen Wörter, damit die Zollbeamten, falls sie das Buch überprüfen, glauben, du hättest sie zu Lernzwecken unterstrichen.« Er studierte die erste Seite und unterstrich *thrakisch, luxuriös, barbaroi, Skythen, Ekklesiastes*. »Ich weiß aber, was das alles bedeutet.« »Was du weißt, ist völlig egal. Das Entscheidende ist, was *sie* denken. *Ekklesiastes* ist ein sehr geeignetes Wort. Nimm immer den fünften Buchstaben des fünften von dir unterstrichenen Wortes – in diesem Fall £, den Rest kannst du vergessen. Es ist ein Code nach lydischer Art, verstehst du.« In dieser Nacht brachte er mir auch bei, seine Unterschrift zu fälschen. Dann verbrannten wir, wie sie es im Film immer machten, den Zettel, auf dem ich die Unterschrift geübt hatte.

Um zwei Uhr nachts waren fünf Sätze fertig. Der Rest der Familie lag längst im Bett. Irgendjemand hatte die Lampe in der Diele schwächer gestellt und überall sonst im Haus das Licht ausgemacht. Vater bot mir eine Zigarette an. Er zog die Vorhänge auf, die zugezogen waren, damit man von draußen unser Tun nicht beobachten konnte, und riss ein Fenster auf. Eine Frühlingsbrise ging durch das Esszimmer. Das Kinn auf die Hände gestützt, die Ellbogen auf dem Fensterbrett, blickte er in die Nacht hinaus. »Es ist eine kleine Stadt, aber ich gehe nicht gern weg«, sagte er schließlich. »Wo sonst kann man solche Sterne sehen?« Dann, nach einem Moment des Schweigens: »Bist du bereit für den morgigen Tag?« Ich nickte. Ich sah ihm ins Gesicht und dachte mir: Vielleicht foltern sie ihn, und möglicherweise sehe ich ihn nie wieder. Ich zwang mich, es zu glauben – vielleicht würde es ihm Glück bringen.

»Also dann, gute Nacht.« »Gute Nacht«, sagte ich. Ich fragte ihn, ob er ebenfalls schlafen gehe. »Nein, noch nicht. Aber du gehst. Ich bleibe noch eine Weile und denke nach.« Dasselbe hatte er vor ein paar Jahren gesagt, als wir das Grab seines Vaters besuchten und er, den Ellbogen auf den mächtigen Marmorblock gestützt, das Kinn stumm in eine Hand gelegt hatte. Ich hatte ihm Fragen über den Friedhof und über den Tod gestellt, hatte wissen wollen, was die Toten machten, wenn wir nicht an sie dachten. Geduldig hatte er jede Frage beantwortet. Der Tod, hatte er gesagt, sei wie ein ruhiger, sehr langer Schlaf, mit langen, friedlichen Träumen. Als ich allmählich zappelig wurde und fragte, ob wir gehen könnten, antwortete er: »Nein, noch nicht. Ich bleibe noch eine Weile und denke nach.« Ehe wir gingen, beugten wir uns über den Stein und küssten ihn.

Am nächsten Morgen wachte ich um sechs auf. Ich hatte eine lange Liste mit Aufträgen. Zuerst das Reisebüro, dann das Konsulat, dann die Telegramme an all die Leute rund um die Welt, dann der Agent, der für die Bestechung der Zollbeamten zuständig war, dann ein paar Worte mit Signor Rosenthal, dem Juwelier, dessen Schwager in Genf lebte. »Mach dir keine Gedanken, wenn er so tut, als würde er dich nicht verstehen«, hatte mein Vater gesagt. Anschließend sollte ich unseren Anwalt aufsuchen und weitere Instruktionen abwarten.

Ich erfuhr, dass mein Vater in aller Frühe aus dem Haus gegangen war. Mutter hatte die Aufgabe, Koffer zu kaufen. Großmutter sah mich an und brummte irgendetwas über meinen Aufzug, besonders über »diese lange blaue Hose mit den vielen Druckknöpfen«. »Was für Druckknöpfe?«, fragte ich. »Die da«, sagte sie und zeigte auf meine Jeans. Ich hatte kaum Zeit, ihren Orangensaft hinunterzustürzen, da lief ich schon aus dem Haus und sprang auf die Straßenbahn, Richtung Innenstadt – was ich noch nie getan hatte, denn die Amerikanische Schule lag in der entgegengesetzten Richtung. Plötzlich war ich ein Erwachsener, der zur Arbeit fuhr, und ich fand diese ungewöhnliche Situation sehr aufregend.

Der Himmel über Alexandria war, wie üblich, leicht bewölkt an diesem Frühlingsmorgen. Ein frischer, etwas salziger Wind blies vom Meer her, und das laute, geschäftige Treiben auf den Hauptstraßen ergoss sich in die schmalen Gassen mit ihrem Menschengewühl und den Ramschhändlern unter gelb und grün gestreiften Basarmarkisen. Dann wurde es eine Weile ruhig, wie immer in einem bestimmten Augenblick, kurz bevor die Sonne auf die Steinplatten fiel, ein kühler Wind strich durch die Straßen, und ein luftiges, wie destilliert wirkendes Licht breitete sich über der Stadt aus, hell, aber nicht grell, Licht, in das man schauen konnte.

Die Verlängerung der Pässe auf dem Konsulat dauerte nicht lange: Der Mann am Schalter kannte meine Mutter. Der Angestellte im Reisebüro schien von unseren Plänen schon zu wissen. Seine Frage lautete: »Wollt ihr nach Neapel oder nach Bari? Von Bari könnt ihr nach Griechenland, von Neapel nach Marseille.« Das Bild eines verfallenen griechischen Tempels über der Ägäis stieg in mir auf. »Neapel«, sagte ich, »aber lassen Sie das Datum noch offen.« »Ich verstehe«, sagte er diskret. Ich erklärte ihm, dass er, wenn er die und die Nummer anrufe, die nötige Summe bekommen werde. Tatsächlich hatte ich das Geld in meiner Tasche, aber ich war angewiesen worden, es nur im äußersten Notfall zu verwenden.

Die Telegramme dauerten ewig. Das Telegrafenamt war alt, düster und schmutzig, ein Rest kolonialen Glanzes verlor sich in dem heruntergekommenen Gebäude. Der Schalterbeamte beschwerte sich, dass zu viele Telegramme in zu viele Länder auf zu vielen Kontinenten geschickt würden. Er beäugte mich misstrauisch und sagte, ich solle verschwinden. Ich ließ nicht locker. Er drohte mir Schläge an. Ich nahm all meinen Mut zusammen und erklärte ihm, dass wir mit Soundso befreundet seien, einer prominenten Persönlichkeit. Sofort legte er jene unnachahmlich schmierige Beflissenheit an den Tag, die im Orient als Ehrerbietung gilt.

Um halb elf war ich schon ordentlich stolz auf mich. Noch ein Auftrag, und dann kam Signor Rosenthal dran. Franco Molkho, der Agent, dem das Bestechen der Zollbeamten oblag, war selbst ein berüchtigter Gauner, der Leute schon dadurch übervorteilte, dass er erklärte, eben dafür nicht clever genug zu sein. »Ich spiele immer mit offenen Karten, Madame.« Er war rüde und ruppig, und wenn er in einer Wohnung etwas sah, was ihm gefiel, nahm er es und steckte es sich unter den Augen der Besitzer in die Tasche. Wenn man es ihm wieder wegnahm und an seinen Ort zurückstellte – genau das tat meine Mutter –, dann stahl er es später im Zollschuppen, abermals unter den Augen der Besitzer. Franco Molkho hauste in einer Art ausgeweideten Werkstatt, mit einer behelfsmäßigen Schlafkoje, einem verbeulten Ausguss und einem Durcheinander von verschmierten Werkzeugkästen auf dem Boden. Er wollte verhandeln. Ich wusste nicht, wie man verhandelte. Ich übermittelte ihm die Anweisungen meines Vaters. »Ihr Juden«, feixte er, »in diesem Spiel seid ihr unschlagbar.« Ich errötete. Sobald ich wieder draußen war, hätte ich den Tee, den er mir angeboten hatte, am liebsten wieder ausgespuckt.

Dennoch hielt ich mich für den Retter der gesamten Familie. Wilde Szenarien schossen mir durch den Kopf, Bilder, wie ich auf den Schreibtisch des Polizeichefs hieb und die fürchterlichsten Vergeltungsmaßnahmen androhte, falls mein Vater nicht augenblicklich freigelassen würde. »Auf der Stelle! Sofort! Jetzt gleich!«, brüllte ich und schlug mit der Hand auf den Tisch des Kommissars. Tante Elsa sagte immer, man müsse solche Leute wie die eigenen Diener behandeln, und dann würden sie sich auch entsprechend verhalten. »Und bringen Sie mir ein Glas Wasser, mir ist heiß.« Ich malte mir gerade alle möglichen Geheimaufträge aus, als jemand meinen Namen rief. Es war mein Vater.

Er kam vom Friseur und schlenderte gemächlich zu seinem Stammcafé in der Nähe der Börse. »Warum bist du nicht im Gefängnis?«, fragte ich mit kaum verhohlener Enttäuschung. »Gefängnis?«, rief er, und es klang wie:

Wer hat dich denn auf so eine dumme Idee gebracht? »Sie wollten mir nur ein paar Fragen stellen. Denunziationen, immer diese falschen Denunziationen. Hast du alles erledigt, wie wir es besprochen haben?« »Nur bei Signor Rosenthal war ich noch nicht.« »Sehr gut. Überlass mir den Rest. Übrigens, war Molkho einverstanden?« Ich bejahte. »Wunderbar.« Dann entsann er sich: »Hast du das Geld?« »Ja.« »Dann komm. Ich lade dich zu einem Kaffee ein. Du trinkst doch Kaffee, oder? Vergiss nicht, es mir unter dem Tisch zu geben.« Eine junge Frau ging an uns vorbei, und Vater drehte sich um. »Schau mal, das nenne ich perfekte Fesseln!«

Im Café stellte mich Vater allen vor. Geschäftsleute, Bankiers und Fabrikanten trafen sich hier gegen elf Uhr vormittags. Alle hatten entweder ihren ganzen Besitz schon verloren oder rechneten jeden Tag damit. »Er hat sogar Plutarchs Lebensgeschichten gelesen«, prahlte mein Vater. »Ausgezeichnet«, sagte einer von ihnen, der mit griechischem Akzent sprach. »Dann erinnerst du dich sicher an Themistokles.« »Natürlich erinnert er sich«, sagte mein Vater, der gesehen hatte, dass ich errötete. »Dann werde ich dir mal erklären, wie Themistokles die Schlacht bei Salamis gewonnen hat, denn das, mein Junge, erzählen sie einem in der Schule nicht.« Monsieur Panos zog einen Parker-Füllfederhalter heraus und malte Schiffsformationen auf eine Ecke seiner Zeitung. »Und weißt du, wer mir das alles beigebracht hat?«, fragte er mit einem selbstzufriedenen Leuchten in seinen glasigen Augen, während er mir mit einer Hand den Kopf tätschelte. »Weißt du, wer?«, sagte er. »Ich. Ich habe es mir ganz allein beigebracht. Weil ich Admiral in der griechischen Marine werden wollte. Schließlich fand ich heraus, dass es keine griechische Marine gab, und so bin ich in Alamein beim Roten Kreuz gelandet.«

Alle brachen in lautes Lachen aus, und Monsieur Panos, der sich den Grund vermutlich nicht erklären konnte, lachte mit. »Ich habe noch immer die Luger, die mir ein sterbender deutscher Soldat geschenkt hat. Drei Kugeln waren noch drin. Heute weiß ich, für wen sie bestimmt sind. Eine für Präsident Nasser. Eine für meine Frau, denn sie hat es weiß Gott verdient. Und eine für mich. Jamais deux sans trois.« Wieder wurde gelacht. »Nicht so laut«, rief der Grieche. Aber ich konnte nicht aufhören, herzlich zu lachen. Während ich mir die Augen wischte, bemerkte ich, wie einer der Männer meinen Vater anstieß. Ich wusste, dass ich diese Geste eigentlich nicht sehen durfte, aber ich beobachtete, wie mein Vater sich umdrehte und nervös zu einem Tisch hinter ihm schaute. Dort saß die Frau mit den schönen Fesseln. »Wolltest du nicht gerade etwas sagen?«, fragte er und tippte mir unter dem Tisch aufs Knie. »Nur dass ich heute Vormittag gern schwimmen gehen würde.« »Tu das«, sagte er und nahm das Geld, das ich ihm verstohlen gab. »Warum gehst du nicht gleich?«

Zwei Tage später folgte der dritte Schlag.

Morgens telefonierte mein Vater. »Sie wollen uns nicht mehr haben«, sagte er auf Englisch. Ich verstand ihn nicht. »Wir sollen aus Ägypten verschwinden.« Aber das wussten wir doch schon lange, dachte ich. Dann platzte er damit heraus: Wir waren offiziell des Landes verwiesen worden und hatten eine Woche Zeit, unsere Siebensachen zu packen. »Abattoir?«, fragte ich. »Abattoir«, antwortete er.

Als Erstes ließ man sich impfen, wenn *abattoir* angesagt war. Kein Land würde uns ohne Papiere einreisen lassen, aus denen hervorging, dass wir gegen einen Haufen von Dritte-Welt-Krankheiten vorschriftsmäßig geimpft waren.

Mein Vater hatte mich gebeten, mit Großmutter zum Gesundheitsamt in der Nähe des Hafens zu gehen. Schon der Gedanke, von einer ägyptischen Krankenschwester geimpft zu werden, erschien ihr unerträglich – »nicht einmal von einem Arzt«, sagte sie. Ich versprach, wir würden hinterher zu Tee und Kuchen ins Athineos gehen. »Tun Sie mir nicht weh!«, sagte sie zu der Frau mit schütteren Haaren, die ihren Arm hielt. »Aber ich tue Ihnen nicht weh«, protestierte die Frau auf Arabisch. »Sie tun mir nicht weh? Natürlich tun Sie mir weh!« Die Frau befahl ihr, stillzuhalten. Dann war ich dran. Sie erinnerte mich an Miss Badawi, wenn sie mit ihren Fingernägeln meinen Kopf nach Läusen absuchte. Würden wir uns, wenn es so weit war, vor den Zollbeamten wirklich ausziehen und in entwürdigender Weise durchsuchen lassen müssen?

Als wir nach überstandener Tortur das Gebäude verließen, schimpfte meine Großmutter noch immer laut vor sich hin, während ich versuchte, sie zu beruhigen. Sie sagte, sie wolle mir Krawatten kaufen.

Draußen vor dem Gebäude winkte ich sofort eine Droschke herbei, half meiner Großmutter hoch und hörte sie dann eine obskure Adresse an der Place Mohammed Ali nennen. Sobald wir Platz genommen hatten, nahm sie ein kleines Fläschchen mit Alkohol, den sie, wie ihre Marrano-Vorfahren, die alle Spuren des Taufwassers abwischten, sobald sie aus der Kirche traten, über der Einstichstelle verrieb – um den Impfstoff abzutöten, sagte sie, und alle Bakterien, die man sich damit hole.

Es war ein herrlicher Tag. Während der Fahrt legte meine Großmutter mir plötzlich die Hand aufs Knie, so wie sie es Jahre zuvor während der Fahrt nach Rouchdy getan hatte, und sagte: »Ein richtiger Tag für den Strand.« Ich zog meinen Pullover aus und spürte jenes bestimmte unangenehme Gefühl von Flanell auf meinen Schenkeln. Zeit für kurze Hosen. Schon beim Gedanken an leichte Baumwolle bekam Wolle etwas Unerträgliches. Wir fuhren durch eine dunkle Straße, über einen Platz, stießen auf die Corniche und standen in weniger als zehn Minuten vor der Statue von Mohammed Ali, dem albanischen Begründer der letzten ägyptischen Herrscherdynastie.

Wir kamen an einigen alten, verfallenden Geschäften vorbei, die wie improvisierte Magazine und Werkstätten aussahen, bis wir vor einem winzigen, über und über vollgestopften Laden hielten. »Sidi Daoud?«, rief meine Großmutter. Keine Antwort. Sie nahm eine Münze und pochte damit mehrere Male an die

Glasscheibe. Mit dem Ruf »Sidi Daoud ist hier« trat schließlich eine erschöpfte Figur aus dem Dunkel. Er erkannte sie sofort, nannte sie seine »beste Mazmazelle«.

Sidi Daoud war ein stattlicher, einäugiger Ägypter in traditioneller Aufmachung – weiße Galabiya und darüber ein graues, viel zu weites zweireihiges Jackett. Meine Großmutter erklärte auf Arabisch, dass sie ein paar gute Krawatten für mich kaufen wolle. »Krawatten? Ich habe Krawatten«, sagte er und wies auf einen großen alten Schrank ohne Türen, der mit Papiertüten und verschmutzten Kartons vollgestopft war. »Was für Krawatten?« »Zeigen Sie sie mir«, sagte sie. »Zeigen Sie sie mir, sagt sie«, murmelte er, während er dahinschlurfte, »gut, dann zeige ich sie ihr.«

Er nahm einen Schemel, stieg ächzend und stöhnend hinauf, griff nach oben auf den Schrank und holte einen Karton herunter, dessen Ecken mit rostigem Metall verstärkt waren. »Das sind die besten«, sagte er und nahm die Krawatten einzeln heraus. »Solche werden Sie nirgendwo sonst in der Stadt finden, auch in Kairo nicht und nirgendwo sonst in Ägypten.« Aus einem langen Etui nahm er eine Krawatte. Sie war dunkelblau mit verschlungenen Mustern in Zartblau und Hellorange. Er nahm sie in die Hände und ging mit ihr zum Eingang, damit ich das Stück im Tageslicht besser sehen konnte. Er hielt sie mir entgegen, so wie ein Kellner den gedünsteten Fisch auf der Platte erst präsentiert, bevor er ihn serviert. »Darf ich mal sehen?«, fragte meine Großmutter, als wollte sie die Kiemen anheben und prüfen. Ich erkannte die Krawatte sofort: Sie hatte den Glanz von Signor Ugos Krawatten.

Es war ein prachtvolles Exemplar. Meine Großmutter sah sich die Schlaufe an und das Firmenetikett auf der Rückseite und erklärte, dass es kein schlechtes Fabrikat sei. »Ich zeige Ihnen eine andere«, sagte er, ohne mein Urteil über die erste abzuwarten. Die zweite war burgunderrot und genauso gemustert wie die erste. »Geh damit zur Tür«, sagte er zu mir, »ich bin zu alt, um den ganzen Tag herumzulaufen.« Ich hielt beide nebeneinander, aber die erste erschien mir noch schöner. Wenig später trat meine Großmutter zu mir, nahm die burgunderrote Krawatte in die Hand und betrachtete sie mit prüfendem Blick, indem sie den Kopf nach links und nach rechts neigte, als suche sie nach verborgenen Fehlern, die sie, wenn sie nur genau genug hinsah, auch meistens fand. Dann rieb sie den Stoff zwischen Daumen und Zeigefinger, um die Qualität der Seide zu prüfen, was den Händler ärgerte. »Zeigen Sie mir was Besseres!« »Noch besser als das?«, sagte er. »Mafish. Gibt es nicht!« Er zeigte uns andere Krawatten, aber keine kam an die erste heran. Ich sagte, dass mir die dunkelblaue gefalle, sie passe zu meinem neuen Blazer. »Es muss nicht alles zusammenpassen, das ist spießig«, sagte meine Großmutter. Der Ägypter holte zwei Krawatten aus einem anderen Karton, die eine grün, die andere hellblau im Grundton. »Gefallen sie dir?«, fragte sie. Mir gefielen alle, sagte ich. »Ihm gefallen alle«, wiederholte sie mit nachsichtiger Ironie in der Stimme.

»Das ist der Schwarzmarkt«, sagte sie zu mir, nachdem wir den Laden verlassen hatten und ich, das kostbare Päckchen in der Hand, in das Sonnenlicht blinzelte, um auf der belebten Place Mohammed Ali eine Droschke zu entdecken. Wir waren eine halbe Stunde in Sidi Daouds Laden gewesen und hatten wahrscheinlich hundert Krawatten angesehen, bevor wir diese vier wählten. In keinem Laden, den ich vorher oder hinterher besucht habe – nicht einmal in dem Laden am Faubourg Saint-Honoré, in den mich meine Großmutter Jahre später führte –, gab es so viele Krawatten wie in Sidi Daouds Schuppen. Ich sah eine leere Droschke und rief dem Kutscher über den Platz hinweg zu. Der Arbagi hörte mich, stand sofort auf und gab mir per Handzeichen zu verstehen, dass wir auf ihn warten sollten, er müsse einmal rings um den Platz fahren.

Fünfzehn Minuten später betraten wir das Athineos. Der alte Spanier war nicht mehr da. Stattdessen nahm ein mürrischer Grieche, der in der Rolle des aufmerksamen Kellners wenig überzeugend wirkte, unsere Bestellung entgegen. Wir saßen in einer stillen Ecke, an einem Fenster, vor dem dicke weiße Leinenvorhänge hingen, und sprachen über die französischen Stücke, deren Premiere in wenigen Tagen stattfinden würde. »Was für ein Jammer«, sagte meine Großmutter. »Ausgerechnet jetzt, wo wir gehen, geht es hier aufwärts.« Nach mindestens zehnjähriger Abwesenheit würde die Comédie Française endlich wieder in Ägypten spielen. Auch das Orchester der Scala sollte wieder nach Ägypten kommen, und zwar mit einer *Othello*-Inszenierung in der alten Oper in Kairo. Madame Darwisch, unsere Näherin, hatte meiner Großmutter von einem jungen Schauspieler der Comédie erzählt, der an ihrer Wohnungstür geklopft und gesagt hatte, er habe als Kind dort gelebt; sie hatte ihn hereingebeten, ihm Kaffee angeboten, doch dann war der junge Mann in Tränen ausgebrochen und gegangen. »Ob dieses ganze Gerede von Ausweisung vielleicht nur ein Bluff ist?«, sinnierte meine Großmutter laut, um gleich darauf zu antworten: »Wohl kaum.«

Nach der zweiten Portion Mangoeis sagte sie: »Und jetzt werden wir dir ein gutes Buch kaufen, und dann schauen wir vielleicht im Museum vorbei.« Unter einem »guten Buch« verstand sie entweder eines, das schwer zu bekommen war, oder eines, das sie billigte. Es sollte ihr Geschenk zu meinem vierzehnten Geburtstag sein. Wir verließen das Restaurant und waren gerade dabei, eine Droschke herbeizuwinken, als meine Großmutter rief, ich solle rasch nach links gehen. »Wir tun so, als wollten wir bei Flückiger Kuchen essen.« Warum wir nur so tun wollten, wurde mir erst viel später am Tag klar, als ich meinen Vater meine Großmutter anbrüllen hörte: »Mit deinen schlauen Einfällen hättest du uns alle ins Gefängnis bringen können!« Tatsächlich war es ihr gelungen, den Mann abzuschütteln, der uns seit dem Athineos – und vermutlich schon vorher – beschattete. Richtig klar wurde mir das erst im Antiquariat. Auf einem der Regale fand ich, was ich suchte. »Bist du sicher, dass du das alles lesen wirst?«, fragte sie.

Zerstreut und ohne den Gruß des Verkäufers zu erwidern, bezahlte sie für die Bücher. Ihr war plötzlich klar geworden, dass uns möglicherweise ein zweiter Agent die ganze Zeit gefolgt war. »Lass uns gehen«, sagte sie, bemüht höflich. »Warum denn?« »Darum.« Wir sprangen in ein Taxi und sagten dem Fahrer, er solle uns nach Ramleh bringen. Unterwegs kamen wir an mehreren vertrauten Läden und Restaurants vorbei, an einer sonnenbeschienenen Mauer mit jungen Bäumen davor, und durch die Gassen schimmerte das nachmittägliche Meer.

In Sporting angekommen, erklärte ich meiner Großmutter, dass ich sofort zur Corniche gehen würde. »Nein, du fährst mit nach Hause.« Ich wollte mich schon mit ihr streiten. »Tu, was ich dir sage, bitte. Es könnte vielleicht Schwierigkeiten geben.« Auf dem Bahnsteig drängte sich die übliche Menge. Beim Wort »Schwierigkeiten« muss ich erstarrt sein, denn sie fügte sofort hinzu: »Jetzt schau nicht so erschrocken!«

Es stellte sich heraus, dass meine Großmutter seit Jahren Geld außer Landes geschmuggelt hatte, so auch an diesem Tag. Ich werde nie erfahren, ob ihr Kontaktmann Sidi Daoud gewesen war oder der Besitzer des Antiquariats oder vielleicht einer der

Kutscher, die uns an jenem Tag fuhren. Als ich sie viele Jahre später in Paris danach fragte, sagte sie bloß: »Man brauchte eiserne Nerven.«

Trotz der hektischen Packerei und des Möbelverkaufs in letzter Minute hatten meine Mutter, meine Großmutter und Tante Elsa beschlossen, am Vorabend unserer Abreise eine Sederfeier abzuhalten. Hierzu sollten die beiden großen Kerzenleuchter aus dem Salon herbeigeschafft werden, und auch die alten dekorativen Kerzen sollten verwendet werden. Sie wegzugeben, wäre sinnlos gewesen. Tante Elsa wollte das Haus sauber machen, alle Brotreste beseitigen, wie es die jüdische Tradition zu Pessach vorschreibt. Da aber überall Koffer herumstanden und ein großes Durcheinander in der Wohnung herrschte, mochte niemand diese Aufgabe übernehmen, und die Idee wurde fallen gelassen. »Warum dann einen Seder feiern?«, fragte Tante Elsa mit bitterem Sarkasmus. »Sei froh, dass wir überhaupt einen feiern«, erwiderte mein Vater. Sie schäumte. »Wenn das deine Einstellung ist, sollten wir auf den Seder lieber verzichten, wirst schon sehen, ob mir das etwas ausmacht.« »Bitte, Elsa, jetzt reg dich doch nicht wegen eines dummen Seder auf!«

Meine Mutter und meine Großmutter beknieten meinen Vater, und für einen Großteil des Nachmittags gingen Botschaften zwischen Tante Elsas Zimmer und seinem Arbeitszimmer hin und her. Schließlich erklärte er, dass er fortmüsse, zum Abendessen aber wieder zurück sein werde. Das war seine Art des Einlenkens. Abdou, der genau wusste, was für den Sedertisch zubereitet werden musste, brauchte keine weitere Aufforderung und machte sich sofort daran, die Eier zu kochen und die Käse-Kartoffeln-Buñuelos zuzubereiten.

Unterdessen beschwor mich Tante Elsa, an diesem Abend beim Vorlesen aus der Haggadah zu helfen. Ich lehnte beharrlich ab, doch sie insistierte, dass dies das letzte Mal sei, dass in diesem Esszimmer ein Seder abgehalten werde und dass ich zum Gedenken an Onkel Nessim vorlesen sollte. »Sein Platz wird leer bleiben, wenn nicht jemand vorliest.« Wieder weigerte ich mich. »Schämst du dich, Jude zu sein? Ist es das? Was für Juden sind wir eigentlich?«, fragte sie immer wieder. »Juden, die den Auszug aus Ägypten nicht feiern, weil sie nicht weggehen wollen«, sagte ich. »Aber das ist doch kindisch. Wir haben immer einen Sedertisch gehabt. Deine Mutter wird es nicht verkraften. Willst du das?« »Ich will einfach nichts damit zu tun haben. Ich will nicht das Rote Meer durchqueren. Und ich will auch nicht nächstes Jahr in Jerusalem sein. Aus meiner Sicht ist das doch nur ein Wiederholungskult und sonst nichts.« Äußerst zufrieden mit meinem Bonmot, stürmte ich aus dem Zimmer. »Aber es ist unser letzter Abend in Ägypten«, sagte sie, als hoffte sie, damit einen Sinneswandel bei mir zu bewirken.

Trotz aller Widerspenstigkeit beschloss ich, eine meiner neuen Krawatten, einen Blazer und ein neues Paar schwarze, spitze Schuhe zu tragen. Meine Mutter, die gegen halb acht zu mir ins Wohnzimmer kam, trug ein dunkelblaues Kleid und ihren Lieblingsschmuck. Im Nebenzimmer hörte ich die beiden Schwestern letzte Hand an den Tisch legen und das unbenutzte Tafelsilber wegpacken, das Abdou gerade poliert hatte. Dann kam meine Großmutter mit einem Gesichtsausdruck herein, der verkündete, dass Tante Elsa wirklich unmöglich sei. »Immer geht es darum, was sie will, nie darum, was andere wollen.« Sie setzte sich, inspizierte geistesabwesend ihren Rock, strich die Falten glatt und suchte dann in der Schale mit Erdnüssen, bis sie eine geröstete Mandel gefunden hatte. Wir schauten nach draußen und sahen unsere Spiegelung im Fenster. Noch drei Figuren, dachte ich, und wir können ein Stück von Pirandello aufführen.

Tante Elsa kam in einem purpurfarbenen Spitzenkleid herein, das mindestens drei Generationen alt war. Anscheinend fiel ihr auf, dass ich eine Krawatte trug. »Viel besser als diese Hose mit Druckknöpfen«, meinte sie und warf ihrer Schwester einen vielsagenden Blick zu. Wir beschlossen, Wermut zu trinken, und Tante Elsa erklärte, sie werde rauchen. Meine Mutter rauchte ebenfalls. Wie immer bei solchen Gelegenheiten fingen die Schwestern dann an, sich ihren Erinnerungen hinzugeben. Tante Elsa erzählte uns von dem kleinen Souvenirladen, den sie vor dem Zweiten Weltkrieg in Lourdes besessen hatte. Sie hatte den christlichen Pilgern so viele Devotionalien verkauft, dass niemand auf die Idee gekommen wäre, sie für eine Jüdin zu halten. Doch dann, als sie nicht wusste, wo sie ungesäuertes Brot für Pessach herbekommen sollte, war sie zu einem Bäcker gegangen und hatte sich, unter Hinweis auf ihren Mann, der ein furchtbares Magengeschwür habe und ein spezielles Brot benötige, nach den verschiedenen Mehlsorten erkundigt, die er beim Backen verwendete. Der Mann sagte, er verstehe nicht recht, was sie wolle, woraufhin Elsa sorgenvoll nach einer ganz leichten Sorte Brot fragte, vielleicht habe er ja sogar ungesäuertes Brot. Der Mann meinte, dass rings um Lourdes wohl eine Epidemie herrsche, denn viele Menschen, die an ähnlichen Magenbeschwerden litten, seien in den letzten Tagen zu ihm gekommen und hätten ihm ähnliche Fragen gestellt. »Viele?«, fragte sie. »Sehr viele«, antwortete er lächelnd, flüsterte dann: »Bonne pâque, frohes Pessachfest!«, und verkaufte ihr das ungesäuerte Brot.

»Se non è vero, è ben trovato, wenn es nicht wahr ist, dann ist es jedenfalls gut erfunden«, sagte mein Vater, der gerade hereingekommen war. »Also, seid ihr alle bereit?« »Ja, wir haben auf dich gewartet«, sagte meine Mutter. »Magst du einen Scotch?« »Nein, ich habe schon einen getrunken.«

Während wir alle ins Esszimmer gingen, sah ich die roten Streifen auf der rechten Backe meines Vaters, wie Kratzer von Fingernägeln. Meine Großmutter kniff sich sofort in die Wange, als sie sein Gesicht sah, sagte aber kein Wort. Auch meine Mutter warf ihm verstohlene Blicke zu, schwieg aber ebenfalls.

»Also, was genau sollen wir jetzt tun?«, fragte er Tante Elsa mit leisem Spott über das feierliche Getue, das sie bei solchen Anlässen an den Tag legte.

»Ich möchte, dass du vorliest«, sagte sie und deutete dabei auf Onkel Nessims Platz. Mit schmerzlich verzogenem Gesicht stand meine Mutter auf, um ihm zu zeigen, wo er anfangen sollte, und sooft sie ihn ansah, schüttelte sie stumm den Kopf. Mein Vater begann, auf Französisch vorzulesen, ohne Ironie, ohne Schwulst, fast demütig. Doch sobald sich seine anfängliche Unsicherheit gelegt hatte, fing er an zu schludern, er las die Anweisungen vor, verbesserte sich oder übersprang versehentlich eine Zeile oder merkte, dass er dieselbe Zeile zweimal gelesen hatte. Schließlich sagte meine Großmutter, um ihm die Aufgabe etwas zu erleichtern: »Lass diesen Teil weg.« Er las weiter, und wieder unterbrach sie ihn: »Diesen auch.«

»Nein!«, rief Elsa. »Entweder wir lesen alles oder gar nichts.« Streit lag in der Luft. »Wo ist Nessim nur, jetzt, wo wir ihn brauchen«, sagte Elsa mit diesem schmerzlich klagenden Ton, der ihren Erfolg in Lourdes erklärte. »So weit weg von dir, wie er nur kann«, murmelte mein Vater, woraufhin ich sofort loskicherte. Meine Mutter schmunzelte, als sie sah, wie ich mir das Lachen verkneifen wollte; sie wusste genau, was mein Vater gesagt hatte, wenngleich sie es nicht gehört hatte. Auch mein Vater ließ sich von meinem Kichern anstecken, bemühte sich aber nach Kräften, wieder ernst zu werden, bis meine Großmutter ihn ansah und in hemmungsloses Lachen ausbrach. Niemand wusste, was zu tun war, was zu lesen oder wo aufzuhören war. »Schöne Juden sind wir!«, sagte Tante Elsa, die mittlerweile ebenfalls Tränen lachte. »Dann essen wir jetzt also?«, fragte mein Vater. »Gute Idee«, sagte ich. »Aber wir haben doch gerade erst angefangen«, protestierte Tante Elsa, die ihre Contenance wiedergefunden hatte. »Es ist das allerletzte Mal! Wie könnt ihr nur! Wir werden nie mehr zusammen sein, ich weiß es!« Sie kämpfte mit den Tränen, aber meine Großmutter warnte sie, dass auch sie weinen würde, wenn wir so weitermachten. »Es ist das letzte Jahr«, sagte Elsa und berührte meine Hand. »Es ist doch nur, weil ich mich an so viele Seder hier in diesem Zimmer erinnere, über fünfzig Jahre, Jahr auf Jahr auf Jahr. Und ich werde dir was sagen«, sagte sie, an meinen Vater gewandt: »Hätte ich schon vor fünfzig Jahren gewusst, dass es so enden würde, hätte ich gewusst, dass ich unter den Letzten in diesem Zimmer bin, während die anderen alle begraben oder fortgegangen sind, wäre es besser gewesen, damals schon zu sterben, als heute übrig zu sein.« »Beruhige dich, Elsica«, sagte mein Vater, »sonst haben wir noch einen Trauerfall zu beklagen.«

In diesem Moment kam Abdou herein, trat zu meinem Vater und bestellte ihm, dass er am Telefon gewünscht werde. »Sag ihnen, wir beten«, sagte mein Vater. »Aber …« Mit besorgter Miene begann er zu flüstern. »Ja, und?« »Sie sagt, sie möchte sich entschuldigen.« Alle schwiegen. »Sag ihr, jetzt nicht.« »Jawohl.«

Wir hörten Abdou mit lauten Schritten den Flur entlangeilen, hörten, wie er den Hörer nahm und etwas murmelte. Dann hörten wir mit Erleichterung, wie er auflegte und in die Küche zurückging. Das bedeutete, dass sie nicht versucht hatte, ihren Willen durchzusetzen. Es bedeutete, dass er heute Abend bei uns sein würde. »Sollen wir also mit dem Essen anfangen?«, fragte meine Mutter. »Gute Idee«, wiederholte ich. »Ja, ich sterbe vor

Hunger«, sagte Tante Elsa. »Du hast einen Engel geheiratet«, flüsterte Großmutter meinem Vater zu.

Nach dem Essen gingen alle in den kleineren Salon, und Tante Elsa bat meinen Vater, die Schallplatte aufzulegen, die sie bei besonderen Anlässen immer so gern hörte. Es war eine uralte Beethoven-Aufnahme mit dem Busch-Quartett, die sie, aus Sorge, jemand könne sie beschädigen, in ihrem Zimmer aufbewahrte. An diesem Tag hatte ich die Platte neben dem Radio liegen sehen. Tante Elsa hatte also schon länger vorgehabt, sie zu spielen.

»Hier«, sagte sie und holte mit arthritischen Fingern die verbogene Platte aus ihrer ausgebleichten Hülle. Alle setzten sich, und das Adagio begann.

Die alte 78er rauschte und knisterte so laut, dass man die Musik fast nicht hörte, was allerdings niemanden zu stören schien, denn meine Großmutter begann zu summen, leise, mit einem getragenen, fernen Klagen in der Stimme, mein Vater schloss die Augen, und Tante Elsa bewegte verzückt den Kopf, wie sie das manchmal tat, wenn sie Schweizer Schokolade aß, die sie auf dem Schwarzmarkt gekauft hatte, so als wollte sie sagen: »Wie konnte ein Mensch etwas derart Schönes schaffen?!«

Das also, dachte ich, war meine ganze Welt: die beiden Alten, die sich in stummer Erstarrung wanden, mein Vater, der vermutlich am liebsten woanders gewesen wäre, und meine Mutter, die, während sie in einer französischen Modezeitschrift blätterte, mit den Gedanken überall und nirgends war, hauptsächlich aber bei ihrem Mann, der wusste, dass sie an diesem Abend nichts sagen, über die Geschichte wahrscheinlich hinweggehen und nie mehr ein Wort darüber verlieren würde.

Ich machte meiner Mutter ein Zeichen, dass ich rauswollte, ein wenig spazieren gehen. Sie nickte. Wortlos griff mein Vater in die Hosentasche und steckte mir ein paar Geldscheine zu.

Draußen auf der Rue Delta wimmelte es von Menschen. Es war der erste Abend des Ramadan, und drei Stunden zuvor waren die Böllerschüsse losgegangen, die das Ende des Fastens anzeigten. Es herrschte ein ungewöhnliches Gedränge, die Leute standen grüppchenweise da und verstopften die Straße, alles war noch lauter und lebhafter als sonst, und der Duft von Festtagsgebäck und gebratenen Leckereien erfüllte die Luft. Ich sah hoch: In unserem Stockwerk war es überall dunkel, nur in Abdous Zimmer und im Wohnzimmer brannte noch Licht. Verglichen mit den fröhlichen bunten Glühbirnen, die überall an den Straßenlaternen und den Bäumen hingen, war es ein spärliches und kümmerliches Licht – als würde der Strom in unserer Wohnung immer schwächer und könnte jeden Moment ausgehen. Es war ein altmodisches Licht, ein Alte-Leute-Licht.

Je näher ich der Uferstraße kam, desto kühler und salziger wurde die Luft, die jetzt von dem Lichtergefunkel und dem Menschengewimmel befreit war. Der Verkehr wurde immer dünner, und wenn die Autos vor einer Ampel hielten, war alles still. In der Dunkelheit war nur das Rauschen der Brandung zu hören, sie sprühte einen dünnen Schleier über die nächtliche Corniche, der das Licht der Straßenlaternen und der Verkehrsschilder und der Scheinwerfer bei den Kanonen von Petrou dämpfte und sich nasskalt auf die aus Kieselsteinen gemauerte Mole legte. Ein leerer Omnibus fuhr vorbei und zeichnete trübe Lichtspuren auf den glänzenden Asphalt, während Wasser rechts und links aufspritzte. Von irgendwoher drangen gedämpfte Musikfetzen, vielleicht aus einem der Tanzschuppen, wo nachts die Studenten hinströmten. Oder vielleicht ertönten sie nur aus einem leise gestellten Radio irgendwo am Strand, wo herrenlose Netze einen durchdringenden Geruch von Tang und Fisch verbreiteten.

Von einer Bude an der Straßenecke wehte der Duft von frischem Teig herüber, der auf einem großen Kupfergestell frittiert wurde – wie überall in der Stadt während des Ramadan. Die Leute nahmen die Pfannkuchen und füllten sie mit Mandeln, Sirup und Rosinen. Der Verkäufer überraschte mich dabei, wie ich die auf einem schwarzen Tablett hübsch aufgereihten Teigtaschen anstarrte. Schmunzelnd sagte er: »Etfaddal, bitte!«

Ich dachte an Tante Elsas vorwurfsvollen Blick. »Aber es ist Pessach«, hörte ich sie sagen. Auch meine Großmutter würde es nicht gutheißen – Sachen zu essen, die Araber auf der Straße gebacken hatten, eine Zumutung.

Der Mann wollte kein Geld haben. »Ich schenks dir!«, sagte er und reichte mir die Delikatesse auf einem Stück Zeitungspapier.

Ich wünschte ihm einen guten Abend, ging mit dem weichen Pfannkuchen zur Mole und setzte mich mit dem Rücken zur Stadt, vor mir das Meer, in der Hand die Delikatesse. Abdou hätte das als richtigen Mazag bezeichnet und dabei, wie es alle Ägypter machen, die flache Hand seitlich an den Kopf gehalten – ein Ausdruck von Genuss und innerer Befriedigung.

Ich sah in den Nachthimmel hoch, betrachtete die Sterne und dachte: Dort drüben liegt Spanien, dann Frankreich, rechts davon Italien und direkt vor mir das Land von Solon und Perikles. Die Welt ist zeitlos und grenzenlos. Und ich dachte an all die gestrandeten, heimatlosen Seeleute, die es hierher an diese Küste verschlagen hatte und die jahrelang an ihren kaputten Schiffen herumgeflickt und um Wind gebeten hatten, schließlich aber, wenn ihre Zeit kam, müde und unschlüssig geworden waren.

Ich starrte auf die flackernden Lichter der kleinen Fischerboote weit draußen am Horizont, die nachts immer dort waren, und beobachtete eine Schar von Kindern, die, kleine

Ramadanlampions schwenkend, am Strand unter mir herumtollten. Die Mädchen in grellen, rosarotfuchsienfarbenen Kleidern hielten einander bei der Hand und verschwanden wieder in der Dunkelheit, gefolgt von einer zweiten Gruppe nachtschwärmender Kinder, die unterhalb der Mole hinter den Sanddünen zusammenkamen und sogar zu mir hochwinkten. Ich winkte mit einer vertrauten, kameradschaftlichen Geste zurück und wischte mir den feinen Regenfilm aus dem Gesicht.

Und als ich die feuchte, grobkörnige Oberfläche der Mauer berührte, wusste ich plötzlich, dass ich diese Nacht nie vergessen würde, dass ich mich noch nach vielen Jahren an diesen Moment erinnern würde, an die undeutliche Sehnsucht, die mich überkam, während ich das Meer gegen die mächtigen Felsblöcke unterhalb der Promenade klatschen hörte und die Kinder beobachtete, die in einer spielerischen Prozession zum Ufer tanzten. Ich wollte am nächsten Abend wieder da sein und am übernächsten Abend und am überübernächsten auch, denn ich spürte, dass der Abschied so unsäglich schmerzte, weil ich wusste, dass es nie mehr eine Nacht wie diese geben würde, dass ich nie wieder abends an der Uferpromenade weiche Teigtaschen essen würde, weder in diesem Jahr noch in irgendeinem anderen Jahr, dass ich nie mehr die verwirrende, unvermutete Schönheit jenes Augenblicks erleben würde, in dem ich mich, wenn auch nur für einen flüchtigen Moment, auf einmal nach einer Stadt sehnte, von der ich nicht gewusst hatte, dass ich sie liebte.

Genau ein Jahr später, schwor ich, würde ich draußen in der Nacht sitzen – wo immer das sein mochte, in Europa oder in Amerika – und in Richtung Ägypten schauen, so wie Moslems sich beim Beten nach Mekka wenden, und mich an diese Nacht und an diese Gedanken und an diesen Schwur erinnern. Langsam hörst du dich schon wie Elsa und ihre dummen Seder an, sagte ich zu mir, den spöttischen Humor meines Vaters imitierend.

Auf dem Rückweg überlegte ich, was die anderen wohl gerade machten. Ich wollte eintreten, im kleinen Salon würde noch Licht brennen, die Beethoven-Platte würde noch spielen, Abdou würde im Esszimmer noch aufräumen, und wenn ich die Wohnungstür schlösse, würde jemand plötzlich rufen: »Wir haben auf dich gewartet, wir dachten, wir könnten ins Royal gehen.« »Aber diesen Film haben wir doch schon gesehen«, würde ich sagen. »Was solls. Dann sehen wir ihn uns eben ein zweites Mal an.«

Und bevor es darüber zum Streit käme, würden wir alle die Treppe hinunterlaufen, mein Vater würde in einem Auto warten, das uns eigentlich gar nicht mehr gehörte, und wir würden uns in dieser noch etwas kühlen Aprilnacht aneinanderdrängen, die Fenster schließen, wie üblich streiten, wer wo sitzen durfte, wir würden die Hände reiben, im Radio einen französischen Sender suchen und dann zur Corniche fahren, denken, dass alles so sei, wie es immer gewesen war, dass sich im Grunde nie etwas veränderte und dass die Menschen, die nach dem Fasten ihren ersten Spaziergang auf der Corniche machten, die Kartenverkäuferin im Royal und der Mann, der in einer Seitenstraße neben dem Kino auf unser Auto aufpassen würde, unsere Nachbarn und der Nieselregen, der uns um Mitternacht nach der Kinovorstellung empfangen würde – dass sie alle niemals wissen, nicht die leiseste Ahnung haben würden, dass dies unsere letzte Nacht in Alexandria war.

Die Kairo-Trilogie

Das Hauptwerk des ägyptischen Nobel-Preisträgers – »Der Baedeker zu Ägyptens Seele.« *Newsweek*

Zwischen den Palästen

Abd al-Gawwad, der übermächtige Herrscher der Familie, ist gefürchtet und geliebt zugleich. Strotzend vor Vitalität und Lebenslust, ist er zuhause doch der gnadenlose Patriarch, der Ehefrau, Töchter und Söhne an seinen Fäden führt. Die Familienmitglieder verstricken sich immer tiefer im Geflecht ihrer verunsicherten Beziehungen.

Palast der Sehnsucht

Entmutigt durch die schroffe Ablehnung, mit der der Vater Kamals Begeisterung für die Wissenschaft und die nationale Unabhängigkeitsbewegung begegnet, beginnt Kamal, sich in Weinbuden zu betrinken und durch die Bordellgassen zu streifen. Sein Bruder und der Vater buhlen derweil, ohne es voneinander zu wissen, um die Liebe derselben Frau.

Zuckergässchen

Gealtert und durch Krankheit gezähmt, verfolgt Abd al-Gawwad, der einst so stolze Herrscher der Familie, auf dem Balkon seines Palastes das Straßentreiben. Da erreicht der Zweite Weltkrieg Ägypten. Luftangriffe auf Kairo! Der Riss, der durchs Land geht, bricht auch in Abd al-Gawwads Familie auf.

250728